大数据金融丛书

Quantitative

量化研究体系

以7大模块为核心

李一邨 著

电子工业出版社
Publishing House of Electronics Industry
北京·BEIJING

内 容 简 介

本书是以给广大量化研究者建立一个一般性的量化研究流程（主要是量化策略开发，也包括其他量化研究）为主旨来展开编写的。全部章节以流程化的形式展开，从量化研究的数据开始到最终以交易结束。数据库、指标库、算法库、工具库、可视化库、报告和日常工作系统、交易系统这7个核心库/系统分别解决了量化研究中某一个环节的问题。

量化研究是以上述7个核心库/系统所代表环节的一个循环，在这个循环中不断进行的改进和研究。它将数据和思想相结合，通过交易来检验研究成果是否达到预期，然后改进思想和更换数据，并投入下一次交易中。这样的循环使得每一次量化研究都更加接近理想效果。而在循环的每一个环节上，本书给出了一系列工具、算法、技术等来支撑各个核心库/系统的功能。

本书在编程语言上以 Matlab 和 Python 为主，数据库一章用到了 MySQL 的基本知识，交易系统一章用到了 MongoDB 的知识。本书的内容十分丰富，通过阅读本书，读者可以对量化研究形成一个系统、全面、完整的认识，并在今后的研究工作中逐步拓展，最终形成自己的体系。

未经许可，不得以任何方式复制或抄袭本书之部分或全部内容。
版权所有，侵权必究。

图书在版编目（CIP）数据

量化研究体系：以7大模块为核心 / 李一邨著. —北京：电子工业出版社，2021.11
（大数据金融丛书）
ISBN 978-7-121-42052-8

Ⅰ. ①量… Ⅱ. ①李… Ⅲ. ①金融－数据处理－研究 Ⅳ. ①F830.41

中国版本图书馆 CIP 数据核字（2021）第 192569 号

责任编辑：李 冰　　文字编辑：徐 萍
印　　刷：三河市鑫金马印装有限公司
装　　订：三河市鑫金马印装有限公司
出版发行：电子工业出版社
　　　　　北京市海淀区万寿路 173 信箱　　邮编：100036
开　　本：787×1 092　1/16　印张：29　字数：696 千字
版　　次：2021 年 11 月第 1 版
印　　次：2021 年 11 月第 1 次印刷
定　　价：135.00 元

凡所购买电子工业出版社图书有缺损问题，请向购买书店调换。若书店售缺，请与本社发行部联系，联系及邮购电话：（010）88254888，88258888。
质量投诉请发邮件至 zlts@phei.com.cn，盗版侵权举报请发邮件至 dbqq@phei.com.cn。
本书咨询联系方式：libing@phei.com.cn。

前　言

本书是作者李一邨与电子工业出版社的资深编辑李冰老师的初次合作。李冰老师具有多年科技书籍编辑工作经验，在她的帮助和指导下，历时一年半才完成初稿。著书期间，经过多次商讨和修改，日臻完善。我们衷心地希望本书的内容能够为从事量化研究领域工作的读者提供一些帮助。

本书主旨

本书主要为有志于从事量化研究领域相关工作的读者建立一个量化研究的一般性流程和框架，并对流程的关键环节适当展开，给出程序案例。读者通过学习本书能够了解一般性的量化研究内容，并在今后结合自身的工作进一步丰富和拓展这个框架，以期最终建立自己独特的量化研究体系。

本书主要内容

本书以 7 大核心库/系统为核心构建量化研究体系，每个核心库/系统都在研究环节中发挥了自身的功能，具体内容如下。

（1）数据库以同花顺和万得两个数据商的量化接口为例，对两个接口的各个数据模块编写了数据下载脚本并作为案例，这些案例可以帮助读者了解基于数据商的量化接口开发数据库的编程经验。

（2）指标库给出了一套指标库目录管理程序，并总结了 8 大类技术指标，这些技术指标可在量化投资中发挥风控、止损、止盈、趋势判断等功能。

（3）算法库首先给出了机器学习算法的一般分类，然后重点介绍了几个经典和常用的算法并作为案例。傅里叶变换主要用于时间序列的分析，可以对时间序列进行成分分解和去掉噪声成分；ReliefF 是一种特征选择算法，可对研究数据相对于目标数据的重要性进行排序，从中选择重要的数据作为特征因子；高斯混合聚类是一种非监督聚类算法，用于特征数据是高斯分布的聚类；Chi-Merge 算法是一种连续数值数据离散化的算法，通常可用于将连续数值数据离散化为几个标签，从而将回归问题转化为分类问题；粗糙集分类算法是一种基于规则推理的分类算法。上述几个算法功能各不相同，在研究中存在互补性。

（4）工具库的内容包括：数据清洗程序，用于对时间序列数据的清洗，包括补全、匹配、平滑等；因子回测程序，用于对因子在研究中是否有效进行回测的程序；先后轮动程序，一个观察自变量和因变量是否存在先行滞后关系的程序，用于检验自变量和应变量在时间上的因果性；回测平台程序，用于量化策略的回测。

（5）可视化库首先总结了一些 Matlab 画图编程的技巧，并总结了一些常用函数，然后从形态类画图程序和功能类画图程序两大类出发分别介绍了一些图例。其中，形态类画图程序是指折线图、柱状图、饼状图等；功能类画图程序主要是为了实现某种研究目的而使用的画图程序，如对异常数据点的可视化、两个时间序列协整关系的观察等，这些画图程序可以广泛运用于研究报告、论文撰写及任何需要用到数据展示的应用场景中。

（6）报告和日常工作系统首先介绍了 Matlab 调用 Word 相关 COM 接口的技术，然后利用这些技术开发了一套自动化撰写量化研究报告的程序，最后介绍了量化团队的管理方法，并开发了一套量化研究员的管理考核系统。

（7）交易系统首先介绍了爬虫的基本知识和原理，然后利用这些知识以东方财富网的股票交易接口、期货交易接口、期权交易接口为例给出了开发案例，最后介绍了 VNPY 交易接口的下载、安装和基本功能。

本书特色

纵观全书，可发现本书特点鲜明，主要表现在以下几个方面。

（1）知识系统、全面、丰富：因为本书旨在为读者建立一个全面、系统的量化研究流程和框架，所以撰写本书所需的知识也必然相应地需要全面和系统。比如，在编程语言方面，本书既基于有着悠久数据分析编程历史的 Matlab 语言，也基于近年来被称为胶水语言的 Python，这两门语言在数据分析领域被广泛使用，应该说本书迎合了当下数据分析的主流语言。另外，量化研究离不开数据，所以本书也用到了 MySQL 和 MongoDB 两门数据库语言，同时对于爬虫这门技术也做了深入讲解，为读者今后建立自己感兴趣想要抓取的特色的数据库打下坚实基础。

（2）教学与应用并重：本书不仅是一本传播知识的书，也是一本实战和应用的书。在每一章开头都给出了这一章所需要的必备知识，然后对所讲的知识进行一次实战运用，或者给出案例，或者直接做一个工程项目，力求学以致用，为读者建立一个"落地"的量化研究体系。

（3）解说翔实，图文并重：因为量化研究是数理化程度比较深的研究领域，所以对数学能力有一定的要求。以本书算法库中的"傅里叶变换"为例，本书首先在解说中给出了全面、严谨的数学推导过程，然后基于数学结论编写程序，并代入实证数据计算结果，最后对结果进行可视化展示和说明，帮助读者从数学推导和实证两个角度综合理解。

（4）案例实用：本书的案例和程序并不只作为知识讲解的示例使用，它还是量化研究中时常需要面对的问题的一个答案。在实际的量化研究工作中，本书所给出的程序可以真正解决问题，具有实战意义。

（5）系统可拓展：本书给出的是量化研究的一般性框架，读者可以通过学习本书，结合自身的研究需要，对本书的程序和框架进行拓展，最终形成一套适合自身研究需要的特色化、个性化的量化研究体系。

本书读者定位和阅读方法

本书的读者主要是教师、学生、专业人士及其他对量化研究技术感兴趣的人士。

致教师

本书系统地介绍了量化研究技术，可以作为数学、统计、金融等专业本科生或研究生的教材。书中的内容不仅系统，而且相对独立，教师可以根据课程的学时和专业方向，选择合适的内容进行课堂教学，其他内容则可以作为参考。授课时，建议先补充一定的计算机知识和编程知识，对于学术性较深的章节如算法库，建议先补充高等数学、概率论、线性代数等数学知识。在进行课程备课的过程中，如果需要书中的一些电子资料作为课件或授课支撑材料，可以直接给笔者发邮件（303984464@qq.com），笔者会根据具体情况，提供力所能及的帮助。

致学生

作为大数据时代的学生，量化研究是一项基本技能，尤其是对以后有志于做科研工作的学生来说更应掌握。在今后的大数据时代，量化分析技术将会像今天的Office办公软件技术一样，成为工作中必不可少的一部分，所以无论未来是否从事量化投资相关的工作，学习量化研究都将有助于今后的职业生涯。

致专业人士

对于从事量化研究的专业人士，尽可以关注整个量化研究体系，因为本书的知识体系应该是当前量化类书籍中相对完善的。此外，书中的算法案例和项目案例，也是本书的一个特色，值得借鉴。

配套资源

笔者在金融行业从业多年，有着丰富的业界积累。对于有资源需求的读者，欢迎关注伊园科技的官方知乎号、微信公众号、B站号。以下是三者的二维码。

勘误和支持

由于本书编写时间仓促，加之作者水平有限，书中错误和疏漏之处在所难免。

在此，诚恳地期待广大读者批评指正。如果有建议，可以直接发送至邮箱303984464@qq.com。在技术之路上如能与大家互勉共进，我们倍感荣幸！对于书中出现的问题，欢迎读者通过杭州伊园科技有限公司的知乎号、微信公众号、B站号、邮箱等进行反馈。知乎号：李一邨-量化投资；微信公众号：return 量化；B 站号：李一邨；邮箱：2975056631@qq.com。

致谢

感谢 MathWorks 官方文档提供了全面、深入、准确的参考材料，强大的官方文档支持是其他资料无法企及的；同时，感谢 Matlab 中文论坛为本书提供的交流讨论专区；感谢伊园科技编委会的鼎力支持；感谢电子工业出版社李冰老师的支持和鼓励，感谢徐萍老师在文字编辑方面的辛勤工作，使我们顺利完成全部书稿。

目 录

绪论　量化研究体系介绍 ·· 1

　　0.1　7大模块 ··· 1
　　　　0.1.1　数据库 ·· 1
　　　　0.1.2　指标库 ·· 2
　　　　0.1.3　算法库 ·· 2
　　　　0.1.4　工具库 ·· 3
　　　　0.1.5　可视化库 ··· 5
　　　　0.1.6　报告和日常工作系统 ·· 5
　　　　0.1.7　交易和风控系统 ·· 5
　　0.2　结束语 ··· 7

第1章　数据库 ·· 9

　　1.1　股票日频率行情数据下载脚本 ··· 13
　　1.2　期货成交持仓排名数据下载脚本 ·· 21
　　1.3　EDB数据下载案例 ·· 26
　　1.4　高频数据下载案例 ··· 30
　　1.5　同花顺量化数据接口的融资标的股数据下载案例 ······················· 38
　　1.6　同花顺十大流通股东数据下载案例 ·· 39

第2章　指标库 ·· 42

　　2.1　指标库的设计与分类 ··· 42
　　　　2.1.1　根据投资标的进行分类 ·· 42
　　　　2.1.2　根据数据性质进行分类 ·· 42
　　　　2.1.3　根据投资市场进行分类 ·· 43
　　2.2　指标库目录管理程序的说明 ·· 43
　　2.3　技术指标案例 ··· 58
　　　　2.3.1　摆动指标 ·· 58
　　　　2.3.2　波动指标 ·· 64
　　　　2.3.3　超买超卖指标 ·· 72

2.3.4　成交量指标 ·· 78
　　　2.3.5　反趋向指标 ·· 89
　　　2.3.6　价格指标 ·· 105
　　　2.3.7　量价技术指标 ·· 111
　　　2.3.8　能量指标 ·· 118

第3章　算法库 ·· 131

3.1　机器学习常见算法分类汇总 ··· 131
　　　3.1.1　按学习方式分类 ··· 132
　　　3.1.2　按对训练集的使用方法分类 ······································· 134
　　　3.1.3　按形式及功能分类 ·· 135

3.2　傅里叶变换 ··· 143
　　　3.2.1　傅里叶变换算法理论 ··· 143
　　　3.2.2　离散傅里叶变换代码与去噪实例 ································· 145
　　　3.2.3　利用快速傅里叶变换对原数据进行降噪 ····················· 151

3.3　ReliefF 特征选择 ··· 152
　　　3.3.1　ReliefF 算法理论 ··· 152
　　　3.3.2　ReliefF 算法实例分析 ·· 155

3.4　高斯混合聚类模型（GMM） ·· 161
　　　3.4.1　GMM 算法理论 ·· 161
　　　3.4.2　算法代码及实例 ··· 169

3.5　Chi-Merge 算法 ··· 175
　　　3.5.1　Chi-Merge 算法简介 ··· 175
　　　3.5.2　Chi-Merge 原理介绍 ··· 176
　　　3.5.3　Chi-Merge 实例分析 ··· 177
　　　3.5.4　Chi-Merge 算法代码 ··· 182

3.6　粗糙集分类算法 ·· 188
　　　3.6.1　粗糙集分类算法简介 ··· 188
　　　3.6.2　粗糙集分类算法原理介绍 ·· 189
　　　3.6.3　粗糙集分类算法函数 ··· 196
　　　3.6.4　粗糙集分类算法实例分析 ·· 197
　　　3.6.5　粗糙集分类算法代码 ··· 199

第4章　工具库 ·· 208

4.1　数据清洗程序 ·· 208
　　　4.1.1　自动数据清洗程序的功能概述 ··································· 208
　　　4.1.2　手动数据清洗程序的功能概述 ··································· 211
　　　4.1.3　自动数据清洗程序 ··· 213
　　　4.1.4　手动输入日期序列对数据进行补全的程序 ················· 217

4.2　因子回测程序 ·· 218
　　　4.2.1　因子回测程序整体逻辑 ·· 218

目 录

- 4.2.2 因子回测程序流程 ············ 218
- 4.2.3 输入参数 ············ 219
- 4.2.4 模型结构及逻辑 ············ 221
- 4.2.5 因子回测程序代码 ············ 223
- 4.3 先后轮动关系挖掘程序 ············ 232
  - 4.3.1 先后轮动程序介绍 ············ 232
  - 4.3.2 先后轮动总体流程 ············ 232
  - 4.3.3 输入参数 ············ 233
  - 4.3.4 模型结构及逻辑 ············ 234
  - 4.3.5 自定义折线化函数逻辑 ············ 235
  - 4.3.6 程序代码 ············ 235
- 4.4 多品种量化回测系统 ············ 251
  - 4.4.1 平台思路框架 ············ 251
  - 4.4.2 公式介绍 ············ 251
- 4.5 中文变量与代码变量对照表 ············ 275
- 4.6 函数介绍 ············ 276
- 4.7 实例分析 ············ 278

第 5 章 可视化库 ············ 281

- 5.1 Matlab 画图编程技巧总结 ············ 281
  - 5.1.1 画布设置 ············ 281
  - 5.1.2 坐标轴设置 ············ 282
  - 5.1.3 label 设置 ············ 283
  - 5.1.4 legend 设置 ············ 284
  - 5.1.5 title 设置 ············ 284
  - 5.1.6 颜色、透明图控制 ············ 284
  - 5.1.7 plot 函数 ············ 285
  - 5.1.8 scatter 函数 ············ 286
  - 5.1.9 plotyy 函数 ············ 288
  - 5.1.10 极坐标与笛卡儿坐标转换 ············ 290
  - 5.1.11 patch 函数应用 ············ 291
  - 5.1.12 构建曲面 ············ 292
  - 5.1.13 自制坐标轴 ············ 293
  - 5.1.14 字体 ············ 293
  - 5.1.15 画图技巧 ············ 294
- 5.2 形态类画图程序 ············ 296
  - 5.2.1 渐变彩色折线图 ············ 296
  - 5.2.2 饼状图 ············ 298
  - 5.2.3 彩带图 ············ 302
  - 5.2.4 关系图 ············ 304
  - 5.2.5 火柴图 ············ 306

- 5.2.6 雷达图 ... 309
- 5.2.7 面积图 ... 311
- 5.2.8 柱状图 ... 314

5.3 功能性图例 ... 318
- 5.3.1 沿有效前沿的资产权重变化面积图 ... 318
- 5.3.2 资产组合的有效前沿 ... 319
- 5.3.3 二资产协整关系判断及对冲策略测试 ... 320
- 5.3.4 时间序列数据的离群点可视化 ... 324
- 5.3.5 数据分布及统计性质 ... 325
- 5.3.6 数据分布的分位数观察 ... 327
- 5.3.7 二分类机器学习器的分类准确率展示 ... 329
- 5.3.8 品种指标排名 ... 334
- 5.3.9 时间序列与相关指标对比图 ... 336
- 5.3.10 多个价格序列及其收益率序列对比图 ... 341
- 5.3.11 策略累计收益及最大回撤 ... 344
- 5.3.12 逐笔交易盈亏图 ... 347
- 5.3.13 三维聚类展示 ... 349

第6章 报告和日常工作系统 ... 351

6.1 Matlab 中调用 Microsoft Word 的技巧总结 ... 351
- 6.1.1 COM 对象及其接口 ... 351
- 6.1.2 创建和编辑 Microsoft Word 文件 ... 355

6.2 实例：创建一份股票量化日报模板 ... 363
- 6.2.1 建立 Word 文档 ... 363
- 6.2.2 第一页内容编写 ... 364
- 6.2.3 第二页内容编写 ... 372
- 6.2.4 第三页内容编写 ... 375

6.3 量化团队工作管理系统 ... 378
- 6.3.1 量化研究环节、评价及考核 ... 378
- 6.3.2 评分管理系统 ... 380

第7章 交易系统 ... 391

7.1 东方财富模拟交易接口 ... 391
- 7.1.1 网页结构的基础知识及爬虫技术操作 ... 391
- 7.1.2 东方财富模拟股票交易接口 ... 397
- 7.1.3 东方财富模拟期货交易接口 ... 411
- 7.1.4 东方财富模拟期权交易接口 ... 421

7.2 VNPY 交易接口 ... 445
- 7.2.1 VNPY 使用前的准备工作 ... 445
- 7.2.2 VNPY 交易接口的使用 ... 448

绪论 量化研究体系介绍

0.1 7 大模块

从事量化研究工作并非纯粹的探索工作，在许多应用场合和专业领域，已经存在已成的、学术上已被论证的方法和理论被套用。本书希望帮助读者建立一整套量化研究体系，将量化研究工作流程化、模块化、结构化、特征化，从而可以将研究问题拆解和转化为系统既有的问题，用更加明确的、熟悉的方法和套路来解决问题，进而减小探索的代价、缩短盲目摸索的时间。

本章为绪论，先提纲挈领地总览全书，介绍各个模块的功能和定位。

0.1.1 数据库

数据库是需要研究者根据自身的研究发展不断新增构建和持续更新的资源模块。目前本书的数据库主要基于万得量化接口，部分基于同花顺量化接口，还有一部分来自网络数据的抓取。多元化的数据来源有助于提升我们数据库的生态性、多样性、稳定性。而作为量化研究的主要研究对象，数据的存储方式和结构直接决定了取用时的方式和方法，所以如何设计数据库结构也是一个大问题。本书的基础篇基于 MySQL 和 MongoDB 建立数据库，也会介绍 MySQL 和 PyMongo 的基本语法。对于非立志于成为一个专业 DBA（数据库分析师）的研究者来说，本书介绍的数据库知识足够一个量化分析师的研究使用了。

在数据的结构与层次分类上，如果根据大类资产的分类进行划分，主要分为股票、期货、期权、利率、宏观；如果根据数据加工的深度和广度划分，可以分为行情数据、衍生数据、多维深度数据；根据数据的频率划分，可以分为年频率、月频率、周频率、日频率、时频率、分钟频率、秒频率、tick 频率；根据数据的内容性质划分，可以分为结构化数据、非结构化数据；其他还有诸多的分类方法，如分为基本面数据和行情数据、交易数据与非交易数据、内部数据和公开数据，等等。

一个合理的数据库目录结构可以这样设计：

一级目录										
股票		期货		期权		利率			宏观	
二级目录										
行情数据	多维深度数据	行情数据	非行情数据	行情数据	行情衍生数据	利率	债券	外汇	经济数据	金融数据
三级目录										
日频率行情	高频行情	一致预期、舆情数据、股票估值等	日频率行情	高频行情	持仓成交排名、研报数据等	日频率行情	高频行情	VIX指数、多空比、希腊字母表等	基础利率、回购利率、质押利率等	企业债、公司债、金融债、国债等	美元指数、全球各个交易所每日外汇行情等	GDP、PMI、进出口贸易额等	M1M2、央行公开市场操作、银行准备金率、外汇储备等

0.1.2 指标库

指标库是基于数据库的总结。数据纷繁复杂，往往不能直接使用，所以需要通过因子挖掘工具发现有用的数据（即数据与行情存在明显相关性或因果性），然后对这些有用的数据进行某种编制——比如指数化、因子化——而形成的，比如VIX指数、商品指数、Hurst指数、各类技术指标等，都是指标库的范畴。指标往往反映或刻画了目标的某个侧面，它可以作为一种特征或标注与模型或算法相结合，这样比起直接输入数据或仅仅简单去噪以后的数据可能会更加有效。因为将数据指标化的过程是需要专业知识的，这一过程反映了研究者对数据的洞察力，增强了数据对于问题的理解的影响力，所以这样的指标在量化研究中有着比原始数据更好的性质。比如，工具库中的"因子挖掘程序"和"先行滞后因果关系挖掘程序"，都是用于挖掘可以编制指标的潜在数据的程序。

0.1.3 算法库

在人工智能和计算科学极大发展的今天，算法的种类丰富多样，不同的算法有各自的优势和应用领域。无论是传统金融工程中的各类计量经济学模型、统计分析模型，还是近几年兴起的深度学习框架如各类神经网络、增强型学习机，这些都可以归结为算法库范畴。我们建立算法库，就是要对当下学术界流行的各类算法做一个梳理和总结，为下一步工具库的开发做好准备。客观地讲，算法的种类非常多，所用到的理论也很丰富，不同的算法互相结合，使得近几年新的算法很难有一个特定的分类定位，因为这样的算法融合了多种算法思想。所以我们在讨论算法分类时尽可能全面地包含众多的算法但不排除相互之间有交集。我们可以根据目标和数据集之间的关系把算法分为：①监督式学习——训练集需要标注；②半监督式学习——训练集需要部分标注；③非监督式学习——训练集无须标注；④强化学习——训练集无标注但有奖惩激励的反馈。如果根据算法的思想流派，又可以把算法划分为：①符号主义——使用符号、规则和逻辑来表征知识并进行逻辑推理，典型的算法是规则推论和决策树；②贝叶斯派——获取发生的可能性来进行概率推理，典型的算法是朴素贝叶斯和马尔可夫；③联结主义——使用概率矩阵和加权神经元来动态地识别和归纳模式，典型的算法是神经网络；④进化主义——生成变化，然后为特定目标获取其中最优的一种，典型的算法是遗传算法；⑤Analogizer——根据约束条件来优化函数（尽可能走到更高，但同时不要离开道路），典型的算法是支持向量机。如果根据用途来划分，单就针对量化研究而言，又可以分为：①关联——用于发现数据与问题的相关性；②成分分析——用于数据去噪或主成分分析；③聚类——用于模式的界定；④分类——用于模式识别；⑤回归——用于建模；⑥优化——用于模型的调优。

0.1.4 工具库

工具是算法的具体运用。算法只是一种实现某种优化的数学方法，这种方法结合了具体的业务场景就形成了工具。举个例子，如果我们想要寻找某一个策略的最优参数，在参数不太多的情况下可以遍历，但是如果参数比较多，遍历所耗费的时间和计算资源是灾难性上升的，这时我们就需要选择更加聪明的参数寻优方式，比如用遗传算法来沿着特定的路径在参数空间中寻优，这样就不必遍历整个参数空间了。本书中工具库的开发是依照量化研究的逻辑顺序展开的：①数据发现；②主成分分析和去噪；③模式定义；④模式识别；⑤模型建立；⑥回测平台；⑦交叉验证回测；⑧模型优化。与之相对应，我们也需要一系列工具来应对逻辑链上的每一步。①数据发现：对于多标的问题，运用"因子挖掘程序"来分析横截面数据，也可以运用"先行滞后因果分析"或其他因果分析来分析某个时间序列数据与时间序列目标之间的因果关系；如果问题可以定义为一个集合问题，那么还可以用某些关联算法来发现一些频繁数据集，以解释这些数据集和目标之间的关系，等等；并且也可以结合"可视化库"来人为观察和展示，所以数据发现的形式是多种多样的。②主成分分析和去噪：我们可以采用傅里叶分析、主成分分析（PCA）、奇异值分解、小波分析等多种数学手段对原始数据进行滤波和去噪，去掉噪声后的数据使得模型对于特征的学习更加明确，从而有利于预测准确率的提高。③模式定义：量化研究的许多问题最终可以归结为模式识别问题，而进行模式识别之前如何定义一个模式会在很大程度上影响后续研究的发展。这个环节没有太多的套路可寻，往往会针对研究的问题而有所变化，是量化研究的核心环节之一，但基本的思想是相同的，即针对问题提出一项理论来描述它，然后寻找相应的数据来实例化这项理论的各个方面，进而再结合理论对数据的特征进行判别。举个例子，如果我们要识别某个生物是人还是猴子，首先会借助生物学定义来寻找人和猴子的特征差异，比如"语言"。那么我们可以记录这两个生物一段时间内的声音数据，如果声音数据更有规律则往往更富有意义，这就更加接近于"语言"，而声音数据无规律则表明无意义，这些数据更加接近噪声，所以我们可以根据声音数据的规律性来判定其是否为语言，进而判定发出这些声音数据的生物是人类还是猴子。在整个研究和判定过程中，我们无须理解这些声音数据具体表达什么，也不需要语言学的专业知识，我们仅仅根据"人类拥有语言"以及"语言的发声有规律"这两个特征就可以做出识别来判定生物的所属类别。④模式识别：这一步是对于模式定义的实践，与模式定义息息相关。模式识别的方法有很多种，但基本的思路都差不多，那就是判断当下考察的样本的特征与模式定义下的几种模式特征哪一种更加接近，或者与其他模式更加疏远，或者概率最大，或者错判风险最小，等等，总之是基于某一种与目标相关的准则，然后将考察样本归入最符合准则的那一种。举个例子，在KNN算法的思想中，认为同一种类别的样本在特征上应当比较接近，而不同类别的样本在特征上差别会比较大，那么如果将特征数字化，用样本空间来刻画，同一类别的样本在空间中距离会比较接近从而形成簇状，而不同类别的样本在形态上就显示为几个不同的簇。这样一来，通过定义某种距离函数比如欧氏距离或者余弦距离，就可以衡量考察样本与空间中哪个簇更加接近——或者是与簇中心的距离或者是与簇边缘的距离，从而判定考察样本的归属。⑤模型建立：当我们很好地诊断问题、定义模式，并进行了模式识别以后，量化研究的问题已经解决了一大半，接下来只需要基于这种模式识别建立一个模型，将识别的结果运用到具体场景中即可。比如，我们已经定义好了"好股票"和"坏股票"的模式特征，然后通过一些数学或智能算法判断当下可交易的股票的归属类别，接下来只需要做多"好股票"、做空"坏股票"即可，那么如何在各个"好股票"和"坏股票"中分配仓位和资金、何时开仓和平仓、预留多少风险准备金，这就是投资策略构建的问题了，这个策略构建的过程就是模型建立的过程。而即使是这个过程也是与前面两步（模式定义和模式识别）息息相关的——一般来说越"好"的股票仓位就应该越重，这就取决于"好"在模式识别环节中的定义了。其他策略构建的细节也是一样的道理。⑥回测平台：在量化投资策略开发过程中，策略回测是非常重要的环节，许多策略回测时非常成功，但到了实盘交易结果却惨不忍睹，究其根本原因是在回测时没有考虑许多实盘的限制条件，比如低估了交易成本、购买了限制股票盘（涨跌停限制或某些法律限制）、由于计算机网络延时或设备等技术问题无法及时成交目标或无法以最优价成交，等等。这些问题需要在回测平台中体现出来，使得回测结果尽可能真实地还原市场交易。⑦交叉验证回测：一个好的投资策略不仅仅是要盈利，更重要的是在突发市场情况时，能够很好地回避风险，因此需要模拟各种特殊行情来进行压力测试，从而考察投资策略整体的稳定性，这就是交叉验证和压力测试的意义。⑧模型优化：一个好的模型需要在实践中不断优化，并非一朝一夕能够完成的，所以无论是参数优化还是模型结构优化都需要持之以恒地进行。因此，在回测结束以后，需要根据回测的结果，考察模型的缺点和弱势，运用"参数优化程序"或者其他工具库中的程序重新调整模型。

0.1.5 可视化库

数据是十分抽象的资源，让人更好地理解数据的一个直观的方法就是将其图形化展示出来。人类在认知时近乎 90% 的信息是通过视觉获得的，因此一个好的可视化方法能够在很大程度上激发人的创造性。可视化主要运用在两个方面，一是在数据探索阶段，这一步是研究的开始，二是在结果总结阶段，这一步是在研究的最后一步。可视化库的建立需要依赖于具体的业务场景，比如在研究概率论问题时，我们需要展示概率分布、分布的分位数、均值、方差、中位数等分布特征；在研究投资组合问题时，我们需要展示有效前沿、标的权重分配；在研究风险管理问题时，我们需要展示 VaR 下的尾部风险、Copular 矩阵、基于条件 VaR 的权重分配，等等。我们根据金融领域常见的问题，来开发一系列可视化程序，这些程序构成了可视化库。

0.1.6 报告和日常工作系统

团队需要有一个稳定的日常工作系统，这个系统包含了数据库的更新、日常报告撰写、公众号维护、工作中各类文档和材料的梳理、对客户的消息推送、团队绩效管理等。所以，我们需要一个日常工作系统作为团队的运维补充和对外窗口。一个完整的报告和日常工作系统应当至少包含以下几个组成部分：①数据库维护更新程序——这部分主要实现每日或定期的数据库的数据更新，基于同花顺、万得等专业的数据商提供的量化接口进行开发编程，建立一系列的日常数据更新脚本每日运行，从数据商那里取到更新数据入库，另一部分由爬虫程序从指定的网站每日爬取数据，经过清洗以后入库；②指标和其他展示内容的计算程序——这部分程序连接数据库，每天取出当日更新后的数据用于指标和其他展示内容的计算，将计算结果保存到指定工作目录或数据库的指定表；③报告自动撰写程序——将计算好的内容或特定指标按照固定的格式写入 Word 或 Excel 中，Matlab 自带了与 Office 系列办公程序交互的 COM 接口，可以实现一系列对 Word 和 Excel 的操作，包括输入文字、插入图片、更新表格，所以完全可以实现自动化撰写报告；④媒体服务程序——自动撰写的报告需要以邮件对外发送或在指定网页上发布，Matlab 也自带了与邮件系统和网页浏览器交互的接口，所以可以在生成报告的同时自动对外分发。

0.1.7 交易和风控系统

上海期货信息技术有限公司发布了一套 CTP 接口，基于这套接口可以实现程序化交易和行情订阅。这套接口基于 C++ 类库定义了一套方法和数据结构，通过使用和扩展类库提供的接口来实现相关交易功能，包括账号登录/登出、报单与报价的录入、报单与报价的撤销、报单与报价的挂起、报单与报价的激活、报单与报价的修改、报单与报价的查询、成交单查询、投资者查询、投资者持仓查询、合约查询、行情订阅、交易日获取等。该类库包含5个文件，如表0.1所示。

表0.1 类库包含的5个文件

文件名	版本	文件大小/字节	文件描述
Ftdc TraderApi.h	V1.0	6600	交易接口头文件
FtdcUserApiStruct.h	V1.0	45 500	定义了API所需的一系列数据类型的头文件
FtdcUserApiDataType.h	V1.0	36 509	定义了一系列业务相关的数据结构的头文件
thosttraderapi.dll	V1.0	331 776	动态链接库二进制文件
thosttraderapi.lib	V1.0	3562	导入库文件
thostmduserapi.dll	V1.0	376 832	动态链接库二进制文件
thostmduserapi.lib	V1.0	1792	导入库文件

各个业务的请求接口如表0.2所示。

表0.2 各个业务的请求接口

业务类型	业务	请求接口	响应接口	数据流
登录	登录	CThostFtdc TraderApi:: ReqUserLogin	CThostFtdc TraderSpi:: OnRspUserLogin	对话流
	登出	CThostFtdc TraderApi:: ReqUserLogout	CThostFtdc TraderSpi:: OnRspUserLogout	对话流
	修改用户口令	CThostFtdc TraderApi:: ReqUserPasswordUpdate	CThostFtdc TraderSpi:: OnRspUserPasswordUpdate	对话流
交易	报单录入	CThostFtdc TraderApi:: ReqOrderInsert	CThostFtdc TraderSpi:: OnRspOrderInsert	对话流
	报单操作	CThostFtdc TraderApi:: ReqOrderAction	CThostFtdc TraderSpi:: OnRspOrderAction	对话流
	报价录入	CThostFtdc TraderApi:: ReqQuoteInsert	CThostFtdc TraderSpi:: OnRspQuoteInsert	对话流
	报价操作	CThostFtdc TraderApi:: ReqQuoteAction	CThostFtdc TraderSpi:: OnRspQuoteAction	对话流
私有回报	成交回报	N/A	CThostFtdc TraderSpi:: OnRtnTrade	私有流
	报单回报	N/A	CThostFtdc TraderSpi:: OnRtnOrder	私有流
	报单录入错误回报	N/A	CThostFtdc TraderSpi:: OnErrRtnOrderInsert	私有流
	报单操作错误回报	N/A	CThostFtdc TraderSpi: OnErrRtnOrderAction	私有流
查询	报单查询	CThostFtdc TraderApi: ReqQryOrder	CThostFtdc TraderSpi:: OnRspQryOrder	查询流
	成交查询	CThostFtdc TraderApi:: ReqQryTrade	CThostFtdc TraderSpi:: OnRspQryTrade	查询流
	投资者查询	CThostFtdc TraderApi:: ReqQry Investor	CThostFtdc TraderSpi:: OnRspQry Investor	查询流
	投资者持仓查询	CThostFtdc TraderApi:: ReqQry InvestorPosition	CThostFtdc TraderSpi:: OnRspQry InvestorPosition	查询流
	合约查询	CThostFtdc TraderApi:: ReqQryInstrument	CThostFtdc TraderSpi:: OnRspQryInstrument	查询流

有了以上函数接口，我们就可以在实现交易的同时，实时监控账户的资金和持仓情况，从而建立相应的风控管理策略体系。

0.2 结束语

资本市场如果考虑证券经纪的话是一个负和游戏，A 和 B 作为交易的双方互相资本再分配的同时，证券、期货公司和交易所还要征收手续费、佣金、印花税、过户费、利息等交易费用。一个中等交易频率的普通投资者一年的交易费用可能占到其本金的 5%~10%甚至更高。假定一个投资者运气不好也不坏，即猜对明天涨跌的概率五五开，那么其实长远看打败投资者的往往是他自己——一直不断地支付交易成本。

有人说，投资是一个智力游戏，那些足够聪明的人可以在市场上先人一步，做出比其他大多数人更明智的投资决策，所以高智商的投资者总是会赚到钱。笔者认为也不尽然，其实从 1990 年上海证券交易所成立以来，已经 30 多年过去了，在这个市场上曾经出现过许许多多这样那样的"股神"，然而能够长存至今的却寥寥无几。2016 年股灾，从 TOP 前 5 的券商老总到私募一哥纷纷落马，2015 年牛市时活跃的私募如今剩下不足一半，笔者估算了一下，一家新兴私募的平均生存期大约 2 年，在这个行业，"长胜"远比"大胜"难得多。

既然如此，那么如何才能长存于这个市场呢？这就要问一问什么是这个市场上恒久有价值的东西了，那些被市场所倾覆的人们并非不够聪明，而是往往过于聪明以至于总是追逐那些转瞬即逝的价值，这些价值能够带来短时间的暴利，但是也很容易因此而犯错，那些聪明人往往是在这些错误上最终栽了跟头。相反，如果我们能仰赖某些恒久的价值中心，即使这些价值可能无法带来暴利，但只要这些价值不灭，那么建立在这些价值上的我们也不会消亡。获取"长胜"的复利而非一时的暴利是笔者写本书的一个初衷。

因此，建立量化研究体系的意义也明了了：笔者将"量化策略开发"或"量化研究"这个问题拆分成子问题（也就是各个库），子问题再拆分为各个小程序，整个问题的解决将原问题不断拆分为细小的子问题，纵向以树状展开，横向中各个环节相连又构成了循环、在整个系统结构中有相应的生态地位，横向循环也会根据业务场景需要进一步展开形成更加丰富的业务生态，然后我们对每个模块逐个击破。相比传统的策略开发是这样的：人们往往先提出一个策略思想，然后基于这个思想去编程，但是一旦策略被验证为无效，所有编程的精力就全都作废了。这样的研究方法无异于脚踩西瓜皮滑到哪儿算哪儿，或者说大海捞针，在不断试错。然而，世间的错误有千万种，很容易"生也有涯而知也无涯"，最终不断地蹉跎岁月，大多数人就这样在反复试错中灰心丧气，最后放弃了。而对比笔者的研究思想：于笔者而言策略只是最终的果实，并不是最重要的，真正重要的是研究的系统化，即使作为果实的策略没有结出，然而作为整棵树的系统是可以长青的——这就是笔者所说的恒久的价值。只要系统丰富程度不断提高，并且确保每个模块都是解决一个子问题的应对方案，那么就确保了每一次开发都是最终解决策略开发的必要条件，只要我们不断累积必要条件，最终足够多的必要条件的叠加就会形成充分条件，策略开发就趋向于必然会有成果。这样的研究方法可以保证我们不会浪费精力，我们每一次都在向着最终目标进步——只是不确定进步的大小而已，但能够确保最终的成功只是积累数量的问题，或者说将"是否能开发出策略"的问题转化为了"需要多少积累"的问题。当我们积累了足够多的小程序，得到的就不是一个两个策略了，量化研究就变成了模块之间"搭积木"，只要"积木"足够多，就总能搭出我们想要的形状。整个系统可以将一次成功的经验反复复制利用，难的只是从 0 到 1，从 1 到 100 将会飞跃性发展，彼时系统的每一个枝头都将结出果实，那个时候我们将会获得一个又一个丰富而庞大的"策略群"。

最终，我们的目标是：针对不同的行情、历史、事件，不同的投资标的、业务逻辑，都基于统一的量化研究系统，开发出相应的策略。因为我们确保了根本思想的统一性——都是同一套"积木"搭出来的，互相之间自然还可以组合——所以每个策略之间会有内在生态性的联系，因此可以在开放接受外部冲击的同时，确保内在的生态稳定性。只要我们的系统足够复杂，那么建立在系统之上的策略体系就可以更加复杂，最终就能建立起一个应对复杂市场环境、变动的历史行情下的"量化战略投资体系"。

最后用一张图来总结这个体系——见图 0.1。

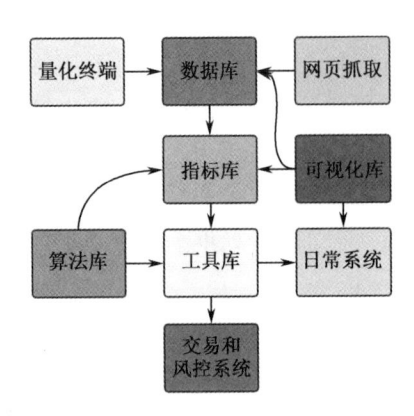

图 0.1 量化投资系统流程图

第1章 数 据 库

本章介绍的数据库主要基于 MySQL，用于存储结构化数据。在本书的体系中，我们将"普通数据库"的结构划分为以下形式：首先，划分为高频数据、非高频数据，高频数据主要有两个类别，分别是期货高频数据和股票高频数据，非高频数据分为股票、期货、期权、基金、混合数据集，其中混合数据集主要指数据量不大、类别丰富，但是每一条或每几条可以单独使用的数据；其次，非高频数据还可以进一步划分为行情交易类数据和非行情交易类数据，比如股票融资融券数据就是行情交易类数据，股票评级数据就是非行情交易类数据。

总体来说，"普通数据库"可以总结为如表 1.1 所示。

表 1.1 "普通数据库"结构

一级分类	二级目录	三级目录
高频数据	期货高频数据	tick 行情数据
		tick 商品指数数据
	股票高频数据	上证 50 股票高频数据
		股指期货高频数据
		股票 tick 高频数据
		股票 order 高频数据
		股票 transaction 高频数据
		股票 queue 高频数据
		股票高频 K 线数据
	其他高频数据	tick 指数行情数据
		tick 利率与上证 50 期权数据
		tick 基金行情数据
非高频数据	股票	股票日频行情数据
		股票资金流向数据
		股票价值估值数据
		股票一致预期数据
		个股评级数据
		个股预测财务数据
		雪球舆情数据
		股票指数权重数据

续表

一级分类	二级目录	三级目录
非高频数据	股票	个股融资融券数据
		股票停复牌数据
		个股交易异动数据
	期货	日频期货行情数据
		日频商品、股指期货指数数据
		日频成交持仓排名数据
		增强型指数数据
		大宗商品数据库
	期权	期权分钟数据及其衍生数据
		分钟 VIX 指数及其衍生数据
	基金	基金日行情数据
		分级基金数据
	混合数据集	外盘指数数据
		基金指数数据
		基准利率数据
		证券结算数据
		投资者统计数据
		股票市场统计数据
		其他

除"普通数据库"外，我们还建立了"深度数据库"，包含股票、基金、宏观、舆情等多个板块的多维数据。具体如表 1.2 所示。

表 1.2 "深度数据库"结构

类别	表名
股票	中国 A 股日行情估值指标
	A 股技术指标
	中国 A 股融资融券交易明细
	中国 A 股融资融券交易汇总
	中国 A 股融资融券标的及担保物
	A 股融资融券费率
	中国 A 股大宗交易数据
	中国 A 股交易异动
	中国 A 股证券交易异动营业部买卖信息
	中国 A 股股东户数
	中国 A 股内部人持股变动（中国 A 股前十大股东）
	中国 A 股流通股东
	中国 A 股重要股东增减持

续表

类　　别	表　　名
股票	中国 A 股内部人交易
	中国 A 股大股东增持计划
	中国 A 股机构持股衍生数据
	中国 A 股资金流向数据
	中国 A 股 Level 2 指标
	中国 A 股股票风格系数
	基金股票风格分类门限值
	中国 A 股盈利预测汇总
	中国 A 股投资评级汇总
	一致预测个股滚动指标
	一致预测指数滚动指标
	A 股行业投资评级
	A 股上市定价预测
	中国 A 股盈利预测明细
	中国 A 股投资评级明细
基金	金融机构资格
	分级基金收益分配
	分级基金条款
	分级基金折算
	中国共同基金份额
	货币基金每天净值收益
	中国共同基金净值
	中国货币市场基金收益
	中国封闭式基金日行情
	中国共同基金停复牌
	中国共同基金业绩比较基准行情
	中国共同基金申购赎回情况
	中国共同基金场内流通份额
	中国 Wind 基金仓位估算
	中国共同基金席位交易
	中国共同基金报告期净值表现
	中国共同基金业绩表现
	中国共同基金基金经理业绩表现
	中国基金指数业绩表现
	中国共同基金第三方评级
	中国共同基金 Wind 基金评级
	中国 Wind 基金指数对应成分板块
	中国共同基金指数行情

续表

类别	表名
基金	中国共同基金指数基本资料
	基金指数对照表
	中国 Wind 基金指数最新成分明细
	ETF 申购赎回
	封闭式基金场内申购赎回
	开放式基金场内申购赎回
	中国券商理财份额
	中国券商理财净值
	中国券商理财（货币式）收益率
	中国券商理财业绩表现
	保险资管净值
	企业年金养老金净值
	中国私募基金净值
	中国私募基金业绩表现
	中国私募基金指数基本资料
	中国私募基金指数行情
	基金子公司资管产品净值
宏观	中国宏观预测综合值
	中国宏观预测明细
	全国行业经济效益指标
舆情	股市正面
	股市负面
	债券正面
	债券负面
	基金正面
	基金负面
	期货正面
	期货负面
	行业正面
	行业负面
	宏观正面
	宏观负面

"普通数据库"主要基于万得量化接口与 MySQL 数据库技术，编写了全套 Matlab 程序用以自动化存储、维护、更新、使用数据库，时间长度最早从 2000-01-04 开始。"深度数据库"包含了时间长度不等的各个表，最早的一些表比如技术指标从证券交易所成立之初就有数据。下面的章节，我们以"普通数据库"为例，讲解数据库自动更新程序的开发和设计。

1.1 股票日频率行情数据下载脚本

本节脚本是基于万得量化接口下载股票日频率行情数据的案例。通过修改万得量化接口中的 WSD 函数的参数，这个案例就可以改成其他数据下载脚本。

程序的整体流程是：查询数据库的最后更新日期，然后从最后更新日期开始更新到最新日期。如果下载中万得量化接口失去响应，则启动循环尝试的程序，否则自动更新直至完成，最后启动下一个数据更新脚本。

如果进入循环尝试的脚本中，则尝试 5 次，若依然下载不成功，则关闭本程序，重新启动 Matlab 程序并再次运行这个脚本；若尝试在 5 次以内成功，则跳出这个脚本继续运行直至完成，最后启动下一个数据更新脚本。

脚本代码如下。脚本的抬头部分是程序的基本信息和脚本功能说明。

```
%程序名称：基于万得量化接口的股票日频率市场数据下载脚本
%开发者：李一邨
%程序功能：本程序在连接 MySQL 数据库后，可以检查数据库中股票的最后更新日期，然后从最后更新日期开始更新日频率市场数据，最后上传 MySQL 数据库
%输入：
%无须数据变量，但需要事先开启 MySQL 服务
%输出：
%没有输出变量，但是会自动更新 MySQL 数据库，同时在开始和结束时刻发送提示邮件
%函数使用示例：无
%联系方式：2975056631@qq.com
```

下面部分是一些下载数据的前期工作，包括清理前一个程序的遗留变量、启动量化接口、连接数据库。

```
%清理前一个程序在 workspace 遗留的变量
clear all
%启动万得量化接口
w=windmatlab
%定义行情数据表的字段名称
cellFieldName={'date','pre_close','open','high','low','close','volume','amt','dealnum',
'chg','pct_chg','swing','vwap','adjfactor','turn','free_turn','lastradeday_s','rel_ipo_chg',
'rel_ipo_pct_chg','trade_status','susp_days','susp_reason','maxupordown'};
%建立数据库连接
objConn=database('stock_daily_market_data','root',...987,'com.mysql.jdbc.Driver',
'jdbc:mysql://127.0.0.1/stock_daily_market_data');
```

在做好数据更新的准备工作之后，接下来要进行数据的更新，首先获取更新日期

及股票代码，然后进行具体的数据更新。

```
%数据更新的最后日期，更新到前一天
end_date=datestr(today-1,'yyyy-mm-dd')
%获取当天的股票代码列表
code_get_str=['date=',end_date,';sectorid=a001010100000000'];
code_new=w.wset('sectorconstituent',code_get_str);
code_new=code_new(:,2)
%查询数据库中的股票列表
strCommandLoad=['show tables'];
stock_list=funcExecuteCommandConfig(strCommandLoad,2,'stock_daily_market_data','127.0.0.1');
%运用正则表达式取出万得的最新股票列表的代码的数字部分
s1=regexpi(code_new,'\d*','match');
%运用正则表达式取出数据库中的股票列表的代码的数字部分
s2=regexpi(stock_list,'\d*','match');
%从最新股票列表中找出新增的代码及其下标 ind
[a,b]=setdiff([s1{:}],[s2{:}])
%从最新的股票列表中根据上述下标找到新增的股票代码
new_stock=code_new(b)
%调用邮件，提示股票日行情更新程序开始。matlab_send@163.com 中将会收到开始邮件
matlab_email_send('stock_market_data_to_sql 开始更新！','','matlab_xxxx@163.com',[],'matlab_xxxx@163.com','000000')
```

下面以新增挂牌股票的更新为例进行演示。

```
%开始数据更新。这一部分用来进行新增挂牌股票的更新。
for i=1:length(new_stock)
%提示新增挂牌股票的数量
    display(['market_daily_data 新增',num2str(i)])
%获取股票代码的两部分：数字和交易所标签
    reg_split=regexpi(new_stock{i},'\.','split')
%将代码两部分重新组合，作为这张表的表名。这么做是因为"."无法在 MySQL 数据库中作为表名的组成部分
    temp_table_name=[reg_split{2},reg_split{1}]
%调用万得量化接口的 WSD 函数，获取特定股票的日行情数据
    [temp_data,~,~,time]=w.wsd(new_stock{i},'pre_close,open,high,low,close,volume,amt,dealnum,chg,pct_chg,swing,vwap,adjfactor,turn,free_turn,lastradday_s,rel_ipo_chg,rel_ipo_pct_chg,trade_status,susp_days,susp_reason,maxupordown…,'2000-01-04',end_date,'Fill=Previous','PriceAdj=F');
%万得量化接口的稳定性是有限度的，在连续调用的情况下，会有偶尔几次响应无效，此时调用 repeat_and_quit 函数来补救
    if strcmp(temp_data,'CWSDService: corrupted response.')
        temp_data=repeat_and_quit(w,temp_data,new_stock{i},[],code_new,
```

```
'2000-01-04',end_date, 'stock_daily_market_data', 'stock_market_data_to_sql.bat',
'pre_close,open,high,low,close,volume,amt,dealnum,chg,pct_chg,swing,vwap,adjfactor,
turn,free_turn,lastradeday_s,rel_ipo_chg,rel_ipo_pct_chg,trade_status,susp_days,
susp_reason,maxupordown')
    end
```

上面代码中，当判断响应无效后调用 repeat_and_quit，这个函数的功能是重新调用 5 次 WSD 函数来获取股票数据。如果连续 5 次依然响应无效，则关闭 Matlab 程序重新启动一次。输入参数包括量化接口对象 w、存储数据的变量 temp_data、目标股票 new_stock{i}、最新股票列表 code_new、起始时间 2000-01-04、终止时间 end_date、目标数据库 stock_daily_market_data、重启程序的批文件 stock_market_data_to_sql.bat，最后是目标股票的数据字段。

接下来下载对应的数据。

```
%判断下载的数据 temp_data 中每个单元格的类型
    class_name=cellfun(@class,temp_data,'Uniform',false);
%找出其中数据类型为 double 的索引
    class_ind=ismember(class_name,'double');
%将索引转换为下标向量
    class_ind_vec=find(class_ind);
%将 temp_data 中下标向量为 nan 的下标找出
    nan_ind=find(isnan(cell2mat(temp_data(class_ind_vec))));
%将 temp_data 中数据类型为 double 的元素中存在 nan 的全部赋值为 0
    temp_data(class_ind_vec(nan_ind))={0};
%增加一列日期
    temp_data=[cellstr(datestr(time,'yyyy-mm-dd')),temp_data];
%判断第 17 列是否为 char 类型，排除 double 类型的数据，并返回判断的逻辑值
temp_char_loc=ismember(cellfun(@class,temp_data(:,17),'UniformOutput',false),
'char');
%用正则表达式取出第 17 列的日期数据
    tt=regexp(temp_data(temp_char_loc,17),'\d*/\d*/\d*','match');
%将取出的日期数据重新赋给 temp_data。这么做的原因：在某些万得版本中第 17 列的日期数据实际的数据类型是被两层元胞包裹的 char，即{{日期(char)}}，这样的数据是无法直接在下面调用的 datainsert 中上传的，因为 datainsert 只能上传{日期(char)}，即只包裹了一层元胞的字符串。所以通过 tt{:}取出日期再存回，本质上是去掉了一层元胞。如果使用者的万得接口没有这个问题，可以注释掉这几行
    temp_data(temp_char_loc,17)=[tt{:}]';
%创建新股票的表的语句
    strCommandLoad=['create table ',temp_table_name,' (update_time timestamp
NULL DEFAULT CURRENT_TIMESTAMP,date varchar(50),pre_close numeric(30,15),open
numeric(30,15), high numeric(30,15),low numeric(30,15),close numeric(30,15),
volume numeric(30,15), amt numeric(30,15),dealnum int,chg numeric(30,15),pct_chg
numeric(30,15),swing numeric(30,15),vwap numeric(30,15),adjfactor numeric(30,15),
```

```
turn numeric(30,15), free_turn numeric(30,15),lastradeday_s varchar(50),rel_ipo_chg
numeric(30,15), rel_ipo_pct_chg numeric(30,15),trade_status varchar(50),susp_days
int,susp_reason varchar(200),maxupordown int,unique (date))'];
    %执行创建新表的语句
        A=funcExecuteCommand_config(strCommandLoad,2, 'stock_daily_market_data',
'127.0.0.1');
    %向 MySQL 数据库上传数据
        datainsert(objConn,temp_table_name,cellFieldName,temp_data);
    end
```

这一部分用于更新已经挂牌的股票的数据，包括取出股票列表的数字部分、循环 MySQL 数据库中的历史股票列表、提示历史挂牌股票的更新进度、找到目标股票的最后更新日期、下载目标股票从最后更新日期至 end_date 的数据。

```
%取出股票列表的数字部分
    code_new_mod=regexpi(code_new,'\d*','match');
%循环 MySQL 数据库中的历史股票列表
    for i=1:length(stock_list)
%提示历史挂牌股票的更新进度
        display(['market_daily_data 持续更新',num2str(i)])
%从 MySQL 数据库中的股票列表定位最新股票列表中相应股票的下标
    loc=find(ismember([code_new_mod{:}],regexpi(stock_list{i},'\d*','match')));
%找到目标股票的最后更新日期
    temp_end_date=funcExecuteCommand_config(['select date from ',stock_list{i},
'order by date desc limit 1'],2,'stock_daily_market_data','127.0.0.1');
%下载目标股票从最后更新日期至 end_date 的数据
        [temp_data,~,~,time]=w.wsd(code_new{loc},'pre_close,open,high,low,close,
volume,amt,dealnum,chg,pct_chg,swing,vwap,adjfactor,turn,free_turn,lastradeday_s,
rel_ipo_chg,rel_ipo_pct_chg,trade_status,susp_days,susp_reason,maxupordown',datestr
(datenum(temp_end_date)+1,...yyyy-mm-dd),end_date,'Fill=Previous','PriceAdj=F');
```

在下载的时候，有些情况需要进行相应的处理，比如数据已经更新到最新，或者没有数据、指标无效、股票已经摘牌，或者接口异常等，具体见下面的代码。

```
%判断下载的数据是否为 No data，这种情况或者是已经更新到最新，或者是目标股票的确没有交易行情
数据，所以直接跳过
    if strcmp(temp_data,'CWSDService: No data.')
        continue;
    end
%跳过无效指标的股票，这种情况应对已经摘牌的股票
    if strcmp(temp_data,'CWSDService: invalid indicators.')
        continue;
    end
%如果报"响应打断"的错误，往往是因为万得量化接口失去响应，这时需要关闭接口重新打开再下载数据
```

```
        if strcmp(temp_data,'CWSDService: corrupted response.')
%为了应对"响应打断"的错误,调用 repeat_and_quit 来重新下载数据
        repeat_and_quit(w,temp_data,stock_list{i},code_new_mod,code_new, '2000-01-
04',end_date, 'stock_daily_market_data', 'stock_market_data_to_sql.bat', 'pre_close,
open,high,low,close,volume,amt,dealnum,chg,pct_chg,swing,vwap,adjfactor,turn,
free_turn, lastradeday_s,rel_ipo_chg,rel_ipo_pct_chg,trade_status,susp_days,susp_reason,
maxupordown')
        end
```

上面代码中的 repeat_and_quit 函数,用于在万得响应无效的时候启动尝试下载的模式。后面在本数据更新程序的最后,会详细对这一程序进行介绍。下面接着介绍本程序中进行数据上传之前的准备代码,具体如下。

```
%获取下载数据各个元素的数据类型
class_name=cellfun(@class,temp_data,'Uniform',false);
%判断元素为 double 的数据类型,获得相应的元素索引
class_ind=ismember(class_name,'double');
%将索引转换为下标向量
class_ind_vec=find(class_ind);
%将 temp_data 中下标向量为 nan 的下标找出
nan_ind=find(isnan(cell2mat(temp_data(class_ind_vec))));
%将 temp_data 中数据类型为 double 的元素中存在 nan 的全部赋值为 0
temp_data(class_ind_vec(nan_ind))={0};
%增加一列日期
temp_data=[cellstr(datestr(time,...yyyy-mm-dd')),temp_data];
```

同前面程序注释中说明的,有些万得版本中的第 17 列数据无法直接在下面调用的 datainsert 中上传,所以通过 tt{:} 取出日期再存回,去掉一层元胞。如果使用者的万得接口没有这个问题,可以注释掉下面这几行代码。

```
        %判断第 17 列是否为 char 类型,排除 double 类型的数据,并返回判断的逻辑值
        temp_char_loc=ismember(cellfun(@class,temp_data(:,17),'UniformOutput',false),
'char');
        %用正则表达式取出第 17 列的日期数据
        tt=regexp(temp_data(temp_char_loc,17),'\d*/\d*/\d*', 'match');
        %将取出的日期数据重新赋给 temp_data
        temp_data(temp_char_loc,17)=[tt{:}]';
```

接下来向 MySQL 数据库上传数据,数据更新结束之后,发送邮件提示程序更新结束,并且关闭万得量化接口和数据库。

```
        %向 MySQL 数据库上传数据
        datainsert(objConn,stock_list{i},cellFieldName,temp_data);
        end
        %发送邮件,提示 stock_market_data_to_sql 数据更新结束
```

```
      matlab_email_send('stock_market_data_to_sql 更新结束!', '', 'matlab_xxxx@163.com',
[], 'matlab_xxxx@163.com', '000000')
      %关闭万得量化接口
      w.close
      %关闭 stock_market_data_to_sql 数据库
close(objConn)
%启动股票资金流向数据更新脚本
stock_capital_direction_to_sql
```

前面代码中有一个 repeat_and_quit 函数,用于在万得响应无效的时候启动尝试下载的模式。代码如下。

```
%程序名称:基于万得量化数据接口的股票数据重启下载程序
%开发者:李一邯
%程序功能:本程序在万得量化接口响应中断时被调用,重复调用 5 次万得接口,如果始终未能改变响应打断的问题,则关闭 Matlab 程序,然后重新运行下载脚本。本程序有两种调用方式:既可以重启下载新增挂牌股票的数据,也可以重启下载 MySQL 数据库中已有的数据。同时,由于不同股票数据下载参数不同,故特别区别了 stock_expectation 数据和 stock_forecast_assess 数据
%输入:
%万得量化接口的对象 w、存储数据的变量 temp_data(返回 CWSDService: corrupted response. 的错误)...
%目标股票 stock_list、修改为数据库表名的股票代码 code_new_mod、万得的股票代码 code_new、下载起始日期 start_date...
%终止日期 end_date、上传的目标数据库 objConn、5 次重启失败后重新运行的目标脚本 script、万得量化接口的下载字段 wstring
%输出:
%所需下载的股票数据
%函数使用示例:
%下载新增挂牌股票的数据
%repeat_and_quit(w,temp_data,new_stock{i},[],code_new,'2000-01-04',end_date,...
%'stock_daily_market_data', 'stock_market_data_to_sql.bat', 'pre_close,open,high,low,close,volume,...
%amt,dealnum,chg,pct_chg,swing,vwap,adjfactor,turn,free_turn,lastradeday_s,rel_ipo_chg,rel_ipo_pct_chg,trade_status,susp_days,susp_reason,maxupordown')
%或者
%下载数据库中已有的数据
%repeat_and_quit(w,temp_data,stock_list{i},code_new_mod,code_new,'2000-01-04',...
%end_date,'stock_daily_market_data', 'stock_market_data_to_sql.bat','pre_close,open,high,low,close,...
%volume,amt,dealnum,chg,pct_chg,swing,vwap,adjfactor,turn,free_turn,lastradeday_s,rel_ipo_chg,rel_ipo_pct_chg,trade_status,susp_days,susp_reason,maxupordown')
%联系方式:2975056631@qq.com

Function temp_data=repeat_and_quit(w,temp_data,stock_list,code_new_mod,code_
```

```
new,start_date,end_date,objConn,script,wstring)
    %记录重新尝试登录万得的次数,从0开始
        times=0;
    %判断是否为"响应打断",如果依然是,则再判断重新连接次数是否小于或等于5
        while (strcmp(temp_data,'CWSDService: corrupted response.') && times<=5)
            %关闭万得量化接口
            w.close
            %等待3秒
            pause(3)
            %重新连接万得量化接口
            w=windmatlab
            %判断是否正在下载stock_expectation数据,这类数据的下载函数输入参数需要额外设置
            if strcmp(objConn,'stock_expectation')
                %判断下载的是新增挂牌股票还是数据库中已经存在的股票
                if ~isempty(code_new_mod)
                    %如果是数据库中已经存在的股票,找到其在最新股票列表里的索引


                    loc=find(ismember([code_new_mod{:}],regexpi(stock_list,'\d*',
'match')));
                    %查询这只股票的最后更新日期
                    temp_end_date=funcExecuteCommand_config(['select date from',
stock_list,' order by date desc limit 1'],2,objConn,'127.0.0.1');
                    %下载从最后更新日期至end_date的数据
                    [temp_data,~,~,time]=w.wsd(code_new{loc},wstring,datestr
(datenum(temp_end_date)+1,'yyyy-mm-dd'),end_date,'westPeriod=180','unit=1','Fill=Previous');
                else
                    %如果是新增股票,则从start_date开始下载至end_date
                    [temp_data,~,~,time]=w.wsd(stock_list,wstring,datestr
(datenum(start_date)+1,'yyyy-mm-dd'),end_date,'westPeriod=180','unit=1','Fill=Previous');
                end
                %判断是否正在下载stock_forecast_assess数据,这类数据的下载函数输入参数需要额外设置
            elseif strcmp(objConn,'stock_forecast_assess')
                if ~isempty(code_new_mod)
                    %如果是数据库中已经存在的股票,找到其在最新股票列表里的索引
                    loc=find(ismember([code_new_mod{:}],regexpi(stock_list,'\d*',
'match')));
                    %查询这只股票的最后更新日期
                    temp_end_date=funcExecuteCommand_config(['select date from',
stock_list,'order by date desc limit 1'],2,objConn,'127.0.0.1');
                    %下载从最后更新日期至end_date的数据
                    [temp_data,~,~,time]=w.wsd(code_new{loc},wstring,datestr
(datenum(temp_end_date)+1, 'yyyy-mm-dd'),end_date, 'unit=1', 'currencyType=', 'Fill=
```

```
Previous','PriceAdj=F');
                else
                    %如果是新增股票,则从 start_date 开始下载至 end_date
                    [temp_data,~,~,time]=w.wsd(stock_list,wstring,datestr
(datenum(start_date)+1,'yyyy-mm-dd'),end_date,'unit=1','currencyType=','Fill=Previous',
'PriceAdj=F');
                end

            else
                %其他一般的不需要特别设置参数的数据下载情况
                %判断下载的是新增挂牌股票还是数据库中已经存在的股票
                if ~isempty(code_new_mod)
                %如果是数据库中已经存在的股票,找到其在最新股票列表里的索引
                    loc=find(ismember([code_new_mod{:}],regexpi(stock_list, '\d*',
'match')));
                %查询这只股票的最后更新日期
                    temp_end_date=funcExecuteCommand_config(['select date from',
stock_list,'order by date desc limit 1'],2,objConn,'127.0.0.1');
                %下载从最后更新日期至 end_date 的数据
[temp_data,~,~,time]=w.wsd(code_new{loc},wstring,datestr(datenum (temp_end_date)+1,
'yyyy-mm-dd'),end_date,'Fill=Previous','PriceAdj=F');
                else
                    %如果是新增股票,则从 start_date 开始下载至 end_date
                    [temp_data,~,~,time]=w.wsd(stock_list,wstring,datestr(datenum(start_
date)+1,'yyyy-mm-dd'),end_date,'Fill=Previous','PriceAdj=F');
                end

            end

            %如果依然"响应打断",计数增加 1
            times=times+1;

        end
        %如果计数超过 5,则退出 while 循环,打开 bat 文件,开启一个新的 Matlab 程序,再次运
行下载
        winopen(script)
        %退出本程序
        Quit
```

如果连续尝试 5 次依然显示万得响应无效,repeat_and_quit 函数会启动批文件脚本并关闭本脚本。bat 文件的代码如下:

```
rem 启动 Matlab 程序并转换路径到相应的目录下最后启动脚本
start matlab.exe -r "cd 'C:\程序\数据更新程序';run('C:\程序\数据更新程序\stock_
market_data_to_sql.m') "
```

1.2 期货成交持仓排名数据下载脚本

1.1 节中的代码是调用 WSD 类型的数据的案例，在万得量化接口中还有一种数据集类型的数据是通过 WSET 函数来下载的。我们以下载期货的成交持仓排名数据为案例来讲解。整个程序的逻辑是：首先从数据库查询最后更新日期，在万得量化接口获取未下载数据的日期列表，然后遍历三大商品期货交易所的板块、调用 WSET 函数获取商品期货合约列表，并遍历下载每个商品期货品种的成交持仓排名数据，之后整理数据的结构，最后上传到数据库。对于金融期货模块也是一样的，只是只下载中金所金融期货板块而已。具体代码如下。

```
%程序名称：基于万得量化接口的期货成交持仓排名数据下载脚本
%开发者：李一邨
%程序功能：本程序在连接 MySQL 数据库后，可以检查数据库中的期货成交持仓排名数据的最后更新日期，然后从最后更新日期开始更新期货成交持仓排名数据，最后上传 MySQL 数据库
%输入：
%无须数据变量，但需要事先开启 MySQL 服务
%输出：
%没有输出变量，但是会自动更新 MySQL 数据库，同时在开始和结束时刻发送提示邮件
%函数使用示例：无
%联系方式：2975056631@qq.com
```

首先需要做更新数据之前的准备工作，包括清空上一程序遗留在 workspace 的变量、启动量化接口、发送提示邮件等。

```
%清空所有 workspace 的变量
clear all
%启动万得量化接口
w=windmatlab
%发送邮件提示期货合约持仓排名开始下载
matlab_email_send('期货合约持仓排名开始更新！', '', 'matlab_xxxx@163.com',[], 'matlab_xxxx@163.com', '000000');
%记录期货合约持仓排名的字段
cellFieldName={'date','variety','ranks','member_name','long_position','long_position_increase', 'long_potion_rate', 'short_position', 'short_position_increase', 'short_position_rate', 'net_long_position', 'net_long_position_increase', 'net_short_position', 'net_short_position_increase', 'net_position_rate', 'vol', 'vol_increase', 'vol_rate'};
%打开期货合约持仓排名的数据库
objConn=database('liyicun', 'root', '987', 'com.mysql.jdbc.Driver', 'jdbc:mysql://127.0.0.1/liyicun');
%查询期货合约持仓排名表中的日期序列的语句
strCommandLoad=['select distinct(date) from vol_int_rank'];
%查询期货合约持仓排名表中的日期序列
```

```
date=funcExecuteCommand_liyicun(strCommandLoad,2);
%获取万得量化接口中交易日期的序列
tdays_data=w.tdays('2004-01-01',datestr(today-1));
%将数据库中的日期序列和交易所的日期序列做差集，获得未更新的日期序列
date_list=setdiff(cellstr(datestr(tdays_data,'yyyy/mm/dd')),cellstr(datestr(date,'yyyy/mm/dd')));
%分别为郑商所、大商所、上期所的板块代码
str={'a599010201000000';'a599010301000000';'a599010401000000'};
```

接下来开始具体的数据下载，包括下载日期、期货合约代码的获取、合约列表的初始化、参数的设定、合约代码的处理、品种名称的处理。

```
%下载
%循环下载日期序列
for i=1:length(date_list)

date=date_list{i}
%初始化品种变量
commodity_future_variety=[];
%初始化合约列表
code=[];
%遍历三个交易所的板块，获得所有期货合约的代码
for k=1:3
%初始化存储合约的变量
variety=[];
%指定下载日期和下载板块的参数
v_str=['date=',date,';sectorid=',str{k}];
%调用万得 WSET 函数下载相应板块的品种合约
variety=w.wset('sectorconstituent',v_str);
%取出期货合约代码
variety=variety(:,2);
%初始化重新组合的代码变量
temp_f=[];
for p=1:size(variety,1)
%用正则表达式取出合约的月份数字的起止下标
[s,e]=regexpi(variety{p},'\d*','start','end');
%将合约的月份信息去掉，获得品种信息
temp_f{p,1}=[variety{p}(1:s-1),variety{p}(e+1:end)];
%获得品种名称
temp_code{p,1}=variety{p}(1:s-1);
end
%去掉重复的品种代码
temp_f=unique(temp_f);
%去掉重复的品种名称
temp_code=unique(temp_code);
%记录品种代码
```

```matlab
commodity_future_variety=[commodity_future_variety;temp_f];
%记录品种名称
code=[code;temp_code];
end
```

在以上两步准备工作完成之后,下面正式开始数据的下载和保存。

```matlab
%初始化下载数据的保存变量
temp_rank_struct=[];
%循环下载每一个品种合约
for j=1:size(commodity_future_variety,1)
%指定起止日期、品种关键字、下载字段
rank_str=['startdate=',date,';enddate=',date,';varity=',commodity_future_variety{j},';wind_code=all;member_name=all;order_by=long'];
%调用万得的WSET函数下载成交持仓排名
[temp_rank_data,~,rank_field,rank_time]=w.wset('futureoi',rank_str);
%初始化存储的表格类型变量
temp_table=[];
%判断存储是否为空
if ~(sum(size(temp_rank_data))==2)
%将下载的数据格式转换为表格
temp_table=cell2table(temp_rank_data,'VariableNames',rank_field);
%将日期的月、日转化为两位
temp_table.date=datestr(table2cell(temp_table(:,1)),'yyyy/mm/dd');
%以品种名称为域名保存数据为结构体
temp_rank_struct.(code{j})=temp_table;
end
end
```

在下载完数据后,将所获得的数据上传到数据库。在上传之前,同样需要做一些准备工作,包括获得品种名称、初始化上传变量、清洗数据等。

```matlab
%上传
%获得所有的品种名称
temp_code=fieldnames(temp_rank_struct);
%初始化上传变量
tot_ready_data=[];
%循环所有品种名称
for j=1:length(temp_code)
%将品种的数据转化为cell数组
temp_data=table2cell(temp_rank_struct.(temp_code{j}));
%找出数据中的nan空元素
ind=cellfun(@isnan,temp_data,'UniformOutput',false);
%将所有数字列取出
part_temp=temp_data(:,[2,4:end]);
%将数字列的空元素全部赋值为0
part_temp(cell2mat(ind(:,[2,4:end])))={0};
```

```
%将数据的结构重新组合并增加品种名称的列
    ready_data=[temp_data(:,1),repmat(temp_code(j),size(temp_data,1),1),part_
temp(:,1),temp_data(:,3),part_temp(:,2:end)];
%将所有数据存储在一个cell列表里
    tot_ready_data=[tot_ready_data;ready_data];
    end
```

下面进行数据的上传,首先将数据库中的日期序列和交易所的日期序列做差集,获得未更新的日期序列,可以通过下面的代码实现。

```
%上传数据
    datainsert(objConn,'vol_int_rank',cellFieldName,tot_ready_data);
    end
%%
%查询金融期货合约持仓排名表中的日期序列的语句
strCommandLoad=['select distinct(date) from vol_int_rank_fin'];
%查询金融期货合约持仓排名表中的日期序列
date=funcExecuteCommand_liyicun(strCommandLoad,2);
%从万得量化接口获取从2010-04-16开始至今的所有交易日列表,也即从股指期货上市开始至今
tdays_data=w.tdays('2010-04-16',datestr(today-1,'yyyy/mm/dd'));
%将数据库中的日期序列和交易所的日期序列做差集,获得未更新的日期序列
date_list=setdiff(cellstr(datestr(tdays_data,'yyyy/mm/dd')),cellstr(datestr
(date,'yyyy/mm/dd')));
%中金所的板块代码
str='a599010101000000';
```

在获取未更新的日期序列后,接下来通过遍历对应日期,对未更新的日期进行数据更新,并保存数据。

```
%遍历未下载的日期列表
    for i=1:length(date_list)
%下载
       date=date_list{i}
%初始化品种合约变量
       fin_future_variety=[];
%初始化品种名称变量
       code=[];
%初始化存储数据的变量
       variety=[];
%指定日期和板块代码
       v_str=['date=',date,';sectorid=',str];
%调用万得量化接口的WSET函数下载金融期货品种合约代码数据
       variety=w.wset('sectorconstituent',v_str);
%取出金融期货合约的代码
       variety=variety(:,2);
%初始化品种代码的存储变量
```

```matlab
    temp_f=[];
    for p=1:size(variety,1)
        %用正则表达式取出金融期货品种合约的月份部分的起止时间
        [s,e]=regexpi(variety{p},'\d*','start','end');
        %将金融期货合约代码去掉月份重新组合为金融品种合约代码
        temp_f{p,1}=[variety{p}(1:s-1),variety{p}(e+1:end)];
        %取出金融品种的名称
        temp_code{p,1}=variety{p}(1:s-1);
    end
%去掉重复的金融品种代码
    fin_future_variety=unique(temp_f);
%去掉重复的品种名称
    code=unique(temp_code);

%初始化下载数据的保存变量
    temp_rank_struct=[];
%遍历所有金融期货品种合约
for j=1:size(fin_future_variety,1)
%指定下载成交持仓排名的起止日期、品种合约、相应的字段
rank_str=['startdate=',date,';enddate=',date,';varity=',fin_future_variety{j},';wind_code=all;member_name=all;order_by=long'];
%调用万得量化接口下载金融期货品种的成交持仓合约排名
[temp_rank_data,~,rank_field,rank_time]=w.wset('futureoi',rank_str);
%初始化表格类型的数据存储遍历
temp_table=[];
%判断下载的数据是否为空
if ~(sum(size(temp_rank_data))==2)
%将cell数组的数据转化为表格类型
temp_table=cell2table(temp_rank_data,'VariableNames',rank_field);
%将日期列的月、日格式转化为两位
temp_table.date=datestr(temp_table.date,'yyyy/mm/dd');
%以品种名称为域名,将数据存储为结构体
temp_rank_struct.(code{j})=temp_table;
end
end

%上传
%取出品种名称
temp_code=fieldnames(temp_rank_struct);
%初始化上传变量
tot_ready_data=[];
%循环所有品种名称
for j=1:length(temp_code)
```

```
%将品种的数据转化为 cell 数组
temp_data=table2cell(temp_rank_struct.(temp_code{j}));
%找出数据中的 nan 空元素
ind=cellfun(@isnan,temp_data,'UniformOutput',false);
%将所有数字列取出
part_temp=temp_data(:,[2,4:end]);
%将数字列的空元素全部赋值为 0
part_temp(cell2mat(ind(:,[2,4:end])))={0};
%将数据的结构重新组合并增加品种名称的列
ready_data=[temp_data(:,1),repmat(temp_code(j),size(temp_data,1),1),part_temp(:,1),temp_data(:,3),part_temp(:,2:end)];
%将所有数据存储在一个 cell 列表里
tot_ready_data=[tot_ready_data;ready_data];
end
%上传数据
datainsert(objConn,'vol_int_rank_fin',cellFieldName,tot_ready_data);
end
```

数据上传完毕后，可以再进行一些收尾的工作，比如发送数据更新完毕的通知，最后不要忘记关闭万得量化接口。

```
%发送邮件提示期货合约成交持仓排名数据更新完毕
matlab_email_send('期货合约持仓排名更新结束！', '', 'matlab_xxxx@163.com',[],
'matlab_xxxx@163.com','000000');

%关闭万得量化接口
    w.close
%关闭数据库接口
close(objConn)
```

1.3　EDB 数据下载案例

万得量化接口中还有一个十分重要的板块，那就是 EDB 经济数据库。EDB 经济数据库比起高频数据库数据量很小，但是数据的条目众多，涵盖了中国宏观经济数据库、行业经济数据库、大宗商品经济数据库、世界宏观经济数据库等方面。我们以大宗商品数据库为例，介绍构建一个完整的 EDB 数据库需要的技术和方法。

首先，我们需要获得如图 1.1 所示目录。

在万得的大宗商品数据库中，所有的指标都是标准的四级目录结构。以图 1.1 中的"非金属建材"为例，它的二级目录有"上游""中游""下游"，三级目录有"原油价格""石脑油价格""乙烯价格"等。对比图 1.2 所示目录结构可知，图 1.1 中的文件名与万得客户端目录结构一一对应。

图 1.1　大宗商品数据库的目录结构　　　　图 1.2　万得的大宗商品数据库

我们打开上述例子中的 Excel 表格，可以看到如图 1.3 所示的指标字段结构。第一行表头显示了"指标名称""频率""单位""起始时间""结束时间""更新时间""来源""国家""指标 ID"9 个字段。其中"指标名称"就是最终四级目录的叶节点。

图 1.3　指标字段结构

如果想通过万得量化接口来下载叶节点的数据，则图 1.3 所示的 Excel 表格中的"指标 ID"等字段就是必要的了，所以我们先在 Matlab 中编写一个脚本来遍历上述存储了大宗商品数据库的目录结构的 Excel 表格，从而获取下载字段。下面对程序进行详细介绍。

%程序名称：基于万得量化接口的 EDB 数据的元数据读取程序
%开发者：李一邨
%程序功能：从存储了 EDB 数据的元数据的 Excel 表中读取元数据并集合在一个 cell 数组中
%输入：
%无须数据变量，但是需要在工作路径中存在所有存储了 EDB 数据的元数据的 Excel 表
%输出：

```
%输出变量为保存了所有EDB数据的元数据的cell数组
%函数使用示例：无
%联系方式：2975056631@qq.com
```

获取 Excel 表中的字段的代码如下，内容包括获取当前目录的所有 Excel 表格、删除非必要的行、取出所有的文件名、初始化存储字段的变量、循环遍历所有的 Excel 表格。

```
%获取当前目录的所有Excel表格
path=dir
%删除非必要的行
path=path(3:end)
%取出所有的文件名，即目录的层级结构
xls_name={path.name}'
%初始化存储字段的变量
tot=cell(0,9)
%循环遍历所有的Excel表格
for i=1:length(xls_name)
%提示读取表格的进度
    i
%读取目标Excel表格
[NUM,TXT,RAW]=xlsread(xls_name{i});
%跳过表头，取出末尾"万得资讯"的来源标记
temp=TXT(2:end-2,1:9);
%汇总记录
tot=[tot;temp];
%关闭残留的Excel进程
KillExcelPID
end
```

上述代码中有一个 KillExcelPID 函数，用来关闭 Excel 的残留进程，具体代码如下。

```
function KillExcelPID
%每使用一次xlsread xlswrite函数，Matlab都会在后台打开一个Excel的进程
%多次使用xlsread xlswrite后需要把后台的Excel进程kill掉，否则可能会导致Matlab调用xlsread xlswrite出错
[~, computer]=system('hostname');
[~, user]=system('whoami');
%查看现在的所有任务
[~, alltask]=system(['tasklist /S ', computer, ' /U ', user]);
%通过正则表达式取出Excel的残留进程，并获取进程标识符
excelPID=regexp(alltask, 'EXCEL.EXE\s*(\d+)\s', 'tokens');
for i=1 : length(excelPID)
    %将进程标识符转为double格式
```

```
        killPID = cell2mat(excelPID{i});
        %关闭相应的进程
        system(['taskkill /f /pid ', killPID]);
end
```

下面介绍的是调用万得 EDB 函数并保存下载数据的案例，代码如下。

```
%程序名称：EDB 数据下载程序
%开发者：李一邨
%程序功能：加载上次未完成的 EDB 数据，然后从元数据列表中找到上次的终止位置，顺次向下继续下载数据，将下载的数据保存在结构体中，最后保存为.mat 文件
%输入：
%无须数据变量，但需要加载上次未下载完成的 EDB 数据
%输出：
%没有输出变量，但是会保存.mat 形式的 EDB 数据
%函数使用示例：无
%联系方式：2975056631@qq.com


%加载上次未完成的大宗商品数据库的数据
load('edb_data_set.mat')
%连接万得量化接口
w=windmatlab
%指定下载的结束日期为昨天
end_date=datestr(today-1,'yyyy-mm-dd')
%查询目前大宗商品数据库的数据条数
loc=length(edb_data_set)
%遍历事先存储的目录
for i=loc:length(tot)
    i
%调用万得的 EDB 函数，需要输入的字段分别为 ID、起始日期、终止日期
[data,code,field,time]=w.edb(tot{i,9},tot{i,4},end_date,'Fill=Previous');
%将指标名称赋值给存储数据的变量
edb_data_set{i,1}=tot{i,1};
%用结构体存储目录结构的字段
%存储指标名称
temp_struct.name=tot{i,1};
%存储指标的频率
temp_struct.freq=tot{i,2};
%存储指标的单位
temp_struct.unit=tot{i,3};
%存储指标的起始日期
temp_struct.start_date=tot{i,4};
%存储指标的终止日期
temp_struct.end_date=datestr(time(end));
```

```
%存储本次更新日期
temp_struct.update_date=datestr(today);
%存储指标来源
temp_struct.source=tot{i,7};
%存储指标的国别
temp_struct.nation=tot{i,8};
%存储指标的万得ID
temp_struct.code=tot{i,9};
%判断数据是否是double类型
if strcmp(class(data),'double')
    %如果是double类型,则保存到临时变量中
    temp_struct.data=data;
else
    %如果不是,则打印提示,并中断程序
    display('data type isn"t correct.')
    break
end
%存储指标的域名
temp_struct.field=field;
%存储指标的时间序列标签
temp_struct.time=time;
%将临时变量保存到最终的存储变量中
edb_data_set{i,2}=temp_struct;
end
%保存本次更新的所有数据
save edb_data_set
```

1.4 高频数据下载案例

万得量化接口中也允许提取高频数据,但是高频数据的数据量很大,一般通过单个接口提取的速度是有限的,且万得限制只能提取最近7个交易日的数据。所以,我们一般只用万得量化接口提取相对比较频繁使用的高频数据,比如,股票当中上证50指数的成分股使用十分频繁,因此我们以下载上证50指数的成分股作为案例,介绍高频数据WST等接口函数的用法。

```
%程序名称:基于万得量化接口的上证50指数成分股的高频数据下载脚本
%开发者:李一邨
%程序功能:从数据库读取上次上证50指数成分股的最后更新日期,然后下载最多近7天的交易日高频数据,整理为结构体,保存为.mat文件。启动上传数据的函数,将结构体重新整理为cell数组,然后上传至MySQL数据库
```

```
%输入:
%无须数据变量,但是需要开启 MySQL 服务
%输出:
%输出变量为保存了本次下载最多 7 个交易日的上证 50 指数成分股的高频数据的.mat 文件
%函数使用示例:无
%联系方式: 2975056631@qq.com

%清空 workspace 变量
clear all
%连接万得量化接口
w=windmatlab
%发送邮件,提示上证 50 指数成分股高频开始更新
matlab_email_send('上证 50 指数成分股高频数据开始更新!', '', 'matlab_send@163.com',[],
'matlab_send@163.com', 'matlab0987654321');

%获得 20160217 的上证 50 指数的成分股
w_wset_data=w.wset('SectorConstituent','date=20160217;windcode=000016.SH')
%取出股票代码
code=w_wset_data(:,2)
%获得近 30 天的日期
[tdays_date,~,~,tdays_time]=w.tdays(datestr(today-30),datestr(today-1));
%获得 Matlab 时间计数单位的 9 个小时的数值
inter_start=datenum('2016-2-16 9:00')-datenum('2016-2-16')
%获得 Matlab 时间计数单位的 15.5 个小时的数值
inter_end=datenum('2016-2-16 15:30')-datenum('2016-2-16')
%获得最近 1 个时间点的语句
str=['select time from sh600000 order by time desc limit 1']
%执行并获得最近 100 个时间点
structDataOut=funcExecuteCommand_HighFreqData(str,2)
%获得最后更新日次日的日期
start_date=datestr(structDataOut{1}+1,'yyyy/mm/dd')
%获得从最后更新日次日到昨天的交易日期
[tdays_date,~,~,tdays_time]=w.tdays(start_date,datestr(today-1));
%判断未更新的交易日是否大于 7 天

if size(tdays_date,1)>7
    %如果大于 7 天,则截取交易日期序列为 7 天
    tdays_date=tdays_date(end-6:end)
    %如果大于 7 天,则截取交易日期的数值序列为 7 天
    tdays_time=tdays_time(end-6:end)
end

%获得下载日期的索引
```

```matlab
tdays_position=[1:size(tdays_time,1)]
%统计下载数据的天数
jj=size(tdays_position,2)
%初始化存储数据的变量
tick_tot=struct()

%循环50只股票
for i=1:size(code,1)
%重新组合股票代码为表名
    code_mod{i,1}=[code{i}(end-1:end) code{i}(1:6)]
%判断是否已经在数据存储变量中
    if isfield(tick_tot,code_mod{i,1})
%如果前次下载中断,取出前次下载的数据
        hist_tick=tick_tot.(code_mod{i,1});
%获得下载数据的日期长度
        ll=size(hist_tick,1);
%将前次下载的数据存入暂时变量
        temp_tick=hist_tick;
    else
%获得下载交易日期的长度
        jj=size(tdays_date,1);
%获得索引
        tdays_position=[1:jj];
%初始化下标
        ll=0;
%初始化每个股票的数据的存储变量
        temp_tick=cell(jj,2);
    end

%循环下载日期
    for j=1:jj
        %打印正在下载的股票代码
        code{i,1}
        %组合日期和时间并打印下载的起始时间
        datestr(tdays_time(j)+inter_start, 'yyyy-mm-dd HH:MM:SS')
        %调用万得量化接口的WST函数下载数据
        [tick_data,~,~,tick_time]=w.wst(code{i,1},'ask1,ask2,ask3,ask4,ask5,ask6,ask7,ask8,ask9,ask10,bid1,bid2,bid3,bid4,bid5,bid6,bid7,bid8,bid9,bid10,asize1,asize2,asize3,asize4,asize5,asize6,asize7,asize8,asize9,asize10,bsize1,bsize2,bsize3,bsize4,bsize5,bsize6,bsize7,bsize8,bsize9,bsize10,volume,last,amt',datestr(tdays_time(tdays_position(j))+inter_start, 'yyyy-mm-dd HH:MM:SS'),datestr(tdays_time(tdays_position(j)) +inter_end, 'yyyy-mm-dd HH:MM:SS'));
        %判断是否为空数据
```

```matlab
        if strcmp(tick_data,'No Content') || isnan(tick_data(1,1))
            %记录下载数据的日期

            temp_tick{ll+j,1}={datestr(tdays_time(tdays_position(j))+inter_start,'yyyy-mm-dd')}
        else
            %记录下载数据的日期

            temp_tick{ll+j,1}={datestr(tdays_time(tdays_position(j))+inter_start,'yyyy-mm-dd')}
            %将数据逐一取出,以结构体的形式存入存储变量中
            temp_tick{ll+j,2}=struct('ask1',tick_data(:,1),...
                'ask2',tick_data(:,2),...
                'ask3',tick_data(:,3),...
                'ask4',tick_data(:,4),...
                'ask5',tick_data(:,5),...
                'ask6',tick_data(:,6),...
                'ask7',tick_data(:,7),...
                'ask8',tick_data(:,8),...
                'ask9',tick_data(:,9),...
                'ask10',tick_data(:,10),...
                'bid1',tick_data(:,11),...
                'bid2',tick_data(:,12),...
                'bid3',tick_data(:,13),...
                'bid4',tick_data(:,14),...
                'bid5',tick_data(:,15),...
                'bid6',tick_data(:,16),...
                'bid7',tick_data(:,17),...
                'bid8',tick_data(:,18),...
                'bid9',tick_data(:,19),...
                'bid10',tick_data(:,20),...
                'asize1',tick_data(:,21),...
                'asize2',tick_data(:,22),...
                'asize3',tick_data(:,23),...
                'asize4',tick_data(:,24),...
                'asize5',tick_data(:,25),...
                'asize6',tick_data(:,26),...
                'asize7',tick_data(:,27),...
                'asize8',tick_data(:,28),...
                'asize9',tick_data(:,29),...
```

```
            'asize10',tick_data(:,30),...
            'bsize1',tick_data(:,31),...
            'bsize2',tick_data(:,32),...
            'bsize3',tick_data(:,33),...
            'bsize4',tick_data(:,34),...
            'bsize5',tick_data(:,35),...
            'bsize6',tick_data(:,36),...
            'bsize7',tick_data(:,37),...
            'bsize8',tick_data(:,38),...
            'bsize9',tick_data(:,39),...
            'bsize10',tick_data(:,40),...
            'volume',tick_data(:,41),...
            'last',tick_data(:,42),...
            'amt',tick_data(:,43),...
            'time',tick_time)
        end
    end
%将单只股票的数据存入
    tick_tot.(code_mod{i,1})=temp_tick
end
%保存带更新日期的50只股票的数据
save(['shanghai50_tick_' datestr(today)])
%打印脚本运行时间
tic
```

```
%循环50只股票的代码
for i=1:size(code_mod,1)
%取出一只股票的数据
temp_code=tick_tot.(code_mod{i})
%循环交易日期
for j=1:size(temp_code,1)
%打印正在上传数据的股票
    code_mod{i}
    tic
    %判断数据这一天是否为空
    if isempty(temp_code{j,2})
        %如果是则跳过下面的执行
        continue;
    else
        %如果不为空则将这只股票这一天的数据取出
```

```
    temp_struct=temp_code{j,2};
    %进入上传数据的函数,传入变量为上传数据和表名
    sh50_to_sql_individual_stock(temp_struct,code_mod{i})
        end
    end
end

%打印上传环节总共消耗的时间
toc
%发送邮件提示上证50指数成分股高频数据更新结束
matlab_email_send('上证50指数成分股高频数据更新结束!','','matlab_send@163.com',
[],'matlab_send@163.com','matlab0987654321');
w.close
```

上面的程序用到了一个上传高频数据到 MySQL 的函数 sh50_to_sql_individual_stock,这个函数的具体代码如下。

```
%程序名称:整理并上传单只股票单日高频数据的函数(用于上证50指数成分股高频数据更新脚本)
%开发者:李一邨
%程序功能:指定股票的表名,输入所需上传数据,然后整理为 cell 数组,最后上传至 MySQL 数据库
并计时
%输入:
%上传的结构体数据 temp_struct、股票的表名 code_mod
%输出:
%无输出
%函数使用示例:sh50_to_sql_individual_stock(temp_struct,'SH600000')
%联系方式:2975056631@qq.com


function sh50_to_sql_individual_stock(temp_struct,code_mod)
tic
%上传表的字段名称
cellFieldName={'time','last','amt','volume','ask1','ask2','ask3','ask4',
'ask5','ask6','ask7','ask8','ask9','ask10','bid1','bid2','bid3','bid4','bid5',
'bid6','bid7','bid8','bid9','bid10','asize1','asize2','asize3','asize4','asize5',
'asize6','asize7','asize8','asize9','asize10','bsize1','bsize2','bsize3','bsize4',
'bsize5','bsize6','bsize7','bsize8','bsize9','bsize10'};
%建立数据库连接
objConn = database('HighFreqData','root', '987','com.mysql.jdbc.Driver',
'jdbc:mysql://127.0.0.1/HighFreqData');
%循环这一天的时间
for k=1:size(temp_struct.time,1)
    %将这一天的所有字段存入 cell 数组
    %将时间存入 cell 数组
    cellDataInsert{k,1}=temp_struct.time(k);
```

```matlab
%将最新价存入cell数组
cellDataInsert{k,2}=temp_struct.last(k);
%将成交金额存入cell数组
cellDataInsert{k,3}=temp_struct.amt(k);
%将成交量存入cell数组
cellDataInsert{k,4}=temp_struct.volume(k);
%将买一存入cell数组
cellDataInsert{k,5}=temp_struct.ask1(k);
%将买二存入cell数组
cellDataInsert{k,6}=temp_struct.ask2(k);
%将买三存入cell数组
cellDataInsert{k,7}=temp_struct.ask3(k);
%将买四存入cell数组
cellDataInsert{k,8}=temp_struct.ask4(k);
%将买五存入cell数组
cellDataInsert{k,9}=temp_struct.ask5(k);
%将买六存入cell数组
cellDataInsert{k,10}=temp_struct.ask6(k);
%将买七存入cell数组
cellDataInsert{k,11}=temp_struct.ask7(k);
%将买八存入cell数组
cellDataInsert{k,12}=temp_struct.ask8(k);
%将买九存入cell数组
cellDataInsert{k,13}=temp_struct.ask9(k);
%将买十存入cell数组
cellDataInsert{k,14}=temp_struct.ask10(k);
%将卖一存入cell数组
cellDataInsert{k,15}=temp_struct.bid1(k);
%将卖二存入cell数组
cellDataInsert{k,16}=temp_struct.bid2(k);
%将卖三存入cell数组
cellDataInsert{k,17}=temp_struct.bid3(k);
%将卖四存入cell数组
cellDataInsert{k,18}=temp_struct.bid4(k);
%将卖五存入cell数组
cellDataInsert{k,19}=temp_struct.bid5(k);
%将卖六存入cell数组
cellDataInsert{k,20}=temp_struct.bid6(k);
%将卖七存入cell数组
cellDataInsert{k,21}=temp_struct.bid7(k);
%将卖八存入cell数组
cellDataInsert{k,22}=temp_struct.bid8(k);
%将卖九存入cell数组
```

```
cellDataInsert{k,23}=temp_struct.bid9(k);
%将卖十存入cell数组
cellDataInsert{k,24}=temp_struct.bid10(k);
%将买一的量存入cell数组
cellDataInsert{k,25}=temp_struct.asize1(k);
%将买二的量存入cell数组
cellDataInsert{k,26}=temp_struct.asize2(k);
%将买三的量存入cell数组
cellDataInsert{k,27}=temp_struct.asize3(k);
%将买四的量存入cell数组
cellDataInsert{k,28}=temp_struct.asize4(k);
%将买五的量存入cell数组
cellDataInsert{k,29}=temp_struct.asize5(k);
%将买六的量存入cell数组
cellDataInsert{k,30}=temp_struct.asize6(k);
%将买七的量存入cell数组
cellDataInsert{k,31}=temp_struct.asize7(k);
%将买八的量存入cell数组
cellDataInsert{k,32}=temp_struct.asize8(k);
%将买九的量存入cell数组
cellDataInsert{k,33}=temp_struct.asize9(k);
%将买十的量存入cell数组
cellDataInsert{k,34}=temp_struct.asize10(k);
%将卖一的量存入cell数组
cellDataInsert{k,35}=temp_struct.bsize1(k);
%将卖二的量存入cell数组
cellDataInsert{k,36}=temp_struct.bsize2(k);
%将卖三的量存入cell数组
cellDataInsert{k,37}=temp_struct.bsize3(k);
%将卖四的量存入cell数组
cellDataInsert{k,38}=temp_struct.bsize4(k);
%将卖五的量存入cell数组
cellDataInsert{k,39}=temp_struct.bsize5(k);
%将卖六的量存入cell数组
cellDataInsert{k,40}=temp_struct.bsize6(k);
%将卖七的量存入cell数组
cellDataInsert{k,41}=temp_struct.bsize7(k);
%将卖八的量存入cell数组
cellDataInsert{k,42}=temp_struct.bsize8(k);
%将卖九的量存入cell数组
cellDataInsert{k,43}=temp_struct.bsize9(k);
%将卖十的量存入cell数组
cellDataInsert{k,44}=temp_struct.bsize10(k);
```

```
end
%将数据上传
datainsert(objConn,code_mod,cellFieldName,cellDataInsert);
%关闭数据库接口
close(objConn)
%打印上传时间
toc
```

1.5 同花顺量化数据接口的融资标的股数据下载案例

除万得量化接口是量化分析师常用的数据获取途径外，同花顺的量化数据接口也被越来越多的业内同行所认可。我们通过以下几个简单的基于同花顺量化数据接口编写的脚本，来认识同花顺量化数据接口的使用方法。

```
%程序名称：基于同花顺量化数据接口的融资标的股数据下载脚本
%开发者：李一邨及其团队
%程序功能：连接同花顺接口和数据库，获取数据库最后更新日期和交易日历，然后从最后更新日期开始循环下载融资标的股，并将每天的下载数据上传到MySQL数据库
%输入：
%无须输入变量，但需要开启MySQL服务
%输出：
%无输出
%函数使用示例：无
%联系方式：2975056631@qq.com

%登录同花顺量化接口
THS_iFinDLogin('XXXX','XXXX')
%连接MySQL数据库
objConn = database('ths_data','root','987','com.mysql.jdbc.Driver',' jdbc:mysql://127.0.0.1/ths_data');
%获取数据库中的日期序列
DataOut=funcExecuteCommandConfig('select distinct(Date) from ths_rzbdg',2,'ths_data','127.0.0.1')
%获得数据库中表的表头
cellFieldName=funcExecuteCommandConfig('show columns from ths_rzbdg',2,'ths_data','127.0.0.1')
cellFieldName=cellFieldName(2:end,1);
%起始日期从上一次更新的最后日期的下一天开始
StartDate = datestr(datenum(DataOut) + 1,'yyyy-mm-dd');
```

```
%今天的日期
TodayDate = datestr(date,'yyyy-mm-dd');
%以起始日期开始到今天,从同花顺接口下载交易日历
Dates=FTfromjson(THS_DateQuery('SSE','dateType:0,period:D,dateFormat:0',StartDate,TodayDate));
Dates=Dates.tables.time;
%获得未下载数据的日期序列的长度
TempN=size(Dates, 1);
for i=1 : TempN
    %显示下载日期
    Temp=Dates{i, 1}
    %从同花顺下载融资标的股数据
     temp_data=(THS_DataPool('finance',Temp,'date:Y,thscode:Y,security_name:Y'));
    %上传至 MySQL 数据库
    datainsert(objConn,'ths_rzbdg',cellFieldName,temp_data);
end
%退出同花顺量化数据接口
nBet=THS_iFinDLogout()
```

1.6 同花顺十大流通股东数据下载案例

1.5 节的案例是下载逐日数据的一个脚本,但是许多数据是月频率、季频率甚至更长时间频率的。所以,我们提供以下十大流通股东数据的下载脚本,用于展示在下载目标日期不完全确定的情况下,如何处理 MySQL 数据库和同花顺量化接口的交互。

```
%程序名称:基于同花顺量化接口的十大流通股东数据下载脚本
%开发者:李一邨及其团队
%程序功能:从数据库获得最后更新日期,然后向后跳跃半年以上的日期,判断是否下载到更新的十大流通股东数据。如果否,则认为现在的数据库数据已经最新,跳出脚本,否则开始下载流程。下载流程首先获得目标日期的股票列表,然后循环列表中的股票下载目标日期的十大流通股东数据。之后从下载的日期开始向前跳跃半年,判断新的下载日期是否可以下载到比刚刚更新的数据库中的数据更新的数据,如果否,则跳出脚本,如果是则继续更新脚本。最后登出同花顺接口
%输入:
%无须数据变量,但是需要开启 MySQL 服务
%输出:
%无
%函数使用示例:无
%联系方式:2975056631@qq.com

%登录同花顺
THS_iFinDLogin('××××','××××')
```

```matlab
%获得今天的日期
TodayDate=datestr(today,'yyyy-mm-dd');
%连接MySQL数据库
objConn=database('ths_data','root','987','com.mysql.jdbc.Driver','jdbc:mysql://127.0.0.1/ths_data');
%获得数据库中的日期列表
DataOut=funcExecuteCommandConfig('select distinct(Date) from ths_sdltgd',2,'ths_data','127.0.0.1')
%从数据库中的最后更新日期开始,向后跳200日
StartDate=datestr(datenum(DataOut{end}) + 200,'yyyy-mm-dd');
%获得十大流通股东表的表头
cellFieldName=funcExecuteCommandConfig('show columns from ths_sdltgd',2,'ths_data','127.0.0.1')
cellFieldName=cellFieldName(2:end,1);

%将更新日期转化为Matlab的数字类型日期
ThePoint = datenum(StartDate);
%开启循环标记
flag = 1;
while flag
    %形成下载股票列表的同花顺参数
    Temp=[datestr(ThePoint,'yyyy-mm-dd'), ';001005010']
    %下载目标日期的股票列表
    TempCode=THS_DataPool('block',Temp,'date:Y,thscode:Y,security_name:Y');
    %获得股票代码
    TempName=unique(TempCode.THSCODE);
    %获得股票数量
    TempR=size(TempName, 1);
    %形成下载十大流通股东数据的参数
    Temp1=[datestr(ThePoint,'yyyy-mm-dd'), ';', TempName{1}]
    %下载十大流通股东的数据
    temp_data=THS_DataPool('ltholder',Temp1,'date:Y,ltholder_rank:Y,ltholder_name:Y,ltholder_quantity:Y,ltholder_ratio:Y,ltnature:Y');
    %查询数据库中十大流通股东的日期序列
    DataOut=funcExecuteCommandConfig('select distinct(Date) from ths_sdltgd',2,'ths_data','127.0.0.1')
    %判断目标下载日期的数据是否等于数据库中的最后更新日期
    if datenum(temp_data.DATE(1)) == datenum(DataOut{end})
        %如果是则跳出循环
        break
    end
    %循环股票数量
    for j=1 : TempR
```

```
            %形成下载十大流通股东数据的参数
            Temp1=[datestr(ThePoint,'yyyy-mm-dd'), ';', TempName{j}]
            %下载十大流通股东的数据
            temp_data= THS_DataPool('ltholder',Temp1,'date:Y,ltholder_rank:Y,
ltholder_name:Y,ltholder_quantity:Y,ltholder_ratio:Y,ltnature:Y');
            %判断下载的数据是否为空
            if istable(temp_data)
            %如果是正常数据则判断是否有 NaN，有的单位各赋值为 0
            temp_data{find(cellfun(@isnan,temp_data.LTHOLDER_RATIO)),5}={0};
            %增加一列股票代码，用来区分十大流通股东数据分属于哪只股票
            temp_data.THSCODE=repmat(TempName{j},height(temp_data),1);
            %写入数据库
            datainsert(objConn,'ths_sdltgd',cellFieldName,temp_data);
            end
        end
        %获取更新后的数据库的日期序列
         DataOut=funcExecuteCommandConfig('select distinct(Date) from ths_
sdltgd',2,'ths_data','127.0.0.1')
        %基于最新的更新日期，向后跳 200 日
        ThePoint=datenum(DataOut{end})+200;
    end
    %退出同花顺
    nBet=THS_iFinDLogout()
```

第 2 章 指 标 库

2.1 指标库的设计与分类

指标库根据多种维度对指标进行分类,每个指标可以通过多种方式进行调用。目前,主要根据指标投资标的、数据性质、投资市场进行分类。

2.1.1 根据投资标的进行分类

如果我们将指标按照投资标的分类,指标库可以涵盖股票、期货、场内公募基金、场外产品、外汇、期权、固定收益产品 7 大产品,各产品的细分情况如图 2.1 所示。

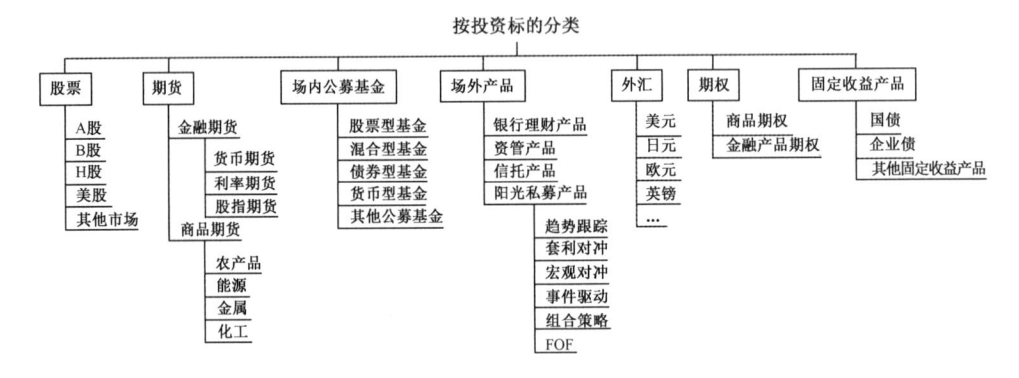

```
                           按投资标的的分类
    ┌────┬──────┬──────────┬──────────┬──────┬──────┬──────────────┐
   股票  期货   场内公募基金  场外产品    外汇   期权    固定收益产品
    │    │        │            │        │      │          │
   A股  金融期货  股票型基金   银行理财产品 美元  商品期权   国债
   B股  货币期货  混合型基金   资管产品    日元  金融产品期权 企业债
   H股  利率期货  债券型基金   信托产品    欧元             其他固定收益产品
   美股  股指期货  货币型基金   阳光私募产品 英镑
   其他市场 商品期货  其他公募基金 ……
          农产品               趋势跟踪
          能源                 套利对冲
          金属                 宏观对冲
          化工                 事件驱动
                              组合策略
                              FOF
```

图 2.1 指标库结构——按投资标的的分类

2.1.2 根据数据性质进行分类

除按照投资标的对指标分类外,也可以将指标按照数据性质分类。如图 2.2 所示，指标库涵盖宏观因子、基本面因子、技术指标、统计类因子、舆情因子 5 类。

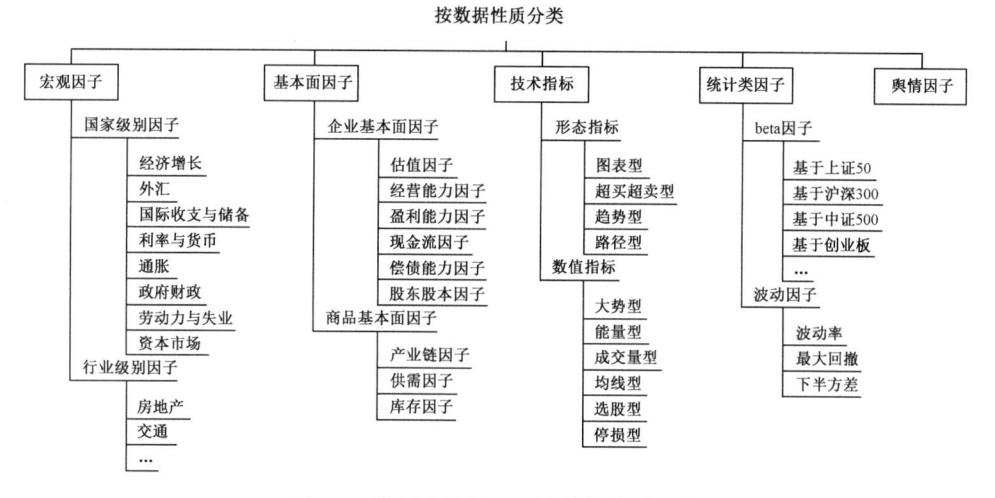

图 2.2 指标库结构——按数据性质分类

2.1.3 根据投资市场进行分类

如图 2.3 所示，指标库也可以根据不同的投资市场对指标进行分类，包含北美、欧洲、中国、日本、大洋洲及新兴市场 6 大类。

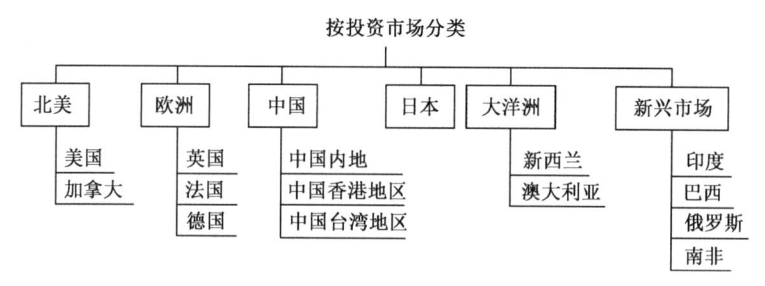

图 2.3 指标库结构——按投资市场分类

2.2 指标库目录管理程序的说明

随着量化研究者在自身研究中的深入，往往会积累数百甚至上千的指标计算程序。数量庞大的指标库使得用户在研究使用中有诸多的不便，因而需要建立指标库目录管理程序，用于指标库中各个指标的查找、新增、删除、分类管理等操作。它需要以下数据表作为内容来源：factor_test.xlsx，测试用指标—分类对应表，仅限测试使用，如图 2.4 和图 2.5 所示。

43

	A	B
20	行业级别因子	F交通运输、仓储业
21	行业级别因子	G信息技术业
22	行业级别因子	H批发与零售贸易
23	行业级别因子	I金融、保险业
24	行业级别因子	J房地产行业
25	行业级别因子	K社会服务业
26	行业级别因子	L传播与文化产业
27	基本面因子	企业基本面因子
28	基本面因子	商品基本面因子
29	企业基本面因子	估值因子
30	企业基本面因子	营运因子
31	企业基本面因子	盈利因子
32	企业基本面因子	现金流因子
33	企业基本面因子	偿债因子
34	企业基本面因子	股东股本因子
35	商品基本面因子	产业链因子
36	商品基本面因子	供需因子
37	商品基本面因子	库存因子
38	技术指标	形态指标
39	技术指标	数值指标
40	统计类因子	波动率因子
41	统计类因子	beta因子
42	beta因子	基于沪深300
43	beta因子	基于创业板
44	beta因子	基于中证500
45	形态指标	图表型
46	形态指标	超买超卖型
47	形态指标	趋势型
48	形态指标	路径型

Sheet1 Sheet2

图 2.4 指标分类表

	A	B
1	经济增长	GDP增长率
2	国际收支与储备	经常项目余额
3	利率与货币	M2增长率
4	通胀	PPI
5	政府财政	国防支出
6	劳动力	失业率
7	资本市场	银行资本充足率
8	A农、林、牧、渔业	农业耕地面积
9	B采掘业	石油天然气开采业产值
10	C制造业	ISM制造业指数
11	D电力、煤气及水的生产和供应业	电力生产弹性系数
12	E建筑业	建筑业总产值
13	F交通运输、仓储业	国家铁路周转量
14	G信息技术业	信息技术服务收入
15	H批发与零售贸易	批发零售业商品购进总额
16	I金融、保险业	保险深度
17	J房地产行业	国房景气指数
18	K社会服务业	政府卫生支出
19	L传播与文化产业	电视覆盖率
20	图表类	布林带
21	偿债因子	利息保障倍数
22	现金流因子	经营性现金流量
23	营运因子	存货周转天数
24	盈利因子	ROA
25	股东股本因子	流通股数量

图 2.5 指标叶节点

如图 2.4 指标分类表所示，Sheet1 是用于记录指标目录与各个子目录节点的页面。它的数据结构是 N 行 2 列的表格。第一列是上层节点，第二列是下层节点，但是第二层最多只到达基层目录，即整个树状结构的倒数第二层，并不会到达最终叶节点的因子。这么做是希望区分目录结构的信息和因子名称的信息。

如图 2.5 指标叶节点所示，Sheet2 记录了基层目录和最终叶节点的信息。第一列是基层目录，即树状结构的倒数第二层，第二列是目录树状结构的最终叶节点，它被定义为必须是最终的因子名称。在调用因子时，如果知道因子名称，可以调用工具函数在 Sheet2 中查找因子；如果不知道因子名称，则可以根据需求调用以下的其他工具函数通过目录结构逐层查找。

介绍完建立指标库目录的数据结构，接下来介绍指标库目录管理程序中的各个函数。在使用这些函数以前，需要首先读取 factor_test.xlsx 中的数据，读取方法见下列代码。

```
%目前指标——分类对应表尚未健全，factor 表格仅用于测试
clear;
clc;
clear global;
filepath=[cd,'\factor_test.xlsx'];
[~,category]=xlsread(filepath,'sheet1');
[~,factor]=xlsread(filepath,'sheet2');
```

```
global category num factor filepath;
```

加载完目录结构数据，接下来逐一介绍各个函数。查找目录系统函数是一个用于查询指定目录层级以下的目录结构的函数。当我们输入一个层级的某个节目录结构点后，调用查找目录系统函数将返回这个节点以下的全部目录数据和该节点以下指定层级的数据。

1. find_subcategory.m

本函数是指标库目录查询函数之一，用于在已知上层分类标签时查询下层分类的标签。

```
%%Project Title: find_subcategory
%Date: 2018.1.24
%Developer: 李一邨及其团队
%Contact Info: 2975056631@qq.com
%输入上层分类，输出下层分类（不能使用模糊搜索）
%输入参数：
%upper: 分类名称（字符串）
%k: 是否返回分类下所有层次的子分类。可选范围：0，输出全部子分类；大于 0 的整数 k，输出 k 层子分类
%可选参数：
%plot: 是否画图。可选范围：0/1（默认图画）
%notice: 是否提示。可选范围：0/1（默认提示）
%markersize: 画图图标大小。可选范围：正数（默认 15）
%method: 画图展示方式。可选范围：'auto','circle','force','layered','subspace','force3','subspace3'（默认'auto'）
%输出：
%subcategory: 子分类列表
%样例：
%find_subcategory('指标类型',0,'notice',1,'plot',1)
%find_subcategory(' 国 家 级 别 因 子 ',0,'notice',1,'plot',1,'method','force','MarkerSize',30)
%find_subcategory('指标类型',1,'notice',1,'plot',1,'method','force')
%find_subcategory('指标类型',2,'notice',1,'plot',1)
%find_subcategory('宏观因子',0)
%find_subcategory('宏观因子',1)

function [output]=find_subcategory(upper,k,varargin)
%调用全局变量
global category;
%初始化输出
output={};
```

```matlab
%可选参数
option= struct('plot',1,'notice',1,'method','auto','MarkerSize',15);
if ~isempty(varargin)
    if length(varargin)/2~=round(length(varargin)/2)
        disp('参数必须配对。')
        return
    else
        for i=1:length(varargin)/2
          option=setfield(option,char(varargin(2*i-1)),cell2mat(varargin(2*i)));
        end
    end
end
parameter=struct2cell(option);
plot=cell2mat(parameter(1,1));
notice=cell2mat(parameter(2,1));
method=cell2mat(parameter(3,1));
MarkerSize=cell2mat(parameter(4,1));
%判断是否出错
fault=sum(ismember(category,upper)==1);

if sum(fault)==0 %判断是否找到分类
    if notice==1
        disp('没有找到该分类。')
    end
    return
else %判断有没有子分类
    if fault(1,1)==0 && fault(1,2)~=0
        if notice==1
            disp('该分类无子分类,请查询该分类下因子。')
        end
        return
    else
        index=find(ismember(category(:,1),upper)==1); %在上层分类中寻找指定分类
        i=1;
        while ~isempty(index) %下层分类非空
            level_cnt(i)=length(index); %下层分类个数
            output(end+1:end+level_cnt(i),:)=category(index,:); %输出下层分类
            index=find(ismember(category(:,1),output(end-level_cnt(i)+1:end,2)));
%找到下下层分类
            i=i+1;
        end
        if k~=0
            if length(level_cnt)>=k
```

```
                output=output(1:sum(level_cnt(1:k)),:);  %输出 k 层
            else
                if notice==1
                    disp('实际目录层数小于指定目录层数，输出全部目录。')
                end
            end
        end
    end
end

if plot==1 %画图
    Marker='o';  %节点的样式
    titlet='目录结构图';
    pv=1.0e+03 *[0.2618    0.0794    1.0304    0.6688];  %图像的坐标和大小
    node_tree_plot(output(:,1),output(:,2),method,Marker,MarkerSize,pv,titlet);
end
end
```

查找因子程序是用于查询指定目录下的所有因子名称的程序。当我们输入某个指定的目录节点后，程序将会逐层遍历到最终的叶节点并返回叶节点上的指标。

2. find_factor.m

本函数是在给定指标库的分类标签后，查询该分类标签下的指标名称的函数。

```
%%Project Title: find_factor
%Date: 2018.1.24/1.29
%Developer: 李一邨及其团队
%Contact Info: 2975056631@qq.com
%根据目录找到因子
%输入：
%category_name：目录名称（字符串）
%可选参数：
%notice：是否提示。可选范围：0/1（默认提示）
%输出：
%factor_list：目录包含全部因子
%样例：
%find_factor('指标类型')
%find_factor('基本面因子')
%find_factor('商品基本面因子')
%find_factor('美股','notice',0)
%find_factor('美股')

function [factor_list]=find_factor(category_name,varargin)
global category factor;
%初始化变量
```

```
factor_list={};
%控制参数
%可选参数
option= struct('notice',1);
if ~isempty(varargin)
    if length(varargin)/2~=round(length(varargin)/2)
        disp('参数必须配对。')
        return
    else
        for i=1:length(varargin)/2
           option=setfield(option,char(varargin(2*i-1)),cell2mat(varargin(2*i)));
        end
    end
end
parameter=struct2cell(option);
notice=cell2mat(parameter(1,1));

%判断是否找到该分类
if sum(sum(ismember(category,category_name)))==0
    %没有找到该分类
    if notice==1
        disp('没有找到该分类。')
    end
else %找到该分类
    %找到全部子分类
    subcategory=find_subcategory(category_name,0,'notice',notice,'plot',1,'method','force','MarkerSize',30);
    %判断是否有子分类
    if size(subcategory,1)~=0 %有子分类
        if sum(sum(ismember(factor,subcategory(:,2))))==0 %子分类下没有因子
            if notice==1
                disp('该分类下没有找到因子。')
            end
        else %子分类下有因子
          leaf=subcategory(find(ismember(subcategory(:,2),subcategory(:,1))==0),2);
            index=find(sum(ismember(factor,leaf),2)==1);
            factor_list=factor(index,2);
        end
    else %没有子分类
        %分类下是否有因子
        index=find(sum(ismember(factor,category_name),2)==1);
        if ~isempty(index) %分类下有因子
            factor_list=factor(index,2);
```

```
        else %分类下没有因子
            if notice==1
                disp('该分类下没有因子。')
            end
        end
    end
end
end
```

查询全部目录函数用于在给定目录节点后查询包含该节点的全部目录结构，返回从该节点的上层到该节点延伸的全部叶节点。

3. find_all_category.m

本函数是在给定一个分类标签后，查询相关层次所有分类标签的函数。

```
%%Project Title: find_all_category
%Date: 2018.1.23/1.29
%Developer: 李一邨及其团队
%Contact Info: 2975056631@qq.com
%输入某一层分类，返回相关的全部分类层次
%输入：
%category：分类名称（字符串）
%可选参数：
%plot：是否画图。可选范围：0/1（默认画图）
%notice：是否提示。可选范围：0/1（默认提示）
%输出：
%totalcategory：全部分类
%样例：
%find_all_category('指标类型');
%find_all_category('指标类型','plot',0,'notice',1)
%find_all_category('技术指标','plot',1,'MarkerSize',20);
%find_all_category('技术指标','plot',1,'method','force3');


function [totalcategory]=find_all_category(category_name,varargin)
%设置全局变量
global category;
%设置控制参数
option= struct('plot',1,'notice',1,'method','auto','MarkerSize',15);
if ~isempty(varargin)
    if length(varargin)/2~=round(length(varargin)/2)
        disp('参数必须配对。')
        return
    else
```

```matlab
        for i=1:length(varargin)/2
            option=setfield(option,char(varargin(2*i-1)),cell2mat(varargin(2*i)));
        end
    end
end
parameter=struct2cell(option);
plot=cell2mat(parameter(1,1));
notice=cell2mat(parameter(2,1));
method=cell2mat(parameter(3,1));
MarkerSize=cell2mat(parameter(4,1));
%判断是否出错
fault=sum(ismember(category,category_name)==1);
%初始化输出
totalcategory={};
%判断是否找到该分类
if sum(sum(ismember(category,category_name)))==0
    if notice==1
        disp('没有找到该分类');
    end
    return
end
%找到下层分类
down=find_subcategory(category_name,0,'plot',0,'notice',0);
%寻找上层分类
up={};
%向上一层
index=find(ismember(category(:,2),category_name)==1);
cnt=1;

%是否有上层分类
if ~isempty(index)
    %找到所有上层分类
    while ~isempty(index)
        up(cnt,:)=category(index,:);
        index=find(ismember(category(:,2),up(end,1))==1);
        cnt=cnt+1;
    end
    totalcategory=[up;down];
else
    totalcategory=down;
end
if plot==1
    Marker='o'; %节点的样式
```

```
        titlet='目录结构图';
        pv=1.0e+03 *[0.2618    0.0794    1.0304    0.6688]; %图像的坐标和大小
        node_tree_plot(totalcategory(:,1),totalcategory(:,2),method,Marker,
MarkerSize,pv,titlet);
    end
end
```

插入指标函数是修改目录结构的函数之一，用于在指定的目录位置插入新的因子。

4. insert_factor.m

本函数用于在现有的指标体系下插入新的指标。

```
%%Project Title: new_factor
%Date: 2018.1.22/1.30
%Developer：李一邨及其团队
%Contact Info: 2975056631@qq.com
%输入因子，将因子保存到因子表
%输入：
%factor_name：指标名称（字符串）
%factor_category：指标目录（字符串）
%可选参数：
%notice：是否提示。可选范围:0/1（默认提示）
%输出：无输出；上述指标保存到指标库文档
%样例：
%insert_factor('CFO/sales','现金流因子');
%insert_factor('人均可支配收入增长率','经济增长','notice',0);

function insert_factor(factor_name,factor_category,varargin)
%调用全局变量
global factor filepath;
%设置控制参数
option= struct('notice',1);
if ~isempty(varargin)
    if length(varargin)/2~=round(length(varargin)/2)
        disp('参数必须配对。')
        return
    else
        for i=1:length(varargin)/2
            option=setfield(option,char(varargin(2*i-1)),cell2mat(varargin(2*i)));
        end
    end
end
parameter=struct2cell(option);
```

```
    notice=cell2mat(parameter(1,1));

%找到分类的全部分类关系
totalcategory=find_all_category(factor_category,'plot',0,'notice',0);
if isempty(totalcategory)   %没有找到该分类
    if notice==1
        disp('没有找到该分类。')
    end
    return;
elseif sum(ismember(totalcategory(:,1),factor_category))~=0
%找到分类,但分类不是最后一层分类
    if notice==1
        disp('请将因子放入最后一层分类目录。')
    end
    return;
else%找到分类,分类是最后一层分类
    new_item={factor_category,factor_name};
    index=find(sum(ismember(factor,new_item),2)==2);
    %判断是否存在因子-分类
    if ~isempty(index)  %找到因子-分类
        if notice==1
            disp('该分类下已经存在该因子。')
        end
        return;
    else %没有找到因子-分类
        len=length(factor);
        factor(len+1,:)=new_item;
    end
end
%保存
xlswrite(filepath,factor,'sheet2');
end
```

插入目录函数是修改目录结构的函数之一,用于在指定的目录层级下插入新目录。

5. insert_category.m

本函数用于在现有的指标分类体系下插入新的分类结构。

```
%%Project Title: new_factor
%Date: 2018.1.22/1.30
%Developer: 李一邨及其团队
%Contact Info: 2975056631@qq.com
%输入分类,将分类保存到分类表
```

```
%输入：
%up：上层分类（字符串）
%down：下层分类（字符串）
%可选参数：
%notice：是否提示。可选范围：0/1（默认提示）
%输出：无输出；上述指标保存到指标库文档
%样例：
%insert_category('A','B'); %提示上层分类在当前分类中不存在
%insert_category('基本面因子','市值因子');
%insert_category('基本面因子','市值因子'); %提示上述分类已经存在
%insert_category('基本面因子','市值因子','notice',0) %不提示


function insert_category(up,down,varargin)
%初始化全局变量
global category filepath;
%设置控制参数
%可选参数
option= struct('notice',1);
if ~isempty(varargin)
    if length(varargin)/2~=round(length(varargin)/2)
        disp('参数必须配对。')
        return
    else
        for i=1:length(varargin)/2
            option=setfield(option,char(varargin(2*i-1)),cell2mat(varargin(2*i)));
        end
    end
end
parameter=struct2cell(option);
notice=cell2mat(parameter(1,1));


%判断分类是否存在
if sum(any([ismember(category(:,1),up),ismember(category(:,2),down)]))==2
    if notice==1
        disp('上述分类已经存在。')
        return;
    elseif notice==0
        return;
    end
end

%找到新分类的层级
```

```
%判断上层分类是否已经在列表中
if sum(sum(ismember(category,up)))==0  %上层分类不在分类系统中
    if notice==1
        disp('上层分类在当前分类中不存在。将重新开始新的分类方式。')
    end
else

    category(length(category)+1,:)={up,down};
%保存
xlswrite(filepath,category,'sheet1');
end
```

删除因子函数是用于修改目录结构的叶节点即因子的函数。该函数用于给定因子名称后删除指定因子。

6. delete_factor.m

本函数用于删除因子，并更新目录结构。

```
%%Project Title: delete_factor
%Date: 2018.1.30
%Developer: 李一邨及其团队
%Contact Info: 2975056631@qq.com
%输入因子，删除并保存到分类表
%输入：
%factor_name：因子名称（字符串）
%可选参数：
%notice：是否提示。可选范围：0/1（默认提示）
%all：是否删除所有分类下的指标。可选范围：0/1（默认不删除）
%category_name：因子类别（字符串）
%Output：无输出；上述指标删除并保存到指标库文档
%样例：
%delete_factor('收益率','category','A股');
%delete_factor('收益率','category',{'B股','H股'});
%delete_factor('收益率','all',1);
%delete_factor('收益')  %提示没有找到该因子
%delete_factor('GDP增长率','category','CAC');  %提示因子不在分类中

function delete_factor(factor_name,varargin)
%设置全局变量
global factor filepath;
%设置控制变量
option= struct('notice',1,'all',0);
option.category={' '};
```

```
if ~isempty(varargin)
    if length(varargin)/2~=round(length(varargin)/2)
        disp('参数必须配对。')
        return
    else
        for i=1:length(varargin)/2
            option=setfield(option,char(varargin(2*i-1)),varargin(2*i));
        end
    end
end
notice=option.notice;
if ismember(class(notice),{'cell'})
    notice=cell2mat(notice);
end
all=option.all;
if ismember(class(all),{'cell'})
    all=cell2mat(all);
end
if all==0
    category_name=option.category{1,1};
    if ismember(class(category_name),'char')
        category_name={category_name};
    end
end


%判断是否找到该因子
index=find(ismember(factor(:,2),factor_name)~=0);
if isempty(index)
    if notice==1
        disp('没有找到该因子。');
    end
    return
end

if all==0 %如果删除分类下该变量
    if isempty(category_name)  %如果分类是空的
        if notice==1
            disp('需要输入分类名称.');
        end
        return
    else %分类是非空的
        for i=1:length(category_name)
            factor_index=intersect(find(ismember(factor(:,1),category_name(i))~
```

```
=0),find(ismember(factor(:,2),factor_name)~=0));
        if isempty(factor_index)  %如果因子不在分类中
            if notice==1
                a=category_name(i);
                s=['该因子不在' char(a) '分类中。']
            end
            return
        else  %因子在分类中
            total_index=1:length(factor);
            index_left=setdiff(total_index,factor_index);
            blank=cell(1,2);
            factor=factor(index_left,:);
            total=[factor;blank];
            xlswrite(filepath,total,'sheet2');
        end
        end
    end
elseif all==1  %如果删除所有分类下该因子
        index=find(ismember(factor(:,2),factor_name)==0);
        len=size(factor,1)-size(index,1);
        blank=cell(len,2);
        factor=factor(index,:);
        total=[factor;blank];
        xlswrite(filepath,total,'sheet2');
    end
end
```

删除目录函数是用于修改目录结构的函数之一。该函数用于在给定目录节点后删除该节点及节点下的所有目录。

7. delete_category.m

本函数用于删除现有目录结构中的部分分类。

```
%%Project Title: delete_factor
%Date: 2018.1.30/31
%Developer：李一邺及其团队
%Contact Info: 2975056631@qq.com
%删除分类并保存到分类表
%输入：
%category_name：指标名称（字符串）
%可选参数：
%notice：是否提示。可选范围：0/1（默认提示）
%输出：无输出；上述分类删除并保存到指标库文档
```

```
%样例：
%delete_category('基本面因子');
%delete_category('宏观因子');
%%提示
%delete_category('宏观')  %提示没有找到该分类
%delete_category('宏观','notice',0)  %不提示
```

```
function delete_category(category_name,varargin)
%调用全局变量
global category factor filepath;
%设置控制变量
option= struct('notice',1);
if ~isempty(varargin)
    if length(varargin)/2~=round(length(varargin)/2)
        disp('参数必须配对。')
        return
    else
        for i=1:length(varargin)/2
            option=setfield(option,char(varargin(2*i-1)),cell2mat(varargin(2*i)));
        end
    end
end
parameter=struct2cell(option);
notice=cell2mat(parameter(1,1));

%找到全部分类关系及子分类
totalcategory=find_all_category(category_name,'plot',0,'notice',0);
subcategory=find_subcategory(category_name,0,'plot',0,'notice',0);

if isempty(totalcategory)  %如果全部分类关系是空的
    if notice==1
        disp('没有找到该分类。')
    end
elseif isempty(subcategory)
%如果全部分类关系是非空的，但子分类是空的，则分类是末层分类
    %找到上层分类
    index=find(ismember(category(:,2),category_name)==0);
    category=category(index,:);
    blank=cell(1,2);
    xlswrite(filepath,[category;blank],'sheet1')
    %删除分类下所有因子
    factor_list=find_factor(category,0);
```

```
        for i=1:length(factor_list)
            delete_factor(factor_list(i,1),0,0,category_name);
        end
    else %如果全部分类关系是非空的,子分类是非空的
        leafindex=find(ismember(subcategory(:,1),subcategory(:,2))==1);
        %如果删除因子
        leafcategory=subcategory(leafindex,2); %#ok<FNDSB>
        factorindex=find(ismember(factor(:,1),leafcategory)==0);
        factorlen=length(factor)-length(factorindex);
        totalfactor=factor(factorindex,:);
        factor=factor(factorindex,:);
        blank=cell(factorlen,2);
        outputfactor=[totalfactor;blank];
        xlswrite(filepath,outputfactor,'sheet2');
        %删除分类
        index=find(sum(ismember(category,subcategory),2)==0);
        len=length(category)-length(index);
        category=category(index,:);
        blank=cell(len,2);
        xlswrite(filepath,[category;blank],'sheet1');
    end
end
```

2.3 技术指标案例

2.3.1 摆动指标

随着标的物价格的变化,刻画价格变化的指标在一定的区间内震荡,通常可以归为摆动指标。下面我们介绍几种常见的摆动指标。

1. adosc:Accumulation/Distribution Oscillator(累积派发摆动指标)

● 计算方法:

ado=[(最高价-开盘价) + (收盘价-最低价)] / [2 × (最高价-最低价)] × 100

● Matlab 调用方法:

```
ado = adosc(highp,lowp,openp,closep)
ado = adosc([highp lowp openp closep])
adots = adosc(tsobj)
adots = adosc(tsobj,'ParameterName',ParameterValue, ...)
```

其中

highp：最高价；lowp：最低价；openp：开盘价；closep：收盘价。

tsobj：time series object（详见 Matlab 帮助文件 Timeseries Class）。

ParameterName：用于指定 time series object 中的序列名称。

● Matlab 应用案例：Matlab 自带了该指标的函数和迪士尼股价的数据，下面我们通过程序来计算该指标并画图展示。

如图 2.6 所示为累积派发摆动指标。

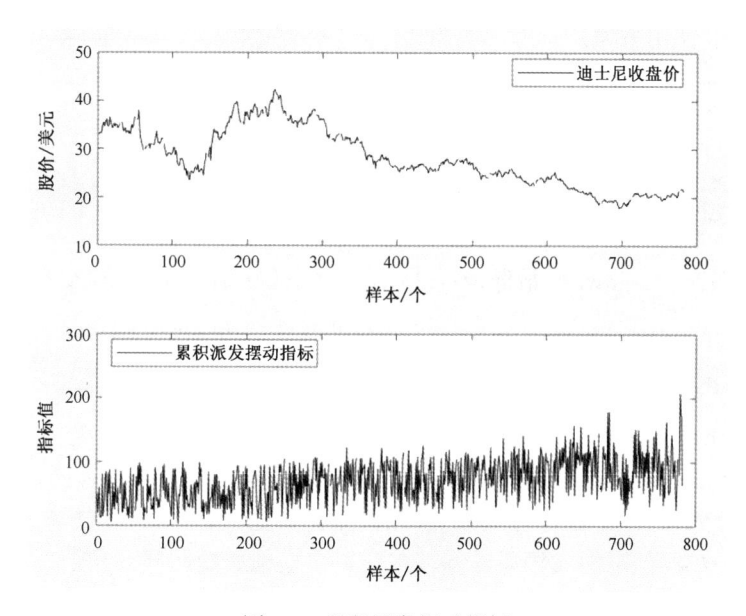

图 2.6 累积派发摆动指标

```
%累积派发摆动指标
load disney.mat
ado = adosc(dis_HIGH,dis_LOW,dis_OPEN,dis_CLOSE);
%上方是收盘价图，下方是ADO指标图
subplot(2,1,1);
plot([1:length(dis_CLOSE)],dis_CLOSE,'color','k');
legend('迪士尼收盘价','Location','best')
xlabel('样本/个')
ylabel('股价/美元')
subplot(2,1,2);
plot([1:length(ado)],ado,'color','k');
xlabel('样本/个')
ylabel('指标值')
legend('累积派发摆动指标','Location','best');
```

2. chaikosc：Chaikin Oscillator（佳庆指标）

● 计算方法：

CO_t = 3 天 A/D line 的指数移动平均值$_t$ − 10 天 A/D line 的指数移动平均值$_t$

其中

A/D line$_t$ = A/D line$_{t-1}$ + 收盘价位置常数$_t$ × 成交量$_t$；

收盘价位置常数$_t$ = [(收盘价$_t$ − 最低价$_t$) − (最高价$_t$ − 收盘价$_t$)] / (最高价$_t$ − 最低价$_t$)$_t$。

● Matlab 调用方法：

```
chosc = chaikosc(highp,lowp,closep,tvolume)
chosc = chaikosc([highp lowp closep tvolume])
choscts = chaikosc(tsobj)
choscts = chaikosc(tsobj,'ParameterName',ParameterValue, ... )
```

其中

highp：最高价；lowp：最低价；closep：收盘价；tvolume：成交量。

tsobj：time series object（详见 Matlab 帮助文件 Timeseries Class）。

ParameterName：用于指定 time series object 中的序列名称。

● Matlab 应用案例：佳庆指标 CHAIKIN（Chaikin Oscillator）是由 Marc Chaikin 发展的一种新成交量指标，他汲取 Joseph Granville 和 Larry Williams 两位教授的理论精华，将 A/D VOLUME 指标加以改良，衍生出佳庆指标。Matlab 自带了佳庆指标和迪士尼股价的数据，下面我们通过程序来计算该指标并画图展示。

如图 2.7 所示为佳庆指标。

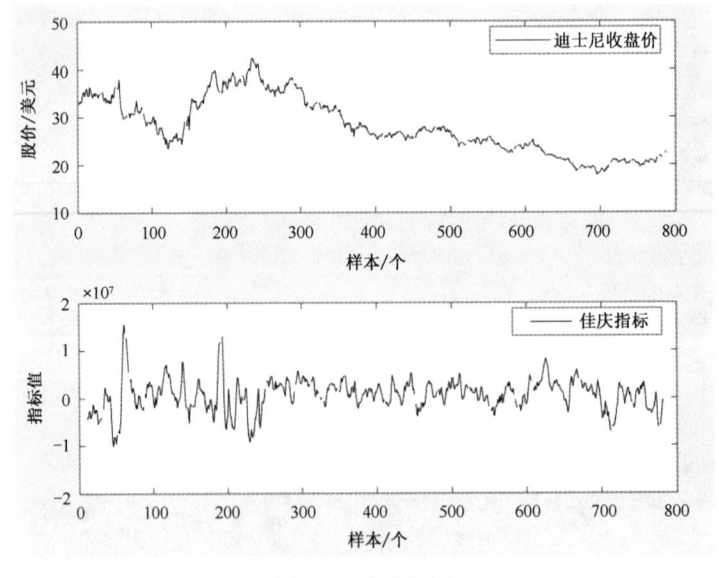

图 2.7　佳庆指标

```
%佳庆指标
dis_ChaikOsc = chaikosc(dis_HIGH, dis_LOW, dis_CLOSE, dis_VOLUME);
%上方是收盘价图,下方是佳庆指标图
subplot(2,1,1);
plot([1:length(dis_CLOSE)],dis_CLOSE,'color','k');
legend('迪士尼收盘价','Location','best')
xlabel('样本/个')
ylabel('股价/美元')
subplot(2,1,2);
plot([1:length(dis_ChaikOsc)],dis_ChaikOsc,'color','k');
xlabel('样本/个')
ylabel('指标值')
legend('佳庆指标','Location','best');
```

3. priceosc：价格摆动指标

- 计算方法：同花顺。

MA_short=12 期价格移动平均值

MA_long=26 期价格移动平均值

VOSC = (MA_short−MA_long) / MA_short

- Matlab 调用方法：

```
cal_priceosc(price)
```

- Matlab 调用实例：我们编制了价格摆动指标并利用迪士尼股价的数据来介绍计算，下面通过程序来计算该指标并画图展示。

如图 2.8 所示为价格摆动指标。

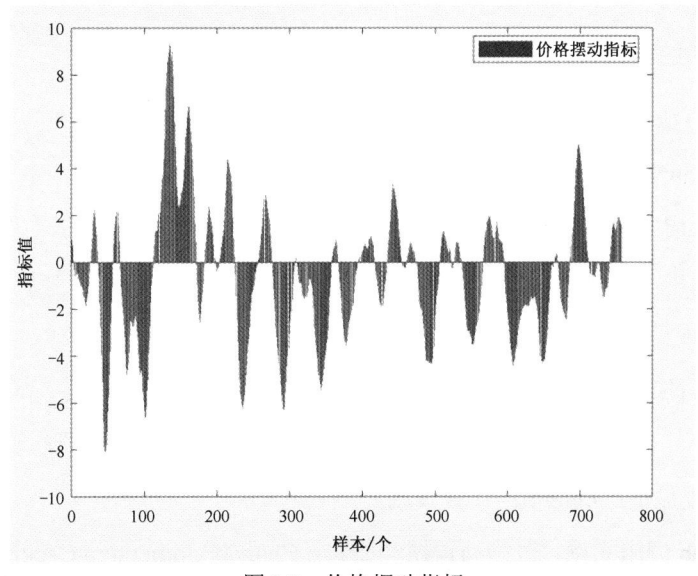

图 2.8 价格摆动指标

```
%价格摆动指标
[priceosc]=cal_priceosc(dis_CLOSE);
bar(priceosc(26:end))
xlabel('样本/个')
ylabel('指标值')
legend('价格摆动指标','Location','best');
```

```
%%Project Title: cal_priceosc
%Date: 2018.3.29
%Developer：李一邮及其团队
%Contact Info: 2975056631@qq.com
%目标：
%计算价格摆动指标
%输入参数：
%price 价格：列向量
%输出：
%priceosc 价格摆动指标：列向量
%样例：
%load disney.mat
%[priceosc]=cal_priceosc(dis_CLOSE);
%bar(priceosc(27:end))
function [priceosc]=cal_priceosc(close)
idx=find(isnan(close)==0);
[short,long]=deal(NaN(length(close),1));
[short(idx),long(idx)]=movavg(close(idx),12,26,0);
priceosc=(short-long)./short*100;
end
```

4. CMO 钱德动量摆动指标

● 计算方法：

CMO = (Su−Sd)×100/(Su + Sd)

Su = N 天内上涨日的总涨幅

Sd = N 天内下跌日的总跌幅

● Matlab 调用方法：

```
CMOValue=CMO(Close,Length)
```

其中

Close：收盘价；Length：计算长度。

● Matlab 调用实例：钱德动量摆动指标（Chande Momentum Oscillator，CMO）是由图莎尔·钱德发明的，与其他动量摆动指标如相对强弱指标（RSI）和随机指标

（KDJ）不同，钱德动量指标在计算公式的分子中采用上涨日和下跌日的数据。以600000.mat 的价格数据为例，我们计算该指标并与价格数据进行对比。

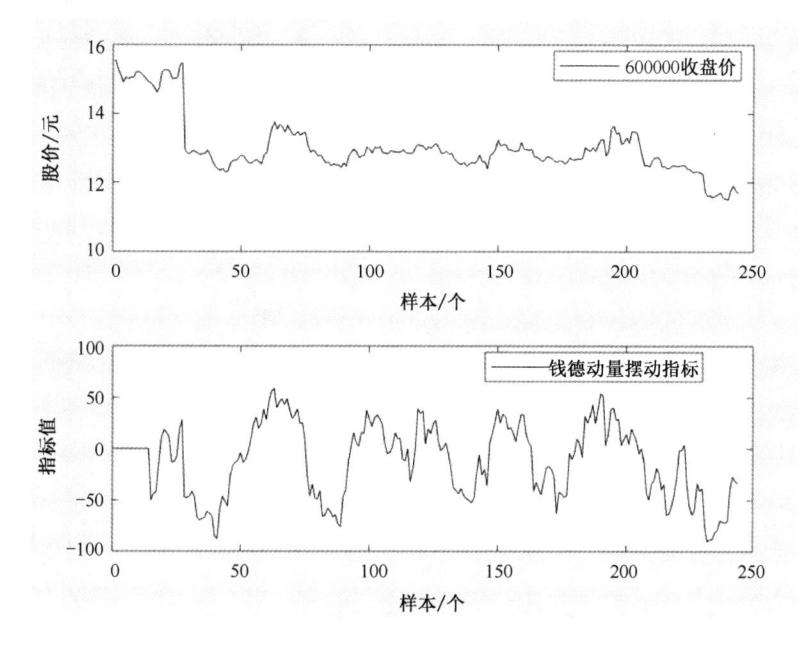

如图 2.9 所示为钱德动量摆动指标。

图 2.9 钱德动量摆动指标

```
%钱德动量摆动指标
load('600000.mat')
Close=cell2mat(table(:,6));
CMOValue=CMO(Close,14)
subplot(2,1,1);
plot(Close,'color','k');
legend('600000 收盘价','Location','best')
xlabel('样本/个')
ylabel('股价/元')
subplot(2,1,2)
plot(CMOValue,'color','k');
xlabel('样本/个')
ylabel('指标值')
legend('钱德动量摆动指标','Location','best');
```

钱德动量摆动指标是作者参考连长的 CMO 指数改编的。CMO 的代码如下。

```
function CMOValue=CMO(Price,Length)
%-------------------此函数用来计算CMO 指数（动量波动指标）-------------------
%------------------------------编写者------------------------------
%Lian Xiangbin(连长,785674410@qq.com),DUFE,2014
%李一邨及其团队
```

```
% Contact Info: 2975056631@qq.com
%---------------------------------参考---------------------------------
%[1]光大证券.技术指标系列（七）--CMO动量波动指标的运用，2012-08-14
%[2]MBA智库百科.CMO词条
%[3]交易开拓者.CMO指标算法
%---------------------------------简介---------------------------------
%钱德动量摆动指标（Chande Momentum Oscillator，动量波动指标，纯动力振荡指标）是由钱德
发明的，与其他动量摆动指标如RSI和KDJ不同，CMO在计算公式的分子中采用上涨日和下跌日数据
%-------------------------------基本用法-------------------------------
%(1)当CMO上穿0线，买入信号产生；当CMO下穿0线，卖出信号产生
%(2)当CMO大于50时，处于超买状态；当CMO小于-50，时处于超卖状态
%(3)CMO的绝对值越高，趋势越强；较低的CMO绝对值（0附近）标示的证券在水平方向波动
%(4)当CMO上穿/下穿移动平均线时，将是买/卖信号
%(5)可以利用CMO衡量趋势强度的能力来改进趋势跟踪机制。例如，当CMO的绝对值较高时仅根据趋
势跟踪指标来操作；当CMO的绝对值较低时转而采用交易范围指标
%-------------------------------调用函数-------------------------------
%CMOValue=CMO(Price,Length)
%---------------------------------参数---------------------------------
%Price：价格序列，可用Open、High、Low或Close，常用Close
%Length：计算时所考虑的时间周期，常用14或20个Bar
%---------------------------------输出---------------------------------
%CMOValue：动量波动指标

CMOValue=zeros(length(Price),1);
DiffofPrice=zeros(length(Price),1);
DiffofPrice(2:end)=Price(2:end)-Price(1:end-1);
for i=Length+1:length(Price)
    Temp=DiffofPrice(i-Length+1:i);
    CMOValue(i)=(sum(Temp(Temp>0))-sum(abs(Temp(Temp<0))))/sum(abs(Temp))*100;
end
end
```

2.3.2 波动指标

波动指标主要指随着价格变化在一定区间内波动的指标，通常有一定的波动平滑以稳定指标变化。下面介绍一些常见的波动指标。

1. chaikvolat：Chaikin Volatility（佳庆离散指标）

● 计算方法：

差值$_t$ = 最高价$_t$ - 最低价$_t$

HELMA = 差值的k期指数平均值

Chaikin Volatility=(HELMA$_t$ − HELMA$_{t-m+1}$)/HELMA$_{t-m+1}$ × 100

● Matlab 调用方法：

```
chvol = chaikvolat(highp,lowp)
chvol = chaikvolat([highp lowp])
chvol = chaikvolat(high,lowp,nperdiff,manper)
chvol = chaikvolat([high lowp],nperdiff,manper)
chvts = chaikvolat(tsobj)
chvts = chaikvolat(tsobj,nperdiff,manper,'ParameterName',ParameterValue, ...)
```

其中

highp：最高价；lowp：最低价；nperdiff：指定 k 期值；manper：指定 m 期值。

tsobj：time series object（详见 Matlab 帮助文件 Timeseries Class）。

ParameterName：用于指定 time series object 中的序列名称。

● Matlab 应用案例：Matlab 自带了该指标的函数和迪士尼股价的数据，下面我们通过程序来计算该指标并画图展示。

如图 2.10 所示为佳庆离散指标。

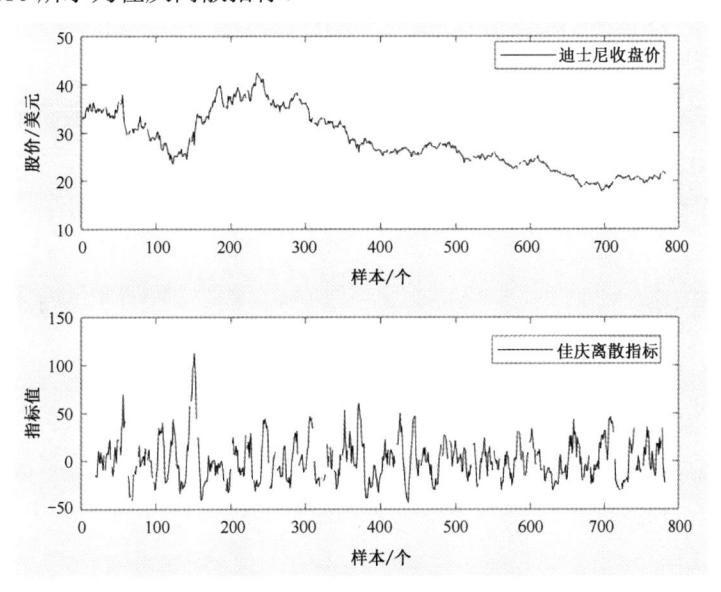

图 2.10 佳庆离散指标

```
dis_ChaikVol = chaikvolat(dis_HIGH, dis_LOW);
subplot(2,1,1)
plot(dis_CLOSE,'color','k');
legend('迪士尼收盘价','Location','best')
xlabel('样本/个')
ylabel('股价/美元')
subplot(2,1,2)
```

```
plot(dis_ChaikVol,'color','k');
xlabel('样本/个')
ylabel('指标值')
legend('佳庆离散指标');
```

2. Mass：梅斯线

● 计算方法：

DIF=最高价-最低价

AHL=DIF 9 期指数平均值

BHL=AHL 9 期指数平均值

$$Mass=\sum_{i=1}^{25}\frac{AHL}{BHL}$$

● Matlab 调用方法：

```
Mass=cal_mass(high,low);
```

其中

Mass：梅斯线；high：最高价；low：最低价。

● Matlab 调用实例：我们编制了该指标的函数并利用迪士尼股价的数据来介绍计算，下面通过程序来计算该指标并画图展示。

如图 2.11 所示为梅斯线。

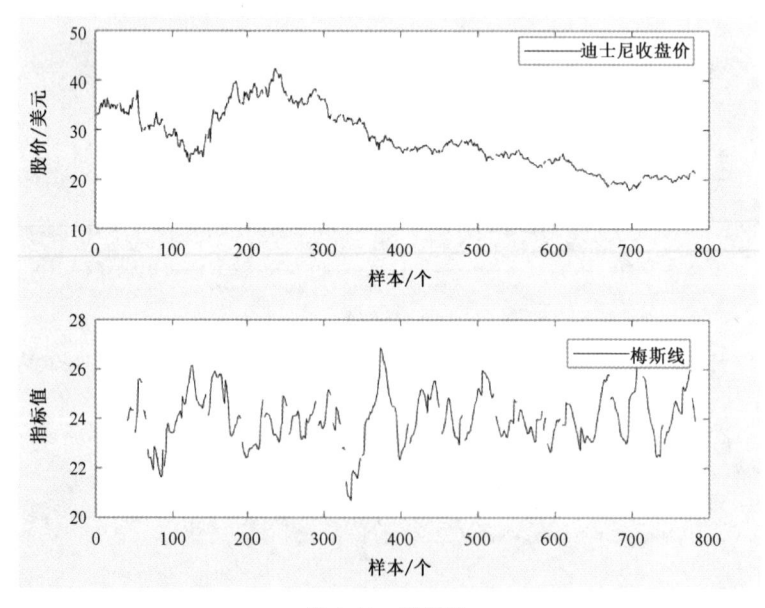

图 2.11　梅斯线

```matlab
%梅斯线
load disney.mat
plot(dis_CLOSE,'color','k');
legend('迪士尼收盘价','Location','best')
xlabel('样本/个')
ylabel('股价/美元')
subplot(2,1,2)
dis_mass=cal_mass(dis_HIGH,dis_LOW);
plot(dis_mass,'color','k');
xlabel('样本/个')
ylabel('指标值')
legend('梅斯线');
```

```matlab
%%Project Title: cal_mass
%Date: 2018.3.27
%Developer：李一邨及其团队
%Contact Info：2975056631@qq.com
%目标：
%%输入最高价、最低价，计算Mass指数
%输入参数：
%high 最高价：列向量
%low 最低价：列向量
%输出：
%%Mass 梅斯线：列向量
%样例：
%load disney.mat
%cal_mass(dis_CLOSE);

function [mass] = cal_mass(high,low)
%计算最高价和最低价之差diff
diff=high-low;
idx=find(isnan(diff)==0);
%计算diff的9期指数平均值
AHL=ones(length(high),1);
AHL(:)=NaN;
AHL(idx)=tsmovavg(diff(idx),'e',9,1);
idx=find(isnan(AHL)==0);
%计算AHL的9期指数平均值
BHL=ones(length(high),1);
BHL(:)=NaN;
BHL(idx)=tsmovavg(AHL(idx),'e',9,1);
%计算AHL/BHL
ratio=AHL/BHL;
idx=find(isnan(ratio)==0);
%计算梅斯线
mass=ones(length(high),1);
mass(:)=NaN;
for i=1:length(idx)
```

```
    if idx(i)>24+idx(1)
        mass(idx(i),1)=sum(ratio(idx(i)-24:idx(i),1),'omitnan');
    end
end
end
```

3. ATR：真实波幅

● 计算方法：

TR1=最高价-最低价

TR2=|最高价-前一日收盘价|

TR3=|前一日收盘价-最低价|

TR=max(TR1, TR2, TR3)

ATR=TR 的 14 期简单移动平均值

● Matlab 调用方法：

```
ATR=cal_ATR(close,high,low);
```

其中

close：收盘价；high：最高价；low：最低价。

● Matlab 调用实例：我们编制了该指标的函数并利用迪士尼股价的数据来介绍计算，下面通过程序来计算该指标并画图展示。

如图 2.12 所示为真实波幅。

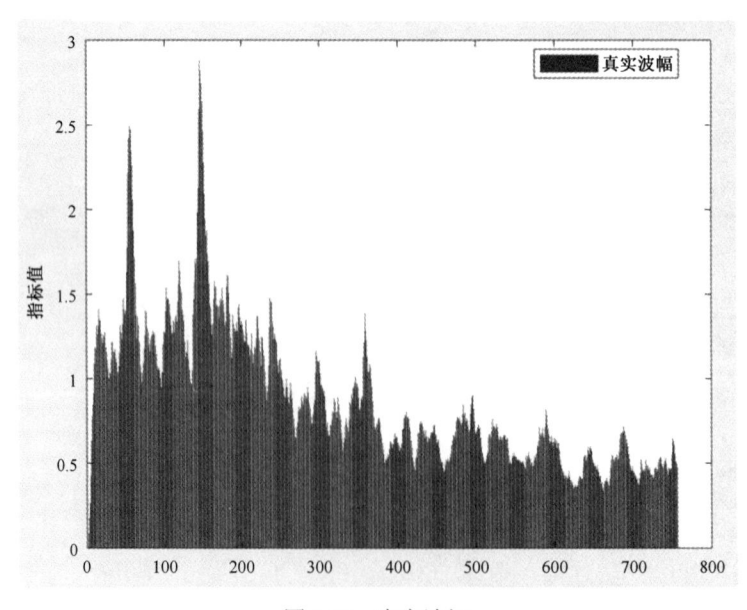

图 2.12 真实波幅

```
%真实波幅
[dis_ATR]=cal_ATR(dis_CLOSE,dis_HIGH,dis_LOW)
bar(dis_ATR);
xlabel('样本/个')
ylabel('指标值')
legend('真实波幅','Location','best');
```

```
%%Project Title: cal_ATR
%Date: 2018.3.27
%Developer：李一邨及其团队
%Contact Info：2975056631@qq.com
%目标：
%输入收盘价、最高价、最低价、计算ATR
%输入参数：
%close 收盘价：列向量
%high 最高价：列向量
%low 最低价：列向量
%输出：
%ATR 真实波幅：列向量
%样例：
%load disney.mat
%[dis_ATR]=cal_ATR(dis_CLOSE,dis_HIGH,dis_LOW)
%bar(dis_ATR);
function [ATR]=cal_ATR(close,high,low)
%波幅1：最高价-最低价
TR1=[0;high(2:end,1)-low(2:end,1)];
%波幅2：最高价-前一日收盘价
TR2=[0;high(2:end,1)-close(1:end-1,1)];
%波幅3：前一日收盘价-最低价
TR3=[0;close(1:end-1,1)-low(2:end,1)];
for i=1:length(TR1)
    %真实波幅=最大值(波幅1,波幅2,波幅3)
    TR(i,1)=max([TR1(i),abs(TR2(i)),abs(TR3(i))]);
end
idx=find(isnan(TR)==0);
ATR=movavg(TR(idx),14,14,1);
end
```

4. VHF：纵横指标

● 计算方法：

VHF=(hhigh-llow)/N 期路径

N 期路径=N 期价差绝对值的和

其中

hhigh：N 期的最高价；llow：N 期的最低价。

- Matlab 调用方法：

```
VHFValue=VHF(Price,Length)
```

其中

Price：收盘价；Length：N 期指定值。

- Matlab 调用实例：以 600000.mat 的价格数据为例，我们计算该指标并与价格数据进行对比。

如图 2.13 所示为纵横指标。

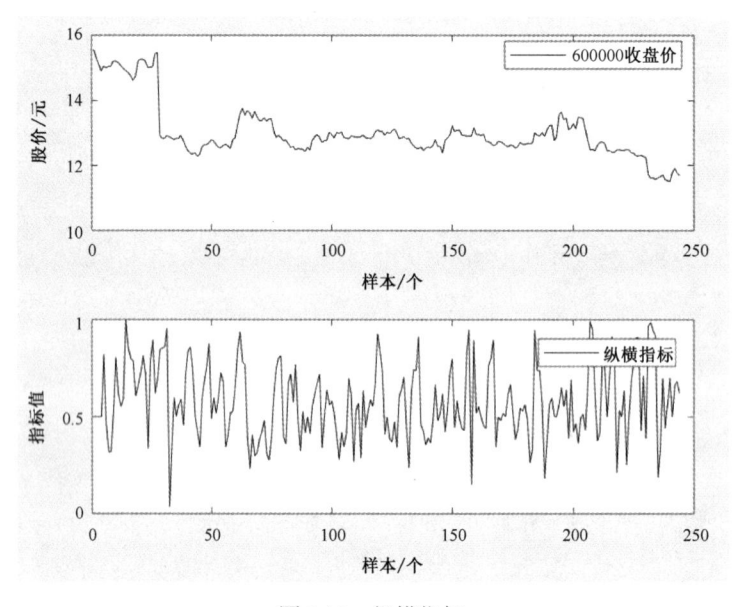

图 2.13 纵横指标

```
%纵横指标
load('600000.mat')
Close=cell2mat(table(:,6));
VHFValue=VHF(Close,5)
subplot(2,1,1);
plot(Close,'color','k');
legend('600000 收盘价','Location','best')
xlabel('样本/个')
ylabel('股价/元')
subplot(2,1,2);
plot(VHFValue,'color','k');
```

```
xlabel('样本/个')
ylabel('指标值')
legend('纵横指标');
```

纵横指标又称为十字过滤线,代码参考自网络资源,具体如下。

```
function VHFValue=VHF(Price,Length)
%--------------------此函数用来计算VHF(十字过滤线)--------------------
%-----------------------------------编写者----------------------------------
%Lian Xiangbin(连长,785674410@qq.com),DUFE,2014
%李一邮及其团队
% Contact Info: 2975056631@qq.com
%-----------------------------------参考----------------------------------
%[1]MBA智库百科.VHF词条
%[2]博客: http://blog.sina.com.cn/s/blog_43aac0970100w0y5.html
%[3]交易开拓者(TB).公式应用VHF算法
%-----------------------------------简介----------------------------------
%十字过滤线(Vertical Horizontal Filter, VHF),1991年8月于Futures杂志由怀特(Adam
White)首次发表,其主要作用在于分辨行情的种类。趋势行情应该采用趋势指标,横向整理行情应该采用超
买超卖指标,不同的指标适用于不同的市场走势。但是,如何区别目前的走势,属于单一方向的趋势行情,还
是横向震荡的整理行情?是许多使用技术分析的股民共同遭遇的难题。为了让技术分析的信号充分地发挥功能,
不同的市况必须搭配不同的指标。如果指标的选择错误,则必然无法得到好的操作结果。因此,辨别目前行
情的地位,是每一位股民进行交易投资之前最重要的工作。怀特所设计的VHF指标解决了上述的问题,提供给
股民清晰明确的信号,使他们可以澄清"趋势行情"与"箱型行情"的界限。经过VHF指标过滤的行情,可以
帮助股民选择最佳的指标组合
%-----------------------------------基本用法----------------------------------
%(1)VHF的值越高,代表目前正处于趋势行情,应选择趋势指标为参考工具
%(2)VHF的值越低,代表目前正处于箱型行情,应选择超买超卖指标为参考工具
%(3)VHF处于上升状态时,代表股价处于趋势行情
%(4)VHF处于下跌状态时,代表股价处于箱型行情
%-----------------------------------调用函数----------------------------------
%VHFValue=VHF(Price,Length)
%-----------------------------------参数----------------------------------
%Price: 价格序列,常用收盘价
%Length: 考虑的周期,常用5个Bar
%-----------------------------------输出----------------------------------
%VHFValu-VHF指标

VHFValue=zeros(length(Price),1);
DiffofPrice=zeros(length(Price),1);
DiffofPrice(2:end)=Price(2:end)-Price(1:end-1);
DiffofPrice=abs(DiffofPrice);
VHFValue(1:Length-1)=0.5;
for i=Length:length(Price)
```

```
    sum(DiffofPrice(i-Length+1:i));
    VHFValue(i)=abs(max(Price(i-Length+1:i))-min(Price(i-Length+1:i)))/...
        sum(DiffofPrice(i-Length+1:i));
end
VHFValue(VHFValue==inf)=0.5;
end
```

2.3.3 超买超卖指标

对某种股票的过度买入称为超买，反之，对某种股票的过度卖出则称为超卖。所谓的超买超卖指标是因为股价运行趋势的惯性因素造成的。对这种现象的刻画就是超买超卖指标的来源。下面为大家介绍一些常见的超买超卖指标。

1. spctkd：Slow Stochastics（慢速随机指标）

● 计算方法：

fpct%k=(收盘价-k 期最低价)/(k 期最高价-k 期最低价)×100

fpct%d=d 期 fpct%k 的移动平均值

spct%k=fpct%d

spct%d=d 期 spct%k 的移动平均值，默认为 3 期的指数移动平均值

● Matlab 调用方法：

```
[spctk,spctd] = spctkd(fastpctk,fastpctd)
[spctk,spctd] = spctkd([fastpctk fastpctd])
[spctk,spctd] = spctkd(fastpctk,fastpctd,dperiods,dmamethod)
[spctk,spctd] = spctkd([fastpctk fastpctd], dperiods, dmamethod)
skdts = spctkd(tsobj)
skdts = spctkd(tsobj,dperiods,dmamethod)
skdts = spctkd(tsobj,dperiods,dmamethod,'ParameterName',ParameterValue, ...)
```

其中

fastpctk、fastpctd 分别为快速随机指标中的 fpct%k 与 fpct%d；dperiods：d 的指定值；dmamethod：移动平均方法。

tsobj：time series object（详见 Matlab 帮助文件 Timeseries Class）。

ParameterName：用于指定 time series object 中的序列名称。

● Matlab 应用案例：Matlab 自带了该指标的函数和迪士尼股价的数据，下面我们通过程序来计算该指标并画图展示。

如图 2.14 所示为慢速随机指标。

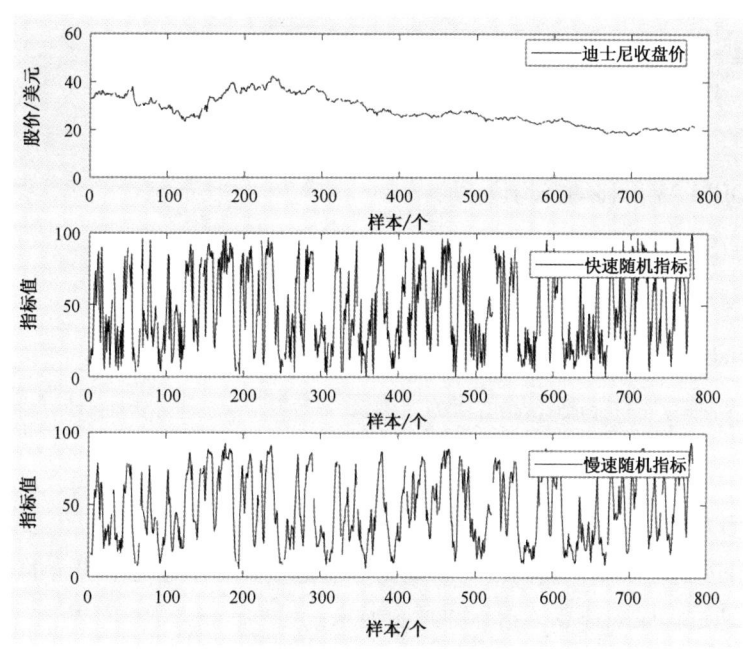

图 2.14 慢速随机指标

```
%慢速随机指标
[dis_FPctK, dis_FPctD] = fpctkd(dis_HIGH, dis_LOW, dis_CLOSE);
[dis_SPctK, dis_SPctD] = spctkd(dis_FPctK, dis_FPctD);
subplot(3,1,1);
plot([1:length(dis_CLOSE)],dis_CLOSE,'color','k');
legend('迪士尼收盘价','Location','best')
xlabel('样本/个')
ylabel('股价/美元')
subplot(3,1,2);
plot([1:length(dis_FPctK)],dis_FPctK,'color','k');
xlabel('样本/个')
ylabel('指标值')
legend('快速随机指标')
subplot(3,1,3);
plot([1:length(dis_SPctK)],dis_SPctK,'color','k');
xlabel('样本/个')
ylabel('指标值')
legend('慢速随机指标')
```

2. ADTM：动态买卖气指标

● 计算方法：

$$\mathrm{DTM}_t = \begin{cases} 0, & \mathrm{open}_t \leqslant \mathrm{open}_{t-1} \\ \max(\mathrm{high}_t - \mathrm{open}_t, \mathrm{open}_t - \mathrm{open}_{t-1}), & \mathrm{open}_t > \mathrm{open}_{t-1} \end{cases}$$

$$\mathrm{DBM}_t = \begin{cases} 0, & \mathrm{open}_t \geqslant \mathrm{open}_{t-1} \\ \max(\mathrm{open}_t - \mathrm{low}_t, \mathrm{open}_t - \mathrm{open}_{t-1}), & \mathrm{open}_t < \mathrm{open}_{t-1} \end{cases}$$

STM=DTM 23 日移动平均值

SBM=DBM 23 日移动平均值

ADTM=(STM-SBM) / max(STM,SBM)

ADTMMA=ADTM 8 日移动平均值

● Matlab 调用方法：

```
[ADTM,ADTMMA]=cal_ADTM(open,high,low)
```

其中

open：开盘价；high：最高价；low：最低价。

● Matlab 调用实例：我们编制了该指标的函数并利用迪士尼股价的数据来介绍计算，下面通过程序来计算该指标并画图展示。

如图 2.15 所示为动态买卖气指标。

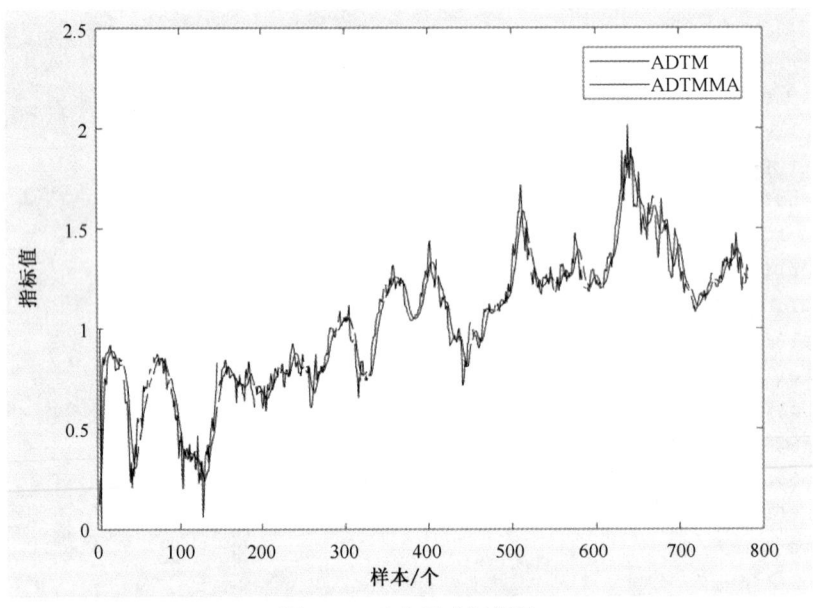

图 2.15 动态买卖气指标

```
%动态买卖气指标
[ADTM,ADTMMA]=cal_ADTM(dis_OPEN,dis_HIGH,dis_LOW)
plot(ADTM,'color','k');
hold on;
plot(ADTMMA,'color','k');
xlabel('样本/个')
```

```
ylabel('指标值')
legend('ADTM','ADTMMA');
%%Project Title: cal_ADTM
%Date: 2018.3.29
%Developer：李一邨及其团队
%Contact Info: 2975056631@qq.com
%目标：
%计算 ADTM、ADTMMA
%输入参数：
%open 开盘价：列向量
%high 最高价：列向量
%low 最低价：列向量
%输出：
%ADTM：列向量
%ADTMMA：列向量
%样例：
%load disney.mat
%[ADTM,ADTMMA]=cal_ADTM(dis_OPEN,dis_HIGH,dis_LOW)
%plot(ADTM);
%hold on;
%plot(ADTMMA);
%legend('ADTM','ADTMMA');
function [ADTM,ADTMMA]=cal_ADTM(open,high,low)
idx_o=find(isnan(open)==0);
%diff_open=diff(open)
[diff_open]=deal(NaN(length(open),1));
diff_open(idx_o)=[0;diff(open(idx_o))];
DTM=diff_open;
%diff_open<0 DTM=0 DBM=max(open-low,diff_open);
%diff_open>0 DTM=max(high-open,diff_open) DBM=0;
DTM(DTM<0)=0;
DTM(DTM>0)=max([high(find(DTM>0))-open(find(DTM>0)),diff_open(find(DTM>0))],[],2);
DBM=diff_open;
DBM(DBM>0)=0;
DBM(DBM<0)=max([open(find(DBM<0))-low(find(DBM<0)),diff_open(find(DBM<0))],[],2);
idx_DTM=find(isnan(DTM)==0);
idx_DBM=find(isnan(DBM)==0);
[STM,SBM]=deal(NaN(length(DTM),1));
%STM、SBM 分别为 DTM、DBM 23 日移动平均值
STM(idx_DTM,1)=movavg(DTM(idx_DTM),23,23,0);
SBM(idx_DBM,1)=movavg(DBM(idx_DBM),23,23,0);
%ADTM=(STM-SBM)/max(STM,SBM)
ADTM=(STM-SBM)/max([STM,SBM],[],2);
```

```
idx_ADTM=find(isnan(ADTM)==0);
ADTMMA=NaN(length(ADTM),1);
%ADTMMA 为 ADTM 8 期移动平均值
ADTMMA(idx_ADTM)=movavg(ADTM(idx_ADTM),8,8,0);
```

3. DPO：区间震荡线

● 计算方法：

$M=(N/2+1)$向下取整

DPO=价格-前 M 日简单移动平均价

● Matlab 调用方法：

```
DPOValue=DPO(Price,Length)
```

其中

　　Price：价格；Length：指定长度。

● Matlab 调用实例：以 600000.mat 的价格数据为例，我们计算该指标并与价格数据进行对比。

如图 2.16 所示为区间震荡线。

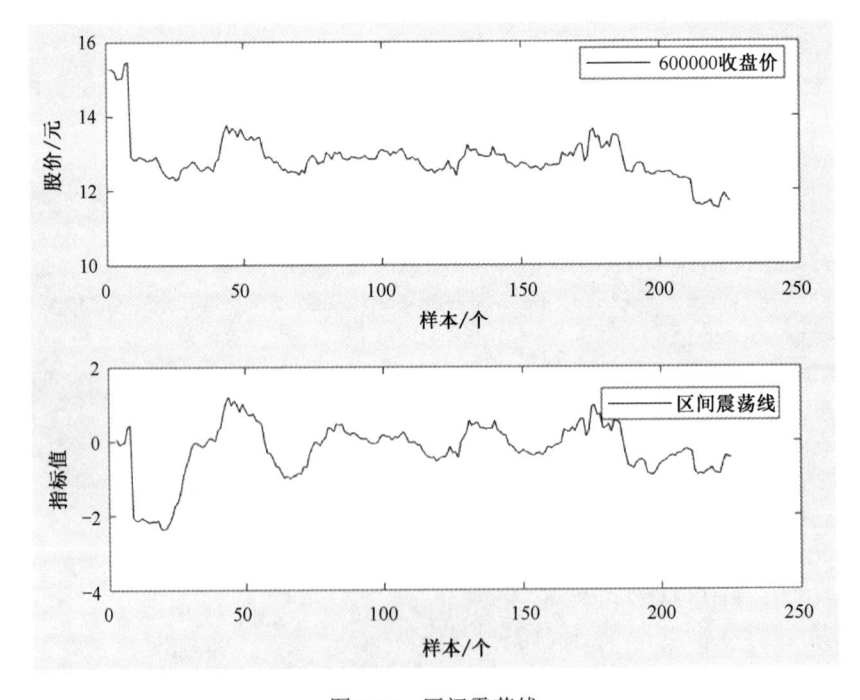

图 2.16　区间震荡线

```
%区间震荡线
load('600000.mat')
Close=cell2mat(table(:,6));
DPOValue=DPO(Close,20)
subplot(2,1,1);
plot(Close(20:end),'color','k');
legend('600000 收盘价','Location','best')
xlabel('样本/个')
ylabel('股价/元')
subplot(2,1,2)
plot(DPOValue(20:end),'color','k');
xlabel('样本/个')
ylabel('指标值')
legend('区间震荡线');
```

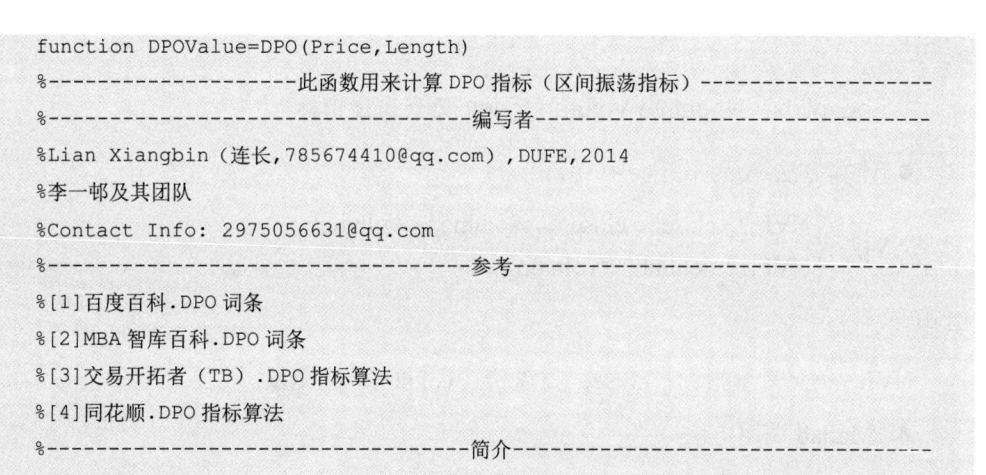

```
function DPOValue=DPO(Price,Length)
%-----------------------此函数用来计算 DPO 指标（区间振荡指标）-----------------
%-------------------------------编写者------------------------------
%Lian Xiangbin (连长,785674410@qq.com),DUFE,2014
%李一邨及其团队
%Contact Info: 2975056631@qq.com
%-------------------------------参考------------------------------
%[1]百度百科.DPO 词条
%[2]MBA 智库百科.DPO 词条
%[3]交易开拓者（TB）.DPO 指标算法
%[4]同花顺.DPO 指标算法
%-------------------------------简介------------------------------
%区间震荡线（Detrended Price Oscillator, DPO）是由惠特曼·巴塞特（Walt Bressert）提
出的，是一个排除价格趋势的震荡指标。它试图通过扣除前期移动平均价来消除长期趋势对价格波动的干扰，
从而便于发现价格短期的波动和超买超卖水平。宇宙间的事物，是一种生生不息的循环。有些循环可以预测，
例如：四季的循环、动物的冬眠等。然而宇宙间仍存在着人类无法准确预测的循环。例如：天气、地震等。这
是因为很多周期长短不同的循环，错综干扰的交互作用，使得个别周期无法单独显现。惠特曼·巴塞特研究这
种交互作用后发现，一个长周波包含了数个短周波。数个长周波的组合，构成一个长周波。观察短周波的运动
规律，可以估计长周波峰谷出现的时机。例如：四个短期循环底部，构成一个长期循环底部。因此，DPO 指标
刻意忽略较长周期的波动，一方面可以减少周期干扰的混淆，另一方面可以凸显个别周期的波动
%-------------------------------基本用法------------------------------
%(1)DPO>0，表明目前处于多头市场；DPO<0，表明目前处于空头市场
%(2)在 0 轴上方设定一条超买线，当 DPO 波动至超买线时，价格会形成短期高点
%(3)在 0 轴下方设定一条超卖线，当 DPO 波动至超卖线时，价格会形成短期低点
%(4)超买超卖的范围随个股的不同而不同，用户应自行设定
%-------------------------------调用函数------------------------------
%DPOValue=DPO(Price,Length)
%-------------------------------参数------------------------------
```

```
%Price：价格序列，常用收盘价序列
%Length：计算的周期
%--------------------------------输出----------------------------------
%DPOValue：区间振荡指标

DPOValue=zeros(length(Price),1);
Offset=floor(Length*0.5+1);
MAValue=tsmovavg(Price,'s',Offset,1);
DPOValue(Offset+1:end)=Price(Offset+1:end)-MAValue(1:end-Offset);
end
```

2.3.4 成交量指标

成交量指标，顾名思义，以成交量而非价格作为计算的核心，并用此刻画市场的变化。下面我们介绍一些典型的成交量指标。

1. negvolidx：Negative Volumn Index 负交易量指标

● 计算方法：

$$NVI_t = \begin{cases} NVI_{t-1} \times close_t \div close_{t-1}, & volumn_t < volumn_{t-1} \\ NVI_{t-1}, & volumn_t \geqslant volumn_{t-1} \end{cases}$$

其中

NVI：负交易量指标；close：收盘价；volumn：成交量。

● Matlab 调用方法：

```
nvi = negvolidx(closep,tvolume,initnvi)
nvi = negvolidx([closep tvolume],initnvi)
nvits = negvolidx(tsobj)
vits = negvolidx(tsobj,initnvi,'ParameterName',ParameterValue,...)
```

其中

closep：收盘价；tvolume：成交量；initnvi：起始值，默认为 100。

tsobj：time series object（详见 Matlab 帮助文件 Time series Class）。

● Matlab 应用案例：Matlab 自带了该指标的函数和迪士尼股价的数据，下面我们通过程序来计算该指标并画图展示。

如图 2.17 所示为负交易量指标。

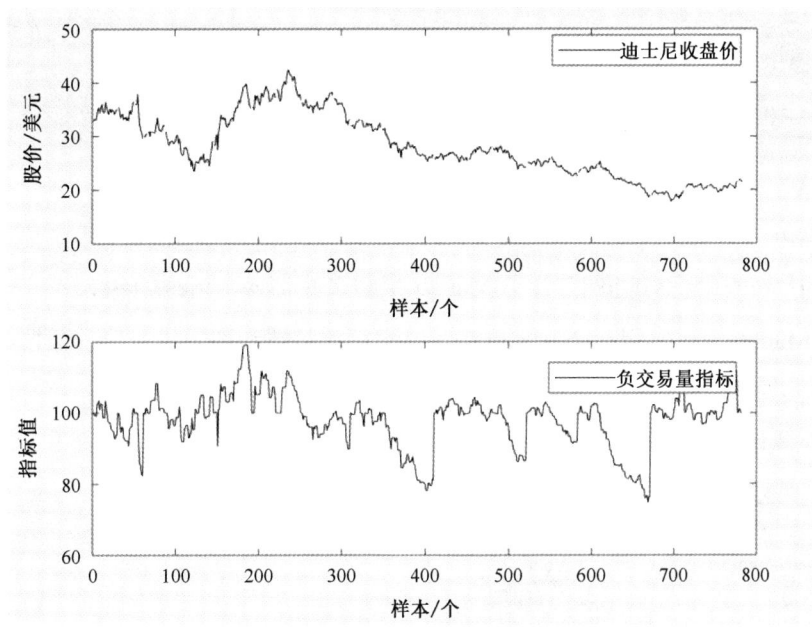

图 2.17 负交易量指标

```
%负交易量指标
dis_NVI = negvolidx(dis_CLOSE, dis_VOLUME)
subplot(2,1,1)
plot(dis_CLOSE,'color','k');
legend('迪士尼收盘价','Location','best')
xlabel('样本/个')
ylabel('股价/美元')
subplot(2,1,2)
plot(dis_NVI,'color','k');
xlabel('样本/个')
ylabel('指标值')
legend('负交易量指标');
```

2. posvolidx：Positive Volumn Index（正交易量指标）

● 计算方法：

$$PVI_t = \begin{cases} PVI_{t-1} \times close_t \div close_{t-1}, & volumn_t > volumn_{t-1} \\ PVI_{t-1}, & volumn_t \leqslant volumn_{t-1} \end{cases}$$

其中

PVI：正交易量指标；close：收盘价；volumn：成交量。

● Matlab 调用方法：

```
pvi = posvolidx(closep,tvolume,initpvi)
pvi = posvolidx([closep tvolume],initpvi)
pvits = posvolidx(tsobj)
pvits = posvolidx(tsobj,initpvi,'ParameterName',ParameterValue, ...)
```

其中

closep：收盘价；tvolume：成交量；initpvi：起始值，默认为 100。

tsobj：time series object（详见 Matlab 帮助文件 Time series Class）。

● Matlab 应用案例：Matlab 自带了该指标的函数和迪士尼股价的数据，下面我们通过程序来计算该指标并画图展示。

如图 2.18 所示为正交易量指标。

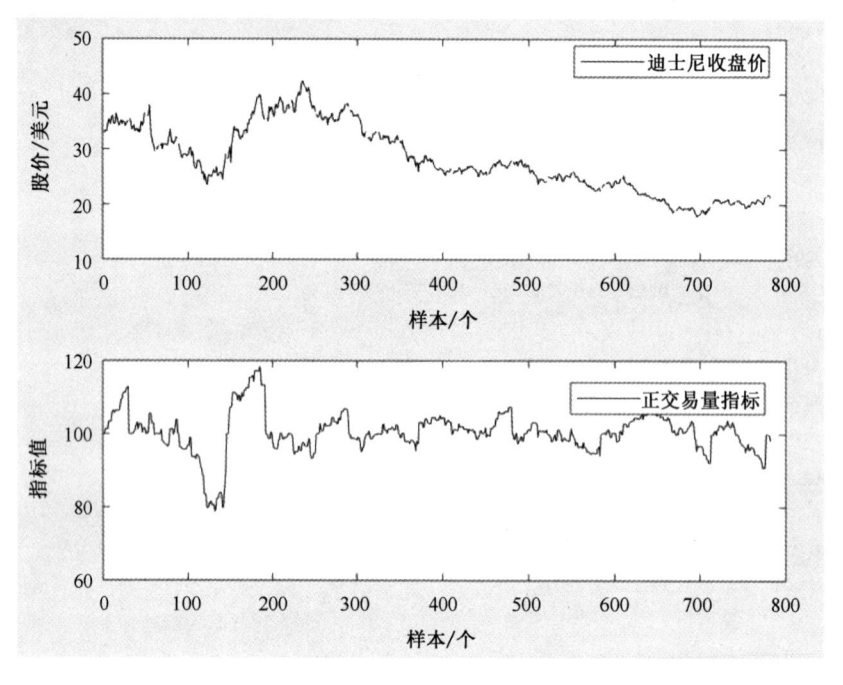

图 2.18　正交易量指标

```
%正交易量指标
dis_PVI = posvolidx(dis_CLOSE, dis_VOLUME)
subplot(2,1,1)
plot(dis_CLOSE,'color','k');
legend('迪士尼收盘价','Location','best')
xlabel('样本/个')
ylabel('股价/美元')
subplot(2,1,2)
plot(dis_PVI,'color','k');
```

```
xlabel('样本/个')
ylabel('指标值')
legend('正交易量指标');
```

3. 量比

- 计算公式：

量比=前 N 分钟平均交易量/前 5 日平均每分钟交易量

- Matlab 调用方法：

```
[amt_ratio]=cal_amountratio(amtpm,amount,varargin)
```

其中

amtpm：前 N 分钟成交量序列；amount：前 5 日成交量；time：前 5 日交易时间（分钟计），默认为 240。

- Matlab 调用实例：以 Matlab 自带的迪士尼股票的价格数据为例，我们计算该指标并与价格数据进行对比。

如图 2.19 所示为量比指标。

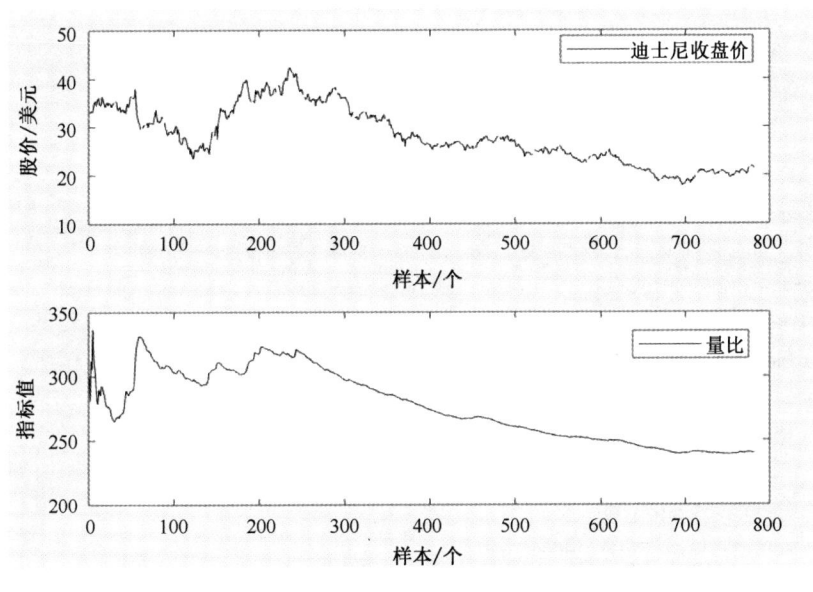

图 2.19　量比指标

```
%量比
amtpm=dis_VOLUME;
[amt_ratio]=cal_amountratio(amtpm,dis_VOLUME)
subplot(2,1,1)
plot(dis_CLOSE,'color','k');
```

```
legend('迪士尼收盘价','Location','best')
xlabel('样本/个')
ylabel('股价/美元')
subplot(2,1,2)
plot(amt_ratio,'color','k');
xlabel('样本/个')
ylabel('指标值')
legend('量比');
```

下面是量比指标的具体代码。

```
%%Project Title:cal_volumnratio
%Date: 2018.3.28
%Developer：李一邨及其团队
%Contact Info: 2975056631@qq.com
%目标：
%输入前N分钟成交量序列、前5日成交量序列，输出量比
%输入参数：
%amtpm 前N分钟成交量序列：列向量
%amount 前5日成交量序列：列向量
%可选参数：
%time 前5日交易时间：数值
%输出：
%amt_ratio 量比：列向量
%样例：
%load disney.mat
%amtpm=rand(10,1)*1000;
%[amt_ratio]=cal_amountratio(amtpm,dis_VOLUME);
function [amt_ratio]=cal_amountratio(amtpm,amount,varargin)
if ~isempty(varargin)
    time=cell2mat(varargin);
else
    time=240;
end
for i=1:length(amtpm)
    mean_amt(i,1)=mean(amtpm(1:i,1));
    amt_ratio(i,1)=time*mean_amt(i,1)/mean(amount(end-4:end,1),'omitnan');
end
```

4. TAPI：加权指数成交值

● 计算方法：

TAPI=当日成交金额/当日指数收盘价

- Matlab 调用方法：

```
cal_TAPI(volume, close)
```

其中

volume：当日成交金额；close：当日收盘价

- Matlab 调用实例：我们编写了该指标的程序，并以 Matlab 自带的迪士尼股票的价格数据为例，接下来计算该指标并与价格数据进行对比。

如图 2.20 所示为加权指数成交值。

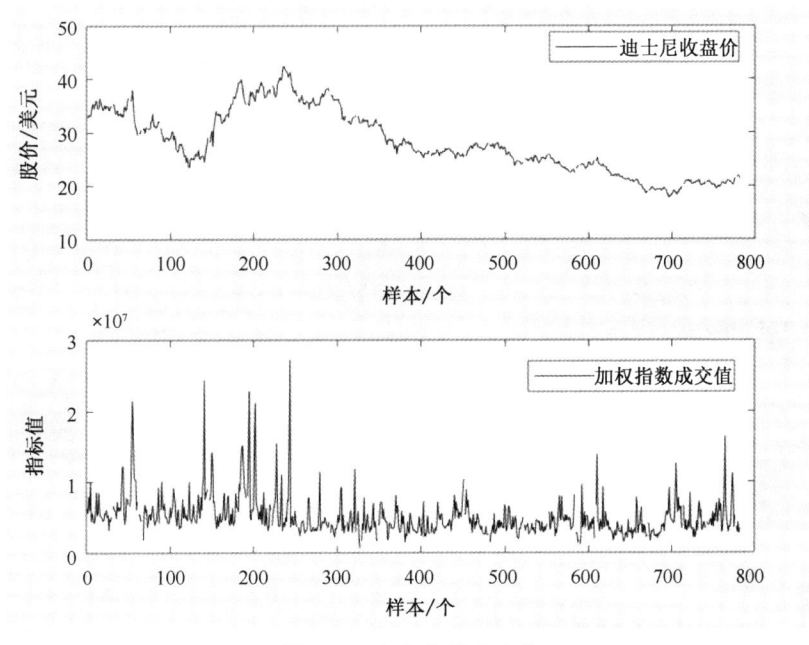

图 2.20 加权指数成交值

```
%加权指数成交值
load disney.mat
volume=dis_VOLUME.*dis_OPEN;   %假设成交金额为成交量×开盘价
TAPI=cal_TAPI(volume,dis_CLOSE);   %以迪士尼收盘价替代指数收盘价
subplot(2,1,1)
plot(dis_CLOSE,'color','k');
legend('迪士尼收盘价','Location','best')
xlabel('样本/个')
ylabel('股价/美元')
subplot(2,1,2)
plot(TAPI,'color','k');
xlabel('样本/个')
```

```
ylabel('指标值')
legend('加权指数成交值');
```

加权指数成交值指标的具体代码如下。

```
%%Project Title: cal_TAPI
%Date: 2018.3.28
%Developer：李一邺及其团队
%Contact Info: 2975056631@qq.com
%目标:
%计算TAPI
%输入参数:
%volume 当日成交金额：列向量
%close 当日收盘价格：列向量
%输出:
%TAPI：列向量
%样例:
%volume=dis_VOLUME.*dis_OPEN; %artificial volume
%cal_TAPI(volume,dis_CLOSE);
function TAPI=cal_TAPI(volume,close)
TAPI=volume./close
End
```

5. VMA：移动平均成交量

- 计算方法：

VMA=n 期简单平均成交量

n 一般为5。

- Matlab 调用方法：

```
[vma,~] = movavg(volumn,n,n,0);
```

- Matlab 调用实例：移动平均成交量的计算方法和移动均线相同，差别只是计算的对象换成了标的物的成交量而非价格。

如图 2.21 所示为移动平均成交量。

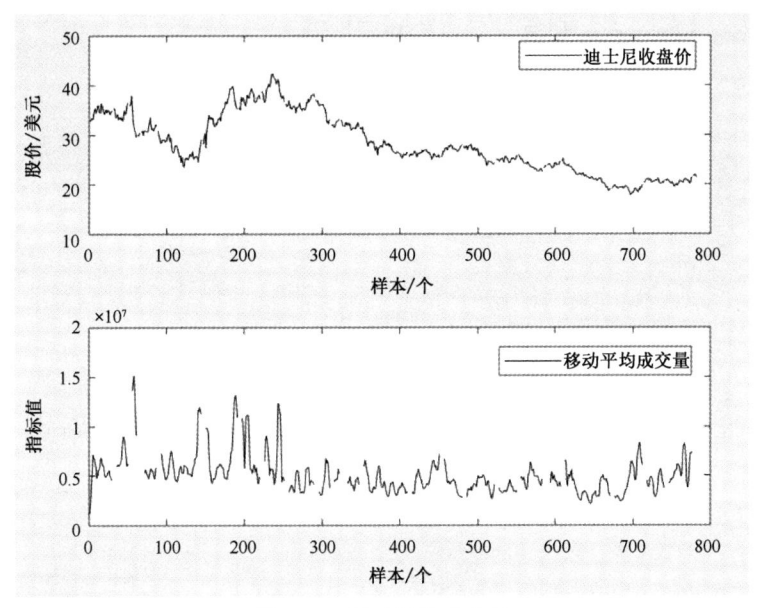

图 2.21 移动平均成交量

```
%移动平均成交量
[vma,~] = movavg(dis_VOLUME,5,5,0)
subplot(2,1,1)
plot(dis_CLOSE,'color','k');
legend('迪士尼收盘价','Location','best')
xlabel('样本/个')
ylabel('股价/美元')
subplot(2,1,2)
plot(vma,'color','k');
xlabel('样本/个')
ylabel('指标值')
legend('移动平均成交量');
```

6. VMACD：量指数平滑异同移动平均线

● 计算方法：

DIF=12 期成交量指数平均值-26 期成交量指数平均值

DEA=9 期 DIF 指数平均值

● Matlab 调用方法：

```
[macdvec,nineperma] = macd(volume)
```

其中

macdvec：DIF 值；nineperma：DEA 值。

● Matlab 调用实例：我们利用迪士尼股价数据计算量指数平滑异同移动平均线，

并将 macdvec、nineperma 和迪士尼股价共同展示。

如图 2.22 所示为量指数平滑异同移动平均线。

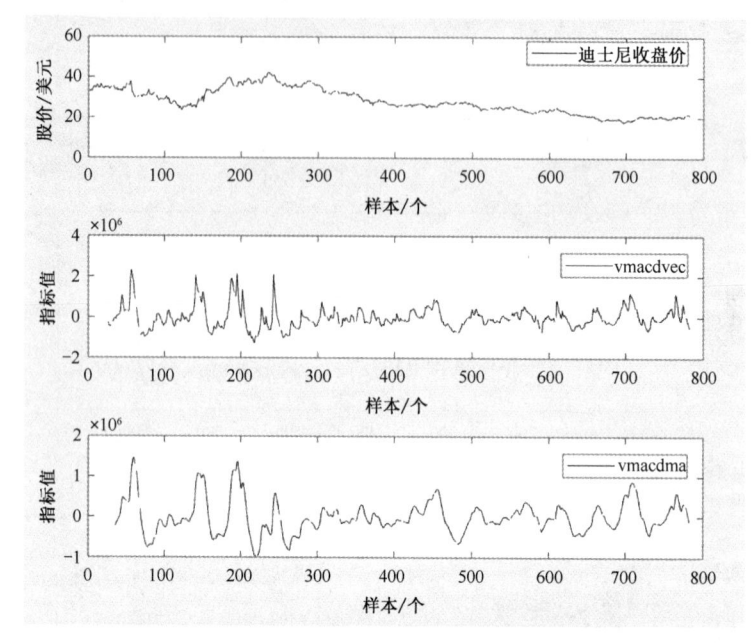

图 2.22 量指数平滑异同移动平均线

```
%量指数平滑异同移动平均线
[vmacdvec,vmacdma]=macd(dis_VOLUME);
subplot(3,1,1);
plot([1:length(dis_CLOSE)],dis_CLOSE,'color','k');
legend('迪士尼收盘价','Location','best')
xlabel('样本/个')
ylabel('股价/美元')
subplot(3,1,2);
plot([1:length(vmacdvec)],vmacdvec,'color','k');
xlabel('样本/个')
ylabel('指标值')
legend('vmacdvec')
subplot(3,1,3);
plot([1:length(vmacdma)],vmacdma,'color','k');
xlabel('样本/个')
ylabel('指标值')
legend('vmacdma')
```

7. VOSC：成交量摆动指标

● 计算方法：

MA_short=12 期成交量移动平均值

MA_long=26 期成交量移动平均值

● Matlab 调用方法：

```
cal_vosc(volume)
```

● Matlab 调用实例：以 Matlab 自带的迪士尼股票的价格数据为例，我们计算该指标并与价格数据进行对比。

如图 2.23 所示为成交量摆动指标。

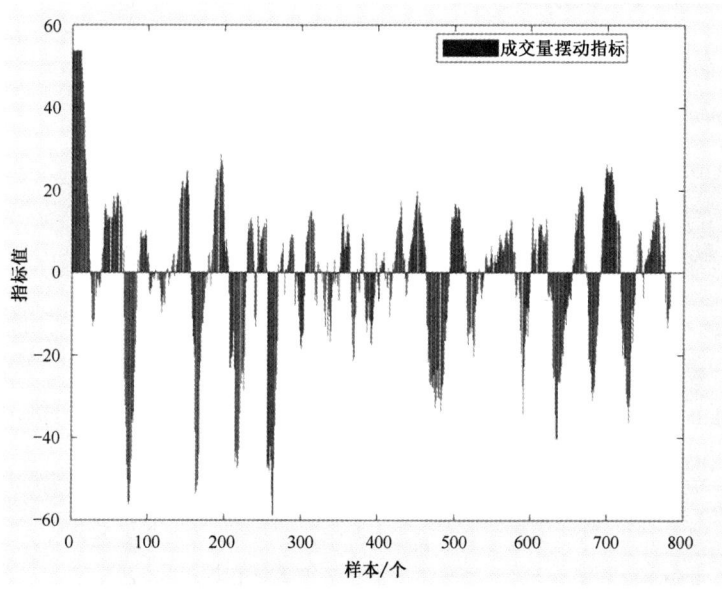

图 2.23 成交量摆动指标

```
[vosc]=cal_vosc(dis_VOLUME);
bar(vosc)
xlabel('样本/个')
ylabel('指标值')
legend('成交量摆动指标','Location','best');
```

成交量摆动指标的具体代码如下。

```
%%Project Title: cal_vosc
%Date: 2018.3.28
%Developer：李一邨及其团队
%Contact Info: 2975056631@qq.com
%目标：
%计算成交量摆动指标
%输入参数：
%volume 成交量：列向量
%输出：
%vosc 成交量摆动指标：列向量
%样例：
%load disney.mat
```

```
%[vosc]=cal_vosc(dis_VOLUME);
%bar(vosc)
function [vosc]=cal_vosc(volume)
idx=find(isnan(volume)==0);
[short,long]=deal(NaN(length(volume),1));
[short(idx),long(idx)]=movavg(volume(idx),12,26,0);
vosc=(short-long)./short*100;
end
```

8. VSTD：成交量波动率

● 计算方法：

VSTD=N 期成交量的标准差

● Matlab 调用方法：

```
cal_vstd(volume)
cal_vstd(volume,window)
```

其中

volume：成交量；window：计算时间长度，默认为 10。

● Matlab 调用实例：以 Matlab 自带的迪士尼股票的价格数据为例，我们计算该指标并与价格数据进行对比。

如图 2.24 所示为成交量波动率。

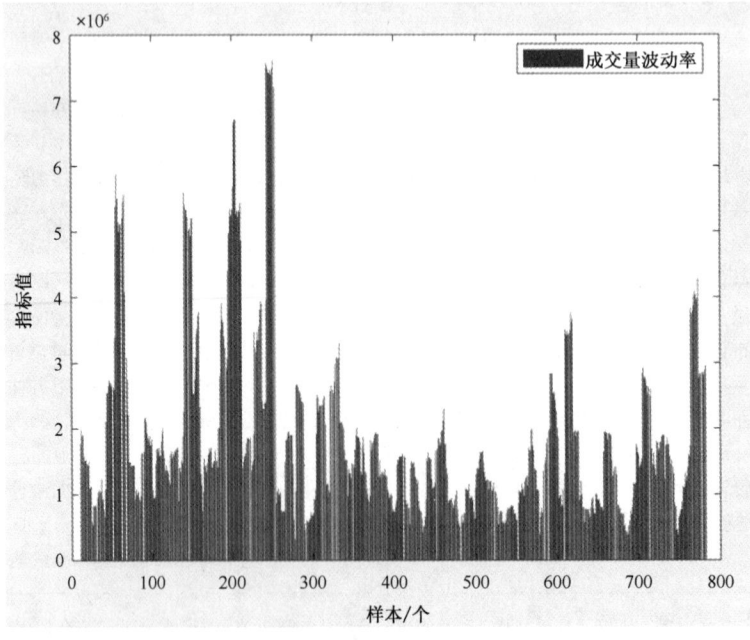

图 2.24　成交量波动率

```
%成交量波动率
[vstd]=cal_vstd(dis_VOLUME,10);
bar(vstd)
xlabel('样本/个')
ylabel('指标值')
legend('成交量波动率','Location','best');
```

成交量波动率指标的具体代码如下。

```
%%Project Title: cal_vstd
%Date: 2018.3.28
%Developer：李一邨及其团队
%Contact Info: 2975056631@qq.com
%目标：
%输入成交量，计算成交量波动率
%输入参数：
%volume 成交量：列向量
%可选参数：
%window N 期：数值
%输出：
%vstd 成交量波动率：列向量
%样例：
%load disney.mat
%[vstd]=cal_vstd(dis_VOLUME,varargin);
%bar(vstd)
function [vstd]=cal_vstd(volume,varargin)
if ~isempty(varargin)
    window=cell2mat(varargin);
elseif isempty(varargin)
    window=10;
end
idx=find(isnan(volume)==0);
vstd=NaN(length(volume),1);
volume_not_nan=volume(idx,1);
volstd_not_nan=NaN(length(volume_not_nan),1);
for i=window+1:length(volume_not_nan)
    volstd_not_nan(i)=std(volume_not_nan(i-window+1:i));
end
vstd(idx)=volstd_not_nan;
end
```

2.3.5 反趋向指标

反趋向指标是用以刻画行情的价格趋势发生转变的先验性指标，它通常能够预测行情拐点的到来。

1. fpctkd：Fast Stochastics（快速随机指标）

- 计算方法：

fpct%k=(收盘价-k 期最低价)/(k 期最高价-k 期最低价)×100

fpct%d=d 期 fpct%k 的移动平均值

其中：k 默认值为 10，d 默认值为 3，移动平均方法为指数移动平均；k、d 及移动平均方法均可自行设置。

- Matlab 调用方法：

```
[pctk,pctd] = fpctkd(highp,lowp,closep)
[pctk,pctd] = fpctkd([highp lowp closep])
[pctk,pctd] = fpctkd(highp,lowp,closep,kperiods,dperiods, dmamethod)
[pctk,pctd] = fpctkd([highp lowp closep],kperiods,dperiods,dmamethod)
pkdts = fpctkd(tsobj,kperiods,dperiods,dmamethod)
pkdts = fpctkd(tsobj,kperiods,dperiods,dmamethod,'ParameterName',ParameterValue, ...)
```

其中

highp：最高价；lowp：最低价；closep：收盘价；kperiods：k 的指定值；dperiods：d 的指定值；dmamethod：移动平均方法。

tsobj：time series object（详见 Matlab 帮助文件 Timeseries Class）。

ParameterName：用于指定 time series object 中的序列名称。

- Matlab 应用案例：以 Matlab 自带的迪士尼股票的价格数据为例，我们计算该指标并与价格数据进行对比。

如图 2.25 所示为快速随机指标。

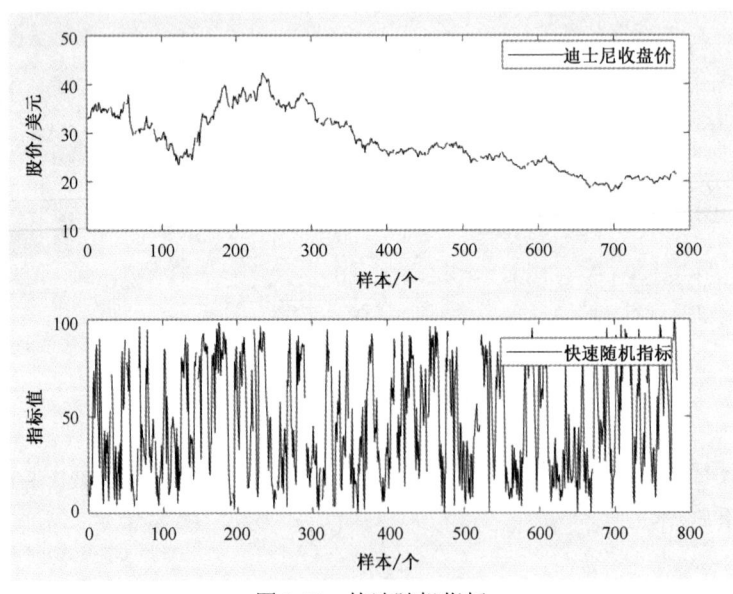

图 2.25　快速随机指标

```
%快速随机指标
dis_FastStoc = fpctkd(dis_HIGH, dis_LOW, dis_CLOSE);
subplot(2,1,1);
plot([1:length(dis_CLOSE)],dis_CLOSE,'color','k');
legend('迪士尼收盘价','Location','best')
xlabel('样本/个')
ylabel('股价/美元')
subplot(2,1,2);
plot([1:length(dis_FastStoc)],dis_FastStoc,'color','k');
xlabel('样本/个')
ylabel('指标值')
legend('快速随机指标')
```

2. prcroc：Price Rate of Change（价格变化率）

● 计算方法：

prcroc=(收盘价$_t$ - 收盘价$_{t-k}$)/收盘价$_{t-k}$×100

k 默认为 12。

● Matlab 调用方法：

```
proc = prcroc(closep,nTimes)
procts = prcroc(tsobj,nTimes)
procts = prcroc(tsobj,nTimes,'ParameterName',ParameterValue, ...)
```

其中

closep：收盘价；nTimes：k 的指定值。

tsobj：time series object（详见 Matlab 帮助文件 Timeseries Class）。

ParameterName：用于指定 time series object 中的序列名称。

● Matlab 应用案例：以 Matlab 自带的迪士尼股票的价格数据为例，我们计算该指标并与价格数据进行对比。

如图 2.26 所示为价格变化率。

```
%价格变化率
dis_PROC = prcroc(dis_CLOSE);
subplot(2,1,1);
plot([1:length(dis_CLOSE)],dis_CLOSE,'color','k');
legend('迪士尼收盘价','Location','best')
xlabel('样本/个')
ylabel('股价/美元')
subplot(2,1,2);
plot([1:length(dis_PROC)],dis_PROC,'color','k');
```

```
xlabel('样本/个')
ylabel('指标值')
legend('价格变化率')
```

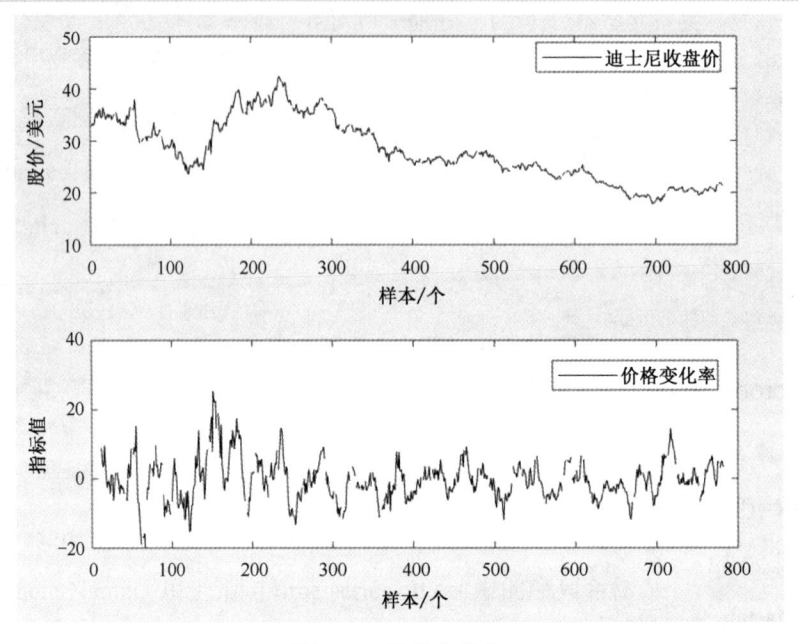

图 2.26　价格变化率

3. rsindex：Relative Strength Index（相对强弱指标）

● 计算方法：

rs=n 期总收益/n 期总损失

rsi=100-100/(1 + rs)

其中，n 期总收益=$\sum_{\Delta price>0} \Delta price$，$n$ 期总损失=$\sum_{\Delta price<0} \Delta price$。

● Matlab 调用方法：

```
rsi = rsindex(closep,nperiods)
rsits = rsindex(tsobj,nperiods)
rsits = rsindex(tsobj,nperiods,'ParameterName',ParameterValue, ...)
```

其中

closep：收盘价；nperiods：指定 n 期值，默认为 14。

tsobj：time series object（详见 Matlab 帮助文件 Timeseries Class）。

● Matlab 应用案例：以 Matlab 自带的迪士尼股票的价格数据为例，我们计算该指标并与价格数据进行对比。

如图 2.27 所示为相对强弱指标。

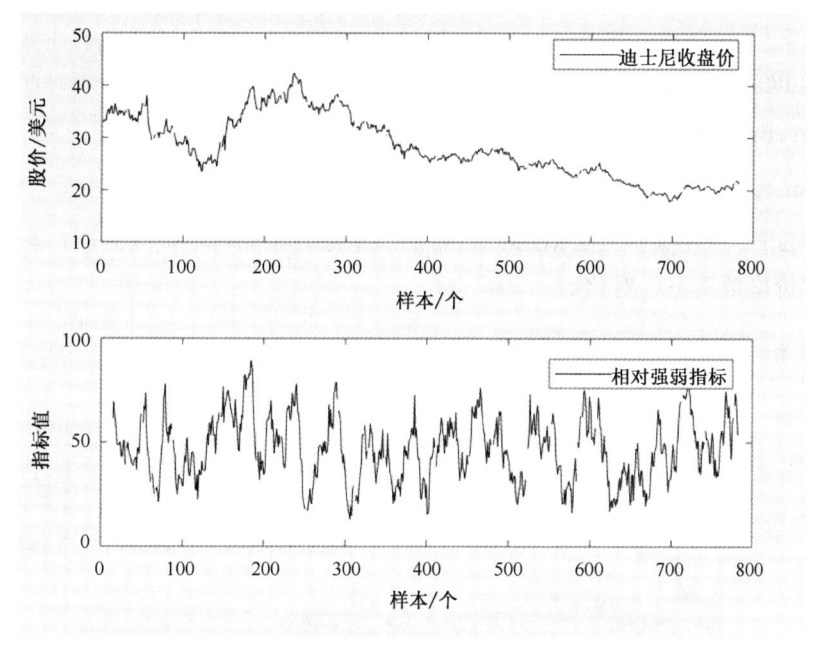

图 2.27 相对强弱指标

```
%相对强弱指标
dis_RSI = rsindex(dis_CLOSE);
subplot(2,1,1)
plot(dis_CLOSE,'color','k');
legend('迪士尼收盘价','Location','best')
xlabel('样本/个')
ylabel('股价/美元')
subplot(2,1,2)
plot(dis_RSI,'color','k');
xlabel('样本/个')
ylabel('指标值')
legend('相对强弱指标')
```

4. volroc：Volumn Rate of Change（成交量变化率）

● 计算方法：

$\text{volroc}_t = (\text{成交量}_t - \text{成交量}_{t-n})/\text{成交量}_{t-n} \times 100$

n 通常取 12 期。

● Matlab 调用方法：

```
vroc = volroc(tvolume,nTimes)
vrocts = volroc(tsobj,nTimes)
```

```
vrocts = volroc(tsobj,nTimes,'ParameterName',ParameterValue, ...)
```

其中

tvolume：成交量；nTimes：指定 n 期值；

tsobj：time series object（详见 Matlab 帮助文件 Timeseries Class）。

ParameterName：用于指定 time series object 中的序列名称。

● Matlab 应用案例：以 Matlab 自带的迪士尼股票的价格数据为例，我们计算该指标并与价格数据进行对比。

如图 2.28 所示为成交量变化率。

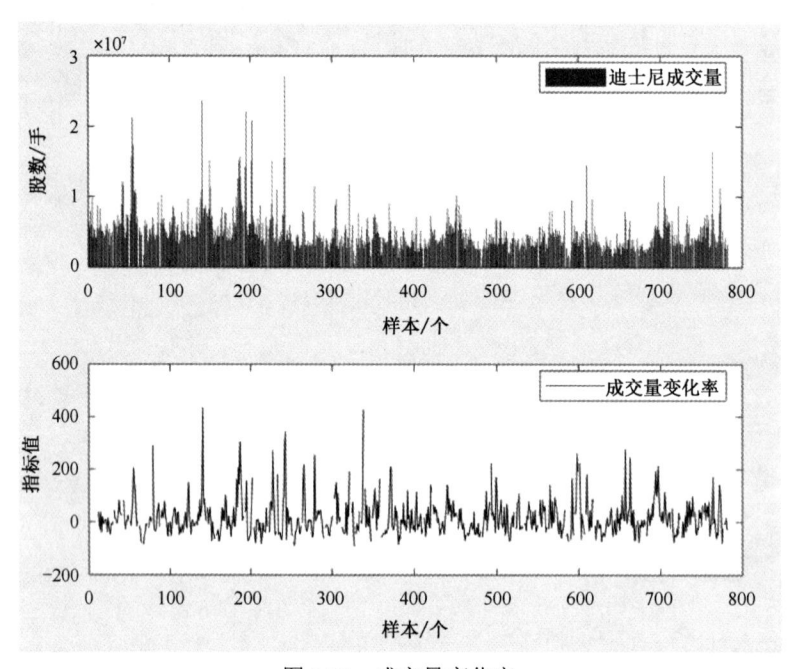

图 2.28 成交量变化率

```
%成交量变化率
dis_VROC = volroc(dis_VOLUME);
subplot(2,1,1)
bar(dis_VOLUME);
legend('迪士尼成交量','Location','best')
xlabel('样本/个')
ylabel('股数/手')
subplot(2,1,2);
plot(dis_VROC);
xlabel('样本/个')
ylabel('指标值')
legend('成交量变化率')
```

5. willpctr：Williams %R（威廉指标）

- 计算方法：

W%R=(n 期最高价-收盘价)/(n 期最高价-n 期最低价)×(-100)

- Matlab 调用方法：

```
wpctr = willpctr(highp,lowp,closep,nperiods)
wpctr = willpctr([highp,lowp,closep],nperiods)
```

其中

highp：最高价；lowp：最低价；closep：收盘价；nperiods：指定 n 期数，默认 14 期。

说明：Matlab 2017 版本上述函数输入不能使用 fints，但之前版本可使用 fints，可通过 fints2timetable 函数将 fints 转化为 timetable。

- Matlab 应用案例：威廉指标在 Matlab 中有自带的函数，以 Matlab 自带的迪士尼股票的价格数据为例，我们计算该指标并与价格数据进行对比。

如图 2.29 所示为威廉指标。

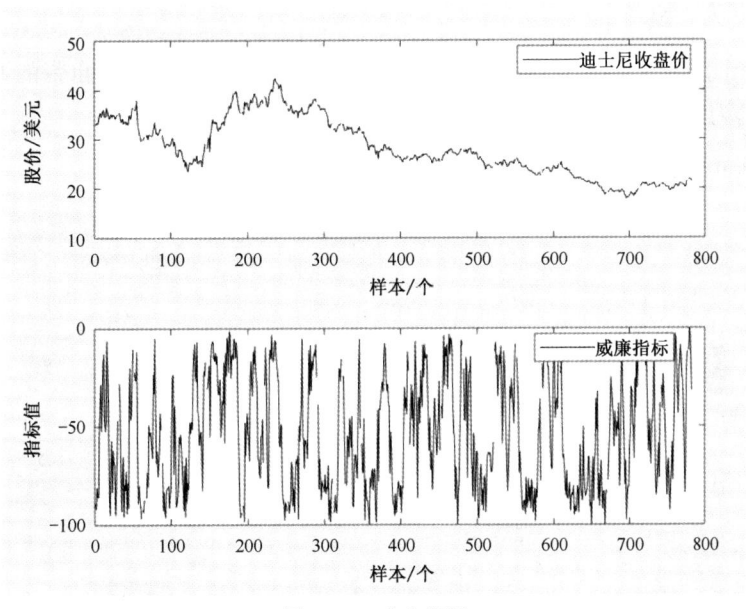

图 2.29　威廉指标

```
%威廉指标
dis_WillPctR = willpctr(dis_HIGH, dis_LOW, dis_CLOSE);
subplot(2,1,1)
plot(dis_CLOSE,'color','k');
legend('迪士尼收盘价','Location','best')
```

```
xlabel('样本/个')
ylabel('股价/美元')
subplot(2,1,2)
plot(dis_WillPctR,'color','k');
xlabel('样本/个')
ylabel('指标值')
legend('威廉指标','Location','best')
```

6. DBCD & MM：异同离差乖离率

● 计算方法：

bias =(收盘价−收盘价 5 期移动平均值)/收盘价 5 期移动平均值

$dif_t = bias_t - bias_{t-16}$

$DBCD_i = dif_i/76 + DBCD_{i-1} \times 75/76$

MM = DBCD 5 期移动平均值

● Matlab 调用方法：

```
[DBCD,MM]=cal_DBCD(close)
```

其中，close 为收盘价。

● Matlab 调用实例：我们编写了该指标的程序，并以 Matlab 自带的迪士尼股票的价格数据为例，接下来计算该指标并与价格数据进行对比。

如图 2.30 所示为异同离差乖离率。

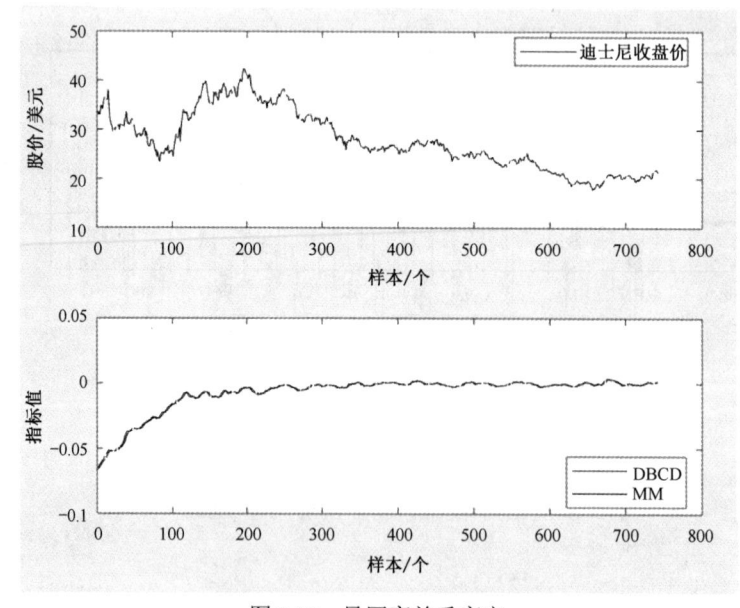

图 2.30 异同离差乖离率

```
[DBCD,MM]=cal_DBCD(dis_CLOSE)
subplot(2,1,1)
plot(dis_CLOSE(41:end))
legend('收盘价')
subplot(2,1,2)
plot(DBCD(41:end));
hold on
plot(MM(41:end));
legend('DBCD','MM')
```

```
%%Project Title: cal_DBCD
%Date: 2018.3.29
%Developer：李一邨及其团队
%Contact Info: 2975056631@qq.com
%目标：
%计算 DBCD 与 MM 指标
%输入参数：
%close 收盘价：列向量
%输出：
%DBCD：列向量
%MM：列向量
%样例：
%load disney.mat
%[DBCD,MM]=cal_DBCD(dis_CLOSE)
%subplot(2,1,1)
%plot(dis_CLOSE(41:end))
%legend('收盘价')
%subplot(2,1,2)
%plot(DBCD);
%hold on
%plot(MM);
%legend('DBCD','MM')

function [DBCD,MM]=cal_DBCD(close)
idx=find(isnan(close)==0);
[ma,bias,dif,DBCD,MM]=deal(NaN(length(close),1));
%计算 ma、bias、dif
ma(idx)=movavg(close(idx),5,5,0);
bias(idx)=(close(idx)-ma(idx))./ma(idx);
dif(idx(1:16),1)=zeros(16,1);
for j=17:length(idx)
    dif(idx(j),1)=bias(idx(j),1)-bias(idx(j-16),1);
```

```
end
%计算DBCD
DBCD(idx(1))=dif(idx(1));
for i=2:length(idx)
    DBCD(idx(i))=DBCD(idx(i-1))*75/76+dif(idx(i))/76;
end
%计算MM
MM(idx)=movavg(DBCD(idx),5,5,0);
end
```

7. SRDM：动向速度比率

● 计算方法：

$$TR_t = \max(high_t - high_{t-1}, low_t - low_{t-1})$$

$$DMZ_t = \begin{cases} 0, & high_t + low_t - high_{t-1} - low_{t-1} < 0 \\ TR_t, & high_t + low_t - high_{t-1} - low_{t-1} \geq 0 \end{cases}$$

$$DMF_t = \begin{cases} 0, & high_t + low_t - high_{t-1} - low_{t-1} \geq 0 \\ TR_t, & high_t + low_t - high_{t-1} - low_{t-1} < 0 \end{cases}$$

ADMZ=DMZ 10 期移动平均值

ADMF=DMF 10 期移动平均值

SRDM=(ADMZ−ADMF)/max(ADMZ, ADMF)

$$ASRDM_i = SRDM_i/30 + ASRDM_{i-1} \times 29/30$$

其中

high：最高价；low：最低价。

● Matlab 调用方法：

```
[SRDM,ASRDM]=cal_SRDM(high,low)
```

● Matlab 调用实例：我们编写了该指标的程序，并以 Matlab 自带的迪士尼股票的价格数据为例，接下来计算该指标并与价格数据进行对比。

如图 2.31 所示为动向速度比率。

```
%动向速度比率
[SRDM,ASRDM]=cal_SRDM(dis_HIGH,dis_LOW)
subplot(2,1,1)
plot(dis_CLOSE,'color','k');
legend('迪士尼收盘价','Location','best')
xlabel('样本/个')
ylabel('股价/美元')
```

```
subplot(2,1,2);
plot([SRDM,ASRDM]);
xlabel('样本/个')
ylabel('指标值')
legend('SRDM','ASRDM','Location','best');
```

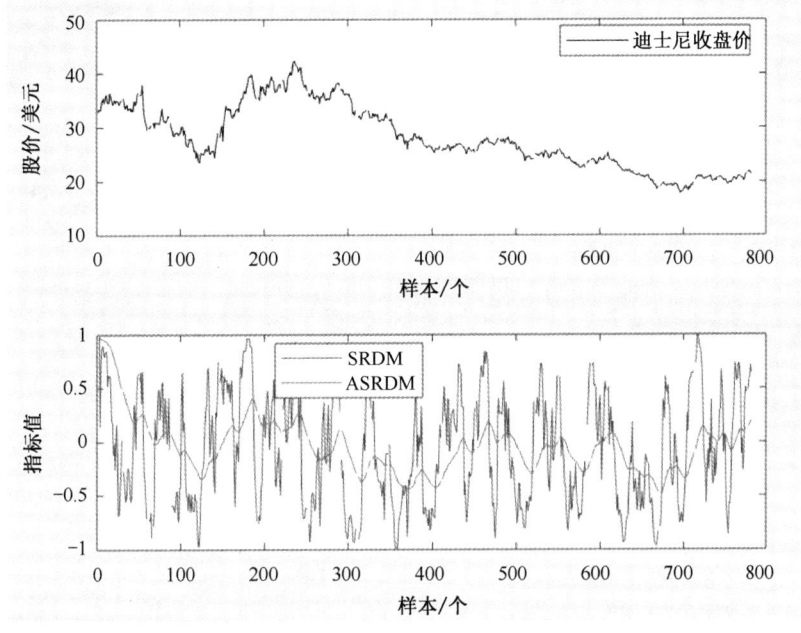

图 2.31 动向速度比率

动向速度比率的具体代码如下。

```
%%Project Title: cal_SRDM
%Date: 2018.3.29
%Developer：李一邨及其团队
%Contact Info: 2975056631@qq.com
%目标：
%计算 SRDM
%输入参数：
%high 最高价：列向量
%low 最低价：列向量
%输出：
%SRDM 动向速度比率：列向量
%ASRDM 动向速度比率移动平均值：列向量
%样例：
%load disney.mat
%[SRDM,ASRDM]=cal_SRDM(dis_HIGH,dis_LOW)
%plot([SRDM,ASRDM])
function [SRDM,ASRDM]=cal_SRDM(high,low)
```

```
idx_h=find(isnan(high)==0);
idx_l=find(isnan(low)==0);
%初始化 TR1、TR2
[TR1,TR2]=deal(NaN(length(high),1));
%TR1=当天最高价-前一天最高价
TR1(idx_h)=abs([0;diff(high(idx_h))]);
%TR2=当前最低价-前一天最低价
TR2(idx_l)=abs([0;diff(low(idx_l))]);
%TR=max(TR1,TR2)
TR=max([TR1,TR2],[],2);
%price=当天最高价+当天最低价
price=sum([low,high],2);
idx=find(isnan(price)==0);
price_not_nan=price(idx);
price_diff=NaN(size(price,1),1);
%price_diff=当天最高价+当天最低价-前一天最高价-前一天最低价
price_diff(idx,1)=[0;diff(price_not_nan)];
DMZ=price_diff;
DMF=price_diff;
%当 price_diff<0 时,DMZ=0,DMF=TR;当 price_diff>0 时,DMZ=TR,DMF=0
DMZ(DMZ<=0)=0;
DMZ(DMZ>0)=TR(find(DMZ>0),1);
DMF(DMF>=0)=0;
DMF(DMF<0)=TR(find(DMF<0),1);
%ADMZ、ADMF 分别是 DMZ、DMF 的 10 期移动平均值
[ADMZ,ADMF]=deal(NaN(length(DMZ),1));
idx_DMZ=find(isnan(DMZ)==0);
idx_DMF=find(isnan(DMF)==0);
ADMZ(idx_DMZ)=movavg(DMZ(idx_DMZ),10,10,0);
ADMF(idx_DMF)=movavg(DMF(idx_DMF),10,10,0);
%SRDM=(ADMZ-ADMF)/max(ADMZ,ADMF);
SRDM=(ADMZ-ADMF)./max([ADMZ,ADMF],[],2);
%ASRDM(i) = ASRDM(i-1)*29/30+SRDM(i)/30
idx_SRDM=find(isnan(SRDM)==0);
ASRDM=NaN(length(high),1);
ASRDM(idx_SRDM(1))=SRDM(idx_SRDM(1));
for i = 2:length(idx_SRDM)
    ASRDM(idx_SRDM(i))=ASRDM(idx_SRDM(i-1))*29/30+SRDM(idx_SRDM(i))/30;
end
```

8. BIAS:乖离率

● 计算方法:

乘离率=(当日收盘价-N日平均价)/N日平均价×100

N一般为6、12、24。

- Matlab调用方法：

```
BIASValue=BIAS(Price,Length,Type)
BIASValue=BIAS(Price,Length)
```

其中

Price：收盘价；Length：指定移动平均天数；

Type：移动平均计算方法，Type=0，简单移动平均；Type=1，指数移动平均。

- Matlab调用实例：我们编写了乘离率指标的程序，并以600000.SH价格数据为例，接下来计算该指标并与价格数据进行对比。

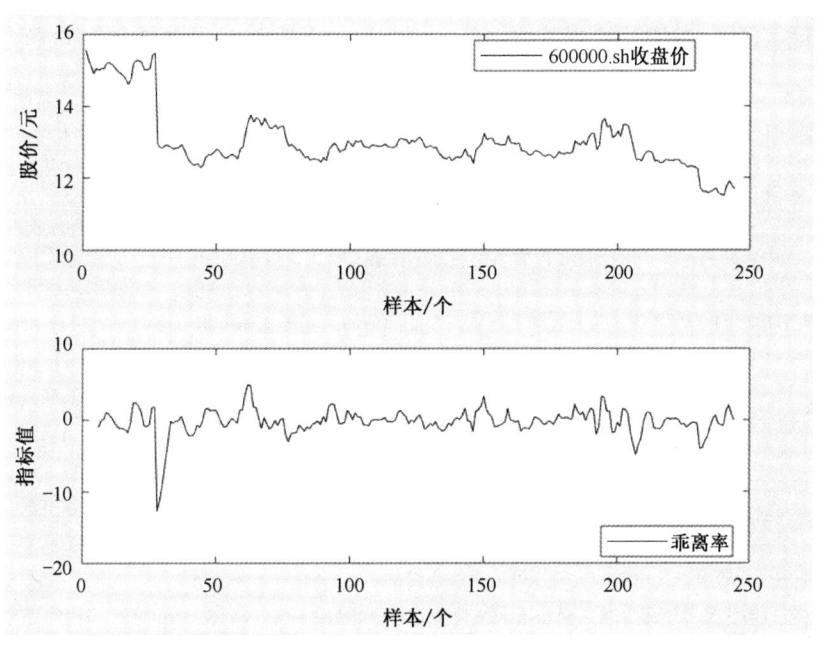

如图2.32所示为乘离率。

图2.32 乘离率

```
%乘离率
load('600000.mat')
Close=cell2mat(table(:,6));
BIASValue=BIAS(Close,6);
subplot(2,1,1);
plot(Close,'color','k');
legend('600000.sh 收盘价','Location','best')
xlabel('样本/个')
```

```
ylabel('股价/元')
subplot(2,1,2)
plot(BIASValue,'color','k');
xlabel('样本/个')
ylabel('指标值')
legend('乖离率','Location','best')
```

乖离率指标参考了网络资源连长的代码，由本书作者改编。具体代码如下。

```
function BIASValue=BIAS(Price,Length,Type)
%------------------------此函数用来计算BIAS指标（乖离率指标）------------------
%--------------------------------------编写者---------------------------------
%Lian Xiangbin(连长,785674410@qq.com),DUFE,2014
%李一邨及其团队
%Contact Info: 2975056631@qq.com
%--------------------------------------参考---------------------------------
%[1]招商证券.基于纯技术指标的多因子选股模型,2014-04-11
%[2]姜金胜.指标精粹:经典技术指标精解与妙用.东华大学出版社,2004年01月第1版
%[3]百度百科.BIAS 词条
%[4]来自网络.学会利用关键技术指标
%--------------------------------------简介---------------------------------
%乖离率BIAS是测量价格偏离均线大小程度的指标。当价格偏离市场平均成本太大时，都有一个回归的
过程，即所谓的"物极必反"。乖离率是指价格与移动平均线之间的偏离程度，通过百分比的形式来表示价格与
平均线之间的差距。如果价格在均线之上，则为正值；如果价格在均线之下，则为负值。如果价格偏离移动平
均线太远，不管价格在均线之上还是之下，都不会保持太久的时间，而随时会有反转现象发生，使价格再次趋
向移动平均线。乖离率的理论基础主要是从投资者心理角度来分析的。乖离率是一种简单而有效的分析工具，
但在使用过程中考虑的时间长度很重要，太小反应过于敏感，太大又过于迟钝
%--------------------------------------基本用法---------------------------------
%乖离率指标的一般研判标准主要集中在乖离率正负值转换和乖离率取值等方面
%(1)6日BIAS>+5%为卖出时机；6日BIAS<-5%为买入时机
%(2)12日BIAS>+6%为卖出时机；12日BIAS<-5.5%为买入时机
%(3)24日BIAS>+9%为卖出时机；24日BIAS<-8%为买入时机
%需要说明的是，BIAS指标的缺陷是买卖信号过于频繁，因此，可以与其他指标搭配使用
%--------------------------------------调用函数---------------------------------
%BIASValue=BIAS(Price,Length,Type)
%--------------------------------------参数---------------------------------
%Price：计算BIAS所用的价格序列，常用收盘价
%Length：计算BIAS时考虑的Bar数，常用6、12和24
%Type：计算BIAS时所用的移动平均类型，如果Type=0,则为简单移动平均；如果Type=1,则为指
数移动平均。默认为简单移动平均
%--------------------------------------输出---------------------------------
%BIASValue：乖离率指标
if nargin==2
    Type=0;
end
BIASValue=zeros(length(Price),1);
if Type==0
BIASValue=(Price-tsmovavg(Price,'s',Length,1))./tsmovavg(Price,'s',Length,1)*100;
end
```

```
if Type==1
BIASValue=(Price-tsmovavg(Price,'e',Length,1))./tsmovavg(Price,'e',Length,1)*100;
end
end
```

9. CCI：顺势指标/商品通道指标

● 计算方法：

TP 典型价格=(最高价+最低价+收盘价)/ 3

MA=TP 的 N 期移动平均值

N 一般为 14。

MD=|MA-TP|的 N 期移动平均值

CCI=(TP−MA) / (0.015×MD)

● Matlab 调用方法：

```
CCIValue=CCI(High,Low,Close,Length);
```

其中

High：最高价；Low：最低价；Close：收盘价；Length：计算期天数。

● Matlab 调用实例：我们使用 600000.sh 的股价数据，计算 CCI 的指标值，并与股价数据共同展示对比。

如图 2.33 所示为顺势指标/商品通道指标。

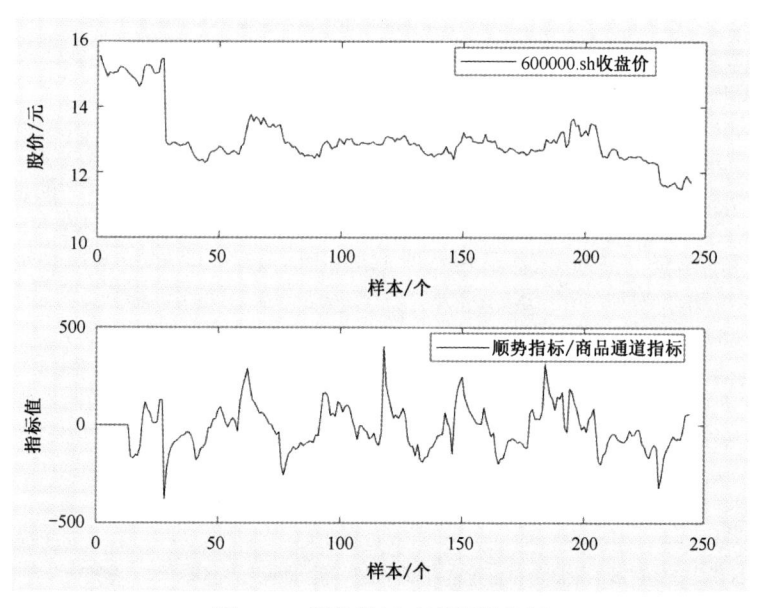

图 2.33 顺势指标/商品通道指标

```
%顺势指标/商品通道指标
load('600000.mat')
High=cell2mat(table(:,4));
Low=cell2mat(table(:,5));
Close=cell2mat(table(:,6));
CCIValue=CCI(High,Low,Close,14);
subplot(2,1,1);
plot(Close,'color','k');
legend('600000.sh 收盘价','Location','best')
xlabel('样本/个')
ylabel('股价/元')
subplot(2,1,2);
plot(CCIValue,'color','k');
xlabel('样本/个')
ylabel('指标值')
legend('顺势指标/商品通道指标','Location','best')
```

顺势指标/商品通道指标的代码参考了网络资源，并由作者团队改编。具体代码如下。

```
function CCIValue=CCI(High,Low,Close,Length)
%-----------------此函数用来计算 CCI 指标（顺势指标、商品通道指标）----------------
%--------------------------------------编写者----------------------------------
%Lian Xiangbin(连长,785674410@qq.com),DUFE,2014
%李一邺及其团队
%Contact Info: 2975056631@qq.com
%--------------------------------------参考-----------------------------------
%[1]招商证券.基于纯技术指标的多因子选股模型,2014-04-11
%[2]光大证券.技术指标系列（五）——CCI 的顺势而为，2012-05-10
%[3]来自网络.24 个基本指标精粹讲解
%[4]交易开拓者.公式应用 CCI 的算法
%[5]姜金胜.指标精粹：经典技术指标精解与妙用.东华大学出版社,2004 年 01 月第 1 版
%--------------------------------------简介-----------------------------------
%CCI 指标又叫顺势指标和商品通道指标，其英文全称为"Commodity Channel Index"，是由美国
股市分析家唐纳德·蓝伯特（Donald Lambert）所创造的，是一种重点研判价格偏离度的分析工具。与大多
数单一利用股票的收盘价、开盘价、最高价或最低价而发明出的各种技术分析指标不同，CCI 指标是根据统计
学原理，引进价格与固定期间的价格平均区间的偏离程度的概念，强调价格平均绝对偏差在股市技术分析中的
重要性，是一种比较独特的技术分析指标。
%CCI 指标专门衡量价格是否超出常态分布范围，属于超买超卖类指标的一种，但它与其他超买超卖型指
标相比又有自己的独特之处。像 KDJ、WMS 等大多数超买超卖型指标都有"0～100"的上下界限，因此，它们
针对一般常态行情的研判比较适用，而对于那些短期内暴涨暴跌的价格走势就可能会发生指标钝化的现象。而
CCI 指标是波动于正无穷大到负无穷大之间的，因此不会出现指标钝化现象，这就有利于投资者更好地研判行
情，特别是那些短期内暴涨暴跌的非常态行情
%------------------------------------基本用法---------------------------------
%CCI 指标没有运行区域的限制，在正无穷大和负无穷大之间变化，但是，和所有其他没有运行区域限制的
指标不一样的是，它有一个相对的技术参照区域：+100 和-100。按照指标分析的常用思路，CCI 指标的运行区
```

间也分为三类：+100 以上为超买区，-100 以下为超卖区，+100~-100 为震荡区。上穿 100 买，下穿-100 卖

```
%--------------------------------调用函数
%CCIValue=CCI(High,Low,Close,Length)
%--------------------------------参数--------------------------------
%High：最高价序列
%Low：最低价序列
%Close：收盘价序列
%Length：计算周期，常用 14
%--------------------------------输出--------------------------------
%CCIValue：商品通道指标（顺势指标）

CCIValue=zeros(length(High),1);
TP=zeros(length(High),1);     %典型价格
MATP=zeros(length(High),1);   %典型价格的移动平均
MD=zeros(length(High),1);     %离差绝对值的平均
TP=(High+Low+Close)/3;
MATP=tsmovavg(TP,'s',Length,1);
for i=Length:length(High)
    MD(i)=sum(abs(TP(i-Length+1:i)-repmat(MATP(i),Length,1)))/Length;
end
CCIValue=(TP-MATP)./(0.015*MD);
CCIValue(CCIValue==inf)=0;    %如果 MD 有为 0 的情况，则通道指数为 0
CCIValue(isnan(CCIValue)==1)=0;   %如果出现 0/0，则通道指数为 0
end
```

2.3.6 价格指标

价格指标是以标的物价格为计算对象，并且经过计算后最终量纲也是价格的指标。

1. hhigh：Highest High Price（前 k 期最高价）

● 计算方法：

hhigh=max(前 k 期价格)

k 默认值为 14。

● Matlab 调用方法：

```
hhv = hhigh(data)
hhv = hhigh(data,nperiods,dim)
hhvts = hhigh(tsobj,nperiods)
hhvts = hhigh(tsobj,nperiods,'ParameterName',ParameterValue, ...)
```

其中

data：价格；nperiods：指定前 k 期。

tsobj：time series object（详见 Matlab 帮助文件 Timeseries Class）。

ParameterName：用于指定 time series object 中的序列名称。

● Matlab 应用案例：我们运用迪士尼的股价数据，计算 k 期最高价，并与迪士尼收盘价序列做对比观察。

如图 2.34 所示为前 k 期最高价。

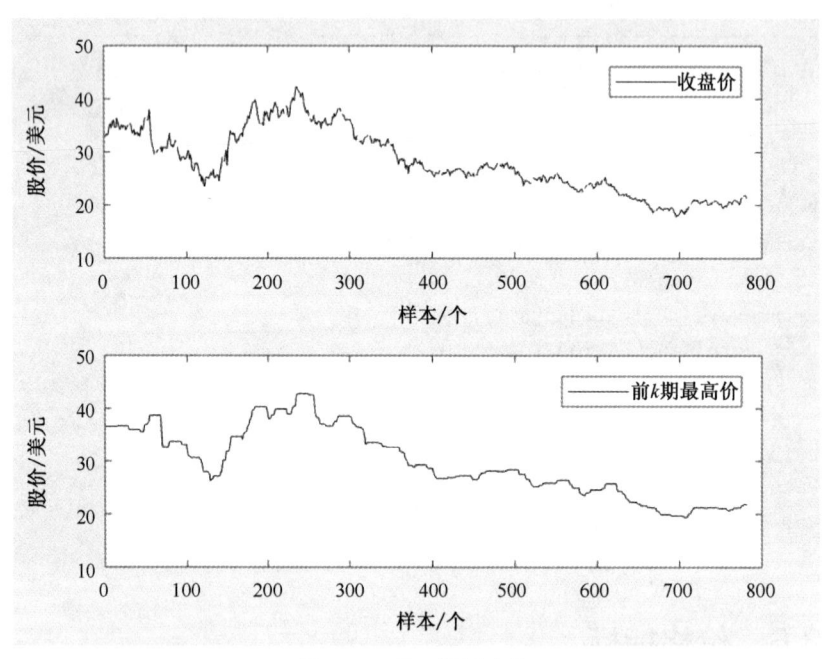

图 2.34　前 k 期最高价

```
%前k期最高价
dis_HHigh = hhigh(dis_HIGH);
subplot(2,1,1)
plot([1:length(dis_CLOSE)],dis_CLOSE,'color','k');
legend('收盘价');
xlabel('样本/个')
ylabel('股价/美元')
subplot(2,1,2)
plot([1:length(dis_HHigh)],dis_HHigh,'color','k');
legend('前k期最高价');
xlabel('样本/个')
ylabel('股价/美元')
```

2. llow：Lowest Low Price（前 k 期最低价）

● 计算方法：

llv=min(前 k 期价格)

k 默认值为 14。

- Matlab 调用方法：

```
llv = llow(data)
llv = llow(data,nperiods,dim)
llvts = llow(tsobj,nperiods)
llvts = llow(tsobj,nperiods,'ParameterName',ParameterValue, ...)
```

其中

data：价格；nperiods：指定前 k 期。

tsobj：time series object（详见 Matlab 帮助文件 Timeseries Class）。

ParameterName：用于指定 time series object 中的序列名称。

- Matlab 应用案例：该函数是 Matlab 自带的函数，与 hhigh 相反，它求的是前 k 期的最低价，我们以迪士尼股票数据为例来计算并画图展示。

如图 2.35 所示为前 k 期最低价。

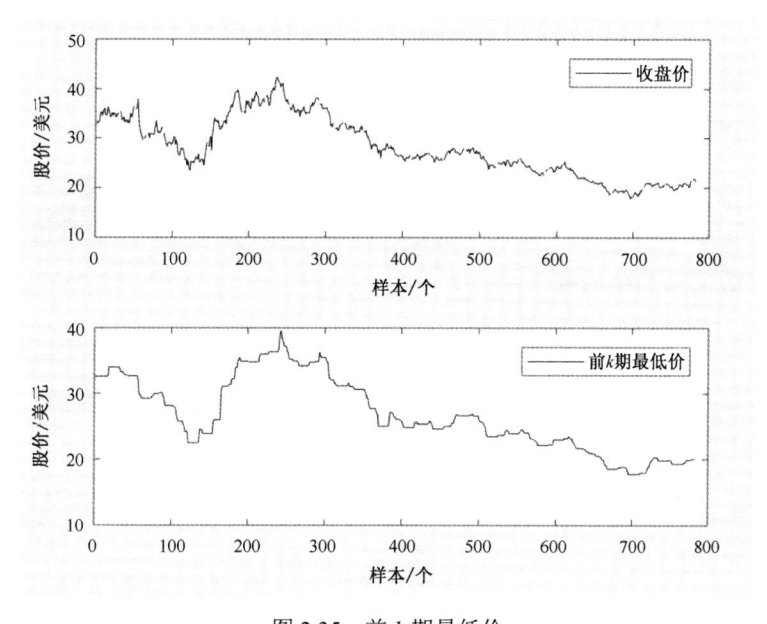

图 2.35　前 k 期最低价

```
%前k期最低价
dis_LLow = llow(dis_LOW);
subplot(2,1,1)
plot([1:length(dis_CLOSE)],dis_CLOSE,'color','k');
legend('收盘价');
xlabel('样本/个')
ylabel('股价/美元')
subplot(2,1,2)
plot([1:length(dis_LLow)],dis_LLow,'color','k');
```

```
legend('前k期最低价');
xlabel('样本/个')
ylabel('股价/美元')
```

3. medprice：Median Price（平均价）

● 计算方法：

medprice=(最高价+最低价)/2

● Matlab 调用方法：

```
mprc = medprice(highp,lowp)
mprc = medprice([highp lowp])
mprcts = medprice(tsobj)
mprcts = medprice(tsobj,'ParameterName',ParameterValue,...)
```

其中

highp：最高价；lowp：最低价。

tsobj：time series object（详见 Matlab 帮助文件 Timeseries Class）。

ParameterName：用于指定 time series object 中的序列名称。

● Matlab 应用案例：平均价相对平稳，与收盘价比较接近，但是综合了一天内的最高价和最低价，所以有一定的表征意义。我们计算该指标并与收盘价并列展示。

如图 2.36 所示为平均价。

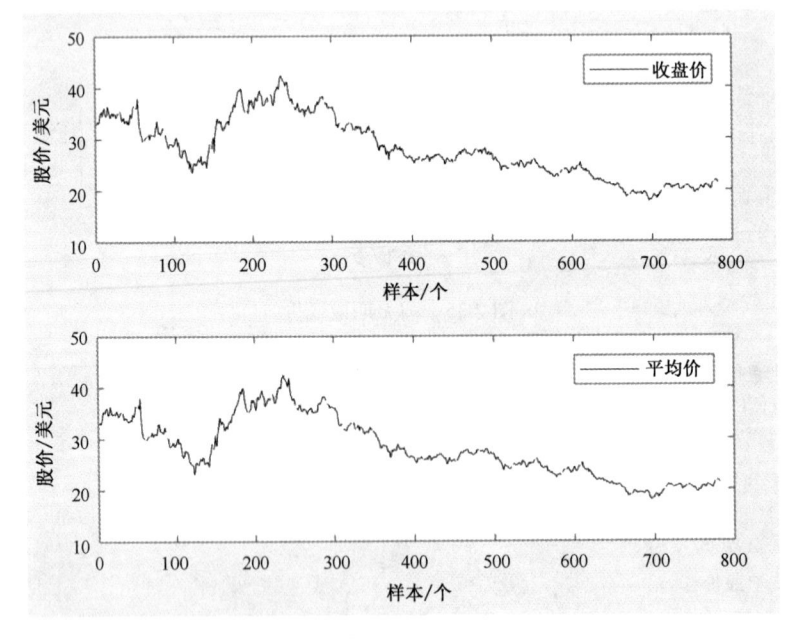

图 2.36 平均价

```
%平均价
dis_MedPrice = medprice(dis_HIGH, dis_LOW);
subplot(2,1,1)
plot([1:length(dis_CLOSE)],dis_CLOSE,'color','k');
legend('收盘价');
xlabel('样本/个')
ylabel('股价/美元')
subplot(2,1,2)
plot([1:length(dis_MedPrice)],dis_MedPrice,'color','k');
legend('平均价');
xlabel('样本/个')
ylabel('股价/美元')
```

4. typprice：Typical Price（典型价格）

● 计算方法：

typ=(收盘价+最高价+最低价)/3

● Matlab 调用方法：

```
tprc = typprice(highp,lowp,closep)
tprc = typprice([highp lowp closep])
tprcts = typprice(tsobj)
tprcts = typprice(tsobj,'ParameterName',ParameterValue, ...)
```

其中

highp：最高价；lowp：最低价；closep：收盘价。

tsobj：time series object（详见 Matlab 帮助文件 Timeseries Class）。

ParameterName：用于指定 time series object 中的序列名称。

● Matlab 应用案例：典型价格函数是 Matlab 自带的函数，我们以 Matlab 自带的迪士尼股票的价格数据为例，计算该指标并与价格数据进行对比。

如图 2.37 所示为典型价格。

```
%典型价格
dis_TypPrice = typprice(dis_HIGH, dis_LOW, dis_CLOSE);
subplot(2,1,1)
plot([1:length(dis_CLOSE)],dis_CLOSE,'color','k');
legend('收盘价');
xlabel('样本/个')
ylabel('股价/美元')
subplot(2,1,2)
plot([1:length(dis_TypPrice)],dis_TypPrice,'color','k');
legend('典型价格');
xlabel('样本/个')
```

```
ylabel('股价/美元')
```

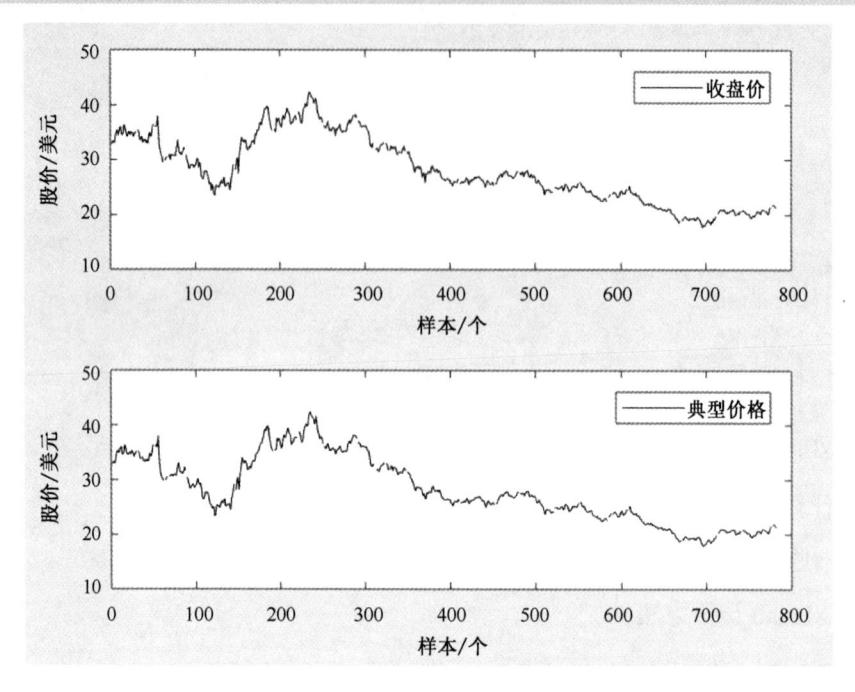

图 2.37 典型价格

5. wclose：Weighted Price（加权平均价）

- 计算方法：

wcls = (2×收盘价 + 最高价 + 最低价) / 4

- Matlab 调用方法：

```
wcls = wclose(highp,lowp,closep)
wcls = wclose([highp lowp closep])
wclsts = wclose(tsobj)
wclsts = wclose(tsobj,'ParameterName',ParameterValue, ...)
```

其中

　　highp：最高价；lowp：最低价；closep：收盘价。

　　tsobj：time series object（详见 Matlab 帮助文件 Timeseries Class）。

　　ParameterName：用于指定 time series object 中的序列名称。

- Matlab 应用案例：加权平均价以收盘价作为更重要的加权对象，构成一种对当天价格的诠释。

如图 2.38 所示为加权平均价。

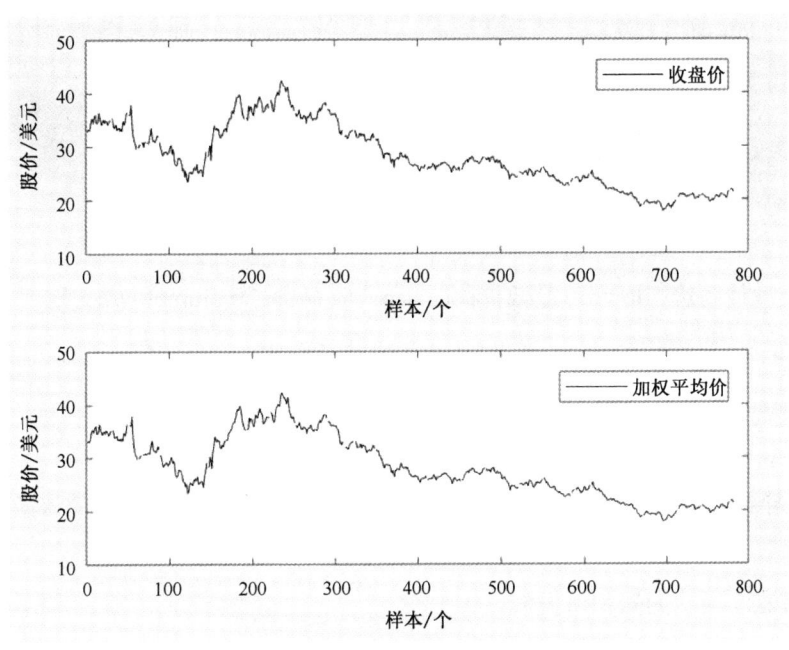

图 2.38　加权平均价

```
%加权平均价
vdis_WClose = wclose(dis_HIGH, dis_LOW, dis_CLOSE);
subplot(2,1,1)
plot([1:length(dis_CLOSE)],dis_CLOSE,'color','k');
legend('收盘价');
xlabel('样本/个')
ylabel('股价/美元')
subplot(2,1,2)
plot([1:length(vdis_WClose)],vdis_WClose,'color','k');
legend('加权平均价');
xlabel('样本/个')
ylabel('股价/美元')
```

2.3.7　量价技术指标

量价技术指标是一种综合考虑了成交量和价格变化的技术指标。这类技术指标有更多的综合性，也是技术指标中内涵最为广泛的一类。下面我们介绍几种常见的量价技术指标。

1. adline：Accumulation/Distribution Line（累积派发线）

● 计算方法：

adline=[(收盘价-最低价)-(最高价-最低价)] / (最高价-最低价) × 成交量

- Matlab 调用方法：

```
adln = adline(highp,lowp,closep,tvolume)
adln = adline([highp lowp closep tvolume])
adlnts = adline(tsobj)
adlnts = adline(tsobj,'ParameterName',ParameterValue, ...)
```

其中

highp：最高价；lowp：最低价；closep：收盘价；tvolume：成交量。

tsobj：time series object（详见 Matlab 帮助文件 Timeseries Class）。

ParameterName：用于指定 time series object 中的序列名称。

- Matlab 应用案例：累积派发线使用交易量来对价格趋势进行进一步确认，并且对可能导致价格背离的微弱移动进行预警。我们调用 Matlab 自带的该函数予以计算展示。

如图 2.39 所示为累积派发线。

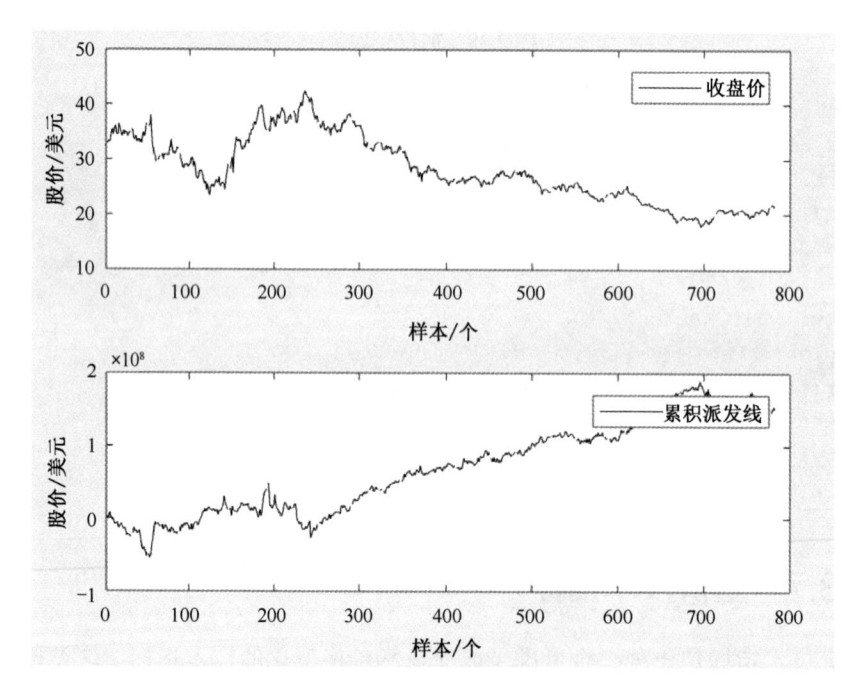

图 2.39　累积派发线

```
%累积派发线
dis_ADLine = adline(dis_HIGH, dis_LOW, dis_CLOSE, dis_VOLUME);
subplot(2,1,1)
plot([1:length(dis_CLOSE)],dis_CLOSE,'color','k');
legend('收盘价');
```

```
xlabel('样本/个')
ylabel('股价/美元')
subplot(2,1,2)
plot([1:length(dis_ADLine)],dis_ADLine,'color','k');
legend('累积派发线');
xlabel('样本/个')
ylabel('股价/美元')
```

2. onbalvol：on Balance Volumn（平衡交易量指标）

- 计算方法：

$$\mathrm{obv}_t = \mathrm{obv}_{t-1} + \mathrm{sign}(\mathrm{close}_t - \mathrm{close}_{t-1}) \times \mathrm{volume}_t$$

其中

obv：平衡交易量，又称为能量潮指标；sign(x)：符号函数；close：收盘价；volume：成交量。

- Matlab 调用方法：

```
obv = onbalvol(closep,tvolume)
obv = onbalvol([closep tvolume])
obvts = onbalvol(tsobj)
obvts = onbalvol(tsobj,'ParameterName',ParameterValue, ...)
```

其中

closep：收盘价；tvolume：成交量。

tsobj：time series object（详见 Matlab 帮助文件 Timeseries Class）。

- Matlab 应用案例：平衡交易量指标是关联成交量和价格变化的一个动力技术指标，该指标由 Joseph Granville 发起，是一个相当简单的指标。如果当前柱的收盘价高于前一柱，当前柱的交易量就会添加到前一个 obv 中；如果当前柱的收盘价低于前一柱，前一个 obv 就要减去当前交易量。

有关能量潮交易的一个最基本的假设是：obv 变化先于价格的变化。该理论的意思是，通过上升的 obv，我们可以看到游动资金流入证券市场。当大众纷纷进入证券市场的时候，证券交易量和能量潮指标都会上升。

如图 2.40 所示为平衡交易量指标。

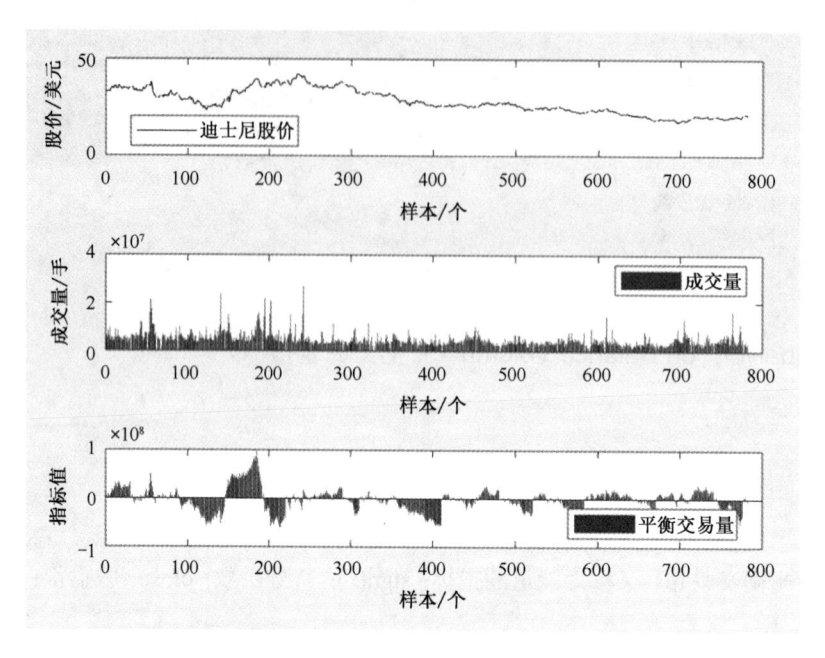

图 2.40 平衡交易量指标

```
%平衡交易量指标
dis_OBV = onbalvol(dis_CLOSE, dis_VOLUME);
subplot(3,1,1)
plot(dis_CLOSE,'color','k');
xlabel('样本/个')
ylabel('股价/美元')
legend('迪士尼股价','Location','best')
subplot(3,1,2)
bar(dis_VOLUME);
xlabel('样本/个')
ylabel('成交量/手')
legend('成交量','Location','best')
subplot(3,1,3)
bar(dis_OBV);
xlabel('样本/个')
ylabel('指标值')
legend('平衡交易量','Location','best');
```

3. pvtrend：Price and Volume Trend（价格成交量趋势）

● 计算方法：

pvt_t =(收盘价$_t$ - 收盘价$_{t-1}$)/收盘价$_{t-1}$×成交量$_t$ + pvt_{t-1}

- Matlab 调用方法：

```
pvt = pvtrend(closep,tvolume)
pvt = pvtrend([closep tvolume])
pvtts = pvtrend(tsobj)
pvtts = pvtrend(tsobj,'ParameterName',ParameterValue, ...)
```

其中

closep：收盘价；tvolume：成交量。

tsobj：time series object（详见 Matlab 帮助文件 Timeseries Class）。

ParameterName：用于指定 time series object 中的序列名称。

- Matlab 应用案例：价格成交量趋势指标也叫价量趋势指标，类似于能量潮指标，该指标以收盘价的增长率来计算成交量的趋势。

如图 2.41 所示为价格成交量趋势。

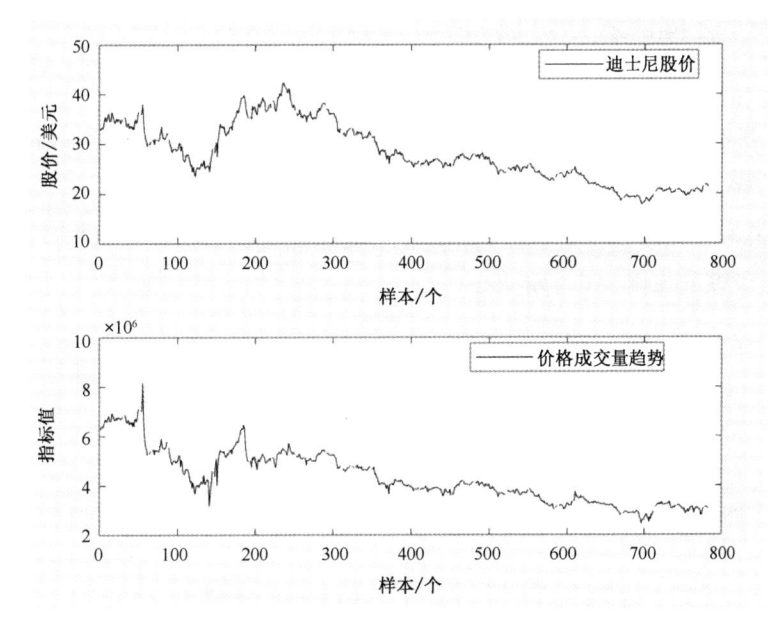

图 2.41 价格成交量趋势

```
%价格成交量趋势
dis_PVT = pvtrend(dis_CLOSE, dis_VOLUME);
subplot(2,1,1);
plot([1:length(dis_CLOSE)],dis_CLOSE,'color','k');
xlabel('样本/个')
ylabel('股价/美元')
legend('迪士尼股价','Location','best')
```

```
subplot(2,1,2);
plot([1:length(dis_PVT)],dis_PVT,'color','k');
xlabel('样本/个')
ylabel('指标值')
legend('价格成交量趋势','Location','best');
```

4. MFI：资金流向指标

- 计算方法：

典型价格 typ=(收盘价+最高价+最低价)/3

MF=典型价格×N 日成交量

当当日典型价格大于前日典型价格时，MF 为 PMF，否则为 NMF。

MFI=PMF 的 N 期移动平均值/MF 的 N 期移动平均值

- Matlab 调用方法：

```
MFIValue=MFI(High,Low,Close,Volume,Length)
```

其中

High：最高价；Low：最低价；Close：收盘价；Volume：成交量；Length：指定移动平均期数。

- Matlab 调用实例：资金流向指标的计算非常简单，但是有着广泛的运用，在一定程度上可以推算出大户的走势。

如图 2.42 所示为资金流向指标。

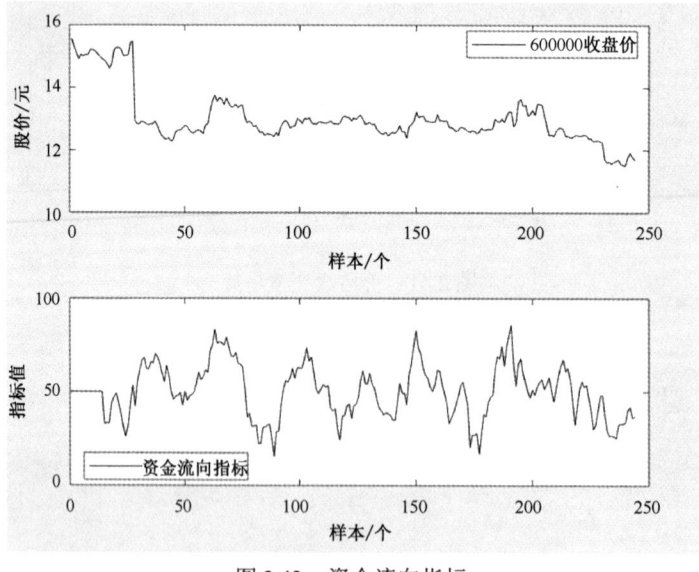

图 2.42 资金流向指标

```
%资金流向指标
High=cell2mat(table(:,4));
Low=cell2mat(table(:,5));
Close=cell2mat(table(:,6));
Volume=cell2mat(table(:,7));
MFIValue=MFI(High,Low,Close,Volume,14)
subplot(2,1,1)
plot(Close,'color','k');
legend('600000 收盘价','Location','best')
xlabel('样本/个')
ylabel('股价/元')
subplot(2,1,2)
plot(MFIValue,'color','k')
xlabel('样本/个')
ylabel('指标值')
legend('资金流向指标','Location','best');
```

资金流向指标是技术指标中比较经典的一个，本书参考了网络资源，并有所改编，具体代码如下。

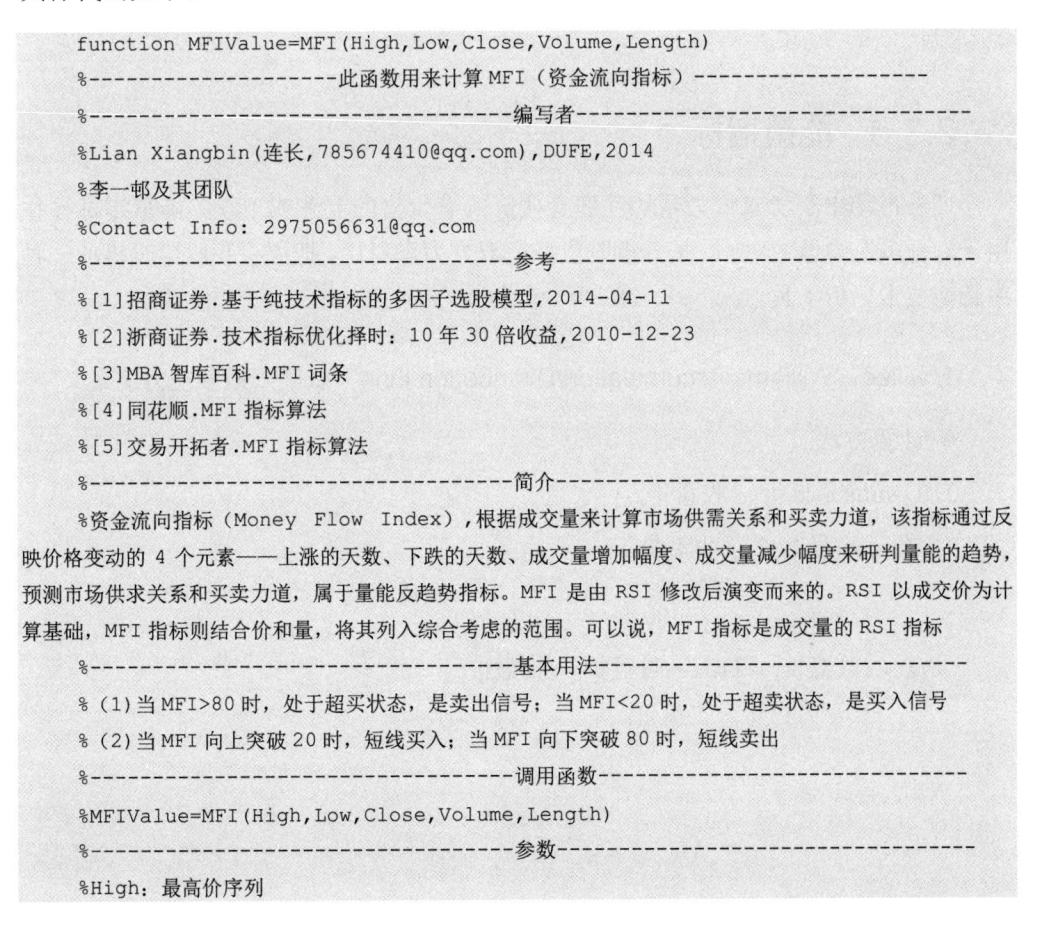

```
function MFIValue=MFI(High,Low,Close,Volume,Length)
%--------------------此函数用来计算 MFI（资金流向指标）--------------------
%--------------------------------编写者--------------------------------
%Lian Xiangbin(连长,785674410@qq.com),DUFE,2014
%李一邨及其团队
%Contact Info: 2975056631@qq.com
%--------------------------------参考----------------------------------
%[1]招商证券.基于纯技术指标的多因子选股模型,2014-04-11
%[2]浙商证券.技术指标优化择时：10 年 30 倍收益,2010-12-23
%[3]MBA 智库百科.MFI 词条
%[4]同花顺.MFI 指标算法
%[5]交易开拓者.MFI 指标算法
%--------------------------------简介----------------------------------
%资金流向指标（Money Flow Index），根据成交量来计算市场供需关系和买卖力道，该指标通过反映价格变动的 4 个元素——上涨的天数、下跌的天数、成交量增加幅度、成交量减少幅度来研判量能的趋势，预测市场供求关系和买卖力道，属于量能反趋势指标。MFI 是由 RSI 修改后演变而来的。RSI 以成交价为计算基础，MFI 指标则结合价和量，将其列入综合考虑的范围。可以说，MFI 指标是成交量的 RSI 指标
%--------------------------------基本用法------------------------------
% (1)当 MFI>80 时，处于超买状态，是卖出信号；当 MFI<20 时，处于超卖状态，是买入信号
% (2)当 MFI 向上突破 20 时，短线买入；当 MFI 向下突破 80 时，短线卖出
%--------------------------------调用函数------------------------------
%MFIValue=MFI(High,Low,Close,Volume,Length)
%--------------------------------参数----------------------------------
%High：最高价序列
```

```
%Low：最低价序列
%Close：收盘价序列
%Volume：成交量
%Length：计算时所考虑的周期，常用 14 个 Bar
%--------------------------------输出--------------------------------
%MFIValue：资金流向指标
```

```
MFIValue=zeros(length(High),1);
DiffofTP=zeros(length(High),1);
TP=(High+Low+Close)/3;
DiffofTP(2:end)=TP(2:end)-TP(1:end-1);
MF=TP.*Volume;
MFIValue(1:Length)=50;
for i=Length+1:length(High)
    Temp=MF(i-Length+1:i);
    PMF=Temp(DiffofTP(i-Length+1:i)>0);
    MFIValue(i)=sum(PMF)/sum(Temp)*100;    %即典型价格上涨日的资金流量之和（Length 个 Bar）除以总的资金流量之和（Length 个 Bar）
end
end
```

2.3.8 能量指标

证券市场中买卖双方力量的强弱直接影响着价格的上涨或下跌。能量指标往往用于刻画多空力量的对比，是分析股市多空双方力量对比、把握买卖股票时机的一种中长期技术分析工具。

1. willad：Williams Accumulation/Distribution Line（威廉姆斯多空力度线）

● 计算方法：

TRL=min(最低价$_t$，收盘价$_{t-1}$)

TRH=max(最高价$_t$，收盘价$_{t-1}$)

$$A/D_t = \begin{cases} 收盘价_t - TRL, & 收盘价_t > 收盘价_{t-1} \\ 收盘价_t - TRH, & 收盘价_t < 收盘价_{t-1} \\ 0, & 收盘价_t = 收盘价_{t-1} \end{cases}$$

$WAD_1 = close_1$

$$\text{WAD}_t = \sum_{i=2}^{t} A/D_t + \text{WAD}_1$$

MAWAD=M 日的简单移动平均值

M 一般取 30。

● Matlab 调用方法：

```
wadl = willad(highp,lowp,closep)
wadl = willad([highp lowp closep])
wadlts = willad(tsobj)
wadlts = willad(tsobj,'ParameterName',ParameterValue, ...)
```

其中

highp：最高价；lowp：最低价；closep：收盘价。

tsobj：time series object（详见 Matlab 帮助文件 Timeseries Class）。

ParameterName：用于指定 time series object 中的序列名称。

● Matlab 应用案例：威廉姆斯多空力度线又名 WAD，该指标是一种将成交量加权的量价指标。其主要的理论精髓在于重视一天中开盘到收盘之间的价位，将此区域之上的价位视为压力，之下的价位视为支撑，求取此区域占当天总波动的百分比，以便测量当天的成交量中有多少属于此区域。

如图 2.43 所示为威廉姆斯多空力度线。

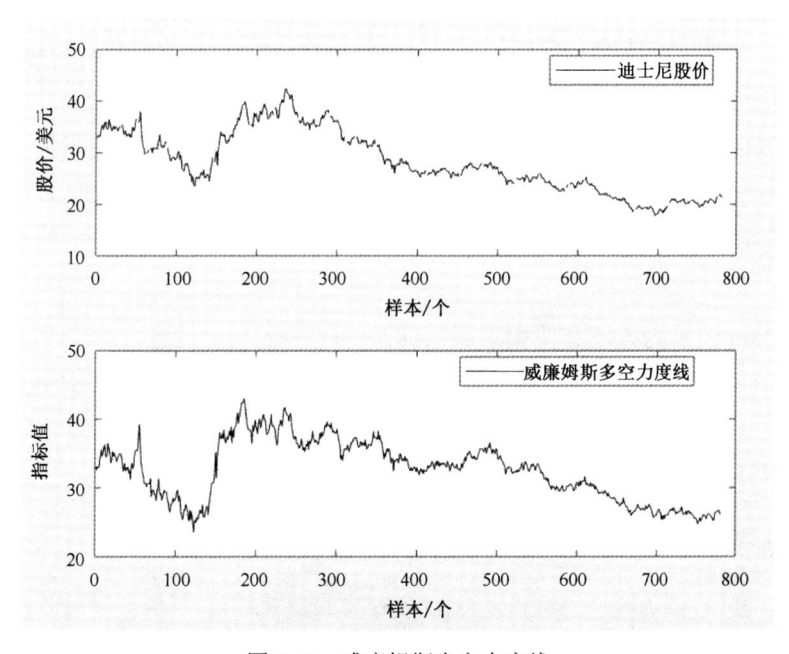

图 2.43 威廉姆斯多空力度线

```
%威廉姆斯多空力度线
dis_WillAD = willad(dis_HIGH, dis_LOW, dis_CLOSE);
subplot(2,1,1)
plot(dis_CLOSE,'color','k');
xlabel('样本/个')
ylabel('股价/美元')
legend('迪士尼股价','Location','best')
subplot(2,1,2)
plot(dis_WillAD,'color','k');
xlabel('样本/个')
ylabel('指标值')
legend('威廉姆斯多空力度线','Location','best');
```

2. AR、BR：人气和买卖意愿指标

● 计算方法：

AR=(当天最高价-当天开盘价)26天之和/(当天开盘价-当天最低价)26天之和×100

BR=[(当天最高价-昨天收盘价)和0的最大值]的26天之和/[(昨天收盘价-当天最低价)和0的最大值]的26天之和×100

● Matlab调用方法：

```
[AR,BR]=ARBR(Open,High,Low,Close,Length)
```

其中

Open：开盘价；High：最高价；Low：最低价；Close：收盘价；Length：t期移动平均值，一般为26。

● Matlab调用实例：AR指标叫人气指标，BR指标叫买卖意愿指标，它们是衡量市场上多空双方力量对比变化的最重要指标。它们既可以单独使用，又可以一同使用，在更多情况下是一同使用的。AR、BR指标属于摆动类指标，是一种中长期技术分析工具。

如图2.44所示为人气和买卖意愿指标。

```
%人气和买卖意愿指标
[AR,BR]=ARBR(Open,High,Low,Close,26);
subplot(3,1,1)
plot(Close,'color','k');
xlabel('样本/个')
ylabel('股价/元')
legend('600000股价','Location','best')
subplot(3,1,2)
```

```
plot(AR,'color','k');
xlabel('样本/个')
ylabel('指标值')
legend('人气指标','Location','best')
subplot(3,1,3)
plot(BR,'color','k');
xlabel('样本/个')
ylabel('指标值')
legend('意愿指标','Location','best')
```

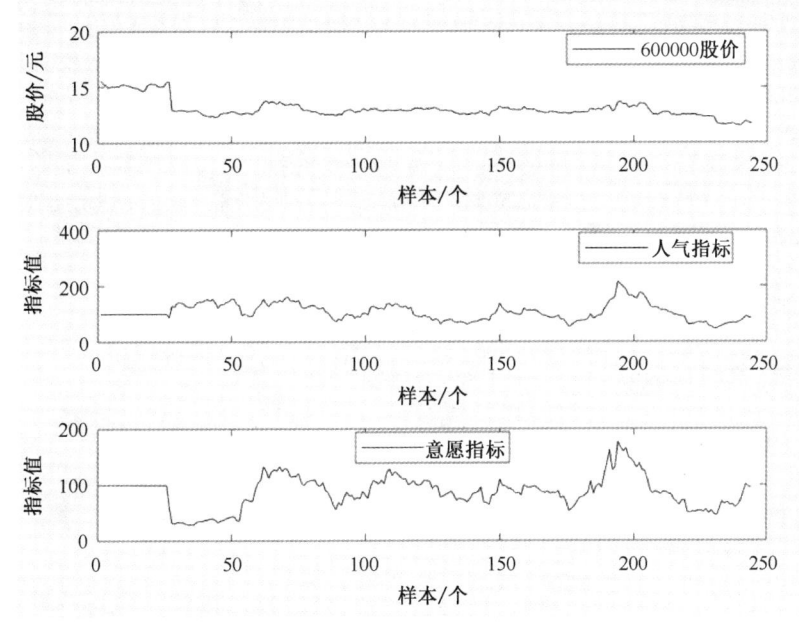

图 2.44 人气和买卖意愿指标

人气和买卖意愿指标参考了网络资源，具体代码如下。

```
function [AR,BR]=ARBR(Open,High,Low,Close,Length)
%----------------此函数用来计算 AR、BR 指标（人气和买卖意愿指标）------------------
%---------------------------------编写者---------------------------------
%Lian Xiangbin(连长,785674410@qq.com),DUFE,2014
%李一邨及其团队
%Contact Info: 2975056631@qq.com
%---------------------------------参考-----------------------------------
%[1]姜金胜.指标精粹：经典技术指标精解与妙用.东华大学出版社,2004 年 01 月第 1 版
%[2]浙商证券.技术指标优化择时：10 年 30 倍收益,2010-12-23
%[3]来自网络.24 个基本指标精粹讲解
%[4]同花顺.ARBR 指标算法
%---------------------------------简介-----------------------------------
%AR 指标又叫人气指标,BR 指标又叫买卖意愿指标,它们是衡量市场上多空双方力量对比变化的最重要
```

指标。市场上的每一个交易日都要进行多空力量的较量，AR和BR指标可以正确、全面地反映每一个交易日或某一段时期内的多空双方力量的对比。在一个交易日或某一段时期，多空双方的优势是不断交替的，双方都有可能在一定时期内占据优势。如果一定时期内多方力量占据优势，价格将会不断上升；如果一定时期内空方力量占据优势，则价格会不断下跌；多空双方力量如果大致平衡，价格会在某一区域内窄幅波动。而市场上多方力量大，则买方气势就会比较强、卖方气势就会减弱；市场上空方力量大，则卖方气势就会比较强、买方气势就会减弱。因此，价格走势的变动主要是由供求双方买卖气势和多空力量的对比造成的。正如每个事物都有一个开始的地方一样，在市场上，多空双方的争斗都是从某一个均衡价位区（或基点）开始的。价格在这个均衡区上方，说明多方力量占优势；价格在这个均衡区下方，说明空方力量占优势。随着市场的进一步发展，价格会向上或向下偏离这一平衡价位区（或基点），价格偏离得越大，说明力量越大，偏离得越小，说明力量越小。因此，利用各种价格之间的关系，找到这个平衡价位区（或基点），对研判多空力量的变化起着重要的作用。而AR、BR指标就是根据开盘价、收盘价、最高价和最低价之间的关系来分析多空力量的对比，预测价格的未来走势的。AR指标反映市场当前情况下多空双方力量发展对比的结果。它是以当日的开盘价为基点，与当日最高价、最低价相比较，依固定公式计算出来的强弱指标。BR指标也是反映当前情况下多空双方力量争斗结果的。不同的是它是以前一日的收盘价为基础，与当日的最高价、最低价相比较，依固定公式计算出来的强弱指标

```
%----------------------------------基本用法----------------------------------
%(1)AR 一般以 100 为中心，当 AR>150 时，表明最近一段时期内价格开盘走高的幅度远大于走低的幅度，涨幅可能也较大，处于超买状态，是卖出信号；当 AR<50 时，处于超卖状态，是买入信号
%(2)BR 一般要和 AR 配合使用
%(3)可以将 AR、BR 的临界值分别选择为 60/140 和 50/150
%----------------------------------调用函数----------------------------------
%[AR,BR]=ARBR(Open,High,Low,Close,Length)
%----------------------------------参数----------------------------------
%Open：开盘价序列
%High：最高价序列
%Low：最低价序列
%Close：收盘价序列
%Length：计算 AR 和 BR 所考虑的时间周期，常用 26 个 Bar
%----------------------------------输出----------------------------------
%AR：人气指标
%BR：买卖意愿指标

AR=zeros(length(Open),1);
BR=zeros(length(Open),1);
AR(1:Length)=100;
BR(1:Length)=100;
for i=Length+1:length(Open)
    Temp1=High(i-Length+1:i)-Open(i-Length+1:i);
    Temp2=Open(i-Length+1:i)-Low(i-Length+1:i);
    AR(i)=sum(Temp1)/sum(Temp2)*100;
    Temp3=High(i-Length+1:i)-Close(i-Length:i-1);
    Temp3(Temp3<0)=0;
    Temp4=Close(i-Length:i-1)-Low(i-Length+1:i);
    Temp4(Temp4<0)=0;
    BR(i)=sum(Temp3)/sum(Temp4)*100;
end
```

```
AR(AR==inf)=100;
BR(BR==inf)=100;

end
```

3. CR：中间意愿指标

- 计算方法：

TP 典型价格=(最高价+最低价+收盘价)/ 3

P1 =N 期前 max(最高价-前日典型价格, 0)

P2 = N 期前 max(前日典型价格-最低价, 0)

CR= P1 的 N 期和/P2 的 N 期和×100

- Matlab 调用方法：

```
CRValue=CR(High,Low,Close,Length);
```

其中

High：最高价；Low：最低价；Close：收盘价；Length：计算期天数。

- Matlab 调用实例：中间意愿指标 CR 的设计原理与 AR、BR 基本一致，但是 CR 与 BR、AR 的最大不同之处在于采用中间价为计算的基准。AR 指标以开盘价作为平衡点，BR 指标以收盘价作为平衡点，而 CR 指标则以中间价作为平衡点。

如图 2.45 所示为中间意愿指标。

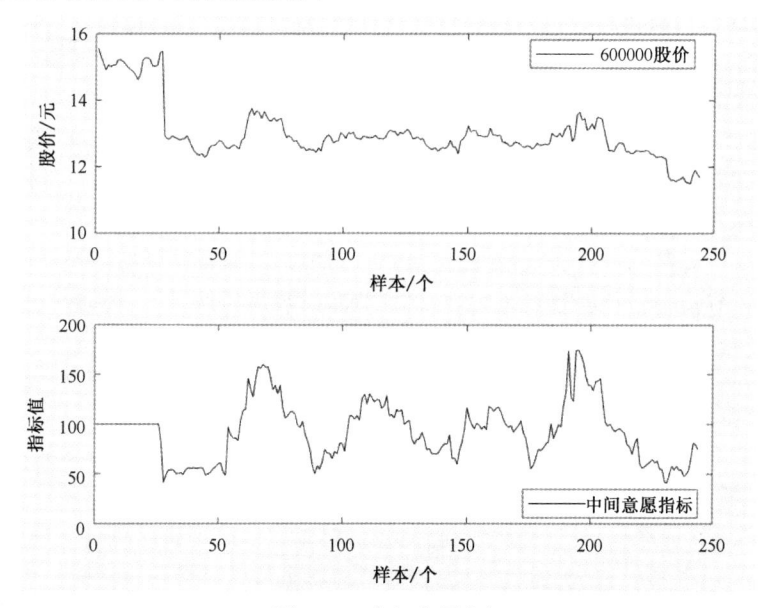

图 2.45　中间意愿指标

```
%中间意愿指标
CRValue=CR(High,Low,Close,26);
subplot(2,1,1)
plot(Close,'color','k');
xlabel('样本/个')
ylabel('股价/元')
legend('600000 股价','Location','best')
subplot(2,1,2)
plot(CRValue,'color','k');
xlabel('样本/个')
ylabel('指标值')
legend('中间意愿指标','Location','best');
```

中间意愿指标的编制主要参考网络资源，具体代码如下。

```
function CRValue=CR(High,Low,Close,Length)
%-----------------------------此函数用来计算 CR 指标（中间意愿指标）--------------------
%-------------------------------------编写者------------------------------------
%Lian Xiangbin(连长,785674410@qq.com),DUFE,2014
%李一邨及其团队
%Contact Info: 2975056631@qq.com
%-----------------------------------参考---------------------------------------
%[1]来自网络.24 个基本指标精粹讲解
%[2]姜金胜.指标精粹：经典技术指标精解与妙用.东华大学出版社,2004 年 01 月第 1 版
%[3]同花顺.CR 指标算法
%-----------------------------------简介---------------------------------------
%CR 指标又叫中间意愿指标，它和 AR、BR 指标有很多相似之处，但更有自己独特的研判功能，是分析
市场多空双方力量对比、把握买卖证券时机的一种中长期技术分析工具。CR 指标同 AR、BR 指标有很多相似的
地方，如计算公式和研判法则等，但它与 AR、BR 指标最大不同的地方在于理论的出发点有不同之处。CR 指标
的理论出发点是：中间价是市场最有代表性的价格。为避免 AR、BR 指标的不足，在选择计算的均衡价位时，
CR 指标采用的是上一计算周期的中间价。理论上，比中间价高的价位其能量为"强"，比中间价低的价位其能
量为"弱"。CR 指标以上一个计算周期（如 N 日）的中间价比较当前周期（如日）的最高价、最低价，计算出
一段时期内价格的"强弱"，从而在分析一些价格的异常波动行情时，有其独到的功能。另外，CR 指标不但能
够测量人气的热度、价格动量的潜能，而且能够显示出价格的压力带和支撑带，为分析预测价格未来的变化趋
势、判断买卖时机提供重要的参考
%---------------------------------基本用法-------------------------------------
%(1)和 AR、BR 指标一样，CR 值为 100 时也表示中间的意愿买卖呈平衡状态
%(2)当 CR 数值在 75~125（有的设定为 80~150）波动时，表明价格属于盘整行情，投资者应以观望
为主
%(3)当 CR 数值大于 300 时，表明价格已经进入高价区，可能随时回挡，应择机卖出
%(4)当 CR 数值在 40 以下时，表明行情调整即将结束，价格可能随时再次向上，可及时买进
```

```
%----------------------------调用函数----------------------------
%CRValue=CR(High,Low,Close,Length)
%------------------------------参数------------------------------
%High：最高价序列
%Low：最低价序列
%Close：收盘价序列
%Length：计算 CR 指标所考虑的时间周期，常用 26 个 Bar
%------------------------------输出------------------------------
%CRValue：中间意愿指标

TP=(High+Low+Close)/3;
CRValue=zeros(length(High),1);
CRValue(1:Length)=100;
for i=Length+1:length(High)
    Temp1=High(i-Length+1:i)-TP(i-Length:i-1);
    Temp1(Temp1<0)=0;
    Temp2=TP(i-Length:i-1)-Low(i-Length+1:i);
    Temp2(Temp2<0)=0;
    CRValue(i)=sum(Temp1)/sum(Temp2)*100;
end
end
```

4. PSY：心理线指标

- 计算方法：

PSY=N 日内价格上涨天数/N×100

- Matlab 调用方法：

```
PSYValue=PSY(Price,Length);
```

其中

Price：价格；Length：指定 N 日。

- Matlab 调用实例：心理线指标是通过一段时期内股票收盘价涨跌天数的多少，研究股票投资者趋向于买方或卖方的心理现象，测算市场人气，分析多空对比，以此作为实际投资的参考和判断股价未来发展方向的技术指标。

如图 2.46 所示为心理线指标。

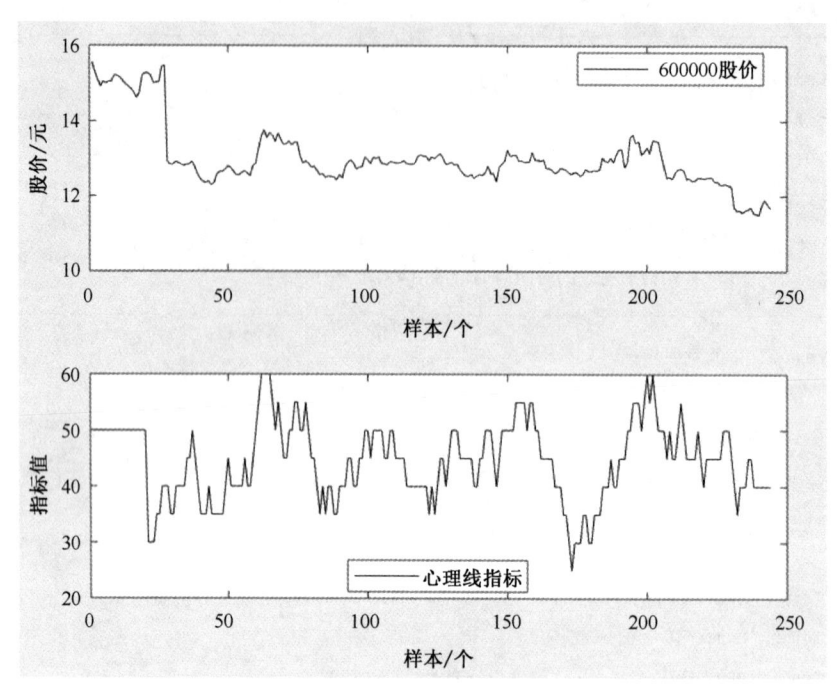

图 2.46 心理线指标

```
%心理线指标
PSYValue=PSY(Close,20);
subplot(2,1,1)
plot(Close,'color','k');
xlabel('样本/个')
ylabel('股价/元')
legend('600000股价','Location','best')
subplot(2,1,2)
plot(PSYValue,'color','k');
xlabel('样本/个')
ylabel('指标值')
legend('心理线指标','Location','best');
```

心理线指标的计算逻辑比较简单，主要参考网络资源，具体代码如下。

```
function PSYValue=PSY(Price,Length)
%----------------------此函数用来计算 PSY 指标（心理线指标）--------------------
%-------------------------------编写者-------------------------------
%Lian Xiangbin(连长,785674410@qq.com),DUFE,2014
%李一邨及其团队
%Contact Info: 2975056631@qq.com
%-------------------------------参考-------------------------------
%[1]浙商证券.技术指标优化择时：10 年 30 倍收益,2010-12-23
%[2]姜金胜.指标精粹：经典技术指标精解与妙用.东华大学出版社,2004 年 01 月第 1 版
```

```
%[3]来自网络.24个基本指标精粹讲解
%[4]同花顺.PSY指标算法
%-----------------------------------简介-----------------------------------
%心理线指标PSY是从英文Phycholoigical Line直译过来的,是研究投资者对市场涨跌产生心理
波动的情绪的指标,是一种能量类和涨跌类指标,它对市场短期走势的研判具有一定的参考意义。心理线指标
是一种建立在研究投资者心理趋向基础上,分析某段时期内投资者趋向于买方和卖方的心理与事实,做出买卖
证券的一项参考技术指标。作为分析市场的涨跌指标,PSY是从时间的角度计算N日内的多空总力量,来描述
市场目前处于强势还是弱势,是否处于超买或超卖状态。它主要是通过计算N日内价格或指数上涨天数的多少
来衡量投资者的心理承受能力,反映市场未来发展趋势及价格是否存在过度的涨跌行为,为投资者买卖证券提
供参考。这里判断上涨和下跌以收盘价为标准,计算当前Bar收盘价如果比上一Bar收盘价高,则定为上涨;
比上一Bar收盘价低,则定为下跌
%-----------------------------------基本用法-----------------------------------
%(1)PSY在50以上表示市场为多头市场,否则为空头市场
%(2)当PSY<25时,表明近期价格上涨的天数较少,处于超卖状态,可买入;当PSY>75时,表明近期
价格下跌的天数较少,处于超买状态,可卖出
%(3)当PSY上穿其M日(一般设为6日)均线时买入,下穿时卖出
%-----------------------------------调用函数-----------------------------------
%PSYValue=PSY(Price,Length)
%-----------------------------------参数-----------------------------------
%PriceL:价格序列,可以为Open、High、Low或Close,常用Close
%Length:计算时所考虑的周期,常用12个Bar
%-----------------------------------输出-----------------------------------
%PSYValue:心理线指标

PSYValue=zeros(length(Price),1);
PSYValue(1:Length)=50;
for i=Length+1:length(Price)
    PSYValue(i)=sum(Price(i-Length+1:i)>Price(i-Length:i-1))/Length*100;
end
end
```

5. VR：成交量比率

● 计算方法：

当 $t<N$ 时

$$\text{VR} = \frac{N\text{日内上升日成交额总和}}{N\text{日内下降日成交额总和}+0.5\times N\text{日内走平日成交额总和}} \times 100$$

当 $t \geq N$ 时

$$\text{VR} = \frac{N\text{日内上升日成交额总和}+0.5\times N\text{日内走平日成交额总和}}{N\text{日内下降日成交额总和}+0.5\times N\text{日内走平日成交额总和}} \times 100$$

N 一般为 26。

- Matlab 调用方法：

```
VRValue=VR(Price,Volume,Length)
```

其中

Price：收盘价；Volume：成交量；Length：指定计算周期 N。

- Matlab 调用实例：成交量比率（VR），是一项通过分析股价上升日成交额（或成交量）与股价下降日成交额（或成交量）比值，从而掌握市场买卖气势的中期技术指标。主要用于个股分析，其理论基础是"量价同步"及"量比价先行"，以成交量的变化确认低价和高价，从而确定买卖时法。

如图 2.47 所示为成交量比率。

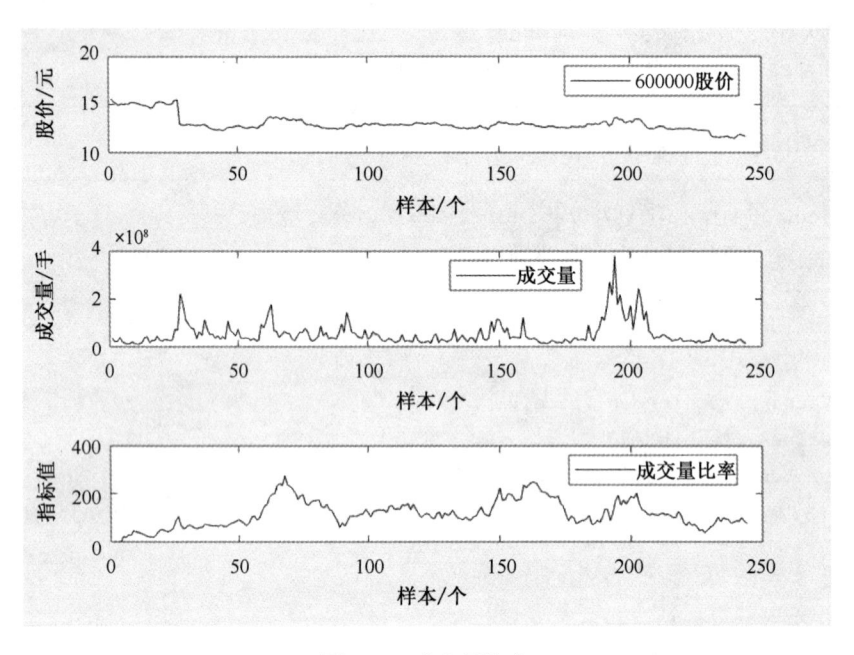

图 2.47 成交量比率

```
%成交量比率
VRValue=VR(Close,Volume,26)
subplot(3,1,1)
plot(Close,'color','k');
xlabel('样本/个')
ylabel('股价/元')
legend('600000股价','Location','best')
subplot(3,1,2)
plot(Volume,'color','k');
xlabel('样本/个')
```

```
ylabel('成交量/手')
legend('成交量','Location','best')
subplot(3,1,3)
plot(VRValue,'color','k');
xlabel('样本/个')
ylabel('指标值')
legend('成交量比率','Location','best')
```

成交量比率的编制主要参考网络资源，具体代码如下。

```
function VRValue=VR(Price,Volume,Length)
%---------------------此函数用来计算VR指标（成交量比率指标）---------------------
%-----------------------------编写者-----------------------------
%Lian Xiangbin(连长,785674410@qq.com),DUFE,2014
%李一邨及其团队
%Contact Info: 2975056631@qq.com
%-------------------------------参考-------------------------------
%[1]姜金胜.指标精粹：经典技术指标精解与妙用.东华大学出版社,2004年01月第1版
%[2]来自网络.24个基本指标精粹讲解
%[3]来自网络.学会利用关键技术指标
%[4]同花顺.VR指标算法
%-----------------------------------简介-----------------------------------
%VR指标又叫成交量比率指标、数量指标或容量指标，其英文全称为Volume Ratio，是重点研究量与
价格间的关系的一种短期技术分析工具。VR指标是以研究证券量与价格之间的关系为手段的技术指标，其理
论基础是"量价理论"和"反市场操作理论"。VR指标认为，由于量先价行、量涨价增、量跌价缩、量价同步、
量价背离等成交量的基本原则在市场上恒久不变，因此，观察上涨与下跌的成交量变化，可作为研判行情的依
据。同时，VR指标又认为，当市场上人气开始凝聚、价格刚开始上涨和在上涨途中的时候，投资者应顺势操
作；而当市场上人气极度旺盛或极度悲观、价格暴涨暴跌时，聪明的投资者应果断进场或离场。因此，反市场
操作也是VR指标所显示的一项功能。一般而言，低价区和高价区出现的买卖盘行为均可以通过成交量表现出
来，故VR指标又带有超买超卖的研判功能。同时，VR指标是用上涨时期的量除以下跌时期的量，故VR指标
又带有一种相对强弱的概念。总之，VR指标可以通过研判资金的供需及买卖气势的强弱、设定超买超卖的标
准，为投资者确定合理、及时的买卖时机提供正确的参考
%-------------------------------基本用法-------------------------------
%(1)低价区区域
%VR值介于40～70区间时，为低价区域，表明证券的买卖盘稀少，人气比较涣散，但有的证券的投资
价值可能已经凸现，投资者可以开始少量建仓
%(2)安全区域
%VR值介于80～150区间时，为安全区域，表明证券的买卖盘开始增多，人气开始积聚，投资者可以持
有待涨或加大建仓量
%(3)获利区域
%VR值介于160～450区间时，为获利区域，表明证券在强大的买盘的推动下，节节上升，投资者应该
将大部分获利比较丰厚的筹码及时地获利了结
%(4)警戒区域
%VR值介于450以上的区间时，为警戒区域，表明价格的上涨已经出现超买的现象，市场的后续资金很
```

难跟上，价格可能随时出现一轮比较大的下跌，投资者应果断地卖出证券，持币观望

```
%--------------------------------调用函数------------------------------
%VRValue=VR(Price,Volume,Length)
%--------------------------------参数---------------------------------
%Price：判断上涨或下跌时的价格，可用Open、High、Low或Close，常用Close
%Volume：成交量
%Length：计算时所考虑的周期，常用26个Bar
%--------------------------------输出---------------------------------
%VRValue：成交量比率指标

VRValue=zeros(length(Price),1);
Diff=zeros(length(Price),1);
Diff(2:end)=Price(2:end)-Price(1:end-1);    %价格差
for i=1:length(Price)
    if i<Length
        Temp=Volume(1:i);
        VRValue(i)=(sum(Temp(Diff(1:i)>0))+0*sum(Temp(Diff(1:i)==0)))...
            /(sum(Temp(Diff(1:i)<0))+0.5*sum(Temp(Diff(1:i)==0)))*100;
    end
    if i>=Length
        Temp=Volume(i-Length+1:i);
        VRValue(i)=(sum(Temp(Diff(i-Length+1:i)>0))+0.5*sum(Temp(Diff(i-...
            Length+1:i)==0)))/(sum(Temp(Diff(i-Length+1:i)<0))+0.5*sum(...
            Temp(Diff(i-Length+1:i)==0)))*100;
    end
end

end
```

第3章 算 法 库

不同的算法都有其适合的处理情境，本章根据量化交易的需求，选取了 5 种有代表性的机器学习算法，分别是傅里叶变换、ReliefF、高斯混合聚类、Chi-Merge、粗糙集（结合 Chi-Merge）。这 5 种算法在逻辑上和功能上都有所不同，能够相互补充，自成一套体系。具体地讲：傅里叶变换是基于数学分析的一种算法，它主要用于时间序列的成分分析，可以用于时间序列的噪声去除；ReliefF 是特征筛选算法，它基于几何意义上的距离的概念来对特征重要性进行评判，从而筛选出重要的特征；高斯混合聚类又称为 GMM，该算法基于概率统计的理论，以正态分布来拟合特征的分布，从正态分布中得出每个样本归属的概率，大概率属于同一类的样本聚在一起，最终实现所有样本的聚类；Chi-Merge 是一种将数值连续的样本特征进行离散化的算法，用于减小特征数据的复杂度；粗糙集是基于集合论的规则化逻辑推理算法，根据基于集合论的一些性质，建立用于分类的逻辑规则，来实现不同样本的分类。

算法本质上都是一种从特征集 X 到目标集 Y 的映射。傅里叶变换是对 Y 的成分分析，用于简化 Y，ReliefF 则是筛选 X，以减少特征数量来简化 X（在特征集矩阵的列方向上简化），Chi-Merge 离散化 X 也是一种简化，但侧重于改变 X 本身的数值（在特征集矩阵的行方向上简化）而非改变特征的数量。高斯混合聚类（GMM）和粗糙集则是建立从 X 到 Y 的映射关系的算法，GMM 是聚类算法（无训练标签），粗糙集是分类算法（有训练标签）。受篇幅限制，本章对机器学习常见算法进行简单介绍，如果读者对机器学习算法感兴趣，可以按照此处所讲的 5 种算法的逻辑，对算法库进行进一步补充和完善，并形成自己的算法体系。

3.1 机器学习常见算法分类汇总

机器学习（Machine Learning，ML）是一门多领域交叉学科，涉及概率论、统计学、逼近论、凸分析、算法复杂度理论等多门学科，专门研究计算机怎样模拟或实现人类的学习行为，以获取新的知识或技能，重新组织已有的知识结构，使之不断改善

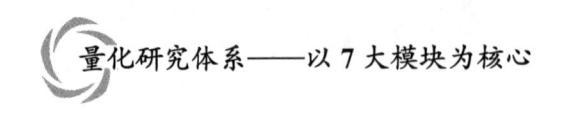

自身的性能。接下来将从学习方式和理论基础等几个方面来对机器学习的算法进行简单的分类介绍。

3.1.1 按学习方式分类

按照算法的学习方式,可以将算法分为监督学习、无监督学习、半监督学习。

1. 监督学习

对于有的监督机器学习,在训练机器学习的模型时,需要输入数据的特征及对应于此特征下的标签。比如为了区别某种花的黄花和白花,在训练模型时不仅要输入叶瓣长度、茎长度等特征,还要在具体对应的特征下告诉模型什么是黄花、什么是白花。然后训练出的模型就可以对一个未知的实例进行分类。常见的分类算法有决策树、SVM、KNN、神经网络和逻辑回归,线性分类算法示意图如图 3.1 所示。

当数据的标签为连续型变量时,此时用的是回归算法,比如对不同股票的成交量与股票的波动数据拟合出一条直线,这条直线就是一个线性回归模型,根据这条直线可以预测在不同的成交量下股票的波动情况。常见的回归算法有最小二乘法、Lasso、SVR,图 3.2 为上述股票成交量与股票波动线性回归模型示意图。

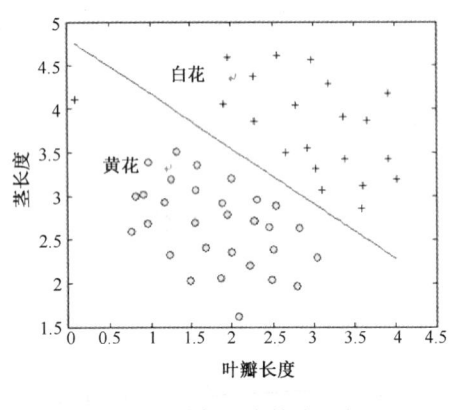

图 3.1　线性分类算法示意图　　　　图 3.2　回归算法示意图

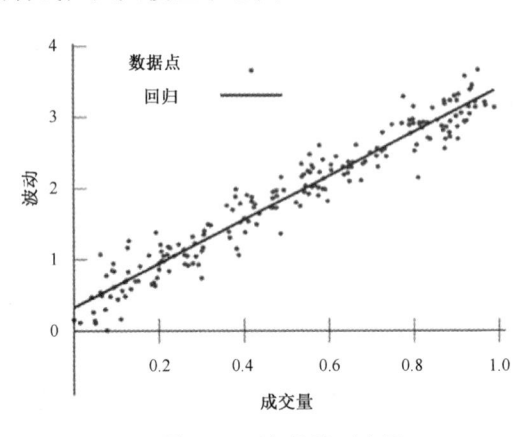

2. 无监督学习

在无监督学习中,训练数据并没有标签。此类机器学习的算法会自己得出数据里的内在结构。常见的无监督学习的算法有属于聚类算法的 K-Means、GMM,此类算法会将数据根据其本身的特征分好类别,不需要人为分类。如图 3.3 所示,根据股票成交量及收益率,此类机器学习将股票分成三组结构,即大涨、不涨不跌和大跌。此外还有属于降维算法的 PCA 算法,如图 3.4 所示。此类算法是针对当原始数据特征太多，使得模型的学习过程过于复杂、耗时过长时，对数据降维的一种算法。该算法保留了最能反映数据特征的几个维度，而摒弃了较为多余的维度，能在减少计算量的基础上，保存原有数据的主要特征。在金融市场中，主成分分析法也可以用于筛选上市公司财报中大量的财务指标，得到能够代表大多数财务指标的所谓主成分指标，为投资者提供二级市场中的股票选择的参考。

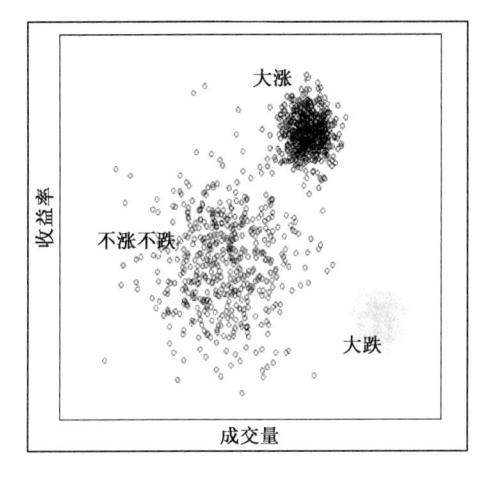

图 3.3　聚类算法示意图 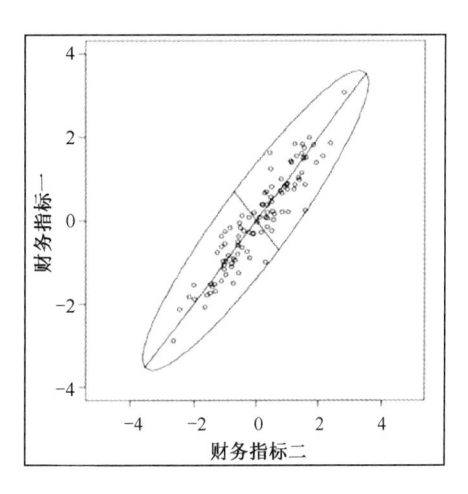　　　　　图 3.4　PCA 算法示意图

3. 半监督学习

半监督学习是介于监督学习和无监督学习中间的一种学习方式，此时部分数据被标识，部分数据没有被标识。半监督学习使用这两种数据来进行模式识别的工作。半监督学习的基本思想是利用数据分布上的模型假设建立学习器对未标签样例进行标签。半监督学习分为直推和归纳两种方式。直推方式是只处理样本空间内给定的训练数据，利用训练数据中有类标签的样本和无类标签的样例进行训练，预测训练数据中无类标签的样例的类标签；归纳方式是处理整个样本空间中所有给定和未知的样例，同时利用训练数据中有类标签的样本和无类标签的样例，以及未知的测试样例一起进行训练，不仅预测训练数据中无类标签的样例的类标签，更主要的是预测未知的测试样例的类标签。

下面介绍自训练算法（Self-Training）中的最近邻算法。如图 3.5 所示，深色空心圆点和深色叉点是两个有标签的样本，记为集合 L，其余的浅色实心圆点为无标签样本，记为集合 U。随后根据欧氏距离来给集合 U 中的样本分类，如此下去，集合 U 不断减小，集合 L 不断增大，直到集合 U 变为空集后，训练结束。

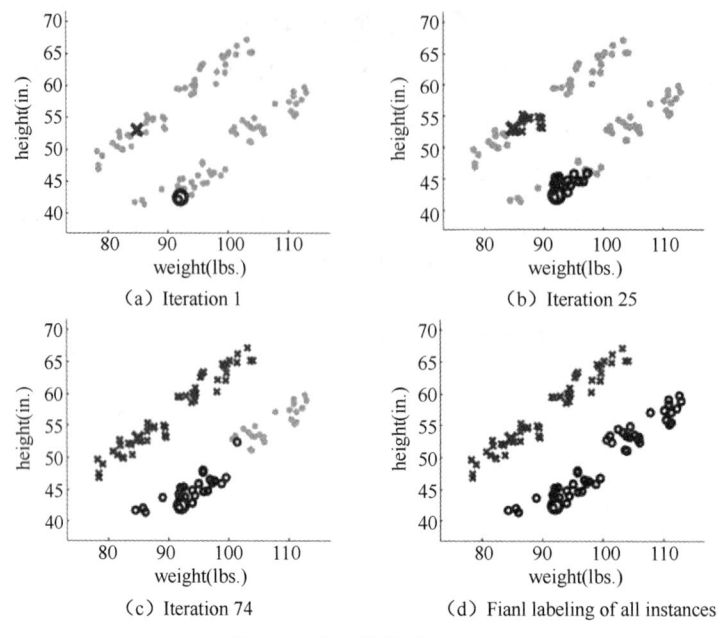

图 3.5 自训练算法示意图

3.1.2 按对训练集的使用方法分类

我们将算法对于训练集的数据是一次性全部调用训练、还是分批次调用训练，将算法分为在线学习和非在线学习。

1. 在线学习

在线学习是将训练样本逐个输入算法中，并在新的数据进来的时候，对之前学习的结果进行更新，即参数在每次迭代的时候都按照一个更新法则来变化，参数变化的情况也受到步长的影响。这样的算法在样本量非常大的时候对于有限内存的管理运用非常有效，是大数据时代的一种优秀的机器学习算法。在线学习包括梯度下降（上升）法、Adagrad、神经网络、深度学习等，图 3.6 为梯度下降法的示意图。

2. 非在线学习

非在线学习即传统的对于训练集全部输入，然后建立模型的算法。此类算法在数据量较大的时候不利于内存的管理。很多常见的机器学习都属于非在线学习，包括 KNN、SVM、决策树等。

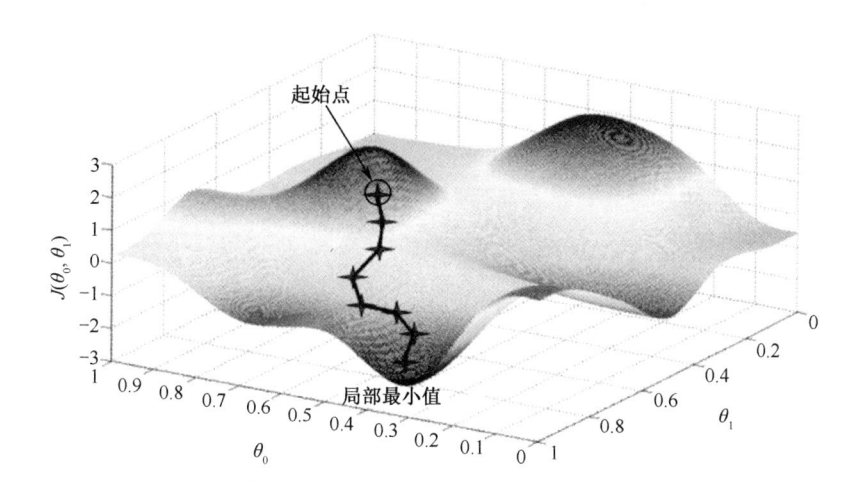

图 3.6 梯度下降法示意图

3.1.3 按形式及功能分类

1. 回归算法

对于有监督的学习，如果数据的标签是连续值，那么此时根据样本特征对数据的预测为回归。常见的回归算法有普通最小二乘法、岭回归、LASSO、逻辑回归等。

普通最小二乘法是使残差的平方和最小，然后根据这个条件对各个参数求偏导，最后求得参数。在满足高斯马尔科夫的假设条件下，最小二乘法所得到的参数是线性无偏有效的。LASSO（Least Absolute Shrinkage and Selection Operator，最小绝对值收缩和选择算子）方法与岭回归类似，它们都是通过增加惩罚函数来判断、消除特征间的共线性。逻辑回归是一种对概率的回归，也可以用来分类，通常把回归结果大于 0.5 的作为一类，小于 0.5 的作为另一类。

2. 基于实例的算法

基于实例的学习通过训练数据的样本或事例建模，这些样本或事例也被视为建模所必需的。这类模型通常会建一个样本数据库，比较新的数据和数据库里的数据，通过这种方式找到最佳匹配并做出预测。换句话说，这类算法在做预测时，一般会使用相似度准则，比对待预测的样本和原始样本之间的相似度，再做出预测。因此，基于实例的方法也被称为赢家通吃的方法（Winner-Take-All）和基于记忆的学习（Memory-Based Learning）。常用的基于实例的学习算法包括 KNN、学习矢量量化算法（LVQ）、自组织映射算法（SOM）（如图 3.7 所示）等。

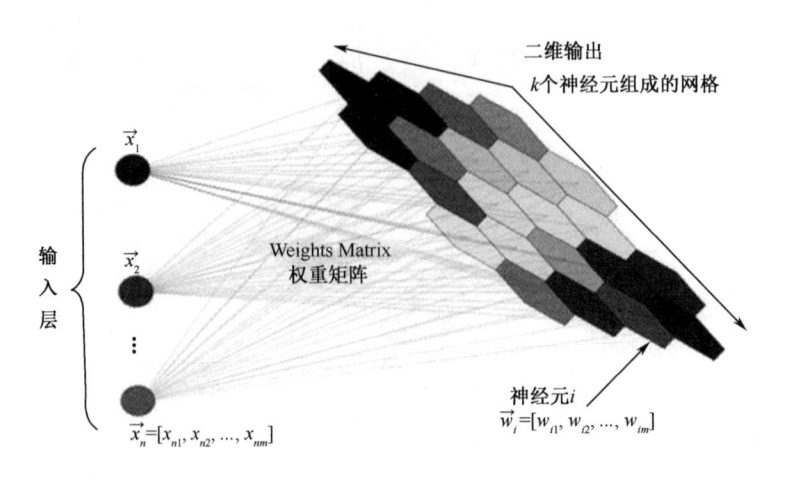

图 3.7　自组织映射算法示意图

3. 贝叶斯算法

贝叶斯算法是基于贝叶斯定理的一类算法。该算法用贝叶斯公式进行分类或回归,常用的算法有朴素贝叶斯算法、高斯朴素贝叶斯算法、多项式朴素贝叶斯算法、AODE 算法、贝叶斯信念网络（BBN）和贝叶斯网络（BN）等。

如图 3.8 所示,贝叶斯分类算法利用概率统计知识进行分类,如朴素贝叶斯算法利用贝叶斯定理来预测一个未知类别的样本属于各个类别的可能性,选择其中可能性最大的一个类别作为该样本的最终类别。由于贝叶斯定理的成立本身需要一个很强的条件独立性假设前提,而此假设在实际情况中经常是不成立的,因而其分类准确性就会下降。为此出现了许多降低独立性假设的贝叶斯分类算法,如 TAN 算法,它是通过在贝叶斯网络结构的基础上增加属性对之间的关联来实现的。

图 3.8　贝叶斯算法示意图

4. 决策树算法

如图 3.9 所示,如果我们要判断一根黄瓜的好坏,可能会根据瓜的根蒂和纹理等属性来判断。决策树算法的目标是根据数据属性的实际值,创建一个预测样本目标值的模型。训练时,树状的结构会不断分叉,直到做出最终的决策。也就是说,预测阶段模型会选择路径进行决策。决策树常被用于分类和回归。决策树一般速度快、结果准,因此也属于最受欢迎的机器学习算法之一。常用的决策树算法包括 ID3、C4.5、CART、M5 等。

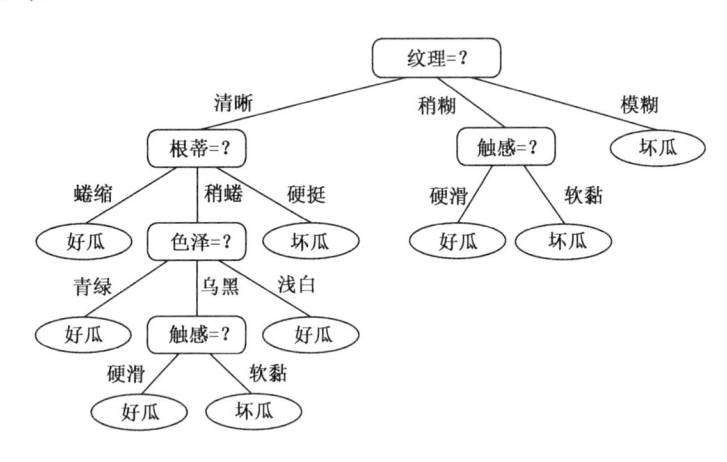

图 3.9 决策树算法示意图

5. 人工神经网络/深度学习

人工神经网络是一类受生物神经网络的结构及功能启发而来的模型。它是一类常用于解决回归和分类等问题的模式匹配,不过,它实际上是一个含有成百上千种算法及各种问题变化的子集。常用的人工神经网络包括感知器神经网络、BP 神经网络、径向基函数网络等。

深度学习算法是人工神经网络的升级版,深度学习与传统的神经网络的相同之处在于深度学习采用了与神经网络相似的分层结构,但深度学习能够克服神经网络训练中出现的容易过拟合、参数比较难确定、训练速度比较慢等问题。深度学习整体上是一个 Layer-Wise 的训练机制,而不是传统神经网络所采用的 Back Propagation 机制。

深度学习是充分利用廉价的计算力实现优化的算法,如图 3.10 所示,深度学习包括输入层、隐藏层和输出层。近年来,其得到广泛应用,尤其是在语音识别、图像识别领域。深度学习算法会搭建规模更大、结构更复杂的神经网络。很多深度学习方法都涉及半监督学习问题,这种问题的数据量一般极大,而且只有很少部分带有标签。

常用的深度学习算法包括 CNN、RNN、LSTM 等。

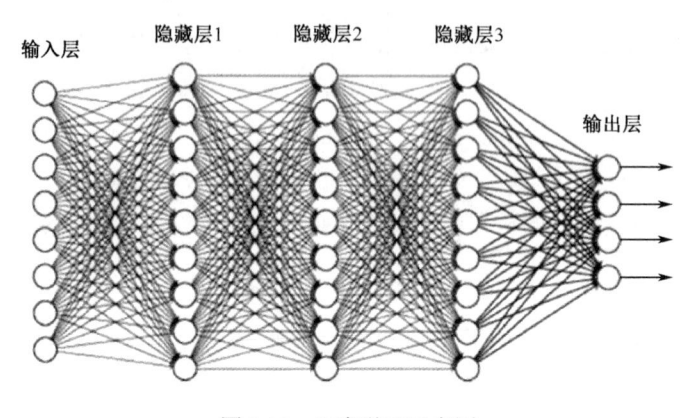

图 3.10 深度学习示意图

6. 数据聚类算法

当对没有标签的数据进行归类时，使用的是聚类算法。这是一种无监督学习的算法，常见的有 K-Means、GMM 等算法。

K-Means 算法以 k 为参数，把 n 个对象分成 k 个簇，使簇内具有较高的相似度，而簇间的相似度较低。K-Means 算法的处理过程如下：首先，随机地选择 k 个对象，每个对象初始地代表了一个簇的平均值或中心；其次，对剩余的每个对象，根据其与各簇中心的距离，将它赋给最近的簇；最后，重新计算每个簇的平均值。这个过程不断重复，直到各簇中心几乎不再变化。图 3.11 显示了对某一束花的花瓣用 K-Means 算法分成 3 个簇的示意图。

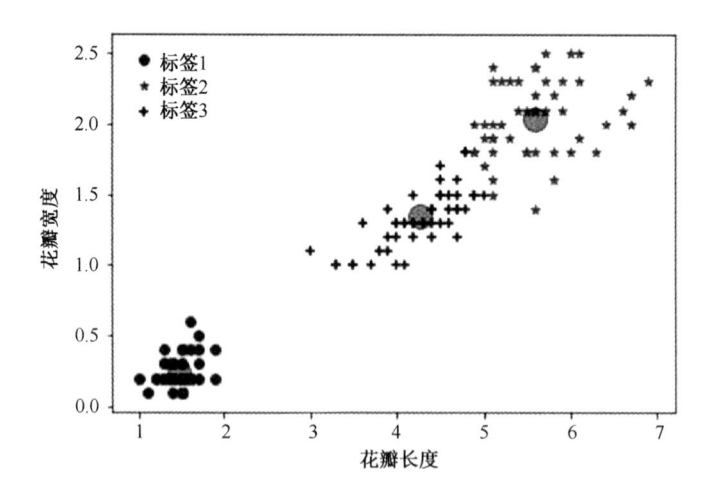

图 3.11 K-Means 算法示意图

K-Means 算法对于每个样本的分类是非黑即白的，即每个样本只能属于其中的一类。而 GMM 算法在聚类的时候形成的是若干大小、参数不一的正态分布，每个样本对应每个正态分布的概率密度函数乘以相应的系数就是该样本属于该正态分布（该类）的比例。每个样本属于各类的比例之和为1。

7. 集群算法

一组弱分类器，将它们集群起来，形成一个强分类器，这就是集群机器学习，如图 3.12 所示。比如 Boosting 是一种用来提高学习算法准确度的方法，这种方法通过构造一个预测函数系列，然后以一定的方式将它们组合成一个预测函数，达到把一个弱学习算法提升为强学习算法的目的。后来出现了调整权重而运作的 AdaBoost 算法，是 Boosting 家族中的一种算法，此算法解决了早期 Boosting 算法很多实践上的困难。AdaBoost 算法在每次训练后，对训练失败的样本赋以较大的权重，也就是让学习算法在后续的学习中集中对比较难的样本进行学习，然后得到一个预测函数序列 $h_1, \cdots, h_t$，其中 h_j 也有一定的权重，预测效果好的预测函数权重较大，反之较小。最终的预测函数 H 对分类问题采用有权重的投票方式，对回归问题采用加权平均的方法对新示例进行判别。Boosting 算法可以应用于任何的基础回归算法，无论是线性回归、神经网络，还是 SVM 方法，都可以有效地提高精度。

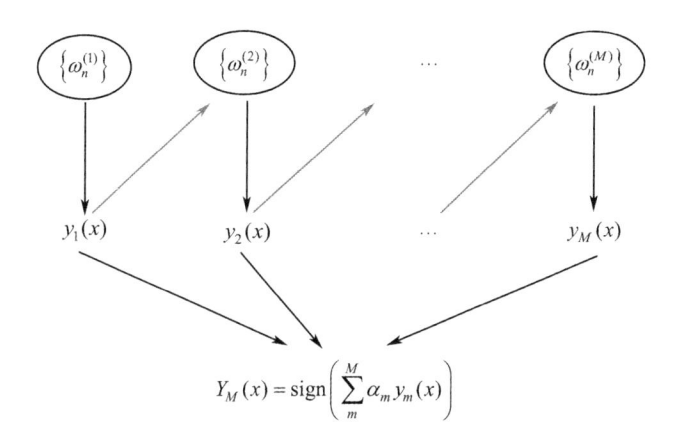

图 3.12 集群算法示意图

Bagging 又称为自举聚合，是与 Boosting 相似的技术。该技术的主要思想是给定一个弱学习算法和一个训练集，让该学习算法训练多轮，每轮的训练集由从初始的训练集中随机取出的 n 个训练例组成，初始训练例在某轮训练集中可以出现多次或根本不出现。训练之后可得到一个预测函数序列 $h_1, \cdots, h_t$，最终的预测函数 H 对分类问题采用投票方式，对回归问题采用简单平均。

Bagging 与 Boosting 的区别在于 Bagging 的训练集的选择是随机的，各轮训练集之间相互独立，而 Boosting 的训练集的选择不是独立的，各轮训练集的选择与前面各轮的学习结果有关，Bagging 的各个预测函数没有权重，可以并行生成，而 Boosting 是有权重的，只能依次顺序生成；Boosting 往往从一些弱的学习器开始，组合形成一个集成学习器，从而给出一个好的学习结果，而 Bagging 学习效果的好坏往往取决于集成学习器中每个学习器的相关性和各个学习器的学习效果。对于神经网络这类极为耗时的学习方法，Bagging 可通过并行训练节省大量时间开销，如图 3.13 所示。

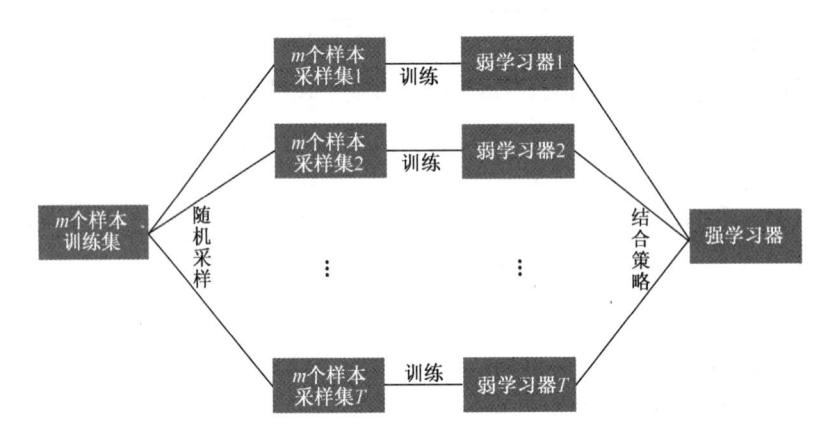

图 3.13 Bagging 算法示意图

8. 强化学习

所谓强化学习就是智能系统从环境到行为映射的学习，以使奖励信号（强化信号）函数值最大。如图 3.14 所示，假设我们要预测股票未来的涨跌，有初始策略集 Q，从 Q 中筛选策略，如果预测错了，就会得到一个负的反馈，环境会给我们一个负的奖励，告诉我们这是一个比较差的预测方式，因此我们会尝试换个策略，这样就不断地和环境进行交互尝试，最终找到一套策略，使得我们正确预测股票的涨跌（当然正确预测股票涨跌并不容易，这里的描述是一种理想的情况）。强化学习具有分数导向性，即学习的过程中要使得分最高，这种得分类似于监督学习里的标签，但是与监督学习中的标签不同的是，强化学习中的标签不是直接可以获得的，而是模型在不断的学习当中慢慢获得的，是模型自己得出的结论。然后模型再学习哪些数据能够对应上哪些标签。此类算法包括 Q-Learning、Sarsa、Deep Q Network 和 Policy Gradients。

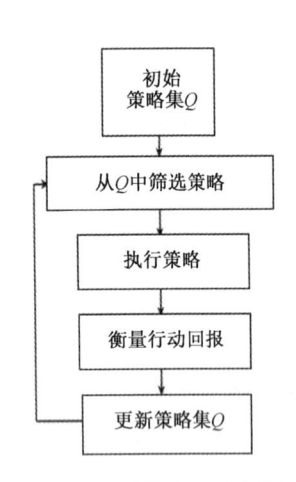

图 3.14 强化学习示意图

9. 关联规则算法

关联规则算法是从数据背后发现事物之间可能存在的关联或者联系的一种算法。规则的支持度和自信度越高，说明规则越强，关联规则挖掘就是挖掘出满足一定强度的规则。常见的算法有 Apriori 算法、FP-Growth 算法。

Apriori 算法是一种最有影响的挖掘关联规则频繁项集的算法，其核心是基于两阶段频集思想的递推算法。该关联规则在分类上属于单维、单层、布尔关联规则。在这里，所有支持度大于最小支持度的项集称为频繁项集，简称频集。

Apriori 算法首先找出所有的频集，这些项集出现的频繁性至少和预定义的最小支持度一样。然后由频集产生强关联规则，这些规则必须满足最小支持度和最小可信度。之后使用第一步找到的频集产生期望的规则，产生只包含集合的项的所有规则，其中每一条规则的右部只有一项。一旦这些规则被生成，那么只有那些大于用户给定的最小可信度的规则才被留下来。为了生成所有频集，使用了递推的方法。可能产生大量的候选集，以及可能需要重复扫描数据库，是 Apriori 算法的两大缺点。

相比 Apriori 算法的固有缺陷，FP-Growth 算法是一种不产生候选挖掘频繁项集的方法，它采用分而治之的策略。在经过第一遍扫描之后，把数据库中的频集压缩进一棵频繁模式树（FP-tree），同时依然保留其中的关联信息，然后将 FP-tree 分化成一些条件库，每个库和一个长度为 1 的频集相关，最后再对这些条件库分别进行挖掘，如图 3.15 所示。当原始数据量很大的时候，也可以结合划分的方法，使得一个 FP-tree 可以放入主存中。实验表明，FP-Growth 对不同长度的规则都有很好的适应性，同时在效率上较 Apriori 算法有巨大的提高。

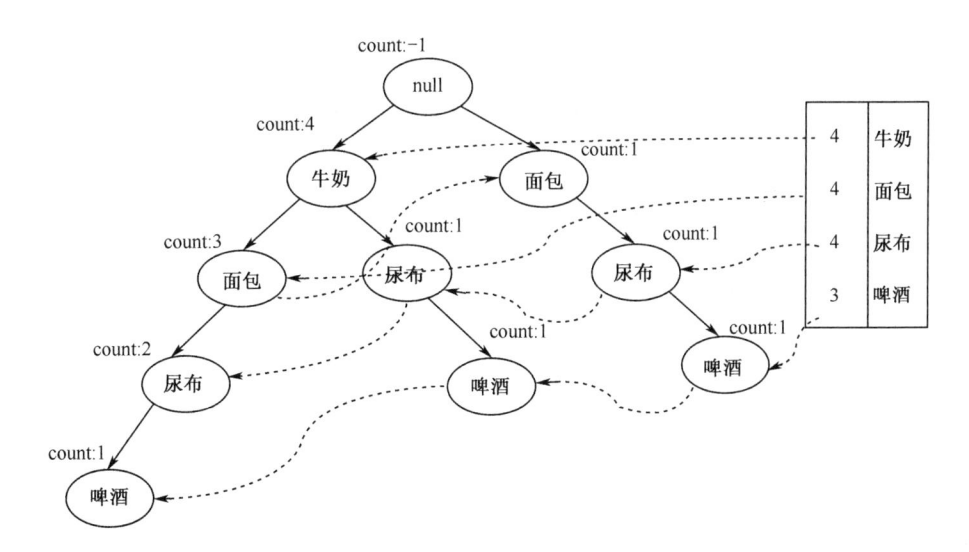

图 3.15 FP-Growth 算法示意图

10. 核方法

核方法是解决非线性模式分析问题的一种有效途径，如图 3.16 所示为核方法示意图。其核心思想是：首先，通过某种非线性映射将原始数据嵌入合适的高维特征空间；然后，利用通用的线性学习器在这个新的空间中分析和处理模式。基于核的算法中最著名的莫过于支持向量机（SVM）了。

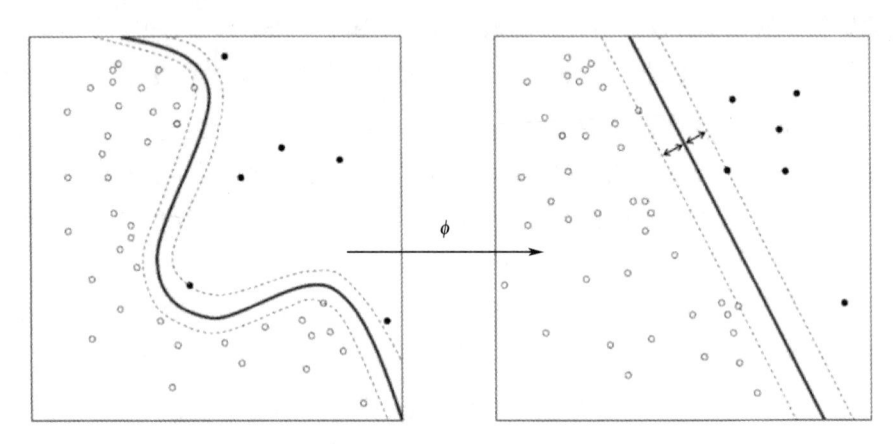

图 3.16　核方法示意图

SVM 是应用核函数把非线性问题转换成线性问题，使得在原来的样本空间中非线性可分的问题转化为在特征空间中的线性可分的问题。常用的核函数有多项式核函数、径向基核函数和 Sigmod 核函数。

11. 优化算法

优化算法，顾名思义就是求最优解的算法，又分为传统优化算法和智能优化算法。传统优化算法包括牛顿法、梯度下降（上升）法，以及规划问题中的单纯形表法、内点法等；智能优化算法包括遗传算法、蚁群算法、粒子群算法、模拟退火法等。

比如遗传算法是借鉴了进化生物学中的一些现象而发展起来的，生物在繁衍发展的过程中，会通过繁殖发生基因交叉、基因突变，适应度低的个体会被逐步淘汰，而适应度高的个体会越来越多。那么经过 N 代的自然选择后，保存下来的个体都是适应度很高的。

遗传算法初始是一个较差解的解集种群，通过遗传交叉繁殖出下一代的解集种群。在交叉的过程中，有一定的概率发生基因突变。在下一代的解集种群中，通过适者生存的自然选择，淘汰那些较差的解（个体），只让较好的解（个体）繁殖后代，这样产生出代表新的解集的种群。这个过程将导致种群像自然进化一样，后生代种群比前代更加适应环境。经过许多代的繁殖和自然选择后，就能得到接近真正最优解的解。

本节对算法做了一个总结和分类,接下来我们对几种经典和有特色的算法通过举例进行深入介绍。3.2 节的傅里叶变换是基于数学分析的一种算法,用于对时间序列等信号进行分析,如去噪、趋势提取等;3.3 节 ReliefF 是特征筛选算法,着重于对特征的重要性进行评价,如果说 3.2 节的傅里叶变换是对单一特征的分析,那么 3.3 节的 ReliefF 就是特征之间的比较;3.4 节的高斯混合聚类是从概率统计的角度利用已有的特征进行聚类分析;3.5 节的 Chi-Merge 算法则是连续数据的离散化的一种算法,是对特征的一种处理方法,为 3.6 节做准备;3.6 节的粗糙集利用 3.5 节离散化后的数据进行基于规则的分类,3.6 节与 3.4 节高斯混合聚类有一定可对比的意义,因为粗糙集是分类算法,高斯混合聚类是聚类算法,同时粗糙集基于逻辑规则,高斯混合聚类基于概率统计,两者各有千秋。

3.2 傅里叶变换

从量化研究的角度来讲,傅里叶变换可以对时间序列的成分、趋势进行分解和分析,从而提取出主要趋势和主要成分,也可以对时间序列去噪声,还可以用于时间序列的模式拟合,等等。本节先对傅里叶变换理论进行简要介绍,然后根据傅里叶变换理论编写算法代码程序,最后以原油价格数据作为案例对象进行程序测试。

3.2.1 傅里叶变换算法理论

1. 傅里叶变换定理

首先给出傅里叶变换定理:**傅里叶变换表示能将满足一定条件的某个函数表示成三角函数(正弦和/或余弦函数)或者它们的积分的线性组合。**具体来讲就是一个以 T 为周期的函数 $f_T(t)$,若在 $\left[-\dfrac{T}{2},\dfrac{T}{2}\right]$ 上满足狄利克雷条件,则该 $f_T(t)$ 可由三角函数集 $\left\{\sin(n\dfrac{2\pi}{T}t),\ \cos(n\dfrac{2\pi}{T}t)\right\}$($n=0,1,2\cdots$)表示。表达形式设为

$$f_T(t) \sim \dfrac{a_0}{2} + \sum_{n=1}^{\infty}\left[a_n\cos(n\dfrac{2\pi}{T}t) + b_n\sin(n\dfrac{2\pi}{T}t)\right]$$

其中,a_0、a_n、b_n 为傅里叶变换系数,其表达式如下:

$$a_0 = \frac{2}{T}\int_{-\frac{T}{2}}^{\frac{T}{2}} f(t)\mathrm{d}t$$

$$a_n = \frac{2}{T}\int_{-\frac{T}{2}}^{\frac{T}{2}} f(t)\cos(\frac{2k\pi t}{T})\mathrm{d}t \quad (k=0,1,2\cdots)$$

$$b_n = \frac{2}{T}\int_{-\frac{T}{2}}^{\frac{T}{2}} f(t)\sin(\frac{2k\pi t}{T})\mathrm{d}t \quad (k=0,1,2\cdots)$$

然后来看傅里叶展开的指数函数形式。

在实践中用得更多的是傅里叶展开的指数函数形式，该形式是通过欧拉公式将三角函数转换成指数函数得到的。用欧拉公式 $\begin{cases} \mathrm{e}^{\mathrm{i}\theta} = \cos\theta + \mathrm{i}\sin\theta \\ \mathrm{e}^{-\mathrm{i}\theta} = \cos\theta - \mathrm{i}\sin\theta \end{cases}$ 替换掉所有三角函数指数形式的傅里叶级数表达式，可得

$$f(t) \sim \frac{1}{T}\int_{-\frac{T}{2}}^{\frac{T}{2}} f(t)\mathrm{e}^{-\mathrm{i}\frac{2\times 0\pi t}{T}}\mathrm{d}t + \sum_{k=1}^{n}[\frac{1}{T}\int_{-\frac{T}{2}}^{\frac{T}{2}} f(t)\mathrm{e}^{-\mathrm{i}\frac{2k\pi t}{T}}\mathrm{d}t \times \mathrm{e}^{\mathrm{i}\frac{2k\pi t}{T}} + \sum_{k=1}^{n}\frac{1}{T}\int_{-\frac{T}{2}}^{\frac{T}{2}} f(t)\mathrm{e}^{\mathrm{i}\frac{2k\pi t}{T}}\mathrm{d}t \times \mathrm{e}^{-\mathrm{i}\frac{2k\pi t}{T}}]$$

令 $C_k = \frac{1}{T}\int_{-\frac{T}{2}}^{\frac{T}{2}} f(t)\mathrm{e}^{-\mathrm{i}\frac{2k\pi t}{T}}\mathrm{d}t$ ，则傅里叶级数展开的指数函数形式为

$$f(t) \sim \sum_{k}^{n} C_k \mathrm{e}^{\mathrm{i}\frac{2k\pi t}{T}}, \quad k=0,\pm 1,\pm 2\cdots$$

2. 时域与频域

时域、频域都是信号的基本属性。时域可视为日常可触摸到的领域，是以时间为输入参数的函数，函数的输出值是信号的幅值，比如股票的价格随着时间而波动，时域以时间轴为坐标。频域分析是把信号变为以频率轴为坐标表示出来，横坐标是频率，纵坐标是幅值。具体讲，如果我们在听一首歌，我们会听到随着时间而起伏波动的音乐声，但是从乐谱来看，就只是乐谱的符号。时域就如我们看到的音乐图像，而频域就如乐谱符号的7个或更多个音符。

为了更加直观地理解傅里叶变换定理，我们给出图3.17，从图中可以看到时域图像、频域图像、时间方向及频率方向。从时间方向来看，我们会看到一个近似钟形的波，我们知道这个钟形的波可以被拆分为一些正弦波的叠加；而从频率方向来看，我们就看到了每一个正弦波的幅值。傅里叶变换是时域与频域之间的转换，它是一种可

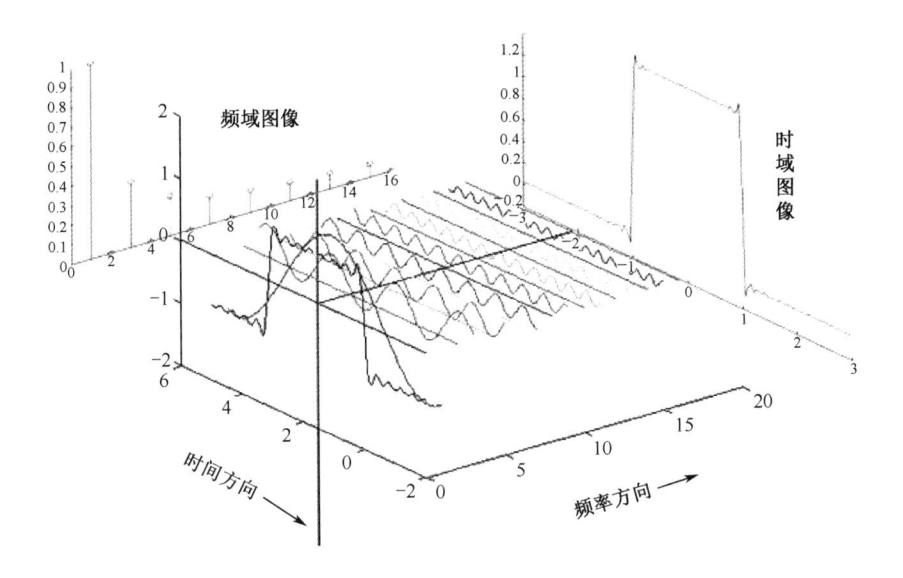

图 3.17 频域图像和时域图像说明

逆变换,即它允许原始信号和变换过的信号之间互相转换。但是,在傅里叶变换后的频域中不包含时间信息,逆变换后的时域中不包含频率信息。

关于傅里叶变换的证明,由于本书篇幅限制暂不公布,有进一步研究意愿的读者,可联系伊园科技官方淘宝店购买。而对于有数学恐惧症的读者,记住傅里叶变换定理的三角函数展开公式以及指数形式的公式,并且理解其含义,在日常的研究中进行应用也足够了。

3.2.2 离散傅里叶变换代码与去噪实例

1. 离散傅里叶变换代码

根据傅里叶变换理论,我们利用 Matlab 作为工具,编写一个基于傅里叶变换相关理论的函数 DFT,这个函数是离散傅里叶变换的一种形式。该函数的功能是实现对信号的 k 阶级数逼近。下面给出函数项级数系数 a_0、a_n 与 b_n 求解及函数项级数与原数据的逼近效果的展示代码。

```
function[varargout]=dft(data,k,need_dftw,ext_num)
%函数解释:本函数实现了一维数据的离散傅里叶级数逼近与傅里叶变换(从定义角度计算)
%函数输入:
%data:一维列数据
%k:逼近 data 的傅里叶级数项数
%need_dftw:是否需要输出 data 进行傅里叶变换,1 为需要,0 为不需要
%ext_num:对 data 进行延拓时左右两侧各增加的周期数
```

```
%函数输出：varargout
%{1}a0：离散傅里叶三角级数常数项的两倍
%{2}an：离散傅里叶三角级数 cos 部分的系数向量
%{3}bn：离散傅里叶三角级数 sin 部分的系数向量
%{4}y：离散傅里叶级数对 data 的逼近结果
%{5}dft_data：data 的离散傅里叶变换结果
%{6}series_expression：data 的离散傅里叶级数的三角形式与指数形式展开表达式、定义域、值域
%{7}transform_expression：data 的离散傅里叶变换表达式、定义域、值域
```

判断：输入参数格式是否错误，逼近级数项数不能小于 0，data 必须是数字，是否需要输出 data 进行傅里叶变换（只能是 0 或 1）。

```
if (need_dftw~=1&&need_dftw~=0)||k<=0||ischar(data)
    error('error input');
else
%开始det
    [num~]=size(data);
```

对 data 两侧各延拓 ext_num 个周期，以避免傅里叶变换时时间序列在端点处产生畸变。

```
    data_ext=zeros((ext_num*2+1)*num,1);
    for n=1:ext_num*2+1
        data_ext((n-1)*num+1:(n-1)*num+num,1)=data;
    end
    data=data_ext;
```

这里开始傅里叶变换函数的主体部分，核心是计算各项展开式的系数，所以首先初始化 a_0、a_n、b_n 等系数。

```
%开始计算a0、an、bn及表达式
    [num~]=size(data);
    s=0;
    a0=sum(data);
    varargout{1}=s;
    an=zeros(k,1);
bn=zeros(k,1);
```

这部分开始计算 a_n、b_n 的值。

```
%计算三角级数最终表达式Ft
Ft=a0/2*2/num;
%计算指数最终表达式Fti
Fti=a0/2*2/num;
    syms t
    for j=1:k
        s1=0;
```

```
            s2=0;
            for x=-1:2/num:1-2/num
                s1=s1+data(round((x+1)/2*num+1),1)*cos(j*pi*x);
%计算三角级数系数 an，这里少乘了一个 2/T，因为 T 人为设置为[-1,1]，为 2
                s2=s2+data(round((x+1)/2*num+1),1)*sin(j*pi*x);
%计算三角级数系数 bn，这里少乘了一个 2/T，因为 T 人为设置为[-1,1]，为 2
            end
            an(j,1)=s1;
            bn(j,1)=s2;
%计算三角级数表达式 Ft
            Ft=Ft+an(j,1)*2/num*cos(j*pi*t)+bn(j,1)*2/num*sin(j*pi*t);
%计算指数级数表达式 Fti，乘以 2/num 是因为将 2/T 重新映射到原数据的长度
            Fti=Fti+(an(j,1)-bn(j,1)*1i)/2*exp(1i*j*pi*t)*2/num+(an(j,1)+bn(j,1)*1i)/2*
exp(-1i*j*pi*t)*2/num;
        end
        varargout{2}=an;
        varargout{3}=bn;
            y=zeros(num,1);
        dftw=0;
        syms w
```

此处 for 循环计算离散傅里叶变换的表达式，并输出离散傅里叶级数对 data 的逼近结果。

```
     for x=-1:2/num:1-2/num
         s=0;
         if need_dftw==1
             %计算离散傅里叶变换表达式，w 做离散自变量时范围为 1:num
             dftw=dftw+data(round((x+1)/2*num+1),1)*exp(-1i*w*pi*x);
         else
             dftw=' ';
         end
         for j=1:k
             %计算级数逼近结果 y
             s=s+an(j,1)*2/num*cos(j*pi*x)+bn(j,1)*2/num*sin(j*pi*x);
         end
         y(round((x+1)/2*num+1),1)=s+a0/2*2/num;
end
varargout{4}=y(num/(2*ext_num+1)*ext_num+1:num/(2*ext_num+1)*(ext_num+1),1);
```

截取非延拓的拟合序列，还原原输入序列的长度，同时最终输出 data 的离散傅里叶级数的三角形式与指数形式展开表达式、定义域、值域。

```
        dft_data=zeros(num,1);
        for x=1:num
```

```
        s=0;
        for j=-1:2/num:1-2/num
            %计算data的离散傅里叶变换结果dft_data
            s=s+data(round((j+1)/2*num+1),1)*exp(-1i*x*pi*j);
        end
        dft_data(x,1)=s;
    end
    varargout{5}=dft_data;
    series_expression=struct('t_domain',(-1+2/(2*ext_num+1)*ext_num):2/num:(-1+2/
(2*ext_num+1)*(ext_num+1)-2/num),'Ft',{Ft},'Fti',{Fti});
    %t_domain为t的定义域
    transform_expression=struct('w_domain',1:num,'dftw',{dftw});
    %w_domain, w的定义域
    varargout{6}=series_expression;
    varargout{7}=transform_expression;
end
end
```

以上函数的输出中有 Fti 一项，该项是傅里叶展开的指数形式。$f(t) \sim \sum_{k=-\infty}^{\infty} C_k \mathrm{e}^{\mathrm{i}\frac{2k\pi t}{T}}$，$k = 0, \pm 1, \pm 2 \cdots$，其中 $C_k = \frac{1}{T}\int_{-\frac{T}{2}}^{\frac{T}{2}} f(t)\mathrm{e}^{-\frac{2k\pi t}{T}}\mathrm{d}t$。这是一种可被视为以时间 t 为自变量，将频率通过积分积掉的傅里叶级数形式。同样，可以以频率为自变量，在时间 t 上进行积分，得到频域里关于 w 的傅里叶级数 $F(w) = \Phi[f(t)] = \int_{-\infty}^{\infty} f(t)\mathrm{e}^{-\mathrm{i}wt}\mathrm{d}t$（$F(w)$ 的值为复数）。这个 $\Phi(\cdot)$ 变换即 DFT 的原理。由上式可知，$F(w)$ 的计算要在采样频率（离散数据在 t 上的取值密度）不变的情况下将数据延拓到整个实轴。因此，在实际操作中左右两边各延拓的周期数需要以参数的形式给出（DFT 代码中的 t_num 变量，选值时结合数据量谨慎考虑）。

2. 离散傅里叶变换数据降噪实例

接下来我们以原油价格数据为案例来看傅里叶变换的效果。首先，取出原油价格数据，画出原数据图，然后，执行下面的代码，就会得到图 3.18 所示的原始数据图。

```
%原油数据
data=[OIL_1{1:1000,2}]'
plot(data)
xlabel('观测值/个')
ylabel('原油价格')
```

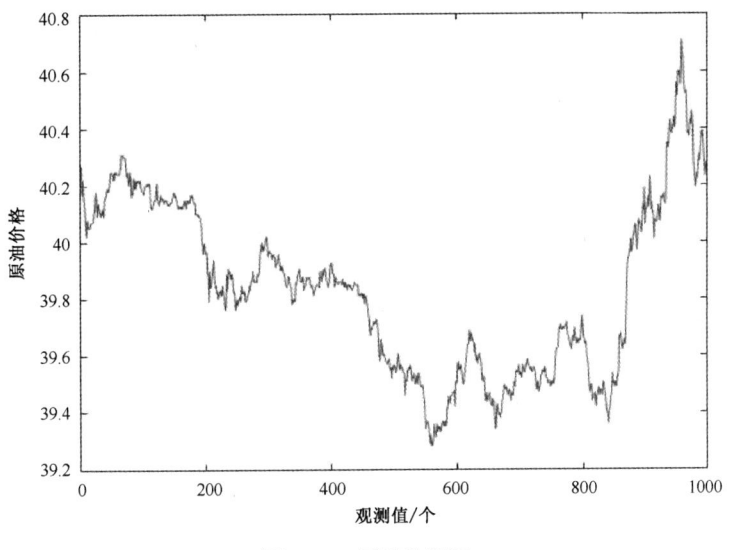

图 3.18 原始数据图

接下来我们绘制 50 阶去噪的效果图,运行下面代码后得到图 3.19。

```
%50阶去噪,不进行延拓
[ a0 an bn y1 dft_data exps_series exps_trans ] = dft( data,50,1,0);
plot(y1)
xlabel('观测值/个')
ylabel('原油价格')
```

对比图 3.18 和图 3.19 可以发现,去噪之后的曲线变得相对光滑。接下来看看对数据进行 50 阶去噪和 3 倍延拓,会有什么效果。运行下面代码之后,得到进行 3 倍延拓的 50 阶去噪效果图,如图 3.20 所示。

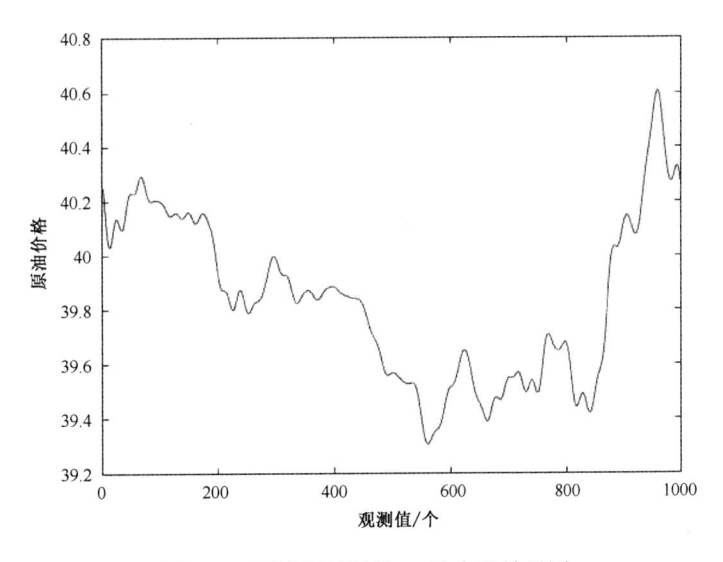

图 3.19 不进行延拓的 50 阶去噪效果图

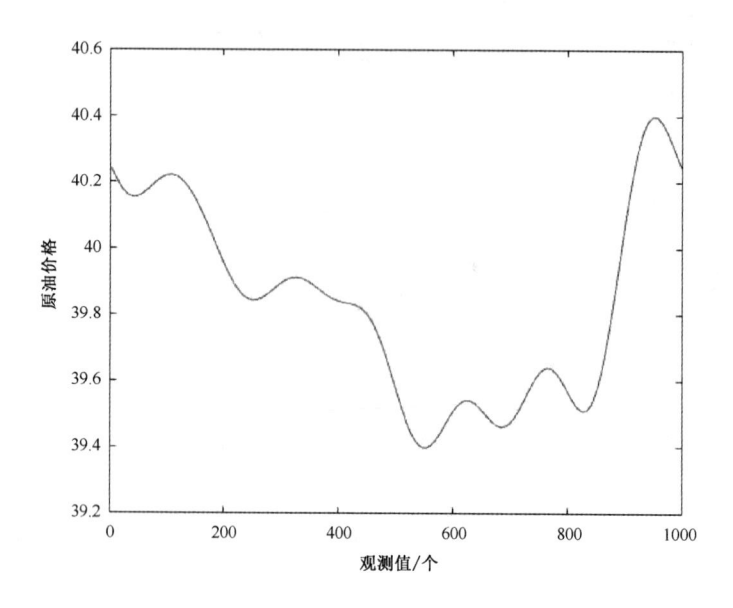

图 3.20　进行 3 倍延拓的 50 阶去噪效果图

```
%50阶去噪，进行3倍延拓
[ a0 an bn y2 dft_data exps_series exps_trans ] = dft( data,50,1,3);
plot(y2)
xlabel('观测值/个')
ylabel('原油价格 ')
```

对比图 3.19 和图 3.20 可以看出，经过延拓的数据对于主要趋势提取得更加精准，原因是对低频信号刻画得更加准确了。最后我们对比下将逼近级数提高到 150 的效果，运行下面代码可以得到图 3.21。

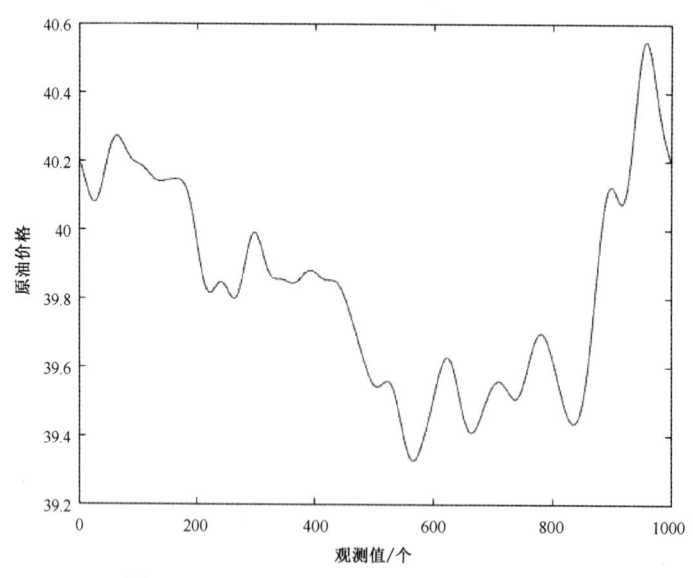

图 3.21　进行 3 倍延拓的 150 阶去噪效果图

```
%150阶去噪,进行3倍延拓
[ a0 an bn y3 dft_data exps_series exps_trans ] = dft( data,150,1,3);
plot(y3)
xlabel('观测值/个')
ylabel('原油价格')
```

对比图 3.20 和图 3.21 可以看出,提高级数以后,拟合序列体现了更多原序列的细节。对比图 3.21 和图 3.18,提高阶数并且进行了 3 倍延拓的数据,可以发现原序列的一些激变在延拓后被去除了。

3.2.3 利用快速傅里叶变换对原数据进行降噪

$f_T(t) \sim \dfrac{a_0}{2} + \sum\limits_{n=1}^{\infty}[a_n\cos(n\dfrac{2\pi}{T}t) + b_n\sin(n\dfrac{2\pi}{T}t)]$ 有限长序列可以通过离散傅里叶变换（DFT）将其频域也离散化成有限长序列,但 DFT 的计算量太大,因此引出了快速傅里叶变换（Fast Fourier Transform, FFT）。1965 年, J. W. Cooley 和 T. W. Tukey 提出了计算离散傅里叶变换（DFT）的快速算法 FFT,将 DFT 的运算量减少了几个数量级。

FFT 是根据 DFT 的奇、偶、虚、实等特性,对离散傅立叶变换的算法进行改进获得的,可以将一个信号从时域变换到频域。同时,与之对应的是 IFFT（Inverse Fast Fourier Transform）,即离散傅立叶逆变换的快速算法。由于 Matlab 中已经自带了快速傅里叶变换的函数,因此本节将直接用 Matlab 自带的函数进行去噪。FFT 算法在 Matlab 中实现的函数是 Y=fft(y,n),IFFT 算法在 Matlab 中实现的函数是 y = ifft(Y, N),其中 y 为离散的时域信号,N 为采样点数,Y 为离散的频域信号。执行下面的代码,可以得到经过快速傅里叶变换的原油价格数据图,如图 3.22 所示。Matlab 自带的快速傅里叶变换没有延拓函数,图中虚线显示的是原数据,实线显示的是经过去噪之后的曲线。

```
load('OilData.mat')
%取出原油价格数据
data=cell2mat(OIL_1(1:1000,2));
%进行快速傅里叶变换
complex=fft(data);
%计算幅值
A=abs(complex);
%将幅值小于10000的去掉
complex(A<10)=0;
%进行逆变换,得到去噪后的原油价格数据
data_denoise=ifft(complex);
```

```
plot(1:length(data),data,1:length(data),data_denoise)
xlabel('观测值')
ylabel('原油价格数据')
legend('原油价格数据','去噪后原油价格数据')
```

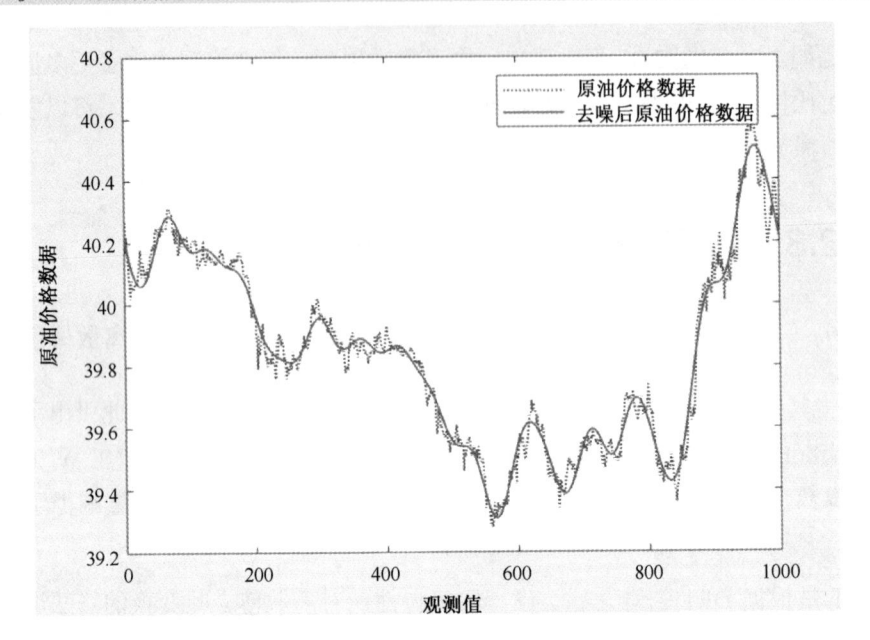

图 3.22　快速傅里叶变换去噪效果图

3.3　ReliefF 特征选择

ReliefF 算法是 Relief 算法的拓展，适用于处理特征选择问题。ReliefF 算法在有分类标签或回归标签的条件下，以分类时目标特征的样本的类内和类外距离作为衡量标准来计算样本集各维特征的重要性得分，得分越高代表越重要。本节先对 ReliefF 算法理论进行介绍，然后以鸢尾花数据作为分类问题案例解释 ReliefF 在分类算法中的各个步骤，以大中城市房价数据作为回归问题案例解释 ReliefF 在回归算法中的各个步骤，帮助读者对算法建立一个直观理解，最后给出以上两种问题的测试代码，以及如何将该算法运用到实际的金融问题中。

3.3.1　ReliefF 算法理论

ReliefF 算法可以处理多分类问题，也可以处理目标属性为连续值的回归问题。ReliefF 算法在处理多分类问题时，每次从训练样本集中随机取出一个样本 R，然后从和 R 同类的样本集中找出 R 的 k 个近邻样本（Near Hits），从每个 R 的不同类的样

本集中找出 k 个近邻样本（Near Misses），之后更新每个特征的权重。首先介绍分类问题中的 ReliefF 算法。

假设样本集 $X = \{x_1, x_2, \cdots, x_n\}$，任意一个样本由 q 维特征表示，即 $x_i = (d_1^{(i)}, d_2^{(i)}, \cdots, d_q^{(i)})$，样本所属的标签集 $L = (l_1, l_2, \cdots, l_r)$。

第一步，先对样本集的每一维进行标准化：$\dfrac{X - \bar{X}}{\max(X) - \min(X)}$，$\bar{X}$ 是样本均值。为方便起见，下文继续使用的符号 X 表示经过标准化之后的样本集。

第二步，将样本随机排序：根据标签将不同类的样本分到各类别下的样本集中。下文用 X_{l_i} 表示所有属于 l_i 类的样本组成的样本集，$i \in \{1, 2, \cdots, r\}$。

从样本集 X 中随机选择 m 个样本 $\{x_1', x_2', \cdots, x_m'\}$，用于特征选择（一般 $m=n$，即只是对全样本顺序进行打乱）。

第三步，计算距离：假设其中某个样本 $x_i' = (d_1^{(x_i')}, d_2^{(x_i')}, \cdots, d_q^{(x_i')})$，其标签为 $L_{x_i'}$。采用一种距离计算公式，如欧氏距离：

$$D_1(x_i', x_j') = \left[\sum_{t=1}^{q} (d_t^{(x_i')} - d_t^{(x_j')})^2 \right]^{\frac{1}{2}}$$

计算 x_i' 与 $\{x_1', x_2', \cdots, x_m'\}$ 中的同类样本的距离大小，并取出距离最小的前 k 个样本（不算自身），即取出的样本为：

$$\{x_s' \mid l_{x_s'} = l_{x_i'}, D_1(x_i', x_s') \leqslant T_k^{(x_s')}\}$$

其中，$T_k^{(x_s')}$ 表示 $\{x_1', x_2', \cdots, x_m'\}$ 中与 x_s' 有相同标签的样本里与 x_i' 的欧氏距离第 k 小的距离值。

同样，依次计算 x_i' 在 $\{x_1', x_2', \cdots, x_m'\}$ 中的某一非同类样本的距离大小，并分别取出该类中与 x_i' 距离最小的前 k 个样本，即在某一标签为 $l_{x_j'}$ 的非同类样本集中取出的样本为：

$$\{x_s' \mid l_{x_s'} = \{l_{x_j'} \mid l_{x_j'} \neq l_{x_i'}\}, D_1(x_i', x_s') \leqslant Q_{jk}^{(x_s')}\}$$

其中，$Q_{jk}^{(x_s')}$ 表示 $\{x_1', x_2', \cdots, x_m'\}$ 中标签为 $l_{x_j'}$，且与 $l_{x_j'}$ 不同的样本中与 x_i' 欧氏距离第 k 小的距离值，j 共有 $r-1$ 种取值，因为除 $l_{x_i'}$ 以外的标签有 $r-1$ 种。

先利用 $\{x_s' \mid l_{x_s'} = l_{x_i'}, D_1(x_i', x_s') \leqslant T_k^{(x_s')}\}$ 中的样本进行类内 k 近邻距离和计算。

对 $\{x_s' \mid l_{x_s'} = l_{x_i'}, D_1(x_i', x_s') \leqslant T_k^{(x_s')}\}$ 中的样本取其某一维的特征，即上述样本集中第 j 维特征为：

$$\{d_i^{(x_s')} \mid \{x_s' \mid l_{x_s'} = l_{x_i'}, D_1(x_i', x_s') \leqslant T_k^{(x_s')}\}\}, \ j \in \{1, 2, \cdots, q\}$$

使用 1-范数计算两个样本在第 j 维特征上的距离：

$$D_2(x_i', x_s', j) = \left\| d_j^{(x_i')} - d_j^{(x_s')} \right\|$$

用 $w_i = \dfrac{\mathrm{e}^{-(\frac{i}{\delta})^2}}{\sum\limits_{i=1}^{k} \mathrm{e}^{-(\frac{i}{\delta})^2}}$，($i = 1, 2, \cdots, k$) 给这 k 个样本赋权，通常参数 δ 默认值为 $+\infty$，即每个样本的权重均为 $\dfrac{1}{k}$，可以通过调节 δ 对权重分配进行调整。

计算 x_i' 的第 j 维特征在 $\{x_1', x_2', \cdots, x_m'\}$ 范围内的类内 k 近邻距离和为：

$$\sum_{s=1}^{k} w_s D_2(x_i', \{x_s' \mid l_{x_s'} = l_{x_i'}, D_1(x_i', x_s') \leqslant T_k^{(x_s')}\}), \ j \in \{1, 2, \cdots, q\}$$

再利用 $\{x_s' \mid l_{x_s'} = \{l_j \neq l_{x_i'}\}, D_1(x_i', x_s') \leqslant Q_{jk}^{(x_s')}\}$ 中的样本进行类外 k 近邻距离和计算。

用 $\{l_{x_i'}^{(1)}, l_{x_i'}^{(2)}, \cdots, l_{x_i'}^{(r-1)}\}$ 表示标签集 L 中与 $l_{x_i'}$ 不同的 $r-1$ 个其他标签。

用 $P(l_{x_i'}^{(1)})$ 表示标签为 $l_{x_i'}^{(1)}$ 的样本占 $\{x_1', x_2', \cdots, x_m'\}$ 的比例。

则 x_i' 的第 j 维特征在 $\{x_1', x_2', \cdots, x_m'\}$ 范围内的类外 k 近邻距离和为：

$$\frac{\sum\limits_{t=1}^{r-1} [P(l_{x_i'}^{(t)}) \sum\limits_{s=1}^{k} w_s D_2(x_i', \{x_s' \mid l_{x_s'} \neq l_{x_i'}^{(t)}, D_1(x_i', x_s') \leqslant Q_{jk}^{(x_s')}\}, j)]}{m \sum\limits_{t=1}^{r-1} P(l_{x_i'}^{(t)})} \quad (3.3.1)$$

式（3.3.1）表达的是 x_i' 的第 j 维特征在 $\{x_1', x_2', \cdots, x_m'\}$ 范围内与各种其他类别的 k 近邻样本在第 j 维特征上的距离加权和的类概率加权和的标准化结果。

第四步，计算每一维特征的重要性得分：x_i' 所提供的第 j 维特征的重要性得分 $\mathrm{score}_{(i,j)}$ 为其类外 k 近邻距离和与类内 k 近邻距离和之差。即

$$\mathrm{score}_{(i,j)} = \frac{\sum\limits_{t=1}^{r-1} [P(l_{x_i'}^{(t)}) \sum\limits_{s=1}^{k} w_s D_2(x_i', \{x_s' \mid l_{x_s'} \neq l_{x_i'}^{(t)}, D_1(x_i', x_s') \leqslant Q_{jk}^{(x_s')}\}, j)]}{m \sum\limits_{t=1}^{r-1} P(l_{x_i'}^{(t)})} - \frac{\sum\limits_{s=1}^{k} w_s D_2(x_i', \{x_s' \mid l_{x_s'} \neq l_{x_i'}, D_1(x_i', x_s') \leqslant T_k^{(x_s')}\}, j)}{m} \quad (3.3.2)$$

第五步，遍历每个样本，加总每一维特征的重要性得分，得到最终重要性得分。整个样本集 x 反映的第 j 维特征的重要性得分 score_j 为 $\{x_1', x_2', \cdots, x_m'\}$ 中所有样本的

第 j 维特征的重要性得分之和 $\text{score}_j = \sum_{i=1}^{m}\text{score}_{(i,j)}$，$j \in \{1,2,\cdots,q\}$，即

$$\text{score}_j = \sum_{i=1}^{m}\left[\frac{\sum_{t=1}^{r-1}[P(l_{x_i'}^{(t)})\sum_{s=1}^{k}w_s D_2(x_i',\{x_s' \mid l_{x_s'} \neq l_{x_i'}^{(t)}, D_1(x_i',x_s') \leqslant Q_{jk}^{(x_s')}\},j)]}{m\sum_{t=1}^{r-1}P(l_{x_i'}^{(t)})} - \frac{\sum_{s=1}^{k}w_s D_2(x_i',\{x_s' \mid l_{x_s'} \neq l_{x_i'}, D_1(x_i',x_s') \leqslant T_k^{(x_s')}\},j)}{m}\right], \quad j \in \{1,2,\cdots,q\} \quad (3.3.3)$$

通过比较各维特征的得分可以得出哪些特征对体现样本的类别有重要帮助的结论。从式（3.3.3）可知，每一维特征的得分评价标准是：每种非同类的 k 个最近邻样本在该维上的距离越大、同类的 k 个最近邻样本在该维上的距离越小，这样的特征越好。

3.3.2　ReliefF 算法实例分析

按照 3.3.1 节 ReliefF 算法理论，本节首先给出 ReliefF 的算法流程，并以上证 60 只股票 2014 年至 2017 年的数据为例，分别将 ReliefF 的分类问题及回归问题演算一遍。下面直接调用 Matlab 自带的 ReliefF 算法，然后根据算法过程，用两类案例对流程进行详细的解析。首先函数的表达式为 function [ranked,weight] = relieff(X,Y,K,varargin)，在函数的输入当中，如果 Y 是分类的，比如下面第一个案例中提到的好股票和坏股票（0,1）的情况，函数默认执行分类分析；如果 Y 是数值的，比如下面第二个案例中的收益率，则函数默认执行的是回归分析。下面是对函数的详细解释。

```
function [ranked,weight] = relieff(X,Y,K,varargin)
%该函数代码是Matlab自带开源代码
%函数功能：在有标签的条件下对样本的各维特征打分，分值越高表示该维特征在回归或分类问题中的重要性越高
```

```
%函数输入：
%X：样本集，一行为一个样本
%Y：样本对应标签，分类标签或回归标签
%K：每一个样本取其K个近邻样本进行计算
%updates（可选参数varargin）：从样本集中随机选择多少个样本作为真正用于特征重要性得分计算的集合，类似于抽样数
```

%sigma（可选参数 varargin）：关于每个样本的影响力权重的参数，值越大每个样本的影响力差异越小，值越小则与某一样本越邻近的样本影响力越大

%函数输出：
%ranked：按重要程度由高到低对特征序号进行排序的结果
%weight：所有特征的重要性得分，与样本中特征的排列顺序一一对应

1. 分类问题案例

下面以上证 60 只股票 2014 年 1 月 2 日到 2017 年 7 月 24 日的数据，将上述流程演算一遍。首先加载 60 只股票数据，并将资金数据和行情数据合成便于后续进行计算。

```
%加载数据
load('60只股票市场数据(date,open,high,low,close,volume,amt,dealnum)mat.mat')
load('60只股票的资金数(date,mfd_buyamt_d,mfd_sellamt_d,mfd_buyvol_d,mfd_sellvol_d,
2014-01-02).mat')
```

```
%%将资金数据和行情数据合并
num=length(recode);
for i=1:num
    [~,ia,ib]=intersect(recode{i}(:,1),md{i}(:,1));
    temp1=recode{i}(ia,:);
temp2=md{i}(ib,:);
complete_data.(stock_list{i})=array2table([temp2,temp1(:,2:end)],'Variable
Names',{'date','open','high','low','close','volume','amt','dealnum','mfd_buyamt
_d','mfd_sellamt_d','mfd_buyvol_d','mfd_sellvol_d'});
    end
```

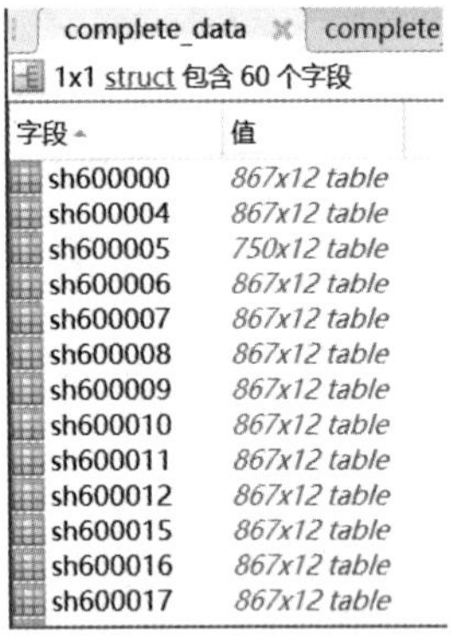

图 3.23 为上面代码所加载的 60 只股票数据的部分股票示意图，图 3.24 为股票市场行情数据与资金数据合并之后的前 10 行数据。

接下来需要构造标签数据，也就是构造 ReliefF 算法中的 Y。本案例将股票分为两类：好股票与坏股票。假设 3 年半的时间里股票总涨幅超过 80%的为好股票，标记为 1；否则为坏股票，标记为 0，执行下面代码之后，得到标签数据。标签 Y 的前 10 个如图 3.25（a）所示。

图 3.23 部分股票数据示意图

complete_data.sh600000

	1 date	2 open	3 high	4 low	5 close	6 volume	7 amt	8 dealnum	9 mfd_buyamt_d	10 mfd_sellamt_d	11 mfd_buyvol_d	12 mfd_sellvol_d
1	'2014-01-...	7.2959	7.3117	7.1387	7.1859	88351969	807094466	29466	118614243	211541230	12987456	23174935
2	'2014-01-...	7.3195	7.3431	7.1780	7.2252	117267700	1.0799e+...	32034	176254340	231015620	19120765	25098446
3	'2014-01-...	7.2094	7.2409	7.0837	7.1859	72150947	657895513	20557	123292326	139896407	13505951	15370565
4	'2014-01-...	7.1859	7.3274	7.1623	7.2330	78603481	724415950	21237	112582045	93574594	12213768	10165751
5	'2014-01-...	7.2330	7.4217	7.2016	7.3038	1.0998e+...	1.0258e+...	32006	249940014	169787330	26765101	18208314
6	'2014-01-...	7.2959	7.4296	7.2645	7.3981	93379978	875061947	27608	217563376	190303224	23201152	20311623
7	'2014-01-...	7.4217	7.4453	7.3352	7.3824	65935363	618500138	17570	106209851	172473831	11330612	18392980
8	'2014-01-...	7.3903	7.4139	7.2723	7.3903	79710266	744481149	16983	167979379	247280099	17982355	26504071
9	'2014-01-...	7.3824	7.3903	7.2016	7.2566	77606643	717370004	22311	169689353	253300107	18370871	27449358
10	'2014-01-...	7.2488	7.2802	7.2094	7.2173	67204743	618488788	19056	87942329	238575209	9554219	25931461

图 3.24 行情数据与资金数据合并后股票数据前 10 行

```
%构造预测标签，以收盘价进行计算，涨幅超过 80%的股票记为 1，否则记为 0
Y=[];
for i=1:num
    temp=complete_data.(stock_list{i});
    if temp{end,'close'}{:}>temp{1,'close'}{:}*1.8
        Y(i,1)=1;
    else
        Y(i,1)=0;
    end
end

%观察标签分布
tabulate(Y)
```

在构建了 Y 的分类标签之后，下面构造 X 特征矩阵。以 7 类资金数据的均值作为本案例中的样本特征，即用图 3.23 中第 7 列至第 12 列每只股票的均值来构造特征变量矩阵，如图 3.25（b）所示。

```
%构造特征变量矩阵
X=[];
for i=1:num
    temp=complete_data.(stock_list{i});
    X(i,:)=mean(cell2mat(table2array(temp(:,6:end))));
end
X(isnan(X))=0;
```

Y

60x1 double

	1
1	1
2	1
3	0
4	1
5	1
6	1
7	1
8	0
9	0
10	1

（a）

X

60x7 double

	1	2	3	4	5	6	7
1	1.2532e+08	1.7823e+09	3.9764e+04	4.7179e+08	4.7233e+08	3.6316e+07	3.6122e+07
2	1.0455e+07	1.3988e+08	6.2367e+03	1.1013e+07	1.1454e+07	8.3466e+05	8.7261e+05
3	1.0144e+08	4.6026e+08	2.9270e+04	7.3922e+07	7.9804e+07	1.7074e+07	1.8367e+07
4	3.5705e+07	2.9934e+08	1.9192e+04	3.8743e+07	4.1443e+07	4.4506e+06	4.6774e+06
5	4.3419e+06	6.9375e+07	3.1205e+03	5.6624e+06	5.5031e+06	3.4179e+05	3.3370e+05
6	5.7671e+07	5.0873e+08	2.6219e+04	4.6234e+07	5.0313e+07	4.1718e+06	4.5739e+06
7	1.1927e+07	2.9780e+08	1.0745e+04	3.6948e+07	3.8783e+07	1.4407e+06	1.5292e+06
8	2.1289e+08	9.7070e+08	4.6477e+04	1.7459e+08	1.9269e+08	3.8725e+07	4.2325e+07
9	3.6815e+07	3.3491e+08	1.5062e+04	4.9636e+07	5.1071e+07	5.1473e+06	5.2837e+06
10	9.6282e+06	1.1080e+08	6.3583e+03	1.0490e+07	1.0160e+07	8.5126e+05	7.9499e+05

（b）

图 3.25 分类标签 Y 和特征矩阵 X

最后将 X、Y 分别代入算法中进行计算，并绘制特征重要程度的排序图。执行下面代码，可以得到 7 类股票资金数据的重要程度权重品排序，如图 3.26 所示。

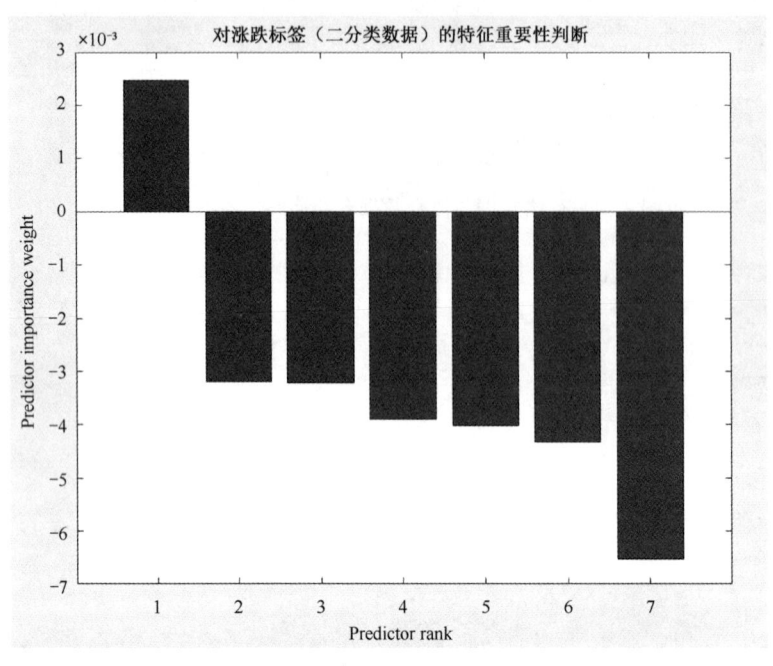

图 3.26　股票资金特征判断股票好坏的重要程度权重排序

```
%特征排名
[ranked,weights] =relieff(X,Y,10);
bar(weights(ranked));
xlabel('Predictor rank');
ylabel('Predictor importance weight');
title('对涨跌标签（二分类数据）的特征重要性判断')
```

以上过程是通过调用 Matlab 自带算法进行 ReliefF 特征选择的一个应用过程。可以看到在本案例中，成交量即 volume 特征在判断是否为牛股中起到了主要的作用。需要注意的是，虽然在本案例中成交量是判断股票好坏的一种权重较高的特征，但是并不意味着我们单纯用成交量来预测股票涨跌就一定有好的结果。

2. 回归问题案例

经过上文的介绍，相信读者对这一算法已经有了一定的理解，接下来用 60 只上证股票的数据来进行回归问题的实例讲解。前面我们已经学习了 ReliefF 的分类算法，回归算法的运用也类似，因此这里不再重复解释，我们直接给出案例代码。由于我们使用的数据与分类案例的数据是一样的，因此前两步的原始数据加载与合并过程的代码和前面相同，得到的数据同样如图 3.23 和图 3.24 所示。

```
%加载数据
load('60只股票市场数据(date,open,high,low,close,volume,amt,dealnum)mat.mat')
load('60只股票的资金数(date,mfd_buyamt_d,mfd_sellamt_d,mfd_buyvol_d,mfd_sellvol_d,
2014-01-02).mat')
%%将资金数据和行情数据合并
num=length(recode);
for i=1:num
    [~,ia,ib]=intersect(recode{i}(:,1),md{i}(:,1));
    temp1=recode{i}(ia,:);
    temp2=md{i}(ib,:);
    complete_data.(stock_list{i})=array2table([temp2,temp1(:,2:end)],
'VariableNames',{'date','open','high','low','close','volume','amt','dealnum',
'mfd_buyamt_d','mfd_sellamt_d','mfd_buyvol_d','mfd_sellvol_d'});
end
```

但是因为本案例是回归问题，所以构造的预测标签 Y 是与分类案例不同的。下面以每只股票在 2014 年 1 月 2 日至 2017 年 7 月 24 日期间的对数收益率来构建 Y，即 Y 是连续的数据，而不是分类案例中的 0、1 分类。执行下面代码，可以得到如图 3.27（a）所示 ReliefF 回归算法股票对数收益率，即构造的标签 Y。

```
%构造期间股票对数收益率作为回归标签
Y=[];
for i=1:num
    temp=complete_data.(stock_list{i});
    Y{i,1}=log(temp{end,'close'}{:}/temp{1,'close'}{:});
end
Y=cell2mat(Y);
%观察标签分布
tabulate(Y)
```

在构建了 Y 标签之后，下面构造特征矩阵 X。我们以 7 类资金数据的均值作为本案例中的样本特征，即用图 3.23 中第 7 列至第 12 列每只股票的均值来构造特征变量矩阵。执行下面代码，得到特征矩阵 X，如图 3.27（b）所示。

```
%构造特征变量矩阵
X=[];
for i=1:num
    temp=complete_data.(stock_list{i});
    X(i,:)=mean(cell2mat(table2array(temp(:,6:end))));
end
X(isnan(X))=0;
```

	Y
1	0.6431
2	0.8072
3	0.5719
4	0.7616
5	0.6822
6	0.6493
7	1.0162
8	-0.0408
9	0.5499
10	1.3019

(a)

	1	2	3	4	5	6	7
1	1.2532e+08	1.7823e+09	3.9764e+04	4.7179e+08	4.7233e+08	3.6316e+07	3.6122e+07
2	1.0455e+07	1.3988e+08	6.2367e+03	1.1013e+08	1.1454e+07	8.3466e+05	8.7261e+05
3	1.0144e+08	4.6026e+08	2.9270e+04	7.3922e+07	7.9804e+07	1.7074e+07	1.8367e+07
4	3.5705e+07	2.9934e+08	1.9192e+04	3.8743e+07	4.1443e+07	4.4506e+06	4.6774e+06
5	4.3419e+06	6.9375e+08	3.1205e+04	5.6624e+06	5.5031e+06	3.4179e+05	3.3370e+05
6	5.7671e+08	5.0873e+08	2.6219e+04	4.6234e+07	5.0313e+07	4.1718e+06	4.5739e+06
7	1.1927e+08	2.9780e+08	1.0745e+04	3.6948e+07	3.8783e+07	1.4407e+06	1.5292e+06
8	2.1289e+08	9.7070e+08	4.6477e+04	1.7459e+08	1.9269e+08	3.8725e+07	4.2325e+07
9	3.6815e+08	3.3491e+08	1.5062e+04	4.9636e+07	5.1071e+07	5.1473e+05	5.2837e+06
10	9.6282e+06	1.1080e+08	6.3583e+03	1.0490e+07	1.0160e+07	8.5126e+05	7.9499e+05

(b)

图 3.27 ReliefF 回归问题中的标签 Y 和特征矩阵 X

最后我们将 X、Y 分别代入算法中进行计算，并绘制特征重要程度的排序图。执行下面代码，可以得到 7 类股票资金数据对于股票对数收益率的重要程度权重排序，如图 3.28 所示。

```
%特征排名
[ranked,weights] =relieff(X,Y,10);
bar(weights(ranked));
xlabel('Predictor rank');
ylabel('Predictor importance weight');
title('对涨跌幅（连续数据）的特征重要性判断')
```

如图 3.28 所示，所有的资金特征权重都是负数，也就是说用单一的资金数据去判断股票的盈利很遗憾都不是那么重要。因此结合分类问题和回归问题的分析结果，可以认为尽管资金特征中的成交量在判断股票好坏上有较高权重，但是如果单纯根据成交量来交易，我们是没法保证盈利的。

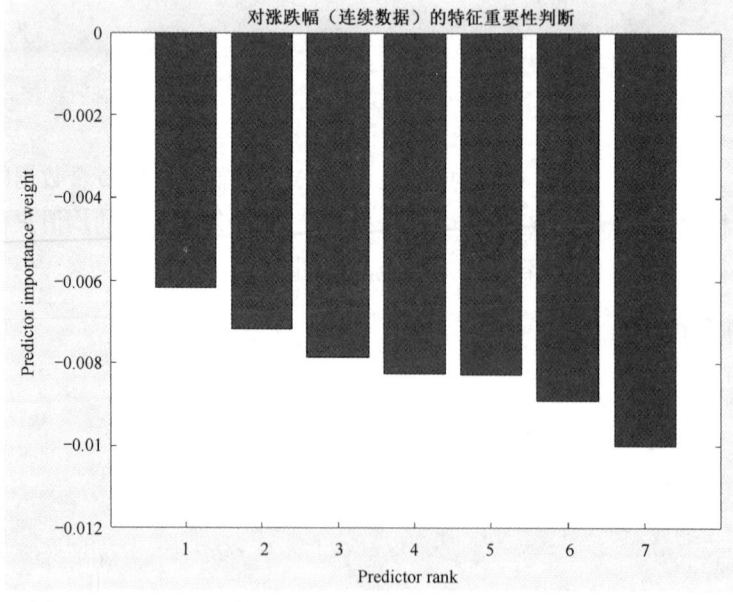

图 3.28 ReliefF 股票资金特征对股票对数收益率重要程度权重排序

3.4 高斯混合聚类模型（GMM）

高斯混合聚类模型（GMM）是一种基于概率论的聚类模型。它假设样本特征服从某种加权的多元正态分布，然后迭代修正分布的参数，最终使得正态分布拟合样本的特征分布，从而做出聚类。本节从数学理论到流程解释给出了 GMM 的完整说明。

3.4.1 GMM 算法理论

1. GMM 算法简介

正态分布（Normal Distribution）也称常态分布，又名高斯分布（Gaussian Distribution）。而高斯混合模型（Gaussian Mixture Model，GMM），顾名思义就是单一高斯概率密度函数的混合，其基本分布是高斯分布。GMM 能够平滑地近似任意形状的密度分布。在现实中，有大量的随机变量符合高斯分布，如男性与女性的身高分布，该两项变量分别服从不同参数的高斯分布（μ_k、δ_k，$k=1,2$），且两者相互独立。在这种情况下，可用 GMM 表示整个变量总体（两个变量的混合）的分布情况。

GMM 的生成原理在形式上可以通过图 3.29 进行展示，细实线显示了 3 个成分正态分布的概率密度函数，其叠加过后形成了一条粗线，形成 3 个正态分布叠加的分布概率密度。需要注意的是，GMM 的定义本质上是一个概率密度函数，概率密度函数在其作用域内的积分之和为 1。GMM 整体的概率密度函数是由若干高斯分量的概率密度函数线性叠加而成的，而每一个高斯分量的概率密度函数的积分必然也是 1，所以，要想 GMM 整体的概率密度积分为 1，就必须对每个高斯分量赋予一个其值不大于 1 的权重，并且权重之和为 1。下面式（3.4.1）是一维高斯概率密度函数，式（3.4.2）则显示了 GMM 概率密度函数，其中 Q_k 可以理解为每个高斯分量的权重，$\sum_{k=1}^{K} Q_k = 1$ 约束了权重之和为 1。

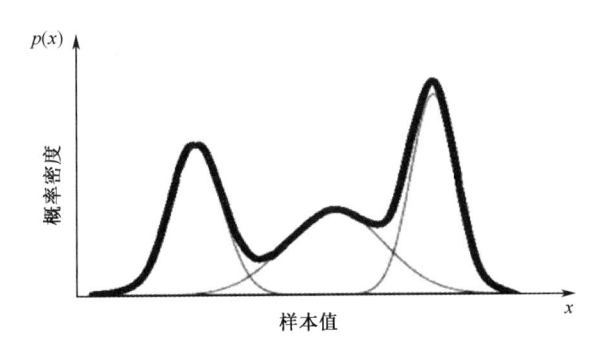

图 3.29 GMM 的概率密度函数混合示意图

一维高斯概率密度函数：

$$N(x_n, \mu_k, \delta_k) = \frac{1}{\sqrt{2\pi}\delta_k} e^{-\frac{(x_n-\mu_k)^2}{2\delta_k^2}} \quad (3.4.1)$$

GMM 概率密度函数：

$$p(x_n, Q_k, \mu_k, \delta_k) = \sum_{k=1}^{K} Q_k N(x_n, \mu_k, \delta_k) , \quad \sum_{k=1}^{K} Q_k = 1 \quad (3.4.2)$$

为了从混合样本中聚类出服从不同高斯分布的样本，可以利用 EM 算法对各个高斯概率密度函数的参数（Q_k、μ_k 与 δ_k）进行似然函数极大化迭代求解。通过限制迭代次数或设立参数变化率收敛条件得到参数结果，进而完成聚类。

2. GMM 算法流程

GMM 的算法流程框架如图 3.30 所示。流程的第一步是给定初始的参数，第二步是运用 EM（Expectation-Maximum）算法，求解更符合要求的新参数。EM 算法也称期望最大化算法，它是一个基础算法，是很多机器学习领域算法的基础，也是 GMM 算法的核心步骤，是一种从不完全数据或有数据丢失的数据集（存在隐含变量）中求解概率模型参数的最大似然估计方法。我们将在下面的案例中详细介绍 GMM 算法流程，并给出 EM 算法的关键步骤。关于 EM 算法的证明，由于本书篇幅限制暂不公布，有进一步研究意愿的读者，可联系伊园科技官方淘宝店购买。

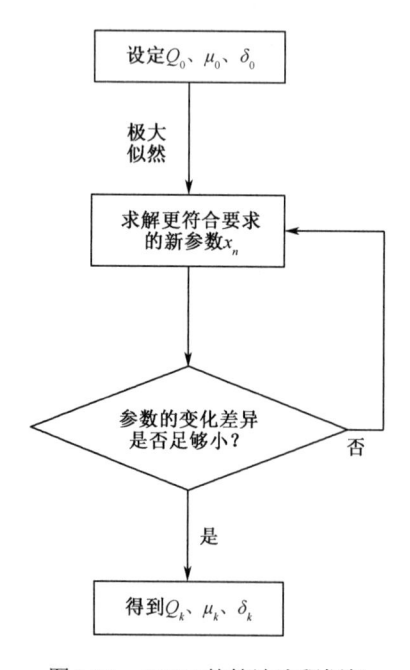

图 3.30 GMM 的算法流程框架

首先人为生成 5000 个由三个不同参数的正态分布组成的混合分布的数据用于测试，然后用 GMM 算法的核心步骤 EM 算法来迭代拟合生成的正态分布的参数，最后将迭代结果可视化。执行下面代码，将生成一组由三个正态分布组成的混合分布数据 x，图 3.31 展示了随机生成的前 10 行数据。

```
%生成测试样本x，样本由三个正态分布混合而成，三个样本的权重分别为0.3、0.3、0.4。
%设置三种类型的数据参数
phi1 = 0.2; mu1 = 5; sigma1 = 3;
phi2 = 0.4; mu2 = 20; sigma2 = 5;
phi3 = 0.4; mu3 = 50; sigma3 = 10;
```

```
%生成 5000 个点
N = 5000;
x = zeros(N,1);
class=zeros(N,1);
for i = 1 : N
   rate = rand;
   if rate <= phi1
      x(i) = normrnd(mu1,sigma1);
      class(i)=1;
   elseif rate <= phi1+phi2
      x(i) = normrnd(mu2,sigma2);
      class(i)=2;
   else
      x(i) = normrnd(mu3,sigma3);
      class(i)=3;
   end
end
```

	1
1	39.3901
2	12.2598
3	23.1945
4	1.0276
5	21.5939
6	13.1053
7	11.7438
8	22.5007
9	16.3407
10	6.7359

图 3.31　随机生成的三种正态分布混合分布的数据（前 10 行）

接下来通过画出数据的直方图和散点图，可以看出这一组数据的特征。执行画直方图和散点图的代码，可以分别得到图 3.32 和图 3.33。图 3.32 可以比较清楚地看出这组数据的分布状态，图 3.33 可以看出这些数据可以被分为三组。

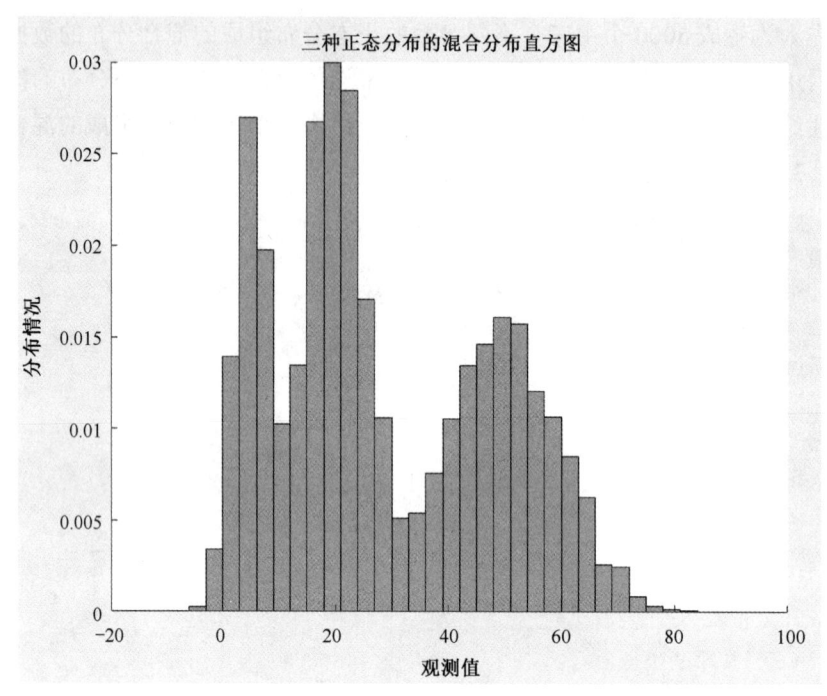

图 3.32 样本数据直方图

```
%画直方图
figure(1); histogram(x,'Normalization','pdf');
xlabel('观测值')
ylabel('分布情况')
title('三种正态分布的混合分布直方图')
hold off
%画散点图
hold on
x1=x;
x1(class~=1)=nan;
figure(2);scatter(1:length(x),x1)
hold on
x2=x;
x2(class~=2)=nan;
figure(2);scatter(1:length(x),x2)
hold on
x3=x;
x3(class~=3)=nan;
figure(2);scatter(1:length(x),x3)
xlabel('观测点序号')
ylabel('数据值')
title('三种一维正态分布模拟数据')
```

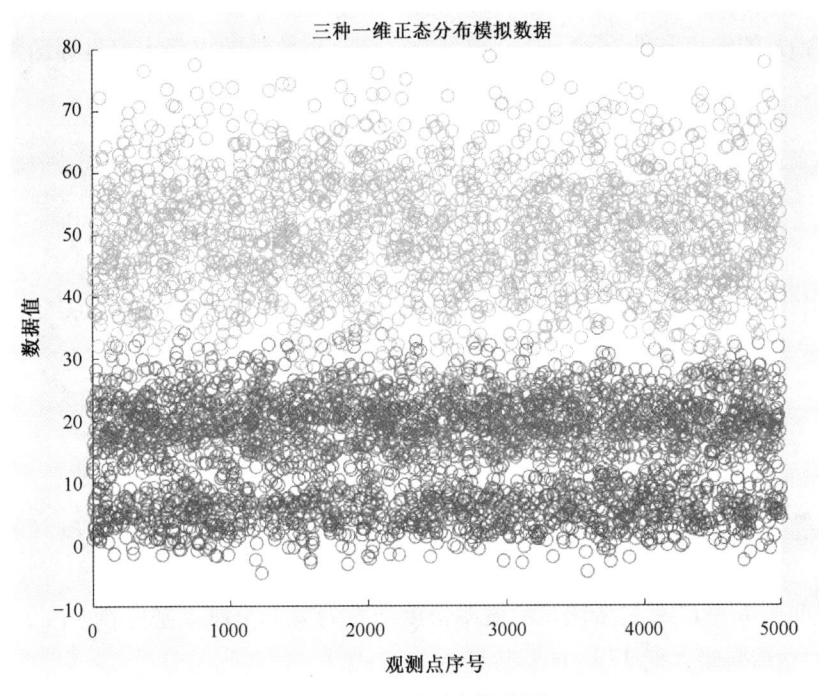

图 3.33 测试样本散点图

现在有了一组 5000 个点的数据，接下来用这组数据按图 3.30 所示的流程将算法过程执行一遍。假设并不知道这组数据的具体参数，因此在一开始的时候需要给定一个初始的参数，即流程中的第一步，设定 mu0、sigma0、phi0，以及三个权重。

```
%学习过程，参数初始化
mu = [0,5,10];
sigma = [5,5,5];
phi = [0.33,0.33,0.34];
w = zeros(N,3);
```

第二步是通过 EM 算法来不断迭代计算求解出更符合 xn 的参数。EM 算法的标准计算框架由 E 步（Expectation-step）和 M 步（Maximization-step）交替组成，算法的收敛性可以确保迭代至少逼近局部极大值。在本案例中，我们将迭代次数设置为 100。

E 步：E 步计算的是第 n 个样本 x_n 所服从的概率密度函数为第 k 个概率密度 $Q_k N(x_n, \mu_k, \delta_k)$ 的可能性，即 x_n 属于第 k 个聚类结果的概率。根据 GMM 概率密度 $p(x_n, Q_k, \mu_k, \delta_k) = \sum_{k=1}^{K} Q_k N(x_n, \mu_k, \delta_k)$，可以得到其对数似然函数：

$$\ln(\prod_{n=1}^{N}[\sum_{k=1}^{K} Q_k N(x_n, \mu_k, \delta_k)]) \tag{3.4.3}$$

结合 Q_k 的约束条件 $\sum_{k=1}^{K} Q_k = 1$，得到拉格朗日乘数法的求极大值目标函数：

$$\ln(\prod_{n=1}^{N}[\sum_{k=1}^{K} Q_k N(x_n, \mu_k, \delta_k)]) + \lambda(\sum_{k=1}^{K} Q_k - 1)$$

$$= \sum_{n=1}^{N}[\ln(\sum_{k=1}^{K} Q_k N(x_n, \mu_k, \delta_k))] + \lambda(\sum_{k=1}^{K} Q_k - 1) \quad (3.4.4)$$

利用拉格朗日乘数法求解条件极值，式（3.4.4）对 μ_k 求导，可以得到：

$$\sum_{n=1}^{N}[\frac{Q_k N(x_n, \mu_k, \delta_k)(x_n - \mu_k)}{\sum_{k=1}^{K} Q_k N(x_n, \mu_k, \delta_k)}] = 0 \quad (3.4.5)$$

令 $\gamma_{nk} = \dfrac{Q_k N(x_n, \mu_k, \delta_k)}{\sum_{k=1}^{K} Q_k N(x_n, \mu_k, \delta_k)}$。

γ_{nk} 即为 n 个样本 x_n 所服从的概率密度函数为第 k 个概率密度 $Q_k N(x_n, \mu_k, \delta_k)$ 的可能性，也就是说，对于 γ_{nk} 的计算即为 E 步。

M 步：分别对 δ_k、Q_k 求导，并将 γ_{nk} 代入。可以得到：

$$\mu_k = \frac{\sum_{n=1}^{N} \gamma_{nk} x_n}{\sum_{n=1}^{N} \gamma_{nk}}, \quad \delta_k^2 = \frac{\sum_{n=1}^{N} \gamma_{nk}(x_n - \mu_k)^2}{\sum_{n=1}^{N} \gamma_{nk}}, \quad Q_k = \frac{\sum_{n=1}^{N} \gamma_{nk}}{N}$$ 是符合约束条件的，在似然函数达到极大时估计得到的参数值，一般把极大似然参数估计称作 M 步。每一次迭代求得的 μ_k、δ_k 与 Q_k 都是这一次（$t+1$ 时刻）在上一次（t 时刻）的基础上对该三项参数的更新，严格地写即：

$$\mu_k^{(t+1)} = \frac{\sum_{n=1}^{N} \gamma_{nk}^{(t)} x_n}{\sum_{n=1}^{N} \gamma_{nk}^{(t)}}, \quad (\delta_k^2)^{(t+1)} = \frac{\sum_{n=1}^{N} \gamma_{nk}^{(t)}(x_n - \mu_k)^2}{\sum_{n=1}^{N} \gamma_{nk}^{(t)}},$$

$$Q_k^{(t+1)} = \frac{\sum_{n=1}^{N} \gamma_{nk}^{(t)}}{N} \quad \gamma_{nk}^{(t)} = \frac{Q_k^{(t)} N(x_n, \mu_k^{(t)}, \delta_k^{(t)})}{\sum_{k=1}^{K} Q_k^{(t)} N(x_n, \mu_k^{(t)}, \delta_k^{(t)})}$$

当某次迭代后参数的变化量小于一定程度时认为当前参数为 GMM 参数的极大似然估计结果，也可以预先设定迭代次数（本案例中预先给定了迭代次数为 100），迭代完毕后的参数即估计结果。最后，根据 γ_{nk} 得到每个样本点的聚类结果。下面给出的是 E 步和 M 步的代码。

```
T = 100;  %限制迭代次数
mu_ = zeros(T+1,3);
sigma_ = zeros(T+1,3);
phi_ = zeros(T+1,3);
mu_(1,:) = mu;
sigma_(1,:) = sigma;
phi_(1,:) = phi;

for t = 1 : T
    % E 步
    for k = 1 : 3
        w(:,k) = phi(k)*normpdf(x,mu(k),sigma(k));
    end
    w = w./repmat(sum(w,2),[1 3]);          %本书中的 yita(nk)

    % M 步
    for k = 1 : 3
        mu(k) = w(:,k)'*x / sum(w(:,k));
        sigma(k) = sqrt(w(:,k)'*((x-mu(k)).*(x-mu(k))) / sum(w(:,k)));
        phi(k) = sum(w(:,k)) / N;
end

    mu_(t+1,:) = mu;       %记录三项参数的迭代过程
    sigma_(t+1,:) = sigma;
    phi_(t+1,:) = phi;
end
```

通过 EM 算法迭代之后，γ_{nk} 的最终结果（部分）如图 3.34 所示。每个样本的类别归属概率相差较大，三类概率中总有某一类概率接近 1，这意味着类别划分明确。

变量 - w

w

5000x3 double

	1	2	3	4
1	1.6614e-13	9.4899e-25	1.0000	
2	1.3496e-32	1.8543e-73	1	
3	5.1822e-08	3.3589e-12	1.0000	
4	4.7251e-43	1.2658e-1...	1	
5	4.5354e-07	3.3591e-10	1.0000	
6	1.1125e-16	1.9065e-32	1.0000	
7	0.2769	0.4877	0.2355	
8	5.6584e-12	3.9336e-21	1.0000	
9	1.3797e-25	4.9858e-55	1	
10	8.0058e-21	8.3782e-43	1	
11	3.9365e-11	3.5512e-19	1.0000	
12	0.7836	0.0365	0.1799	
13	8.6879e-49	2.5245e-1...	1	
14	1.0923e-12	8.2672e-23	1.0000	
15	4.6153e-09	1.7032e-14	1.0000	
16	5.0261e-07	4.1627e-10	1.0000	

图 3.34　GMM 聚类结果（部分）

最后我们绘制一下参数的迭代过程图及聚类的结果图，样本聚类结果如图 3.35 所示，样本被较好地聚类为三类。对比图 3.33 的结果可以发现，聚类结果和初始生

成的结果十分接近。从图 3.35（a）、（b）、（c）中可以看出，在一定次数的迭代之后，参数 μ_k、δ_k、Q_k 最终基本上与我们最初的设定相近，并且从图 3.35（d）中也可以看出，数据最终被比较好地聚为三类，与图 3.33 非常接近。

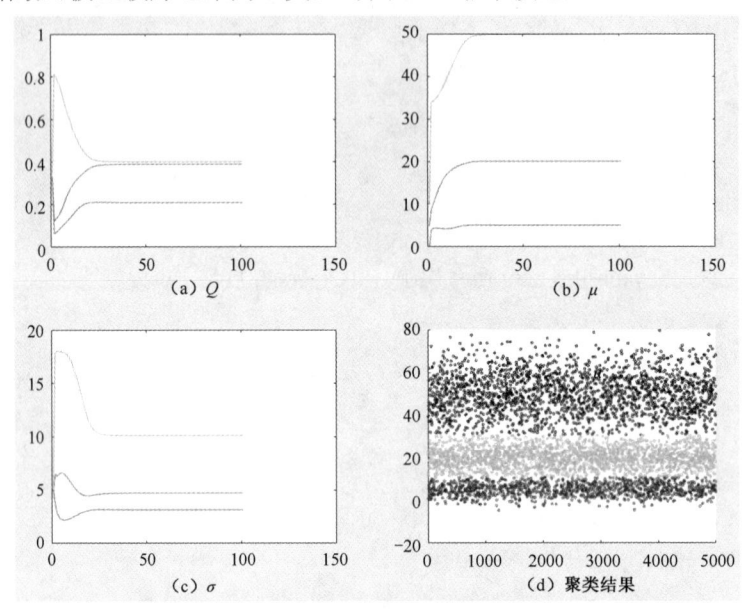

图 3.35 GMM 的参数的迭代过程及聚类结果

```
%绘制参数迭代过程图及聚类结果图
figure(1); subplot(2,2,1); plot(phi_);xlabel('(a)\phi')
figure(1); subplot(2,2,2); plot(mu_);xlabel('(b)\mu')
figure(1); subplot(2,2,3); plot(sigma_);xlabel('(c)\sigma')
figure(1); subplot(2,2,4);scatter(1:N,x,2,round(w));;xlabel('(d)聚类结果')
```

3. GMM 聚类与 K-Means 聚类的对比

在算法思想上，GMM 与 K-Means 具有较高的相似性，我们通过表 3.1 进行对比。

表 3.1 EM 算法和 K-Means 算法的对比

EM 算法	K-Means 算法
（1）给定初始概率密度函数参数 （2）计算各样本点服从某预设概率密度函数的概率，即被分为某类的概率（EM 算法认为样本点被分到哪个类别都是可能的，只是概率不同。因此在迭代结束之前每一次迭代的分类结果可由一个概率矩阵表示，而不会将每个样本点实际地分为某类） （3）利用各样本点的分类概率与极大似然估计法重新计算概率密度函数参数 （4）返回步骤（2），并迭代	（1）设定初始类中心位置 （2）计算各样本点与类中心的距离 （3）将各样本点划分到与其距离最近的类中心的类里 （4）根据聚类结果重新计算类中心位置 （5）返回步骤（2），并迭代

另外，传统的 K-Means 算法将样本点与类中心点的欧氏距离作为样本点聚类的评判标准。这必然使得聚类结果中每个类的范围呈圆形（三维是球状），这样的设定不一定是合理的。

如图 3.36 所示，点 2 和点 3 近似表示 K-Means 的聚类最终类中心，对于图中点 1 标出的样本点来看，它与左下的类中心在距离上更接近，按理应该被分为左下类，但这明显不符合样本总体的视觉感受。如果知道这些样本所服从的概率密度函数形式，则可以利用 GMM 算法进行更合理的聚类。

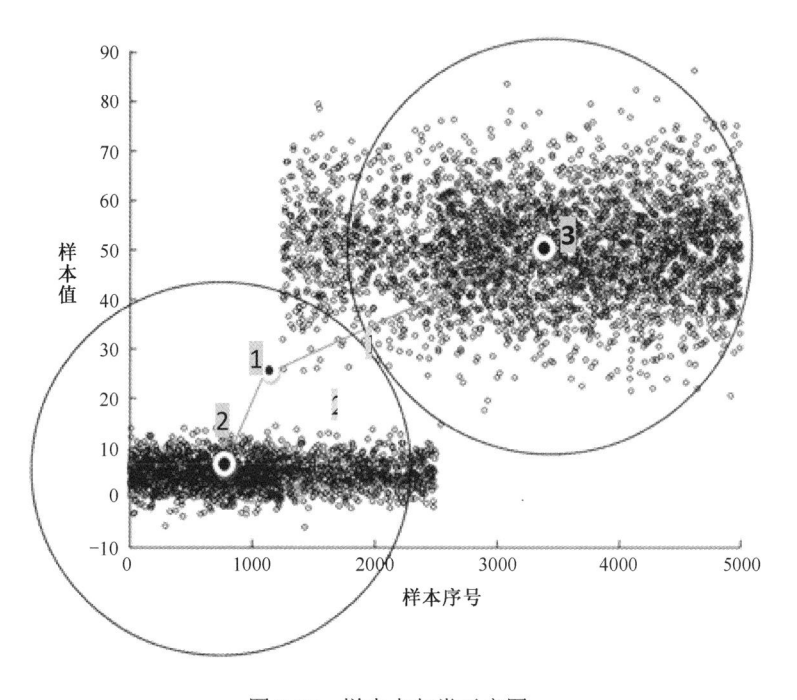

图 3.36　样本点归类示意图

3.4.2　算法代码及实例

前面我们用 EM 算法对示例数据做了简要迭代拟合。EM 算法是 GMM 的核心算法，但是完整的 GMM 算法不止如此，下面我们给出完整的 GMM 算法的 Matlab 实现，最后将算法运用到金融的实例当中。

这里列出 gmm 程序的入口语句：

```
function varargout = gmm(X, K_or_centroids,converge,n_nonsingular,disp)
%高斯混合模型的期望最大化迭代实现（用于聚类）

%函数输入：
%X：N 行 D 列样本，其中 N 为样本点个数，D 为每一个样本点的维数
```

```
%K_or_centroids：聚类个数或者预设的类中心（K 行 D 列，K 为类中心个数，即聚类个数）
%converge：EM 迭代收敛条件。若属于（0,1），则认为当参数 mu 与 pi 的最大变化量小于 converge
时停止迭代；若是大于或等于 1 的整数，则认为进行 converge 次迭代后停止
%n_nonsingular：聚类结果成功收敛的要求次数（聚类迭代过程中不出现奇异矩阵求逆情况的成功次
数）。之后要在这 n_nonsingular 个成功聚类的结果中选一个最优结果
%disp：是否显示 mu、sigma 和 pi 的迭代变化过程，1 为显示，0 为不显示。mu 的迭代过程为 D×K 条
线；sigma 的迭代过程为 D×D×K 条线；pi 的迭代过程为 K 条线

%函数输出：
%输出参数个数为 1 时，输出聚类结果（N 行 1 列）
%输出参数个数为 2 时，输出聚类结果及模型，模型包括参数 mu、sigma 和 pi 的迭代过程，以及所有
样本点的聚类概率
```

整个 GMM 算法包括输入的处理和参数初始化、参数的迭代过程（E 步和 M 步及 EM 的迭代）、输出结果的整理、结果的可视化 4 个部分。下面一段代码中的 success 用于记录成功收敛的次数，better_one 用于记录每次成功聚类更好的聚类结果评价，这两个参数在算法运行过程中会不断得到迭代。

```
[N, D] = size(X);
success=0;
better_one=0;
```

接下来是 EM 算法迭代参数的过程，这一过程首先需要对输入的数据进行处理，然后对参数进行初始化。具体包括：①对于聚类中心的选择，可以输入中心点或是随机寻找几个样本作为中心；②参数初始化，计算初始的 mu、sigma、pi 值。接下来便是通过 EM 算法的 E 步和 M 步相互迭代计算求局部最优参数的过程。

首先设定一个死循环，保持算法的迭代，直到迭代收敛后，在循环内部设置跳出循环。

```
while true
```

关于聚类中心的选择，这里设定了两种选择方式：第一，随机选择 K 个样本点作为聚类的初始中心；第二，一开始人为输入 K 个点作为初始聚类中心。后者是在有先验知识的情况下，可以缩短迭代时间的一种方式。

```
if isscalar(K_or_centroids)
    K = K_or_centroids;
    %随机挑选初始化参数时使用的类中心
    rndp = randperm(N);
    centroids = X(rndp(1:K), :);
else
    K = size(K_or_centroids, 1);
    centroids = K_or_centroids;
end
```

这里进行参数的初始化，并进行一些数据结构的调整，这是为了提高迭代的效率。我们尽可能把计算过程改写成矩阵运算而减少 for 循环的数量。

```
%初始化参数miu、pi、sigma
    [pMiu pPi pSigma pSigma2d] = init_params(X,K,D);
    count=0;
    mu_(1,:,:)=pMiu';
    pi_(1,:)=pPi;
    sigma_(1,:,:,:)=pSigma;
    Px_=zeros(N,K);
```

下面程序中的 while 循环开始 EM 算法。calc_prob 函数计算每个样本点在每一种多维正态分布下的概率密度。if ~isreal(Px)这个判断是因为当计算的概率密度矩阵中出现复数，即在计算概率密度矩阵过程中出现奇异矩阵求逆的情况时认为初始点选择不合适，需要重新选择。

```
while true
    Px = calc_prob(X,K,N,pSigma2d,D);
    if ~isreal(Px)
        break;
    end
```

E 步，计算每个样本点被分为某类的概率 pGamma。estep 求样本被分为每一类的概率，公式为 pGamma(nk)=pi(k)*N(x(n),mu(k),sigma(k))/pi(k)*N(x(n),mu(k),sigma(k))。

```
    pGamma = Px .* repmat(pPi, N, 1);
    pGamma = pGamma ./ repmat(sum(pGamma, 2), 1, K);
```

M 步，计算 K 个多维正态分布的参数 pi、miu、sigma。之所以有以下复杂的代码是因为我们尽可能把循环改成了矩阵运算，这样参数迭代的过程会更快。

```
    Nk = sum(pGamma, 1);
    pMiu = diag(1./Nk) * pGamma' * X;
    pPi = Nk/N;

    Xshift=repmat(X,[K,1])-kron(pMiu,ones(N,1));    %为了计算Xshift = X-repmat(pMiu(kk, :), N, 1);,得到x-miu按列方向上对于K的平铺,将X复制成K份,放为一列,但每个样本点还是D维;将pMiu每一行膨胀成N份,放为一列,但每个miu还是一个D维的行向量
    diag_=repmat(pGamma(:),[1 D]).*Xshift;    %为了计算diag(pGamma(:, kk)) * Xshift,为了基于Xshift计算pGamma*(x-miu),做矩阵维数变化
    temp=cell2mat((mat2cell(Xshift',D,N*ones(1,K)))')*cell2mat((mat2cell(diag_,N*ones(1,K),D))');    %为了计算Xshift' *(diag(pGamma(:, kk)) * Xshift)。因为之前的Xshift与diag_都是经过复制的或由经过复制的矩阵求得的,所以此处对Xshift'取D行N列、对diag_取N行D列构造cell,并通过对构造成cell的矩阵进行转置达到两矩阵对应位置相乘的目的,然后对作为结果的cell进行转置,再转回mat得到最终结果
    temp1=mat2cell(temp,D*ones(1,K),D*ones(1,K));    %因为temp是利用经过复制
```

的矩阵计算得到的，所以以 D 行 D 列为单位构造 cell，这个小 cell 包含 Xshift' *(diag(pGamma(:, kk)) * Xshift)，也就是乘以 pGamma 的方差协方差矩阵，然后以这个小 cell 构成大 cell，这样的大 cell 包含 K×K 个小 cell

```
        temp1=cell2mat(temp1(1:K+1:K^2));           %只有对角线 cell 元素是对
```
应 K 类的参数，对应以上计算的 Xshift' *(diag(pGamma(:, kk)) * Xshift)，将其取出

```
        pSigma2d=temp1./kron(Nk,ones(D,D));         %计算pSigma(:, :, kk)=
(Xshift' *(diag(pGamma(:, kk)) * Xshift)) / Nk(kk)；但该矩阵是(D,D×K)维的
        pSigma=reshape(pSigma2d,D,D,K);             %转为(D,D,K)维
```

完成了一次 EM 迭代，记录迭代次数和各个参数的迭代轨迹。

```
%记录参数迭代过程
        count=count+1;
        Px_=pGamma;
        %各个参数的迭代轨迹
        mu_(count+1,:,:)=pMiu';
        pi_(count+1,:)=pPi;
        sigma_(count+1,:,:,:)=pSigma;
```

设置跳出迭代循环的条件。这里设置了两种跳出循环的条件，一种是参数的变化率小于设定值，另一种是迭代次数大于指定值。

```
        %判断是否已收敛
        if converge>0&&converge<1
            if max(max(abs(mu_(end,:,:)-mu_(end-1,:,:))))<=converge&&max(max(abs(pi_(end,:,:)-pi_(end-1,:,:))))<=converge
                %记录成功收敛的次数
                success=success+1;
                break;
            end
        else
            if count>converge-1
                %记录成功收敛的次数
                success=success+1;
                break;
            end
        end
    end
```

评价迭代的效果。如果迭代的效果比上一次好，则记录下这次的迭代结果和参数。如果聚类成功的参数达到指定值，也结束迭代循环。

```
    if isreal(Px)
        [~,clus_result]=max(pGamma,[],2);
        clus_perf=sum(abs(max(pGamma,[],2)-1/K*ones(N,1)));    %评价每次成功聚类
```
的聚类结果好坏（clus_perf 越大越好）

```
        %记录下结果更好的某次的各参数迭代过程与聚类结果
    if clus_perf>better_one
            better_one=clus_perf;
            fina_mu=mu_;
            fina_sigma=sigma_;
            fina_pi=pi_;
            fina_px=Px_;
            fina_clus_result=clus_result;
        end
    %当成功聚类的次数达到输入参数要求时跳出循环,不再进行聚类迭代
        if success>n_nonsingular
            break;
        end
    end
end
```

整理算法的输出,如果只输出一项,则直接返回聚类结果;如果输出两项,则把 GMM 的各项迭代参数结果也一并输出。

```
if nargout == 1
    varargout = {fina_clus_result};
else
    model = [];
    model.Miu = fina_mu;
    model.Sigma = fina_sigma;
    model.Pi = fina_pi;
    model.Px=fina_px;
    varargout = {fina_clus_result, model};
end
```

最后,本算法代码有画图功能,如果 disp 设置为 1,则开始画图,图像输出内容是把参数迭代的轨迹可视化,用以观察迭代的收敛过程。

```
if disp==1
     figure(1); subplot(2,2,1); plot(fina_pi); title('pi 随迭代过程的变化');
     for i=1:size(mu_,3)
         figure(1); subplot(2,2,2); plot(sum(abs(diff(fina_mu(:,:,i))),2),
'Color',[rand,rand,rand]); title('\mu 向量的元素变化量总和随迭代过程的变化');
        hold on
    end
    for k=1:size(sigma_,4)
        figure(1); subplot(2,2,3);
        plot(sum(sum(abs(diff(fina_sigma(:,:,:,k))),2),3),'Color',[rand,rand,
rand]);
        title('\sigma 矩阵的元素变化量总和随迭代过程的变化');    %k 个协方差矩阵每个元素的
```

迭代过程（每个矩阵(D×D)）
```
        hold on
    end
end
```

init_params 子函数的功能是初始化各个参数，在本算法代码的开头被调用。

```
function [pMiu pPi pSigma pSigma2d] = init_params(X,K,D)
    pMiu = centroids;
%每一点与centroids中每一点的欧氏距离平方
    distmat = repmat(sum(X.*X, 2), 1, K) + ...
        repmat(sum(pMiu.*pMiu, 2)', N, 1) - ...
        2*X*pMiu';
    %按行选择距离最小的，记录下索引，即将该样本分入对应类
    [~, labels] = min(distmat, [], 2);
    ta=tabulate(labels);              %labels 的数值统计结果
%统计分类结果中分别被分入 1～K 类的样本个数
    count_=ta(:,2);
    use0=repmat(1:K,N,1);             %N 行，每行的值为 1～K
    use1=repmat(labels,1,K);          %labels 复制成 K 份，按行排
%将 1～K 的 N 行矩阵变为 N 行的 0、1 的逻辑数组，1 代表真，0 代表假，这是为了后续矩阵变换的中间计算
    use3=(use0==use1);
    use3=use3(:);                     %转换为一列
%将 X 复制成 K 份，放为一列（每个样本点 D 维），为了下一步的筛选
    use2=repmat(X,K,1);
    use2=use2(use3,:);                %从上到下从样本总体 X 中选择
被分为 1～K 类的样本。各类中的样本个数符合 count_，此时 use2 中 1～K 类的各类样本顺序重新排列，各
类样本分别集成。举个例子，一个 7 个样本的数据集中，形似于[第一类；第一类；第一类；第二类；第二类；
第三类；第三类；]，这样就将各类分别聚集了
    use4=use2;
    pPi=(count_/N)';                  %计算 pPi(kkk) = size(Xk, 1)/N;
    use6=mat2cell(use4,count_,D);     %按 count_ 中的个数将各类中的样本分配到相应
的 cell 里，每个 cell 是一个类
    use6=cellfun(@cov,use6,'UniformOutput',0);  %对每类求协方差矩阵
    pSigma=reshape(cell2mat(use6'),D,D,K);  %将 K 个协方差矩阵的二维形式转化为三维
    pSigma2d=reshape(pSigma,D,D*K);   %将 K 个协方差矩阵横向排列到一个矩阵中
end
```

calc_prob 子函数是迭代过程中用以判断样本点类别归属的函数。最终获得的是每一个样本点在当下迭代参数结果条件下归属于每个正态分布的概率密度。

```
function Px = calc_prob(X,K,N,pSigma2d,D)  %计算每个样本点在每一种多维正态分布下的
概率密度
    Xshift=repmat(X,[K,1])-kron(pMiu,ones(N,1));  %为了计算 Xshift = X-
repmat(pMiu(kk, :), N, 1);。得到 x-miu 按列方向上对于 K 的平铺。将 X 复制成 K 份，放为一列，
```

但每个样本点还是 D 维；将 pMiu 每一行膨胀成 N 份，放为一列，但每个 miu 还是一个 D 维的行向量(KN,D)

```
            fun0=@(x) inv(x.data);
            inv_pSigma2d=blockproc(pSigma2d,[D D],fun0);    %根据之前得到的(D,D×K)维
pSigma2d,分块求对应协方差矩阵^-1
            temp=mat2cell(Xshift*inv_pSigma2d,N*ones(1,K),D*ones(1,K));    %计算
(Xshift/pSigma(:, :, k0)), 因为 Xshift 与 inv_pSigma2d 都是经过复制的矩阵，因此将
Xshift*inv_pSigma2d 的结果按 N 行 D 列分为多个 cell
            temp=temp(1:K+1:K^2);    %因为只有对角 cell 元素是要求的 Xshift 与对应的
inv_pSigma2d 数值相乘的结果，所以提取该部分，其他的元素 Xshift 和 inv_pSigma 并不为同一个类的
相应参数
            tmp=sum(cell2mat(temp').*Xshift,2);    %求 sum((Xshift/pSigma(:,:,k0)).*
Xshift, 2);。tmp 为(N×K,1)维
            det_=repmat(eye(D),[K,1])*inv_pSigma2d;    %将协方差矩阵的逆的二维组合为行形
式(D,D×K), 复制 K 行，转化为二维(D×K,D×K)形式
            fun=@(x) det(x.data);
            det_=blockproc(det_(1:D,1:K*D),[D D],fun);    %取上一步得到的第一个(D,D×K)
分块，按(D,D)分块后求该协方差矩阵的行列式
            coef=(2*pi)^(-D/2)*sqrt(det_);    % 计算 coef = (2*pi)^(-D/2)*
sqrt(det(eye(D)/pSigma(:, :, k0)));
            Px2d=kron(coef',ones(N,1)).*exp(-0.5*tmp);    %计算 Px(:, k0) = coef*
exp (-0.5*tmp), 只不过是(N×K,1)维的
            Px=reshape(Px2d,N,K);
        end
    end
```

3.5 Chi-Merge 算法

3.5.1 Chi-Merge 算法简介

Chi-Merge 算法是一种数据离散化的算法。对于数据的特征 X，如果是连续型的可以使用此算法把连续型数据转化为离散型的数据。虽然离散化数据会失去原始数据的一些信息，但是离散化以后的数据除适用于某些只能输入离散型变量的算法外，还有其他诸多好处，例如：

● 离散化可以有效地克服数据中隐藏的缺陷，使模型结果更加稳定。比如，数据中的极端值是影响模型效果的一个重要因素，极端值可导致模型参数过高或过低，或导致模型被虚假现象"迷惑"，把原来不存在的关系作为重要模式来学习，而离散化可以有效地减弱极端值和异常值的影响。

● 有利于对非线性关系进行诊断和描述。对连续型数据进行离散处理后，自变

量和目标变量之间的关系变得清晰化。如果两者之间是非线性关系,可以重新定义离散后变量每段的取值,如采取 0、1 的形式,由一个变量派生为多个哑变量,分别确定每段和目标变量间的联系。这样做虽然减小了模型的自由度,但可以大大提高模型的灵活度。

3.5.2 Chi-Merge 原理介绍

Chi-Merge 是监督的、自底向上的(即基于合并的)数据离散化方法。它依赖于卡方检验:具有最小卡方值的相邻区间合并在一起,直到满足确定的停止准则。

其基本思想可以简单概括为,对于数据的离散化,相对类频率在一个区间内应当完全一致。如果两个相邻的区间具有非常类似的类分布,则这两个区间可以合并;否则,它们应当保持分开。而低卡方值表明它们具有相似的类分布。

所以我们在把数据离散化时,对每一个特征分别执行,刚开始的时候把特征值排序,每个样本点是一个区间,随后通过计算每两个相邻区间的卡方值,来把卡方值小的两个区间合并起来,直到满足最后的条件。

对于终止条件可以选择卡方值的阈值,也可以选择区间的个数。若选择以阈值作为终止条件,对于大于阈值的两个区间不再进行合并,所以阈值越大,合并区间的次数越多,离散后的区间数量越少,区间就越大;若选择区间个数作为终止条件,则满足区间个数时停止。本书中的代码采用的是选择区间个数,即离散后离散值的个数作为终止条件。但是这个区间个数只是一个期望的个数,根据每个特征的计算结果不同,具体的离散值的个数可能会有小的变动。Chi-Merge 算法流程如下:

```
1. for m=1:M   M 是数据的特征数,接下来分别对每个特征执行离散化。
```
1.1 选定特征数 M 和对应的样本标签,把数据按特征值升序排列。
1.2 计算每个特征值在不同标签下出现的次数,把每个特征值视为一个区间。
1.3 判断是否所有特征的离散化时离散值的个数是一样的。若是,则所有特征离散区间数用同一个给定的区间个数值;若不是,则给每一个特征分别设定区间个数。
```
1.4 While 区间数>目标区间数
```
1.4.1 按如下公式计算两个相邻区间的卡方值。
首先设 k 为类别数量,A_{ij} 为第 i 个区间第 j 类的实例数量。
则第 i 个区间的实例数量为:

$$R_i = \sum_{j=1}^{k} A_{ij}$$

第 j 类的实例数量(只有两个区间)为:

$$C_j = \sum_{i=1}^{2} A_{ij}$$

总实例数 N 为 sum(R) 或 sum(C),N 是两个区间所有实例的总数,N_i 是第 i 个区间的实例个数。A_{ij} 的期望为:

$$E_{ij} = \frac{N_i \times C_j}{N}$$

两个区间之间的卡方值为:

$$x^2 = \sum_{i=1}^{2}\sum_{j=1}^{k} \frac{(A_{ij} - E_{ij})^2}{E_{ij}}$$

1.4.2 合并卡方值最小的两个区间,并把该区间对应的特征值设为小的那一个。
1.4.3 区间个数减1。
end
1.5 把每个区间的特征值作为分裂点。
end
2．得到所有特征的分裂点。
3．在原数据中,根据某一个属性下,由介于两个相邻的分裂点的样本,计算它们特征值的均值。把该均值当作此区间内所有样本在该属性下的离散值。当属性值大于最大的分裂点时,计算满足该条件的样本的均值,再当作此时样本的离散值。

3.5.3 Chi-Merge 实例分析

本节我们将根据 3.5.2 节所讲的 Chi-Merge 算法的流程,给出实例分析。首先我们对即将用到的函数进行介绍,即 function mdl=chi_merge(x,y,max_interval),以及 functionx_predict=chi_merge_predict(mdl,x,label),之后我们通过两个案例对这一算法运用进行详细的说明。

1. 训练 chi_merge 模型对训练数据离散化

chi_merge 函数实现了基于样本 x 和标签 y 对 x 的连续特征离散化的功能。x 的离散化有利于降低数据复杂度,对于接下来的参数寻优、训练规则的简化等都有帮助。我们先介绍 chi_merge 程序入口:

```
function mdl=chi_merge(x,y,max_interval)
%该算法实现将一个连续数据通过一定的规则离散化为分类数据,从而实现将回归问题转化为分类问题
```

输入参数主要是原始样本特征数据和样本的标签。另一个重要参数是对原始特征变量的离散化的目标区间个数。这个变量也是对离散化数据的离散化程度的一种刻画。

```
%输入参数:
%x: 样本特征
%y: 样本标签
%max_interval: 最大区间数,为标量或者向量
```

在上面的 max_interval 中,当类型是标量时,表示对样本 x 的所有特征进行离散化时每个特征离散后离散值的个数是一样的,都是 max_interval 个离散值;当类型是向量时,表示对样本的每个特征进行离散化时离散值的数量是不同的,每个特征离散后离散值的数量等于 max_interval 中对应位置元素的值。所以如果输入的

max_interval 是向量，则向量的长度一定要等于特征的数量。max_interval 只是期望的离散化程度，在实际的离散化过程中，可能离散值的个数和 max_interval 中所设定的会有一些小的差异。

```
%输出参数：
%mdl: mdl 是一个结构体，里面包含了模型所要输出的各个信息
%mdl.split_point: 元胞数组，表示每个特征下数据离散时的分裂点
%mdl.conlusion: 元胞数组，表示输出在每两个分裂点之间的样本离散后的值
%mdl.xy_new: 新的特征离散化后的数据，最后一列是标签
%mdl.varia: 布尔值，记录 max_interval 是标量还是向量，取值为 1 时，表示 max_interval 是
向量；取值为 0 时，表示 max_interval 是标量
```

输出参数中，mdl.split_point 是一个元胞数组，长度等于特征的个数。元胞里的每个元素是一个列向量，表示在该特征下的分裂点的值。mdl.conlusion 也是一个元胞数组，值是由小到大排列的，本算法采用的方法是对于在两个分裂点之间的样本，其离散值是以位于该区间内所有样本点在该属性下的平均值来计算的。当然对于大于最大分裂点的那些样本，其离散值是所有大于该分裂点的样本的平均值。如分裂点是 [0,2]，离散点是 [0.75,3]，表示介于分裂点左闭右开区间 [0，2) 的样本，代表其的离散值是 0.75，大于或等于分裂点 2 的样本，代表其离散值是 3。

2. 用训练好的 chi_merge 模型对连续型变量进行离散化

当我们通过 chi_merge 函数得到 x 特征离散化的具体规则以后，接下来新的 x 样本也可以通过同样的规则进行离散化，chi_merge_predict 函数就是根据 chi_merge 函数得到的具体规则将新输入的 x 样本特征离散化的。下面是 chi_merge_predict 函数入口：

```
function x_predict=chi_merge_predict(mdl,x,label)
%本函数用来把连续特征的样本通过已经训练好的 chi_merge 模型，将特征离散化
```

```
%输入参数
%mdl: 由函数 chi_merge 得出的模型，我们用该模型来离散化数据
%x: 要被离散化的数据，可以是矩阵也可以是行向量。当传入一个样本时 x 就是行向量，当传入多个样本时 x 就是矩阵
%label: 标量，值为 0 时，表示输入的 x 只有特征没有标签；值为非 0 时，表示输入的 x 的最后一个元素（或最后一列）是标签
```

```
%输出参数
%x_predict: 特征离散化后的 x，若 x 是行向量它就是行向量，若 x 是矩阵它就是矩阵。当 label 为
0 时，输出的 x_predict 没有标签；当 label 为非 0 时，输出的 x_predict 含有标签，其最后一个元素
（或最后一列）是标签
```

3. 函数使用案例讲解

【例 3.1】 本案例使用的是 Pima 数据，以每个特征分离为不同的离散点为例介绍本函数。以每个特征离散值的个数为 3，7，9，15，12，10，8，11 这 8 个数为例，执行如下代码：

```
Clc,clear
xy=importdata('Pima.txt');
x=xy(:,1:end-1);
y=xy(:,end);
mdl=chi_merge(x,y,[3 7 9 15 12 10 8 11]);
```

如图 3.37 所示，mdl 仍然是一个结构体，但是此时域 split_point 和 conlusion 是元胞数组，不是矩阵。域 varia 的值是 1，表示此时每个属性的离散程度不同。

图 3.37 chi_merge 模型输出的结构体

如图 3.38 所示，元胞数组 mdl.split_point 共有 8 个元素，每个元素都是一个向量，表示了每个特征的分裂点。

图 3.38 各个维度的切分点

如图 3.39 所示，元胞数组 mdl.conlusion 也有 8 个元素，元素同样也是向量，其值是连续数据离散化后的具体取值。同样，在某个属性下，样本值大于 mdl.split_point 中的几个值，其离散值就取 mdl.conlusion 中的第几个值。

图 3.39 各个维度的离散化取值

mdl.xy_new 是离散后的数据，第 9 列是标签，如图 3.40 所示。我们看到 1～8 列的数据全都取了特定的点值，且这样不重复的点值的个数是 max_interval 中所设定的个数，即原本的连续数据变得离散化了。

变量 - mdl.xy_new

mdl | mdl.xy_new

mdl.xy_new

	1	2	3	4	5	6	7	8	9
1	4.3280	139.2422	68.4647	35.5379	0.0373	36.8757	0.7457	51.4500	1
2	0.9771	86.9063	68.4647	27.8467	0.0373	29.7901	0.3891	36.4264	0
3	9.0533	181.9114	68.4647	0.0611	0.0373	22.0060	0.7457	36.4264	1
4	0.9771	86.9063	68.4647	20.0708	93.6667	29.7901	0.2081	21	0
5	0.9771	139.2422	4.0500	35.5379	255.1043	43.5375	2.2134	36.4264	1
6	4.3280	121.0328	68.4647	0.0611	0.0373	22.0060	0.2081	27.1364	0
7	4.3280	86.9063	51.4000	35.5379	89.2000	29.7901	0.2081	27.1364	1
8	9.0533	121.0328	4.0500	0.0611	0.0373	36.8757	0.2081	27.1364	0
9	0.9771	181.9114	68.4647	43.6102	255.1043	29.7901	0.2081	51.4500	1
10	9.0533	121.0328	83.0978	0.0611	0.0373	22.0060	0.2081	51.4500	1
11	4.3280	106.7048	83.0978	0.0611	0.0373	36.8757	0.2081	27.1364	0
12	9.0533	181.9114	68.4647	0.0611	0.0373	36.8757	0.7457	36.4264	1

图 3.40　离散后的数据

【例 3.2】　随机制造三个样本，代入例 3.1 中的模型，将它们离散化，我们使用的是带有标签的测试样本，分析过程如下。

首先执行如下代码：

```
x_test=xy([100,480,650],1:end-1)+2*rand;
y_test=xy([100,480,650],end);
xy_test=[x_test y_test];
xy_p=chi_merge_predict(mdl,xy_test,1);
```

如图 3.41 所示，为即将被离散化的测试数据 xy_test，其中第 9 列是标签。

变量 - xy_test

xy_test

3x9 double

	1	2	3	4	5	6	7	8	9
1	2.2647	123.2647	91.2647	52.2647	221.2647	50.9647	1.5897	32.2647	1
2	5.2647	133.2647	87.2647	32.2647	1.2647	29.2647	1.6837	64.2647	0
3	1.2647	108.2647	61.2647	26.2647	1.2647	27.6647	1.3977	24.2647	0

图 3.41　离散化前的原数据

按照训练好的模型进行离散化以后的测试数据 xy_p 如图 3.42 所示，我们看到 1～8 列的数据离散化后取得的值和训练数据一致。

变量 - xy_p

xy_p

3x9 double

	1	2	3	4	5	6	7	8	9
1	0.9771	121.0328	83.0978	53	255.1043	53.2286	1.5874	36.4264	1
2	4.3280	139.2422	83.0978	35.5379	0.0373	29.7901	1.5874	63.8750	0
3	0.9771	106.7048	58.6438	27.8467	0.0373	29.7901	1.2757	22.8333	0

图 3.42　离散化后的数据

接下来我们以原数据 xy_test 中的第 1 列和第 5 列两个属性来举例说明。如图 3.43 所示，首先来分析第 1 列，先看表示第 1 列分裂点的向量 mdl.split_point{1}。

由图 3.41 知，xy_test 的第 1 列中 2.2647 和 1.2647 只大于第一个数字 0，5.2647 大于前两个数字 0 和 3。再看表示第 1 列离散值的向量 mdl.conlusion{1}。

图 3.43　第 1 维特征的分裂点　　　　图 3.44　第 1 维特征的离散点取值

由图 3.44 知，2.2647 和 1.2647 对应的离散值是第一个数 0.9771，5.2647 对应的离散值是第 2 个数 4.3280。

再来分析 xy_test 的第 5 列，先看分裂点的向量 mdl.split_point{5}。由图 3.41 可知，xy_test 的第 5 列中 221.2647 大于所有的数，1.2647 只大于第 1 个数 0。接着再看表示离散值的向量 mdl.conlusion {5}，见图 3.46。

如图 3.45 和图 3.46 所示，221.2647 对应第 12 个数 255.1043，1.2647 对应第 1 个数 0.0373。

图 3.45　第 5 维特征的分裂点　　　　图 3.46　第 5 维特征的离散点取值

最后执行如下代码，表示输入的预测数据没有标签的情况。注意，传入预测函数的 x_test 是没有标签的，且最后一个参数是 0。此时得出的 xy_p 就是没有标签的。图 3.47 展示了 x_test 的离散化结果，只有 8 列数据，没有第 9 列标签。

```
xy_p=chi_merge_predict(mdl,x_test,0);
```

	1	2	3	4	5	6	7	8
1	0.9771	121.0328	83.0978	53	255.1043	53.2286	2.2134	36.4264
2	4.3280	139.2422	83.0978	35.5379	0.0373	29.7901	2.2134	63.8750
3	0.9771	106.7048	58.6438	27.8467	0.0373	29.7901	2.2134	22.8333

图 3.47　测试集数据的离散化结果

3.5.4　Chi-Merge 算法代码

1．训练模型的函数（主函数）

前面已经介绍了 chi_merge 函数的功能和意义，该函数对样本特征数据进行离散化的完整代码如下。

首先，给出函数的输入、输出说明。

```
function mdl=chi_merge(x,y,max_interval)
%输入参数：
%x：样本特征
%y：样本标签
%max_interval：最大区间数，类型是标量或向量。当类型是标量时，表示对样本 x 的所有特征进行
离散化时每个特征离散后离散值的个数是一样的，都是 max_interval 个离散值；当类型是向量时，表示对
样本的每个特征进行离散化时，离散值的数量是不同的，每个特征离散后离散值的数量等于 max_interval
中对应位置元素的值。所以如果输入的 max_interval 是向量，则向量的长度一定要等于特征的数量
max_interval 只是期望的离散化程度，在实际的离散化过程中，可能离散值的个数和 max_interval 中所
设定的会有一些小的差异


%输出参数：
%mdl：mdl 是一个结构体，里面包含了模型所要输出的各个信息。其有 4 个域，为别为记录分裂点的
split_point 域、记录离散值输出点的 conlusion 域、输出离散后的数据的 xy_new 域和记录 max_interval
是否为向量的 varia 域
```

下面开始 Chi-Merge 算法的代码，第一步是进行数据的识别、参数输入形式的识别和一些初始化工作。

```
xy=[x y];
feature_num=size(x,2);    %特征的个数
if ~isscalar(max_interval) && length(max_interval)~=feature_num
    %若 max_interval 是向量并且其长度不等于特征数
    error('max_interval 长度与特征数必须相等')
end
split_point=cell(1,feature_num);    %如果输入的 max_interval 是一个向量，则存放分裂
点的容器是一个元胞数组。数组的长度是特征的个数，每个数组里的元素都是一个向量，该向量里装了每个特
征下样本分裂点的值
```

conlusion=cell(1, feature_num);   %同上，conlusion 也是一个元胞数组，元素是向量，向量的元素是在两个分裂点之间的样本的离散值

下面是程序的主体部分，最终可以求出每一个连续特征的分裂点。Chi-Merge 算法是基于相邻区间合并后卡方最小化的原则，所以需要遍历每一个合并区间组合，程序会根据卡方最小化的原则不断合并区间，直到达到要求的区间数量为止。

```
%%求每一列各个离散点的值
for i=1:feature_num    %遍历每一个特征
    xiy=[xy(:,i) xy(:,end)];%单独取出特征i和标签
    yl_count=chi_count(xiy);    %统计该特征下每个特征值在每类出现的次数
num_interval=size(yl_count,1);    %区间的个数，初始化时每个特征值就是一个区间
%判断特征的离散区间个数是否是标量
if ~isscalar(max_interval)
        current_interval=max_interval(i);    %当前这一属性所需要的离散点的个数
    else
        current_interval=max_interval;
end
%开始合并区间
    while num_interval>current_interval
        num_pair=num_interval-1;    %每两个相邻的区间进行计算，所以要减1
        chi_value=zeros(1,num_pair);    %初始化存放每对区间的卡方值的向量
        for k=1:num_pair
            A=[yl_count(k,2:end);yl_count(k+1,2:end)];    %取相邻的两个区间
            chi_value(k)=chi2(A);    %计算卡方值
        end
        min_chi=min(chi_value);    %取最小的卡方
        for k=num_pair:-1:1
            if chi_value(k)==min_chi %从特征值较大的方向开始判断哪个卡方等于最小的卡方
                yl_count(k,:)=combine(yl_count(k,:),yl_count(k+1,:));    %合并两个区间
                yl_count(k+1,:)=inf;    %即将被删除的区间赋值为inf
            end
        end
        [idx,~]=find(yl_count==inf);    %记录本次循环中所有要被删除的区间
        yl_count(unique(idx),:)=[];    %此时可能一次性删除多行，最终得到的离散值个数不一定等于设定的个数
        num_interval=size(yl_count, 1);    %当前的区间数
    end
    split_point{i}=yl_count(:,1);    %max_interval 是向量时，记录第i个特征的分裂点
end
```

上面已经完成了特征分裂点的计算，有了分裂点就意味着明确了分割的区间，所以接下来运用这些分裂点对特征区间进行分割。

```
%%将原有的数据特征离散化
actual_interval=cellfun(@length,split_point);   %得出实际的离散程度
%元胞数组 split_point 中每个元素（也就是一个向量）的长度就是实际上离散化的值的个数
for i=1:feature_num
    conlusion{i}=zeros(1,actual_interval(i));   %初始化存放离散值的矩阵
end
```

这部分开始进行原始特征的离散化流程，运用已经计算出来的特征切分点，将原始数据进行切分，把分段内的数据归一化为区间内的平均值，其中最后一个切分区间以最大的切分点值来替代。

```
x_new=zeros(size(x));
for i=1:feature_num  %遍历每个特征
    interval=actual_interval(i);   %该特征下的分裂点个数
    for k=1:interval   %遍历每个分裂点
        if k~=interval  %若不是最后一个分裂点
            index=(x(:,i)>=split_point{i}(k))&(x(:,i)<split_point{i}(k+1));
            %本次遍历的分裂点间的行索引
            conlusion{i}(k)=mean(x(index,i));  %分裂点 k 和 k+1 下，样本所对应的取值是
该区间内所有点的平均值
            x_new(index,i)=conlusion{i}(k);     %把样本中对应位置的元素值变为其应当对应
的离散值
        elseif k==interval   %若是最后一个分裂点
            index=(x(:,i)>=split_point{i}(k));
            conlusion{i}(k)=mean(x(index,i));
            x_new(index,i)=conlusion{i}(k);
            %大于该分裂点的特征值，赋值为该分裂点
        end
    end
end
```

最后，整理一下结果，保存在 mdl 的结构体中输出。

```
xy_new=[x_new y];
mdl.split_point=split_point;
mdl.conlusion=conlusion;
mdl.xy_new=xy_new;
mdl.varia=~isscalar(max_interval);
end
```

2. 每个特征值出现次数的函数

chi_count 函数是针对 x 样本的第 i 维特征，统计离散化后每个特征取值所对应的各类 y 标签的取值个数，个数多意味着 i 特征的某取值对 y 的某标签可能有预测

力,所以该函数的目的是判断离散化后的第 i 维特征的特定取值是否对预测该样本取特定的 y 标签显著。

```
function yl_count=chi_count(xiy)
%输入参数:
%xiy: 是 N 行 2 列的矩阵,第一列是原样本数据中的第 i 个特征,第二列是数据的标签
%输出参数:
%yl_count: 矩阵,行数是第 i 个特征的特征值去重后的个数,列数是标签的类别数+1
%yl_count 的第一列是每个去重后的特征值,第二列是每个特征值对应类别 1 出现的次数,第三列是
每个特征值对应类别 2 出现的次数,依次类推
%举例,假设有一个三分类的样本,则矩阵 yl_count 有 4 列
%若 yl_count=[5 3 4 0
%             9 3 2 2]
%则表示:对于特征 i 取值是 5 的样本,属于第 1 类的有 3 个,第 2 类的有 4 个,第 3 类的有 0 个;对
于特征 i 取值是 9 的样本,属于第 1 类的有 3 个,第 2 类的有 2 个,第 3 类的有 2 个
```

下面先统计一下特征数据和标签的一些基本信息。

```
y_n=length(unique(xiy(:,end)));   %标签总共有几类
N=size(xiy, 1);   %样本容量
x_sort=sortrows(xiy,[1,2]);   %把属性 i 从小到大进行排列,然后在属性 i 一样的情况下,排列标签
```

计数,统计得到[属性值,对应标签,出现次数],这样可以用于后期判断某个属性值是否对对应标签有预测能力。

```
cnt=[];   %cnt 用来计数,是一个列数是 3 的矩阵,分别表示[i 的属性值,对应标签,出现次数]
i=1;
while i<=N
    x_bool=(x_sort==repmat(x_sort(I,:),N,1));   %判断 x_sort 中哪些行是和 x_sort
(I,:)相等的
    count_=sum(x_bool(:,1).*x_bool(:,2));   %统计有多少行是与 x_sort(I,:)行相等的
    cnt=[cnt;[x_sort(I,:) count_]];   %得到的 cnt 的列是[属性值,对应标签,出现次数]
    i=i+count_;   %判断 x_sort 中的下一对[属性值,标签]
end
%出现次数是 0 的[属性值,标签],不会出现在 cnt 矩阵中
```

各 y_label 计数,统计得到[属性值,属于第 1 类的次数,属于第 2 类的次数…属于第 y_label 类的次数]。

```
unique_N=length(unique(xiy(:,1)));   %不同属性值的个数
yl_count=[sort(unique(x_sort(:,1))) zeros(unique_N,y_n)];
%yl_count 的第一列是不同的属性值,且由小到大排列,后面几列对应的是该特征值在每个类里出现的次数
y_label=sort(unique(xiy(:,end)));   %标签是哪几类
```

最终,得到特征对样本标签的统计矩阵,第一列是每个去重后的特征值,第二列

是每个特征值对应类别 1 出现的次数，第三列是每个特征值对应类别 2 出现的次数，依次类推。

```
for i=1:size(cnt,1)
    sample=cnt(I,:);  %传入 cnt 中的每个[属性值,对应标签,出现次数]
    yl_count(yl_count(:,1)==sample(1),find(y_label==sample(2))+1)=sample(3);
    %在 yl_count 中对应属性值的那一行,取表示对应标签的那一列,find()后面+1,是因为第一列
已经存放属性值了
end
```

3. 计算卡方值的函数

chi2 函数的功能是根据某特征两个相邻区间的 y 的各类别数来计算卡方值，用于接下来判断是否要合并或分裂区间。

```
function ka_2=chi2(A)
%函数用来计算两个区间的卡方值


%输入参数：
%A：是一个两行多列的矩阵，列数等于样本中标签的类别数，每行表示一个区间具体的元素值，即属于
该区间的所有元素中对应某个类别的元素个数。


%输出参数：
%ka_2：标量，表示两个区间的卡方值
此处开始计算两个区间的卡方值，该值用于评价是否需要将这两个区间合并。

%
R=sum(A,2);     %R 是这两个区间每个区间的实例数，数据类型是列向量
C=sum(A,1);     %C 是这两个区间每个类别的实例数，数据类型是行向量
N=sum(C);       %N 是这两个区间总的实例数
E=(repmat(R,1,length(C)).*repmat(C,length(R),1))/N;
%矩阵 E 中的元素，是矩阵 A 中对应位置元素的期望
ka_2=sum(((A(E~=0)-E(E~=0)).^2)./E(E~=0));
%ka_2 是这两个区间的卡方值。公式表示对于 E 不为 0 的元素，用 A 减对应位置的 E，并且把每个元素
求平方，然后再除以对应位置的 E 的元素，最后把这些结果相加，得到卡方值
```

4. 合并区间的函数

如果判断两个区间需要合并，则会调用 combine 函数进行区间合并，合并后区间的特征取值为 a 区间的特征取值。代码如下：

```
function c=combine(a,b)
%把 chi_count 函数输出的矩阵中的 a、b 两行，后几个元素相加，第一个元素等于 a 的第一个元素
%输入参数：
```

```
%a,b: a、b 分别是一个向量
%输出参数:
%c: c是一个向量,第一个元素等于a的第一个元素,其余元素是a、b的对应元素之和
%举例: a=[2 1 1 0],b=[3 0 2 1],c=[2 1 3 1]
%
  c=a+b;
  c(1)=a(1);
end
```

5. 预测函数

chi_merge_predict 函数实现了利用 chi_merge 函数生成的离散化规则,对新的样本数据进行离散化的功能。完整代码如下:

```
function x_predict=chi_merge_predict(mdl,x,label)
%本函数用来把连续特征的样本,通过已经训练好的chi_merge模型将特征离散化
%输入参数:
%mdl: 由函数 chi_merge 得出的模型,我们用该模型来离散化数据
%x: 要被离散化的数据,可以是矩阵也可以是行向量。当传入一个样本时x就是行向量,当传入多个样本时x就是矩阵
%label: 标量,值为0时,表示输入的x只有特征没有标签;值为非0时,表示输入的x的最后一个元素(或最后一列)是标签
%输出参数:
%x_predict: 特征离散化后的x,若x是行向量它就是行向量,若x是矩阵它就是矩阵。当label为0时,输出的x_predict没有标签;当label为非0时,输出的x_predict含有标签,其最后一个元素(或最后一列)是标签
```

判断输入是否有标签,如果有标签则输出的数据格式会增加一列。

```
if ~label    %输入的数据没有标签
    [N,m]=size(x);
    x_predict=zeros(N,m);
else    %输入的数据有标签
    N=size(x,1);
    m=size(x,2)-1;    %m 始终代表特征的数量
    x_predict=zeros(N,m+1);    %x_predict 的最后一列留给标签
end
```

对每个样本标签进行区间归属的判断,把连续数据离散化为训练函数中计算出来的区间的端点值。

```
for i=1:N
    sample=x(I,1:m);
    new_sample=zeros(1,m);
    for k=1:m
        big_count=sum(sample(k)>=mdl.split_point{k});    %样本的第k个属性值大于几
```

```
个split_point
        if big_count==0
            big_count=1;      %若传入的测试样本的属性值小于最小的split_point,则按照第一
个离散值处理
        end
        new_sample(k)=mdl.conlusion{k}(big_count);
            %判断在第 k 个属性下样本的特征值大于几个分裂点,然后该特征值离散后的值就是特征 k
下mdl.conlusion的第几个值
    end
    x_predict(i, 1:m)=new_sample;
end
```

如果有标签数据,则增加最后一列。

```
if label         %如果测试数据输入了标签,就在输出的时候把标签补上
    x_predict(:,end)=x(:,end);
end
end
```

6. 主程序

下面用 Pima 中糖尿病患者的特征数据来进行试验。将数据切分为训练集和预测集,利用训练集产生离散化模型,然后代入新的特征数据进行离散化。

```
clc,clear
xy=importdata('Pima.txt');
x=xy(:,1:end-1);
y=xy(:,end);
mdl=chi_merge(x,y,[3 7 9 15 12 10 8 11]);
x_test=xy([100,480,650],1:end-1)+2*rand;    %不含标签的预测数据
y_test=xy([100,480,650],end);
xy_test=[x_test y_test];        %含标签的预测数据
xy_p=chi_merge_predict(mdl,x_test,0);
%mdl=chi_merge(x,y,[3 7 9 15 12 10 8 11]);
%mdl=chi_merge(x,y,5);
```

3.6 粗糙集分类算法

3.6.1 粗糙集分类算法简介

在经典的逻辑中事物所呈现的信息只有真、假之分,但是自然界中大部分事物所呈现的信息都是不完整和模糊的,现实中有许多模糊现象不能简单地用好坏、真假来表示,也就是说存在一些个体,既不能说它属于某个子集,也不能说它不属于某个子

集。因此经典的逻辑无法对此类问题进行准确的描述。

长期以来许多逻辑学家和哲学家都致力于研究模糊的概念，粗糙集就是由波兰数学家 Z. Pawlak 于 1982 年提出的。粗糙集以等价关系为基础，用于分类问题，本书将结合具体实例介绍粗糙集分类算法。

3.6.2 粗糙集分类算法原理介绍

1. 基本概念

本书将按照粗糙集分类的操作顺序结合实例来介绍相应的概念，首先给出实例，如表 3.2 所示的决策表，条件属性相当于样本的特征，决策属性相当于标签。

表 3.2 实例数据

X	条件属性 C			决策属性 D
	咳嗽（a）	头晕（b）	发烧（c）	感冒（d）
e_1	1	1	0	0
e_2	1	1	1	1
e_3	1	1	2	1
e_4	0	1	0	0
e_5	0	0	1	0
e_6	0	1	2	0
e_7	1	0	1	1
e_8	0	0	0	0

1）等价关系

假设 R 是对象的属性集合，A 是某种属性集合，a 是 A 中的某一属性，$\tilde{X}$ 是所有样本构成的集合，如果有两个样本 X_i、X_j 满足如下关系：

对于 $\forall a \in A, A \subset R, X_i \in \tilde{X}, X_j \in \tilde{X}$，若这两个样本的属性值相同，则称这两个样本是对属性 A 的等价关系，记作 IND(A)，即属性值相同的两个样本之间的关系是等价关系。公式表示如下：

$$\text{IND}(A) = \{(X_i, X_j) | (X_i, X_j) \in \tilde{X} \times \tilde{X}, \forall a \in A, f_a(X_i) = f_a(X_j)\}$$

其中，$(X_i, X_j) \in \tilde{X} \times \tilde{X}$ 表示从 $\tilde{X}$ 中取两个元素 i、j 构成样本对，$f_a(X_i)$ 表示样本 i 在属性 a 下的特征值。公式的意思是对于 A 中的所有属性 a，如果样本 i 与样本 j 的所有特征值都相等，则把该样本对放入表示等价关系的集合 IND(A) 里。

在上例中，样本 e_1、e_2 在属性｛咳嗽，头晕｝下满足等价关系，因为 e_1 的属性值是（1,1），e_2 的属性值也是（1,1）。所以（e_1, e_2）可以放入集合 IND(A) 中，其中 A

是{咳嗽，头晕}。

2）等价集

在 $\tilde{X}$ 中，属性集 A 中具有相同等价关系的元素集合称为等价关系的等价集。

$[X]_A$ 表示在属性集 A 下与 X 具有等价关系的元素集合。

$$[X]_A = \{X_j \mid (X, X_j) \in \text{IND}(A)\}$$

在本例中，对于{咳嗽，头晕，发烧}这三个属性，由于 8 个样本属性值都不同，所以有 8 个等价集，每个等价集有 1 个样本；而在 A={咳嗽，头晕}这两个属性下，有{e_1, e_2, e_3}一个等价集。具体计算过程为：当 X 取 e_1 时，我们发现等价关系 (e_1, e_2)、(e_1, e_3) 是集合 IND(A) 的元素，所以样本 e_2、e_3 可以放入等价集 $[X]_A$ 中，该等价集也可以理解为 $[e_1]_A$。

3）等价划分

从所采集的训练集中把属性值相同的样品聚类，形成若干等价集，构成 A 集合。在 X 中对属性 A 的所有等价集形成的划分表示为：

$$A = \{E_i \mid E_i = [X]_A, \ i = 1, 2...\}$$

即等价划分是一个集合，该集合中的元素是属性 A 下的每一个等价集。等价划分具有如下三个特性：

① $E_i \neq \varnothing$；

② 当 $i \neq j$ 时，$E_i \cap E_j = \varnothing$；

③ $\tilde{X} = \bigcup E_i$。

在本例中，属性{咳嗽，头晕}下的等价集划分是{{e_1, e_2, e_3},{e_4, e_6},{e_5, e_8},{e_7}}。

4）上近似集和下近似集

属性 A 可划分为若干等价集，与决策集 Y 的对应关系分为上近似集和下近似集两种。

下近似集：

$$A_-(Y) = \{X \mid [X]_A \subseteq Y\}$$

表示等价集 $[X]_A$ 中的元素 X 都属于决策集 Y。

上近似集：

$$A^-(Y) = \{X \mid [X]_A \cap Y \neq \varnothing\}$$

表示等价集 $[X]_A$ 中的元素 X 可能属于 Y，也可能不属于 Y。

在本例中，属性{咳嗽，头晕}下，决策属性 Y_1（即 Y=0）的下近似集是{e_5, e_8}。

虽然$\{e_1, e_2, e_3\}$中的条件属性值均是（1,1），$\{e_4, e_6\}$中的条件属性值均是（0,1），但是它们对应的决策属性既有Y_1，也有Y_2，所以$\{e_1, e_2, e_3\}$和$\{e_4, e_6\}$分别只能是Y_1的上近似集（也可以说是Y_2的上近似集）。同理，$\{e_7\}$是Y_2的下近似集。总结一下，如果$[X]_A$中的一个等价集E_i有唯一的决策值，则E_i是这个决策属性的下近似集；如果E_i的决策属性取值不唯一，则E_i是包含的决策属性的各个值的上近似集。

5）正域、负域、边界

全集X可划分为三个不相交的区域，分别是正域、负域、边界，下面以决策集Y举例说明。

正域：
$$\text{POS}_A(Y) = A_{\_}(Y)$$

负域：
$$\text{NEG}_A(Y) = X - A^-(Y)$$

边界：
$$\text{BND}_A(Y) = A^-(Y) - A_{\_}(Y)$$

由此可见：
$$A^-(Y) = A_{\_}(Y) + \text{BND}_A(Y)$$

所以对于一个样本，若属于Y的正域，则一定属于Y，若属于Y的负域，则一定不属于Y。如图3.48所示，粗实线封闭曲线是Y，灰色区域是正域，白色区域是边界，黑色区域是负域。

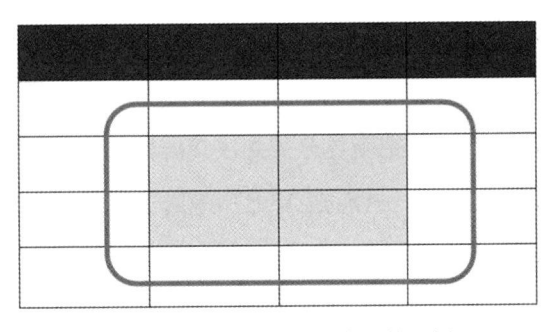

图3.48 正域、负域、边界的示例

6）粗糙集

如果$A^-(Y)=A_{\_}(Y)$，即边界$\text{BND}_A(Y)=\varnothing$，则称$Y$为$A$的可定义集；如果$A^-(Y) \neq A_{\_}(Y)$，则称$Y$为$A$的粗糙集或不可定义集。

7）相对正域

设决策属性 D 划分为 $Y=(Y_1,Y_2,\cdots,Y_M)$，则条件属性 C 相对于决策属性 D 的正域定义为：

$$POS(C,D)=\bigcup C_-(Y_i),\quad i=1,2,\cdots,M$$

本例中，在属性（咳嗽，头晕）下，决策属性 Y_1（即 $Y=0$）的下近似集是 $\{e_5,e_8\}$，决策属性 Y_2（即 $Y=1$）的下近似集是 $\{e_7\}$，所以两者的并集构成的 Y 的相对正域是 $\{e_5,e_8,e_7\}$。

8）决策表的一致性

决策表中的对象 X 按条件属性与决策属性关系看作一条决策规则，可写为：

$$\wedge f_{C_i}(X)=f_D(X)$$

其中，C_i 表示多个条件属性，D 是决策属性，$f_{C_i}(X)$ 是对象 X 在 C_i 的取值，$\wedge$ 是逻辑"与"的关系，意味着取遍所有 X 的条件属性值。对于不同的对象 $X_i\neq X_j$，若条件属性有 $f_{C_i}(X_i)=f_{C_i}(X_j)$，则决策属性必须有 $f_D(X_i)=f_D(X_j)$，即一致性决策规则说明条件属性取值相同时，决策属性取值必须相同。在决策表中如果所有对象的决策规则都是一致的，则该信息表示一致，否则信息表示不一致。

9）属性依赖度

决策表中决策属性 D 依赖条件属性 C 的属性依赖度定义为：

$$\gamma(C,D)=\frac{|POS(C,D)|}{|X|}$$

$|POS(C,D)|$ 是正域中元素的个数，$|X|$ 是整个对象的个数。属性依赖度有如下三个性质：

- $\gamma=1$，表示在已知条件 C 下，可以把 X 上的全部个体分类到决策属性 D 的类别中去；
- $\gamma=0$，表示利用 C 不能把个体分类到决策属性 D 的类别中去；
- $0<\gamma<1$，在条件 C 下，只能把 X 上那些属于正域的个体分类到决策属性 D 的类别中去。

10）属性重要度

若属性 a 是条件属性集 C 中的一个属性，则属性 a 关于决策属性 D 的重要度定义为：

$$SGF(a,C,D)=\gamma(C,D)-\gamma(C-\{a\},D)$$

其中，$\gamma(C-\{a\},D)$ 表示在 C 中缺少属性 a 后，条件属性与决策属性的依赖程度；

SGF(a, C, D)表示在 C 中缺少属性 a 后，导致不能被准确分类的对象在系统中所占比例。

SGF(a, C, D)有如下性质：

SGF(a, C, D)取值属于闭区间[0,1]；

SGF(a, C, D)=0，表示属性 a 关于 D 是可简约的；

SGF(a, C, D)≠0，表示属性 a 关于 D 是不可简约的。

基于表 3.2 的实例数据，我们介绍以下几个核心概念作为计算实例。

（1）等价集、下近似集和依赖度的计算。

①条件属性 $C(a, b, c)$的等价集：

$\{e_1\}$，$\{e_2\}$，$\{e_3\}$，$\{e_4\}$，$\{e_5\}$，$\{e_6\}$，$\{e_7\}$，$\{e_8\}$

②决策属性 $D(d)$的等价集：

Y_1:$\{e_1, e_4, e_5, e_8\}$　　Y_2:$\{e_2, e_3, e_6, e_7\}$

③决策属性各等价集的下近似集：

$C\_Y_1=\{e_1, e_4, e_5, e_8\}$　　$C\_Y_2=\{e_2, e_3, e_6, e_7\}$

④计算 POS(C, D)和 $\gamma(C, D)$：

POS(C, D)= $C\_Y_1 \bigcup C\_Y_2$={ $e_1, e_2, e_3, e_4, e_5, e_6, e_7, e_8$}

因为|POS(C, D)|=8，|X|=8，所以 $\gamma(C, D)$=1，表明在已知条件 $C(a, b, c)$下，可以把 X 上的全部个体分类到决策属性 D 的类别中。

（2）属性简约。

①a 的重要程度计算。

条件属性 $C(b, c)$的等价集：

$\{e_1, e_4\}$，$\{e_2\}$，$\{e_3, e_6\}$，$\{e_5, e_7\}$，$\{e_8\}$

决策属性 $D(d)$的等价集仍为 Y_1、Y_2。

决策属性的下近似集：

$C\_Y_1=\{e_1, e_4, e_8\}$　　$C\_Y_2=\{e_2, e_3, e_6\}$

计算 POS(C-$\{a\}, D$)和 $\gamma(C$-$\{a\}, D)$：

POS(C-$\{a\}, D$)=$C\_Y_1 \bigcup C\_Y_2$=$\{e_1, e_2, e_3, e_4, e_6, e_8\}$

|POS(C-$\{a\}, D$)|=6

　$\gamma(C$-$\{a\}, D)$=6/8

属性 a 的重要程度：

SGF(C-$\{a\}$, D)= $\gamma(C, D)$- $\gamma(C$-$\{a\}, D)$=1-6/8=1/4≠0

所以 a 属性不可省略。

②b 的重要程度计算。

条件属性 $C(a, c)$的等价集：

$\{e_1\}$，$\{e_2, e_7\}$，$\{e_3\}$，$\{e_4, e_8\}$，$\{e_5\}$，$\{e_6\}$

决策属性 $D(d)$的等价集仍为 Y_1、Y_2。

决策属性的下近似集：

$C\_Y_1=\{e_1, e_4, e_5, e_8\}$ $C\_Y_2=\{e_2, e_3, e_6, e_7\}$

计算 POS(C-$\{b\}$, D)和 $\gamma(C$-$\{b\}, D)$：

POS(C-$\{b\}$, D)=$C\_Y_1 \cup C\_Y_2$=$\{e_1, e_2, e_3, e_4, e_5, e_6, e_7, e_8\}$

|POS(C-$\{b\}$, D)|=8

$\gamma(C$-$\{b\}, D)$=8/8=1

属性 b 的重要程度：

SGF(C-$\{b\}$, D)=0

所以 b 属性可省略。

③c 的重要程度计算。

条件属性 $C(a, b)$的等价集：

$\{e_1, e_2, e_3\}$，$\{e_4, e_6\}$，$\{e_5, e_8\}$，$\{e_7\}$

决策属性 $D(d)$的等价集仍为 Y_1、Y_2。

决策属性的下近似集：

$C\_Y_1=\{e_5, e_8\}$ $C\_Y_2=\{e_7\}$

计算 POS(C-$\{c\}$, D) 和 $\gamma(C$-$\{c\}, D)$：

POS(C-$\{c\}$, D)=$C\_Y_1 \cup C\_Y_2$=$\{e_5, e_7, e_8\}$

|POS(C-$\{c\}$, D)|=3

$\gamma(C$-$\{c\}, D)$=3/8

属性 c 的重要程度：

SGF(C-$\{c\}$, D)= $\gamma(C, D)$- $\gamma(C$-$\{c\}, D)$=1-3/8=5/8≠0

所以 c 属性不可省略。

得到简化后的决策表，见表3.3。

表3.3 简化后的决策表

X	咳嗽（a）	发烧（c）	感冒（d）
e'_1	1	0	0
e'_2	1	1	1
e'_3	1	2	1
e'_4	0	0	0
e'_5	0	1	0
e'_6	0	2	1

得到新的条件属性的等价集 $\{e'_1\}$，$\{e'_2\}$，$\{e'_3\}$，$\{e'_4\}$，$\{e'_5\}$，$\{e'_6\}$ 和决策属性的等价集 $\{e'_1, e'_4, e'_5\}$，$\{e'_2, e'_3, e'_6\}$。

11）规则获取

若 E_i 是条件属性的等价集，Y_j 是决策属性的等价集，当 $E_i \cap Y_j \neq \varnothing$ 时，则有规则：$r_{ij}: \text{Des}(E_i) \to \text{Des}(Y_j)$

且当 $E_i \cap Y_j = E_i$ 时，规则的置信度 cf=1；

当 $E_i \cap Y_j \neq E_i$ 时，规则的置信度 $\text{cf} = \dfrac{|E_i \cap Y_j|}{E_i}$。

若 $E_i \cap Y_j = \varnothing$，则不能建立规则。

在本例中，我们得到规则 r_{ij}（i 是样本的序数，j 是决策属性的序数）如下：

$r_{11}: a = 1 \wedge c = 0 \to d = 0, \text{cf} = 1$

$r_{41}: a = 0 \wedge c = 0 \to d = 0, \text{cf} = 1$

$r_{51}: a = 0 \wedge c = 1 \to d = 0, \text{cf} = 1$

$r_{22}: a = 1 \wedge c = 1 \to d = 1, \text{cf} = 1$

$r_{32}: a = 1 \wedge c = 2 \to d = 1, \text{cf} = 1$

$r_{62}: a = 0 \wedge c = 2 \to d = 1, \text{cf} = 1$

因为 r_{11} 和 r_{41} 中 a 的取值包含全部取值，所以属性 a 删除，得到 $c = 0 \to d = 0$。

同理，r_{32} 和 r_{62} 合并，得到 $c = 2 \to d = 1$。

因此，最后得到的规则如下：

$1: c = 0 \to d = 0$

$2: a = 0 \wedge c = 1 \to d = 0$

$3: c = 2 \to d = 1$

$4: a = 1 \wedge c = 1 \to d = 1$

2. 算法流程

粗糙集分类的算法流程如图 3.49 所示。

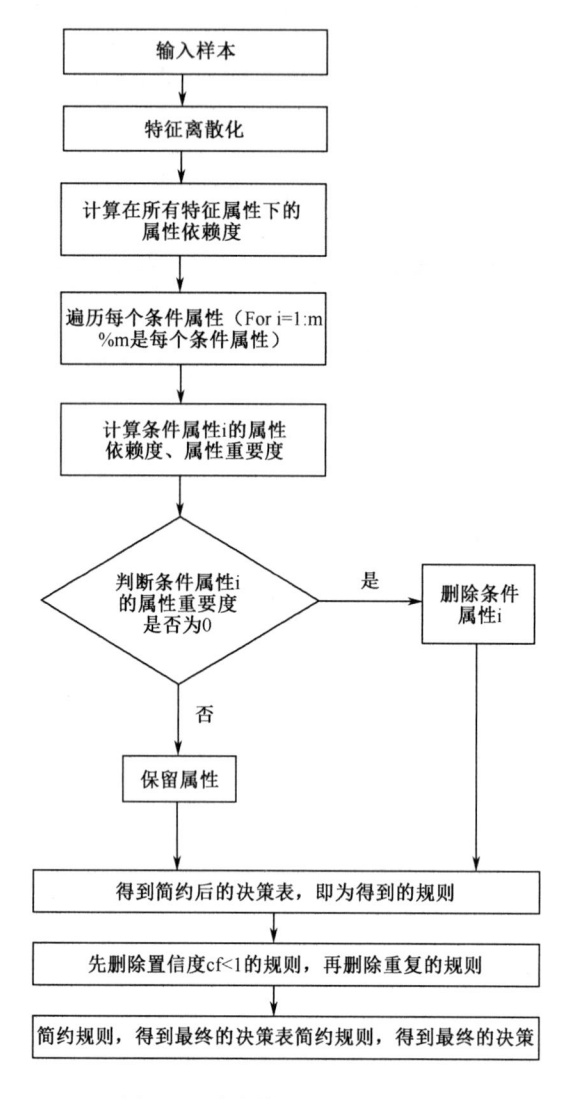

图 3.49 粗糙集分类的算法流程

3.6.3 粗糙集分类算法函数

1. 训练粗糙集分类器的函数

CuCao2ClassTrain 函数是粗糙集算法的核心函数，该函数实现了利用训练集和对应的标签集来生成分类规则，可以选择是否对训练集特征数据利用 Chi-Merge 算法进行离散化。因为对于连续数据的特征，连续的取值可能会使分类规则过于复杂化，所以利用离散化函数对特征进行复杂度的降低，有利于简化规则。下面介绍该函数的输入和输出。

```
function end_Rule=CuCao2ClassTrain(x_train,y_train,max_interval)
%输入参数：
%x_train: 训练集的特征值，类型是矩阵
%y_train: 训练集的标签，类型是列向量
%max_interval: 可选参数，整数或者向量。没有此参数时表示不对样本特征进行 Chi-Merge 离散化，
有此参数时表示对样本特征进行 Chi-Merge 离散化。若该变量是整数，表示所有特征的离散程度一样，离散
值的个数都是 max_interval; 若该变量是向量，则表示每个特征离散化的程度不同，此时向量的长度等于特
征的数量，向量的每一个元素表示对应该位置的特征在离散化时应离散化成几个值。无论 max_interval
是标量还是向量，其值或是每一个元素都必须大于 0
%输出参数：
%end_Rule: 得到的规则。当有输入参数 max_interval, 即采取离散化措施时输出的 end_Rule 是
一个结构体，有两个域。第一个域是 rule, 即我们得到的最终规则，规则的最后一行记录了哪些条件属性被
保留；第二个域是 cm, 该域的变量还是一个结构体，这个结构体就是函数 Chi-Merge 输出的那个结构体，详见
Chi-Merge 算法的文档或注释。没有参数 max_interval 时，得到的 end_Rule 就是决策表，类型是矩阵
```

2. 预测函数

CuCao2Class_predict 函数是利用 CuCao2ClassTrain 函数生成的分类规则对新的样本数据进行分类的函数。下面介绍该函数的输入和输出。

```
function [pp,error_rate]=CuCao2Class_predict(end_rule,x_test,cm,y_test)
%输入参数：
%end_rule: 由函数 CuCao2ClassTrain 训练得到的规则
%x_test: 测试集数据
%cm: 对测试集是否离散化的开关，布尔值。当 cm 取值不为 0 时对测试集数据进行离散化，离散化按
照训练集的离散化的方式进行，即样本点位于哪个区间内就把样本点赋值为该区间对应的离散值；当 cm 取值
为 0 时，不进行离散化
%y_test: 可选参数，测试集的标签。输入此参数时，函数会输出模型预测的错误率
%输出参数：
%pp: 得到的预测结果，类型是列向量，长度是测试集的样本容量
%error_rate: 错误率。如果输入了参数 y_test, 就会输出错误率
```

3.6.4 粗糙集分类算法实例分析

1. 数据集介绍

本文训练粗糙集模型使用的是 Pima 数据，该数据是个二分类问题，标签是 0 或 1，自变量有 8 个特征。我们随机选取 90% 的数据作为训练集，10% 的数据作为测试集。

2. 训练结果

由于 Pima 数据集中自变量数据是连续型的，因此我们要将其变为离散型的数据。我们以将每个属性离散成 3、7、9、15、12、10、8、11 等不同个数的离散值为例，执行以下程序：

```
nr=CuCao2ClassTrain(x_train,y_train,[3 7 9 15 12 10 8 11]);
```

执行结果如图 3.50 所示。

图 3.50 粗糙集算法的输出

由于我们离散化了特征值，所以输出的 nr 是一个结构体。域 rule 是得到的决策表，域 cm 记录了 chi_merge 模型输出的信息。

如图 3.51 所示，变量 nr.cm，该结构体中具体每个变量的意义见 chi_merge 的文档。

图 3.51 chi_merge 模型的输出

如图 3.52 所示，变量 nr.rule，其第一行第一列的值为 Inf，说明在第一个规则中，特征属性 1 已经被简约了。

图 3.52 粗糙集算法输出的决策规则

如图 3.53 所示，变量 nr.rule 的最后一行，最后一个数表示最初的决策表包含的决策属性共有几个属性，前面的几个数记录了具体有哪些特征被保留。在本例中，8个属性都被保留，所以最后一行的前几个数是 1～8，最后一个数是 9，说明最初的决策表里条件属性和决策属性一共有 9 个。

| 595 | 1 | 2 | 3 | 4 | 5 | 6 | 7 | 8 | 9 |

图 3.53 决策规则表的最后一行

之后是在测试集上出现的结果，如图 3.54 所示。

train_error_rate =
    0.0043

test_error_rate =
    0.2338

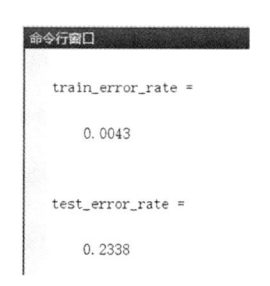

图 3.54 测试集输出结果

图 3.54 中的 train_error_rate 是模型在训练集上的错误率，test_error_rate 是模型在测试集上的错误率，从图中可以看出训练集上测试效果好，测试集上训练效果一般。实际上预测的效果与离散化时离散值的个数选取有很大的关系。

3.6.5 粗糙集分类算法代码

1. 粗糙集训练的函数代码（主函数）

前面介绍了粗糙集算法，该算法是综合利用集合运算对样本进行简化处理，并总结出样本在取特定值时进行归类的规则化算法。CuCao2ClassTrain 函数是计算分类规则的核心函数，下面给出完整的代码。

首先，给出训练函数的输入和输出参数解释。本节给出的粗糙集算法与 Chi-Merge 算法相融合。这是因为，粗糙集是一种规则组合算法，而规则数据往往是离散数据，因而需要将输入的连续数据离散化，与 Chi-Merge 是天然相融合的。

```
function end_Rule=CuCao2ClassTrain(x_train,y_train,max_interval)
%输入参数：
%x_train：训练集的特征值，类型是矩阵
%y_train：训练集的标签，类型是列向量
%max_interval：可选参数，整数或者向量。具体说明见 3.6.3 节
%输出参数：
%end_Rule：得到的规则。具体说明见 3.6.3 节
```

输入数据的初始化，分为是否选择用 Chi-Merge 初始化，如果是，则把原式输入的训练数据转化为决策表形式的离散数据。

```
if nargin>2       %若输入三个参数，则把数据离散化
    if isscalar(max_interval)    %如果 max_interval 是标量
        if max_interval<=0
            error('max_interval 必须大于 0');
        end
    else  %如果 max_interval 是向量
        if any(max_interval<=0)    %若 max_interval 中有元素不大于 0
            error('max_interval 中所有的元素必须大于 0');
        end
    end
```

运用 Chi-Merge 算法对特征数据进行离散化，从而使特征输入满足粗糙集的要求。

```
    merge=chi_merge(x_train,y_train,max_interval);  %merge 是结构体，是 chi_merge 函数输出的信息
    x=merge.xy_new;  %离散化后得到决策表
elseif nargin<=2  %否则不进行离散化，直接构造决策表
    x=[x_train y_train];  %x 是决策表，包含条件属性和决策属性，也就是说 x 既含有样本的特征，又含有样本的标签
End
```

下面开始粗糙集算法的流程。粗糙集算法是一种流程式的算法，因而没有迭代和循环的过程。通常按照本节给出的流程逐步求解即可。

```
x=del_extra(x);  %删除 x 中重复的规则
[ruleNum,lieshu]=size(x);
x=sortrows(x,lieshu);  %把决策表按决策属性一列从小到大排列，即把一类规则放到决策表的上半部分，另一类规则放到下半部分
y1=unique(x(:,end));
ruleNumY1=sum(x(:,end)==y1(1));  %计算输入决策属性 Y1 的规则数
```

计算在所有条件属性下的条件等价集、下近似集和属性依赖度。

```
[classX,m,classNum]=CalTiaoJian(0,x);  %计算所有条件属性的等价集
%classX: 得到的等价集矩阵，初始化的时候是全为 0 的方阵，行数是等价集个数，列数是拥有元素最多的等价集的元素个数。矩阵的每一行是一个等价集，每一列是该等价集下的一个规则，对应位置上元素的值表示该等价集下的某个元素在决策表里的行索引。此矩阵每行所表示的等价集里元素的个数等于该行非 0 元素的个数
%m: 整数，是等价集的个数，也就是 classX 矩阵中非 0 行的数量
%classNum: 行向量，向量的长度是等价集的个数，元素的值表示 classX 矩阵中对应位置的等价集里规则的个数
    [X_Y1,X_Y2]=CalXiaJinSi(classX,m,classNum,ruleNumY1);
%计算决策属性 Y1、Y2 的两个下近似集，X_Y1 和 X_Y2 里的元素是规则的序号
PosXD=[X_Y1 X_Y2];  %决策属性在当前所有条件属性下的正域
```

```
rXD=size(PosXD,2)/ruleNum;    %决策属性对当前所有条件属性的依赖度
```

计算每个条件属性的属性重要度,并以此作为根据,判断是否约减属性。

```
gamma=zeros(1,lieshu-1);   %gamma 里存放的是决策属性对每个条件属性的依赖度
xReserve=[];  %存放即将保留的条件属性,即把贡献度为 0 的条件属性删去
for i=1:(lieshu-1)
    [classX,m,classNum]=CalTiaoJian(I,x);   %计算缺失条件属性 i 时的条件等价集
    [X_Y1,X_Y2]=CalXiaJinSi(classX,m,classNum,ruleNumY1);   %计算此时 Y 的两个下近似集
    PosXiD=[X_Y1,X_Y2];   %缺少属性 i 时 Y 的正域
    gamma(i)=size(PosXiD,2)/ruleNum;   %决策属性对条件属性 i 的依赖度
    %决策属性 Y 对所有条件属性的依赖度与 Y 对条件属性 i 的依赖度之差,是条件属性 i 的重要度
    if (rXD-gamma(i))~=0   %如果条件属性 i 的重要度不是 0
        xReserve=[xReserve i];   %记录该属性
    end
end
```

对决策表进行删减,简化规则。

```
xReserve=[xReserve lieshu];   %把决策属性并入 xReserve 中
xnew=x(:,xReserve);   %简化后的新决策表是 xnew
ruleNumY1=sum(xnew(:,end)==y1(1));   %更新此时属于决策属性 Y1 的规则数
```

删除新的规则表里规则可信度 cf<1 的规则,再删除重复的规则。

```
[classX,m,classNum]=CalTiaoJian(0,xnew);   %对简约后的决策表,计算在所有条件属性下的
等价集
    cf=[];
    for i=1:m
        %如果第 i 个等价集里的规则既对应标签 Y1 又对应标签 Y2(由于此时 xnew 仍然是标签为 Y1 的规
则全在上面,Y2 全在下面,所以此判断语句是对的)
        if any(classX(I,1:classNum(i))<=ruleNumY1) && any(classX(I,1:classNum(i))>
ruleNumY1)
            cf=[cf i];   %等价集 i 里的规则可信度(cf)不是 1,记录下来
        end
    end
```

进一步将可信度小的规则删除。

```
if ~isempty(cf)   %如果存在可信度小于 1 的等价集,则把这些等价集里的规则删除
    del_set=classX(cf,:);   %取可信度小于 1 的等价集所在的那几行
    del_rule=del_set(del_set~=0);   % del_rule 是列向量,元素是可信度小于 1 的所有等
价集里规则的行索引
    %由于 classX 矩阵中每列的 0 元素的位置表示该行的等价集里没有那么多的规则,所以上面语句
中有 del_set~=0
    xnew(del_rule,:)=[];   %把 xnew 中 cf 不是 1 的等价集里的规则删去
end
```

```
xnew=del_extra(xnew);    %删去重复规则
```

简约规则,得到最终的规则表。

```
interval=unique_count(xnew);  %计算此时的决策表中,每一个条件属性有几个不同的取值。Interval
是行向量,长度等于条件属性的个数,具体的元素的值是对应位置的条件属性取值的个数
ruleNumY1=sum(xnew(:,end)==yl(1));   %更新此时属于决策属性 Y1 的规则数
ruleNumY2=sum(xnew(:,end)==yl(2));   %更新此时属于决策属性 Y2 的规则数
ruleNum=ruleNumY1+ruleNumY2;    %新的规则数
oldRule=xnew;   %化简前的规则
newRule=[];     %存放化简后的规则
ruleJ=[];       %统计可以化简的规则
```

```
for i=1:(length(xReserve)-1)    %遍历每个约简后的特征
    rule=oldRule;   %每次迭代的开始,把决策表还原到迭代开始前的那个决策表
    rule_one=rule(1:ruleNumY1,:);     %对应标签 Y1 的那些规则
    rule_two=rule(ruleNumY1+1:end,:);  %对应标签 Y2 的那些规则
    [one_classX,~,one_classNum]=CalTiaoJian(I,rule_one);
    %对于标签 Y1,考虑在没有属性 i 的情况下每个规则的特征是否完全一样,如果有完全一样的规则,
说明这个规则所在的等价集需要去重,并令该规则的第 i 个特征为 inf,即删去输出的 one_classX 等两个
变量,表示对应标签 Y1 的规则的等价集、每个等价集的规则数
    huajian_set_one=(find(one_classNum==interval(i)))';
    %由于决策表 rule 里的规则都是独一无二的,所以删去某个条件属性后计算等价集时,只有当该等价集
里规则的个数等于当前条件属性 i 下值的个数,才能保证对应一个决策属性时,该条件属性已经取到了所有可
能的取值
        if ~isempty(huajian_set_one)
           for k=huajian_set_one
              huajian_rule=one_classX(k,1:one_classNum(k));
              %第 k 个等价集里需要去重的那几个规则的行索引
              rule(huajian_rule(1),i)=inf;
              %对于重复的规则,把第一个规则里的第 i 个特征赋值为 i,表示简约该特征
              newRule=[newRule;rule(huajian_rule(1),:)];  %把化简后的规则放到新规则里
              ruleJ=[ruleJ huajian_rule];   %记录被化简的行
           end
        end
    [two_classX,~,two_classNum]=CalTiaoJian(I,rule_two);
    %对于标签 Y2,计算决策表里各个规则之间的等价集
    huajian_set_two=(find(two_classNum==interval(i)))';
    if ~isempty(huajian_set_two)
       for k=huajian_set_two
          huajian_rule=two_classX(k,1:two_classNum(k));
          %第 k 个等价集里需要去重的那几个规则的行索引
          huajian_rule=huajian_rule+ruleNumY1;
          %由于 rule 中对应标签 Y2 的规则全在下面,并且我们之前把对应标签 Y2 的规则全部拿出来
单独处理了,因此上一步计算得到的行索引需要加上对应标签 Y1 的规则的数量,这样算出来的就是对应标签
```

```
Y2 的规则的实际行索引了
            rule(huajian_rule(1),i)=inf;
            %对于重复的规则,把第一个规则里的第 i 个特征赋值为 i,表示简约该特征
            newRule=[newRule;rule(huajian_rule(1),:)];    %把化简后的规则放到新规则里
            ruleJ=[ruleJ huajian_rule];    %记录被化简的行
        end
    end
end


newRule=[newRule;oldRule(setdiff(1:ruleNum,ruleJ),:)];
%在上一步中得到的 newRule 是有属性被约减的规则,我们取出没有被约减属性的规则;把取出来的这
些规则,合并到之前得到的 newRule 的下方,这样就得到了最终的规则
newRule=[newRule;xReserve];    %新规则的最后一行是条件属性的编号
if  nargin>2    %若数据被离散化
    end_Rule.rule=newRule;    %在 rule 域中放入规则
    end_Rule.cm=merge;    %在 cm 域中记录 chi_merge 模型输出的信息
else
    end_Rule=newRule;    %输出的结果,就是最后的决策表
end
end
```

unique_count 子函数的功能是统计决策表的每个条件属性有几个不同的变量。

```
function interval=unique_count(x)
%x 是传入的决策表,最后一列是决策属性
x=x(:,1:end-1);
tezhen=size(x,2);    %条件属性的个数
interval=zeros(1,tezhen);    %初始化存放每列有多少个不同变量的向量
for k=1:tezhen
    interval(k)=length(unique(x(:,k)));
end
end
```

2. 去重复或者不一致规则的函数代码

del_extra 函数是用于简约分类规则表的函数,同时用于去除重复的规则和预测结果不一致的规则。

```
function x=del_extra(x)
%该函数用于删除重复的规则和预测结果不一致的规则
%输入变量:
%x: 传入的决策表,类型是矩阵,最后一列是决策属性
%输出变量:
%输出的 x 去除了所有条件属性相等的规则,这样就去除了重复和不一致的规则
sub_x=x(:,1:end-1);    %sub_x 是去掉决策属性后的决策表,因为去掉重复和不一致的规则时,只
```

需要比较条件属性是否完全相等，而不必考虑决策属性是否相等

```
    [~,idx]=unique(sub_x,'rows');    %筛选出 sub_x 中独一无二的行，idx 是这些独一无二的行
在 sub_x 中的行索引（此索引是该行第一次出现时的位置）
    x=x(sort(idx),:);    %去除重复的和不一致的规则。由于 unique 函数在去重的时候将样本进行了
排序，因此本句将索引 idx 也进行排序，这样得到的新 x 与旧 x 的每一行的位置都是一致的
end
```

3. 计算条件等价集的函数代码

CalTiaoJian 函数实现了计算给定样本 x 的条件等价集和相应变量的功能。

```
function [classX,m,classNum]=CalTiaoJian(num,x)
%输入变量
%num: 条件属性号，即去掉第 num 个特征的情况下计算等价集，输入是整数，当输入值是 0 时表示对
所有的条件属性求等价集
%x: 决策表，类型是矩阵，最后一列是标签，即决策属性。注意，x 的最后一列是标签，不是特征
%若要在本函数运行完后调用函数 CalXiaJinSi，考虑到 CalXiaJinSi 函数的计算方式，传入的变量 x
必须是一类样本都在矩阵的上半部分，另一类都在下半部分
%输出变量：
%classX: 得到的等价集矩阵，初始化时是全为 0 的方阵，行数是等价集个数，列数是拥有元素最多的
等价集的元素个数。矩阵的每一行是一个等价集，每一列是该等价集下的一个规则，对应位置上元素的值表示
该等价集下的某个元素在决策表里的行索引。此矩阵每行所表示的等价集里元素的个数等于该行非 0 元素的个数
%m: 整数，是等价集的个数，也就是 classX 矩阵中非 0 行的数量
%classNum: 行向量，长度是等价集的个数，元素的值表示 classX 矩阵中对应位置的等价集里规则的个数

x=x(:,1:end-1);    %计算等价集时，只考虑特征是否相等
if num~=0    %若 num≠0，则在去掉第 num 列的情况下求等价集，反之对所有条件属性求等价集
    x(:,num)=[];
end


[~,~,idx]=unique(x,'rows');    %把 x 的每一行进行去重，得到一个去重后的矩阵。idx 是一个列向量，
其长度等于 x 的行数，idx 的元素表示旧矩阵 x 里的每一行是去重后的矩阵中的哪一行，也就是每一个等价集
m=max(idx);    %向量 idx 的最大值等于去重后的矩阵的行数，即有多少个等价集
classNum=histc(idx, 1:m);
%统计在 idx 向量中每个元素出现的次数，该次数就是每个等价集里元素的个数
classX=zeros(m, max(classNum));
%初始化等价集矩阵，矩阵的每一行是一个等价集，每一列是该等价集下的一个规则


for i=1:m    % 1:m 也就是 unique(idx)，遍历每个等价集
    x_idx=find(idx==i);    %找到属于等价集 i 的样本在哪一行
    classX(i, 1:classNum(i))=x_idx;    %把这些行索引放到等价集里对应的位置
end
end
```

4. 计算下近似集的函数代码

CalXiaJinSi 函数实现了根据条件等价集计算下近似集的功能。

```
function [X_Y1, X_Y2]=CalXiaJinSi(classX,m,classNum,ruleNumY1)
%输入变量：
%classX: 条件等价集，输入类型是矩阵，可由函数 CalTiaoJian 输入
%m: 等价集个数，输入类型是整数，可由函数 CalTiaoJian 输入
%classNum: 每个条件等价集中的元素个数，输入类型是行向量，可由函数 CalTiaoJian 输入
%ruleNumY1: 决策属性为 1 的等价集中的元素个数，输入类型是整数。例如，样本标签是 0、1 时，
ruleNumY1 是标签为 0 的样本容量
%注意，由于本函数的参数大多由 CalTiaoJian 函数输入，考虑到本函数代码的计算方式，
CalTiaoJian 函数所输入的 x 必须是一类样本都在矩阵的上半部分，另一类都在下半部分
```

```
%输出变量：
%X_Y1: 行向量，元素是属于决策属性 Y1 的下近似集元素的序号，也就是 Y1 下近似集里的规则在决策
表的第几行
%X_Y2: 行向量，元素是属于决策属性 Y2 的下近似集元素的序号，也就是 Y2 下近似集里的规则在决策
表的第几行
```

```
X_Y1=[];    %Y1 决策属性的下近似集
X_Y2=[];    %Y2 决策属性的下近似集
for i=1:m   %遍历每个等价集
if all(classX(i,1:classNum(i))<=ruleNumY1)
%若等价集里的每个规则在决策表里的行索引都小于或等于对应标签 Y1 的规则的个数
        X_Y1=[X_Y1 classX(I,1:classNum(i))];    %把这些规则所在的行索引放入 Y1 的下近
似集里
    elseif all(classX(I,1:classNum(i))>ruleNumY1)
%若等价集里的每个规则在决策表里的行索引都大于对应标签 Y1 的规则的个数
        X_Y2=[X_Y2 classX(I,1:classNum(i))];    %把这些规则所在的行索引放入 Y2 的下近
似集里
    end
end
end
```

5. 预测的函数代码

CuCao2Class_predict 函数是根据 CuCao2ClassTrain 函数得出的分类规则对新输入的样本进行分类的函数。

```
function [pp,error_rate]=CuCao2Class_predict(end_rule,x_test,cm,y_test)
```

```
%输入参数：
%end_rule: 由函数 CuCao2ClassTrain 训练得到的规则
```

```
%x_test: 测试集数据
%cm: 对测试集是否离散化的开关，布尔值。不是 0 的时候对测试集数据进行离散化。离散化时按照训
练集的离散化的方式进行，即样本点位于哪个区间内，就把样本点赋值为那个区间对应的离散值。当 cm 取值
为 0 时，不进行离散化
%y_test: 可选参数，测试集的标签。输入此参数时，函数会输出模型预测的错误率

%输出参数：
%pp: 得到的预测结果，类型是列向量，长度是测试集的样本容量
%error_rate: 错误率，如果输入了参数 y_test，就会输出错误率

if (nargin>2) && cm   %对新来的数据按照训练粗糙集模型时的分割点进行离散化
    x_test=chi_merge_predict(end_rule.cm,x_test,0);
end   %由于传入的 x_test 是没有标签的，因此 chi_merge_predict 的最后一个参数是 0

if isstruct(end_rule)
%如果粗糙集模型训练得到的是结构体，说明在训练集数据上对数据进行了离散化
    rule=end_rule.rule;   %决策表是 end_rule 里的 rule 域
else    %没有对训练集数据进行离散化
    rule=end_rule;    %决策表就是 end_rule
end

columns=rule(end,1:end-1);    %筛选出保留的那几个属性
x_test=x_test(:,columns);
rule=rule(1:end-1,:);    %由于输入的决策表中最后一行是对应属性的索引，因此在后面的比较中
不考虑属性的索引
N=size(x_test,1);
pp=zeros(N,1);
xNum=size(rule,2)-1;    %属性数

for i=1:N
    xold=x_test(I,:);    %保存待测样本最原始的值
    flag=false;    %样本 i 还未被赋值
    bool_=x_test(I,:)==rule(:,1:end-1);    %比较测试样本 i 与每个规则的条件属性相等的情况
    if any(sum(bool_,2)==(size(rule,2)-1))    %如果当前样本和某个规则完全相等
        pp(i)=rule(sum(bool_,2)==(size(rule,2)-1),end);    %记录预测的标签
        flag=true;    %样本 i 已经被赋值
    else
        for j=1:xNum    %把第 i 个样本的每个特征依次赋值为 inf
            x_test(I,:)=xold;    %把 x_test(I,j)赋值为 inf 前，取消前一次的赋值结果
            x_test(I,j)=inf;
            bool_=x_test(I,:)==rule(:,1:end-1);
            %比较测试样本 i 与每个规则的条件属性相等的情况
```

```
                    if any(sum(bool_,2)==(size(rule,2)-1))
                        pp(i)=rule(sum(bool_,2)==(size(rule,2)-1),end);   %记录预测的标签
                        x_test(I,:)=xold;  %还原第i个样本
                        flag=true;   %样本i已经被赋值
                        break;    %不再把其他的特征赋值为inf,跳出循环
                    end
                end
                x_test(I,:)=xold;  %还原第i个样本
            end
            if flag    %如果样本i已经被赋值
                continue;   %对下一个样本赋值
            end
            bool_=x_test(I,:)==rule(:,1:end-1);   %比较测试样本i与每个规则的条件属性相等的情况
            score=sum(bool_,2);    %记录样本i与每个规则有多少个属性是相等的
            score(sum(rule(:,1:end-1)==inf,2)>0)=score(sum(rule(:,1:end-1)==inf,2)>0)+1;
            %对于含有inf的规则,样本在该规则上的得分+1,即样本和规则在inf对应的特征上永远一样
            [~,index]=max(score);   %记录样本与哪个规则相等的属性最多
            pp(i)=rule(index,end);      %记录预测的标签
end
if nargin>3
    error_rate=sum(pp~=y_test)/length(y_test);
end
end
```

6. 主文件代码

下面利用 Pima 糖尿病患者的数据进行粗糙集算法的实验。首先读取 Pima 的数据并打乱顺序,然后切分训练集和预测集,最后利用训练集数据和粗糙集算法来生成分类规则,并根据该分类规则预测新数据是否为糖尿病患者。

```
clc;clear;
xy=importdata('Pima.txt');
N=size(xy,1);
xy=xy(randperm(N),:);    %把样本随机排列
np=floor(N*0.9);
x_train=xy(1:np,1:end-1);
y_train=xy(1:np,end);
x_test=xy(np+1:end,1:end-1);
y_test=xy(np+1:end,end);
nr=CuCao2ClassTrain(x_train,y_train,5);
[train_pp,train_error_rate]=CuCao2Class_predict(nr,x_train,1,y_train);
train_error_rate
[test_pp,test_error_rate]=CuCao2Class_predict(nr,x_test,1,y_test);
test_error_rate
```

第4章 工 具 库

工具库建立的目的主要是辅助量化研究，它将量化研究日常工作中经常出现的需求做了定制化的总结。其中，量化策略开发是量化研究最重要的分支之一，所以工具库的许多工具是为了迎合量化策略开发而制作的。本书工具库的建立主要依照量化研究的一般逻辑顺序，从数据出发：4.1 节数据清洗程序用于对不完整或有错误和错乱的数据进行清洗，数据处理是量化研究的第一步；4.2 节因子回测程序是用来挖掘和验证对品种涨跌有显著影响的品种属性类因子的程序，然后挑选合适的因子数据进行下一步研究；4.3 节的先后轮动关系挖掘程序关注点从 4.2 节的因子转向了品种，即从方程右边的 X 转向了方程左边的 Y，开始研究品种之间的走势是否存在先行和滞后性，互相之间是否有因果关系；4.4 节是策略回测程序，量化策略开发在实盘前需要将研究出来的策略代入回测平台检验，考察投资策略的有效性。以上 4 个程序简要覆盖了量化研究的几个环节，为今后的工具库扩展定下了基调。

4.1 数据清洗程序

量化研究的第一步是处理数据。原数据往往遗留有各种历史问题，如缺失、错误、乱序等。所以数据清洗程序就是解决一系列数据处理常见问题的一个程序。该程序分为自动数据清洗程序和手动数据清洗程序。自动数据清洗程序是按照程序预设的规则对数据进行清洗，而手动数据清洗程序为使用者留下了更多的操控空间，可以按照使用者的主观需求来清洗数据。本节分别对两个程序展开介绍。

4.1.1 自动数据清洗程序的功能概述

自动数据清洗程序主要实现对时间序列数据通过日期补全的方式进行清洗的功能，程序的逻辑框架如图 4.1 所示。自动清洗中，通过对日期的自动补全的方式得到完整的日期序列，放入已有数据，补全缺失数据。下面依次介绍程序的输入参数和各个函数的功能。

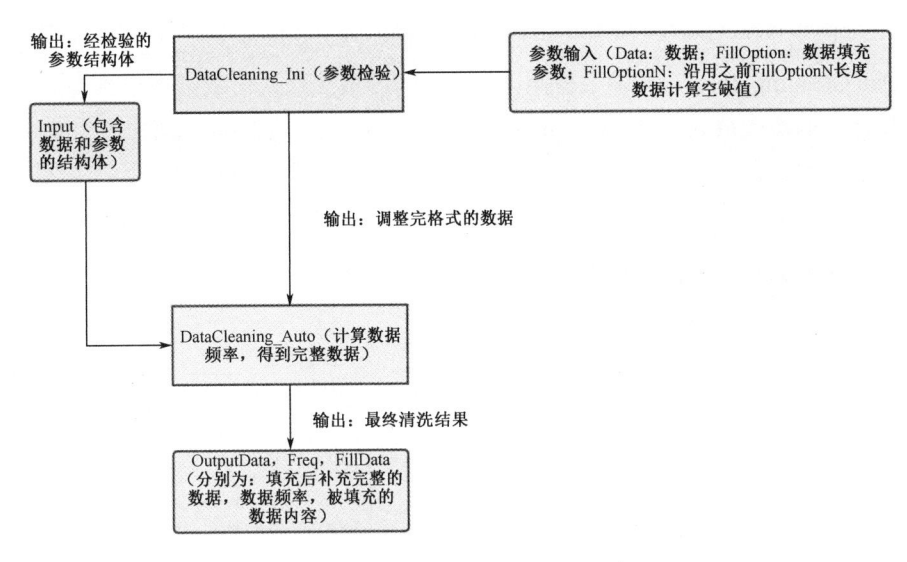

图 4.1 自动数据清洗程序逻辑框架

1. 输入参数解释

（1）Data：数据。

输入格式：N 行 2 列的 cell 数组。第一列为日期时间序列，第二列为目标清洗数据。

（2）FillOption：数据填充方式。

输入参数选择：LastValue、LastNReturn、LinearValue。

（3）FillOptionN：数据填充需要的时间窗口大小，部分填充方式需要。

输入格式：整数。

（4）FormatOption：是否需要调整日期格式。

输入参数选择：0、1。

0 表示不需要调整日期格式；1 表示需要调整日期格式。

（5）OrFormat：原日期序列格式，当 FormatOption 为 1 时需要输入。

输入格式样例：'yyyy-mm-dd HH:MM:SS FFF'。

（6）NewFormat：需要创建的新日期序列的最小单位，当 FormatOption 为 1 时需要输入。

可选参数：'Year'、'Month'、'Hour'、'Minute'、'Second'、'MSecond'。

2. 函数展示

```
[ Input ] = DataCleaning_Ini( varargin )
```

```
[ OutputData, FillData, freq ] = DataCleaning_Auto( Data, Input );
```

DataCleaning_Ini：输入参数检测，未输入的参数赋默认值或给出报错提示。最后将除数据外的参数放入 Input（Input 格式为 struct），并输出 Input 和数据，如图 4.2 所示为 Input 输出样例。

DataCleaning_Auto 的核心步骤 1：根据输入参数调整或不调整时间日期序列。将调整或未调整的数据输出，如图 4.3 所示为 Data 输出样例。

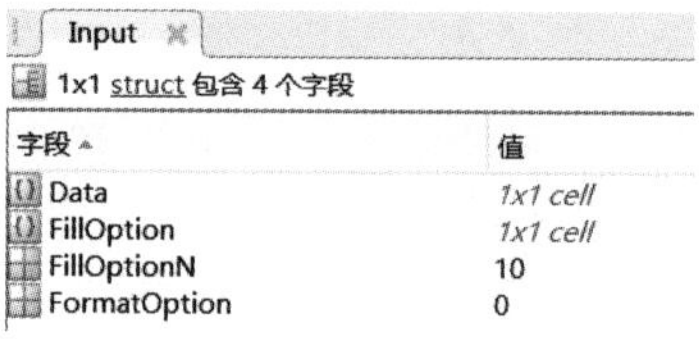

图 4.2　Input 输出样例

图 4.3　Data 输出样例

DataCleaning_Auto 的核心步骤 2：补全时间日期序列，放入已有数据。通过选择的补全数据的方式对缺失数据进行补全，输出补全后的完整时间序列数据。图 4.4 所示为 OutputData 输出样例，图 4.5 所示为 FillData 输出样例，图 4.6 所示为 freq 输出样例。

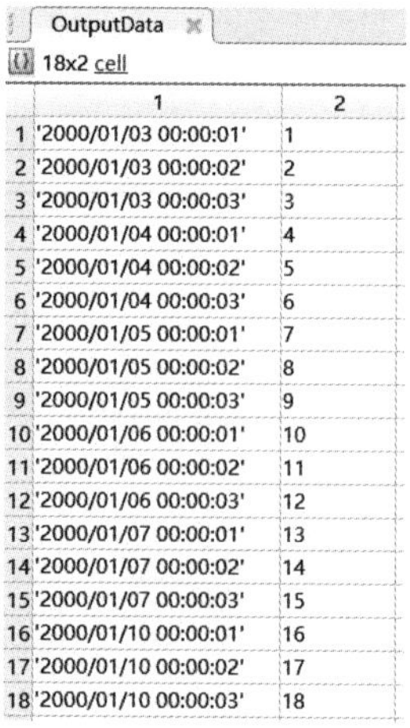

图 4.4　OutputData 输出样例　　图 4.5　FillData 输出样例　　图 4.6　freq 输出样例

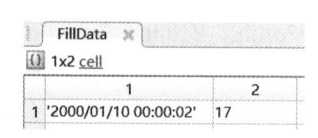

210

3. 工具逻辑

年、月频率数据：把初始的年或月到结束的年或月的数据以线性的方式补全。填入未缺失的数据，用选择的方式补全数据。

小时以下频率数据：按照每个星期的交易日分组，将每个交易日内包含的所有时间点取并集，并认为这个并集是完整的时间日期序列。填入未缺失的数据，用选择的方式补全数据。

4. 数据补全方式

（1）LastValue：用取前值的方式补全缺失值。

注意：如果使用这种方法，需要保证输入数据的第一个数据没有缺失。

（2）LastNReturn：用取前 FillOptionN 个数据的平均 return 的方式，计算下一个缺失值的数值。

注意：如果使用这种方法，需要保证输入数据的前 FillOptionN 个数据没有缺失。

（3）LinearValue：用线性的方式补全缺失值。

注意：如果使用这种方法，需要保证输入数据的第一个数据和最后一个数据没有缺失。

4.1.2 手动数据清洗程序的功能概述

手动数据清洗程序主要实现对时间序列数据通过输入完整日期序列的方式对目标数据进行清洗补全，放入已有数据，补全缺失数据。

1. 输入参数和逻辑解释

（1）Data：数据。

输入格式：N 行 2 列的 cell 数组。第一列为日期时间序列，第二列为清洗目标数据。

（2）GivenDate：完整日期序列。

输入格式：N 行 1 列的 cell 时间数组。输入格式必须为"yyyy/mm/dd HH:MM:SS FFF"，或者短于上述格式。

（3）FillOption：数据填充方式。

输入参数选择：LastValue、LastNReturn、LinearValue。

（4）DataCleaning_FillData：通过输入参数 FillOption 选择填充数据的方式。

2. 工具逻辑

用未缺失数据填充 GivenDate 对应的日期时间序列，然后以指定的数据补全方式补全数据。

数据补全方式如下。

（1）LastValue：用取前值的方式补全缺失值。

注意：如果使用这种方法，需要保证输入数据的第一个数据没有缺失。

（2）LastNReturn：用取前 FillOptionN 个数据的平均 return 的方式，计算下一个缺失值的数值。

注意：如果使用这种方法，需要保证输入数据的前 FillOptionN 个数据没有缺失。

（3）LinearValue：用线性的方式补全缺失值。

注意：如果使用这种方法，需要保证输入数据的第一个数据和最后一个数据没有缺失。

了解以上输入参数后，我们调用手动数据清洗程序，运行样例展示：

```
[ OutputData, FillData ] = GivenDateDataCleaning_Main( Data, GivenDate, FillOption )
```

函数所需的输入数据格式，图 4.7 所示为 Data 展示，图 4.8 所示为 GivenDate 展示，图 4.9 所示为 FillOption 展示。

首先，将已有数据插入指定时间日期的对应位置，输出待补全数据，即把有缺失的原数据对应到完整的时间序列上。如图 4.10 所示为待补全数据展示。

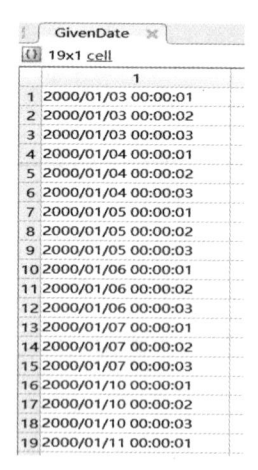

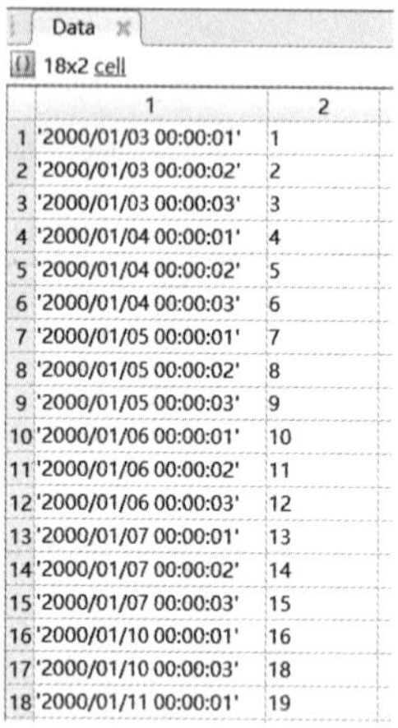

图 4.7　Data 展示　　　图 4.8　GivenDate 展示　　　图 4.9　FillOption 展示

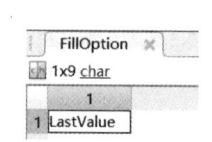

图 4.10　待补全数据展示

然后，根据指定的数据补充方式补全缺失数据，输出完整数据和填充的数据。图 4.11 所示为完整数据展示，图 4.12 所示为填充数据展示。

函数逻辑已经解释完毕，接下来我们给出数据清洗程序的完整代码。代码分为两个部分，分别是自动数据清洗程序和手动数据清洗程序。函数介绍的顺序依照 4.1.1 节开头给出的逻辑结构图（图 4.1），其中程序展开以主程序为线索。

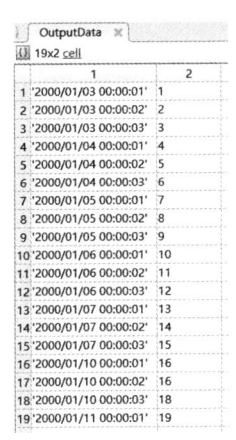

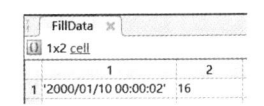

图 4.11　完整数据展示　　　　　　图 4.12　填充数据展示

4.1.3　自动数据清洗程序

1. 主程序

```
function [ OutputData, FillData, Freq ] = AutoDataCleaning_Main( varargin )
%%参数解释
%Data：数据
```

```
%格式：第一列为日期时间格式数据，第二列为数据
%FillOption：数据填充参数
%可选参数：'LastValue', 'LastNReturn', 'LinearValue'
%1. LastValue：沿用前值
%注意事项：如果使用这种方法，需要保证输入数据的第一个数据没有缺失
%2. LastNReturn：沿用之前长度为FillOptionN计算得到的平均return，计算空缺数据
%注意事项：如果使用这种方法，需要保证输入数据的前Input.FillOptionN个数据没有缺失
%3. LinearValue：在空缺数据前后以线性方式补全数据
%注意事项：如果使用这种方法，需要保证输入数据的第一个数据和最后一个数据没有缺失
%FillOptionN：沿用之前FillOptionN长度数据计算空缺值
%%样例数据Year
%[ Data ] = SampleData_Year;
%%样例数据Month
%[ Data ] = SampleData_Month;
%%样例数据Hour
%[ Data ] = SampleData_Hour;
%%样例数据Min
%load('三种原油的分钟数据.mat')
%Data = f2(end : -1 : 1, :);
%Data = Data(1 : 50000, :);
%%样例数据Second
%[ Data ] = SampleData_Second;
%%样例数据MSecond
%[ Data ] = SampleData_MSecond;
%%运行样例
%[ OutputData, FillData, Freq ] = AutoDataCleaning_Main( 'Data', {Data}, 'FillOption', {'LinearValue'});
%[ OutputData, FillData, Freq ] = AutoDataCleaning_Main( 'Data', {Data}, 'FillOption', {'LastNReturn'}, 'FillOptionN', {10} );
%%参数检验
[ Input ] = DataCleaning_Ini( varargin );

%%计算数据频率，得到完整数据
[ OutputData, Freq, FillData ] = DataCleaning_Auto( Input.Data, Input );
end
```

2. 设置初始化

```
function [ Input ] = DataCleaning_Ini( varargin )
[~, varargin_cols] = size(varargin{:});
if mod(varargin_cols, 2) ~= 0
    disp('Inputs Not Correct');
    return;
```

```matlab
    end
    for i = 0 : varargin_cols / 2 - 1
        a = varargin{1}{i * 2 + 1};
        if ~ischar(class(a))
            disp('Inputs Not Correct');
            return;
        end
    end
    %%取出需要被填充的数据
    for i = 0 : varargin_cols / 2 - 1
        if strcmp('Data', varargin{:}{i * 2 + 1})
            Data = varargin{:}{i * 2 + 1 + 1};
            break;
        end
    end
    %%取出数据填充方式的参数
    for i = 0 : varargin_cols / 2 - 1
        if strcmp('FillOption', varargin{:}{i * 2 + 1})
            FillOption = varargin{:}{i * 2 + 1 + 1};
            break;
        end
    end
    %%设置填充数据需要的前置数据长度
    for i = 0 : varargin_cols / 2 - 1
        if strcmp('FillOptionN', varargin{:}{i * 2 + 1})
            FillOptionN = varargin{:}{i * 2 + 1 + 1};
            break;
        end
    end
    %%检验输入完整性,如果不足则给定默认参数
    if ~exist('Data')
        disp('Please Give Data');
        return;
    end
    if ~exist('FillOption')
        FillOption = 'LinearValue';
    end
    if ~exist('FillOptionN')
        FillOptionN = 10;
    end
    Input = struct('Data', Data, 'FillOption', FillOption, 'FillOptionN', FillOptionN);
end
```

3. 自动数据清洗函数

```
function [ OutputData, Freq, FillData ] = DataCleaning_Auto( Data, Input )
%%得到完整数据
%此时的Date已经转化为yyyy/mm/dd HH:MM:SS FFF
if length(Data{1}) <= 4
    Freq = 'Year';
elseif length(Data{1}) <= 7 && length(Data{1}) > 4
    Freq = 'Month';
elseif length(Data{1}) <= 10 && length(Data{1}) > 7
    Freq = 'Day';
elseif length(Data{1}) <= 13 && length(Data{1}) > 10
    Freq = 'Hour';
elseif length(Data{1}) <= 16 && length(Data{1}) > 13
    Freq = 'Min';
elseif length(Data{1}) <= 19 && length(Data{1}) > 16
    Freq = 'Second';
elseif length(Data{1}) <= 23 && length(Data{1}) > 19
    Freq = 'MSecond';
end
%%
%%年频率
if strcmp(Freq, 'Year')
    [ OutputData, FillData ] = DataCleaning_Auto_Y( Data, Input );
end
%月频率
if strcmp(Freq, 'Month')
    [ OutputData, FillData ] = DataCleaning_Auto_MM( Data, Input );
end
%日频率
if strcmp(Freq, 'Day')
    [ OutputData, FillData ] = DataCleaning_Auto_D( Data );
end
%小时频率
if strcmp(Freq, 'Hour')
    [ OutputData, FillData ] = DataCleaning_Auto_H( Data, Input );
end
%分钟频率
if strcmp(Freq, 'Min')
    [ OutputData, FillData ] = DataCleaning_Auto_M( Data, Input );
end
%秒频率
if strcmp(Freq, 'Second')
```

```
    [ OutputData, FillData ] = DataCleaning_Auto_S( Data, Input );
end
%500ms 频率
if strcmp(Freq, 'MSecond')
    [ OutputData, FillData ] = DataCleaning_Auto_MS( Data, Input );
end
end
```

4.1.4 手动输入日期序列对数据进行补全的程序

手动输入日期序列对数据进行补全的程序与自动数据清洗程序在核心函数上采用的方法和代码是一样的，这里介绍手动输入日期序列清洗数据程序的主函数。

```
function [ OutputData, FillData ] = GivenDateDataCleaning_Main( Data, GivenDate, FillOption )
%%样例数据
%%样例数据 Year
%[ Data, GivenDate ] = SampleData_Year;
%%样例数据 Month
%[ Data, GivenDate ] = SampleData_Month;
%%样例数据 Day
%[ Data, GivenDate ] = SampleData_Day;
%%样例数据 Hour
%[ Data, GivenDate ] = SampleData_Hour;
%%样例数据 Min
%[ Data, GivenDate ] = SampleData_Min;
%%样例数据 Second
%[ Data, GivenDate ] = SampleData_Second;
%%样例数据 MSecond
%[ Data, GivenDate ] = SampleData_MSecond;
%%参数数据
%FillOption = 'LastValue';
%FillOption = 'LastNReturn';
%FillOption = 'LinearValue';
%%
Date = Data(:, 1);
OutputData = cell(size(GivenDate, 1), 2);
OutputData(:, 1) = GivenDate;
InsertData = Data(:, 2);
tempind_1 = ismember(Date, OutputData(:, 1));
tempind_2 = ismember(OutputData(:, 1), Date);
OutputData(tempind_2, 2) = InsertData(tempind_1);
[ OutputData, FillData ] = DataCleaning_FillData( OutputData, FillOption );
end
```

4.2 因子回测程序

4.2.1 因子回测程序整体逻辑

因子回测程序主要针对标的的属性类的因子，程序首先获得某个股票因子或期货因子在当日或其他时间频率的一个排序，即按照这个因子的大小如多头持仓量因子，对所有投资标的排序。如果我们认为多头持仓量与期货价格的上涨是正相关的因子，那么我们选取多头持仓量前 10%的期货买入开仓，然后每日都重复以上操作，对于次日跌出前 10%的期货合约平仓，对于新进入前 10%的期货合约开仓，以此方式滚动，一段时间之后观察总资产是否盈利，如果盈利则说明多头持仓量的确与期货价格上涨存在正相关关系。同时，也可以做空后 10%的期货作为对照组，或者直接获得多空对冲组合的净值来观察。最后，将实验组、对照组、对冲组的收益情况进行可视化展示对比。

4.2.2 因子回测程序流程

因子回测程序主要包括以下几个流程（图 4.13 所示为因子回测程序结构）：

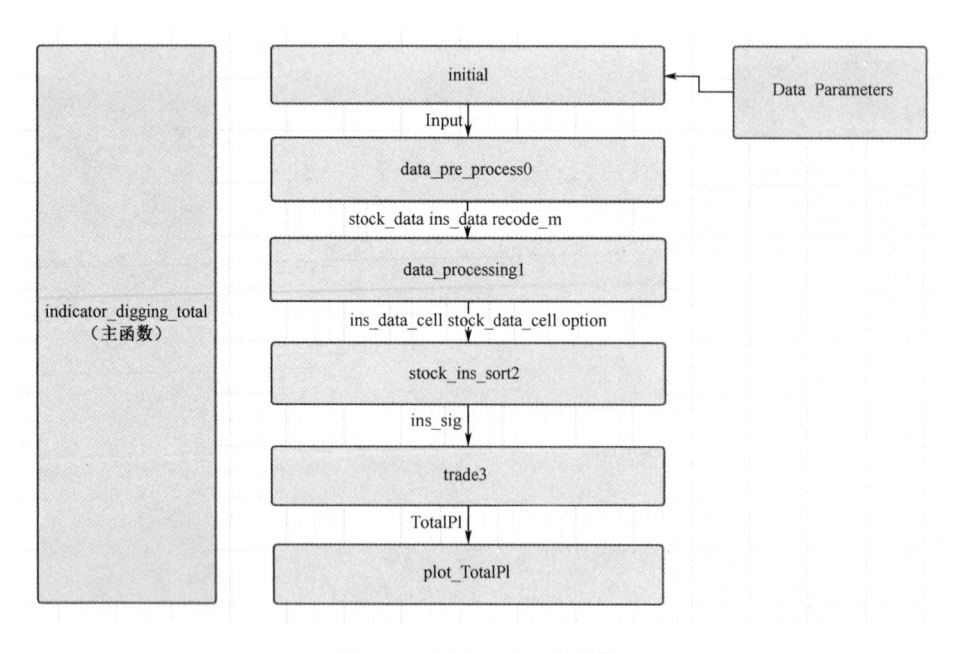

图 4.13　因子回测程序结构

(1）输入参数检测（initial）；

(2）数据预处理 1（data_pre_process0）；

(3）数据预处理 2（data_processing1）；

(4）股票因子排序（stock_ins_sort2）；

(5）回测（trade3）；

(6）输出交易结果图（plot_TotalPl）。

4.2.3　输入参数

首先，介绍程序的输入参数。

```
%参数说明
%MoneyInvest：模拟投入的资金
%输入样例：1000000（表示 1 000 000 元投入资金）
%TheLeverage：杠杆倍数
%输入样例：2（表示 2 倍杠杆）
%TheDataRate：数据频率调整
%输入样例：2（表示变为之前 1/2 的数据频率）
%TheUpper_bd：因子值前百分数区间（从大到小）
%输入样例：0.1（表示筛选因子前 10%的区间）
%TheLower_bd：因子值后百分数区间（从大到小）
%输入样例：0.1（表示筛选因子后 10%的区间）
%AbleToShort：是否考虑做空
%输入选项：0,1
%0：不考虑做空
%1：考虑做空
%Oppos_Trade：是否考虑反向测试（反向测试指把默认对因子低买高卖进行反向操作,变成低卖高买）
%输入选项：0,1
%0：不进行反向测试
%1：进行反向测试
%IndicatData：因子数据
%调用案例
[ Market_Data, IndicatData ] = DataTemp()
[ TotalPl ] = indicator_digging_total('MoneyInvest', 100000, 'TheLeverage',
1, 'TheDataRate', 1, 'TheUpper_bd', 0.1, 'TheLower_bd', 0.1, 'AbleToShort', 0,
'Oppos_Trade', 0, 'IndicatData', IndicatData, 'Market_Data', Market_Data);
```

投资标的的因子数据输入格式如图 4.14 所示。

第一列为标的物名称，这里是股票代码。

第二列为日期加数据，每个 table 中包含一定长度的各个因子的时间序列数据和对应的时间。

	Input.IndicatData	
	1	2
1	'sh600000'	868x5 tab...
2	'sh600004'	868x5 tab...
3	'sh600005'	751x5 tab...
4	'sh600006'	868x5 tab...
5	'sh600007'	868x5 tab...
6	'sh600008'	868x5 tab...
7	'sh600009'	868x5 tab...
8	'sh600010'	868x5 tab...
9	'sh600011'	868x5 tab...
10	'sh600012'	868x5 tab...
11	'sh600015'	868x5 tab...

图 4.14 投资标的因子数据输入格式

打开第一个标的物对应的数据，元胞数组内是第一个标的的因子数据。如图 4.15 所示为每个标的的因子数据格式。

	Input.IndicatData{1, 2}				
	1 date	2 mfd_buyamt_d	3 mfd_sellamt_d	4 mfd_buyvol_d	5 mfd_sellvol_d
1	'2014-01-02'	150121984	185788947	16052428	19898554
2	'2014-01-03'	118614243	211541230	12987456	23174935
3	'2014-01-06'	176254340	231015620	19120765	25098446
4	'2014-01-07'	123292326	139896407	13505951	15370565
5	'2014-01-08'	112582045	93574594	12213768	10165751
6	'2014-01-09'	249940014	169787330	26765011	18208314
7	'2014-01-10'	217563376	190303224	23201152	20311623
8	'2014-01-13'	106209851	172473831	11330612	18392980

图 4.15 每个标的的因子数据格式

Market_Data：市场数据，如图 4.16 所示为市场数据输入样例。

第一列为标的物名称，这里是股票代码。

第二列为日期加数据，每个 cell 中包含一定长度的时间序列数据和对应的时间。

打开第一个标的物对应的数据，如图 4.17 所示为市场数据的标的样例。

	Input.Market_Data	
	1	2
1	'sh600000'	867x2 cell
2	'sh600004'	867x2 cell
3	'sh600005'	769x2 cell
4	'sh600006'	867x2 cell
5	'sh600007'	867x2 cell
6	'sh600008'	867x2 cell
7	'sh600009'	867x2 cell
8	'sh600010'	867x2 cell
9	'sh600011'	867x2 cell
10	'sh600012'	867x2 cell
11	'sh600015'	867x2 cell

	Input.Market_Data{1, 2}	
	1	2
1	'2014-01-03'	7.2959
2	'2014-01-06'	7.3195
3	'2014-01-07'	7.2094
4	'2014-01-08'	7.1859
5	'2014-01-09'	7.2330
6	'2014-01-10'	7.2959
7	'2014-01-13'	7.4217
8	'2014-01-14'	7.3903

图 4.16 市场数据输入样例　　　　　图 4.17 市场数据的标的样例

各个标的物数据的长度可以不一致，根据时间自动调整，并自动挑选出

220

IndicatData 与 Market_Data 重合日期作为原始数据。

4.2.4 模型结构及逻辑

本小节对程序流程中的各个函数进行解释，并演示计算结果。

initial：对输入参数进行检测，判断必要输入是否输入，保证运行程序所需要的参数是齐全的。将除数据外的所有参数放入 Input，将 Input 作为输出量，参数格式如图 4.18 所示。

data_pre_process0：调整 Initial 输入的 Input 中的 IndicatData 和 Market_Data 的数据结构，将 IndicatData 的数据整理成 ins_data。ins_data 存储了各标的物及其因子数据，因子的数据结构如图 4.19 所示。

图 4.18　Input 参数格式

为了在后续程序中使用方便，将 Market_Data 的数据整理成 stock_data，市场价格数据的结构调整如图 4.20 所示。

图 4.19　因子的数据结构　　图 4.20　市场价格数据的结构调整

将 ins_data、stock_data、recode_m 作为输出量。

data_processing1：将 data_pre_process0 输出的 ins_data、stock_data 的数据调整成 initial 输出的 Input 中的 TheDataRate 所需要的数据频率，整合成新的变量 ins_data_cell，其数据格式如图 4.21 所示，以及 stock_data_cell，其数据格式如图 4.22 所示；并记录 ins_data 的结构信息，存入 option，option 为结构体，其数据格式如图 4.23 所示。最终输出 ins_data_cell、stock_data_cell、option。

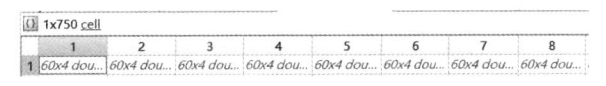

图 4.21　ins_data_cell 的数据格式

图 4.22　stock_data_cell 的数据格式

```
1x1 struct 包含 3 个字段
字段        值
periods     750
ins_data_cols  4
stock_N     60
```

图 4.23　option 的数据格式

图 4.21 中，1×750 表示 750 个单位时间长度，60×4 表示 60 个标的物的 4 个因子。

图 4.22 中，1×750 表示 750 个单位时间长度，60×1 表示 60 个标的物的数据价格。

图 4.23 中，periods 表示原始数据长度，ins_data_cols 表示因子数量，stock_N 表示标的物数量。

stock_ins_sort2：根据 Input 中的信息判断某一时刻哪些股票需要开仓，记录持仓信息。判断逻辑：某一时刻，默认对某个因子值最低的 Input 中的 TheLower_bd（比例）开多仓，如果 Input 中的 AbleToShort 为 1（即允许做空），则对因子值最高的 Input 中的 TheUpper_bd（比例）开空仓。下一时刻，执行相同操作，因子值低的开多仓或者保持多仓状态（不加仓），因子值高的开空仓或者保持空仓状态（不加仓）；如果 Input 中的 Oppos_Trade 为 1（即反向操作）以上默认操作变为相反操作，即因子值低卖、因子值高买。最后输出记录持仓信息的 ins_sig，其数据格式如图 4.24 所示。

```
1x4 cell
        1           2           3           4
1  750x60 d... 750x60 d... 750x60 d... 750x60 d...
```

图 4.24　ins_sig 的数据格式

图中，1×4 表示 4 个因子，750×60 中，750 表示 750 个时间序列数据长度，60 表示 60 个标的物的持仓信息。

trade3：根据 stock_ins_sort2 输出的 ins_sig 分别计算对每个因子，所有股票持仓的浮动盈亏，求出累计盈亏 TotalPl。输出 TotalPl，其数据格式如图 4.25 所示。

	1	2	3	4
1	-0.0061	-0.0041	-0.0061	-0.0041
2	-0.0401	-0.0316	-0.0401	-0.0316
3	-0.0338	-0.0313	-0.0338	-0.0313
4	-0.0425	-0.0361	-0.0425	-0.0361
5	-0.0640	-0.0477	-0.0640	-0.0477
6	-0.0855	-0.0602	-0.0855	-0.0602
7	-0.0884	-0.0608	-0.0884	-0.0608
8	-0.0718	-0.0465	-0.0718	-0.0465
9	-0.0691	-0.0393	-0.0691	-0.0393
10	-0.0722	-0.0463	-0.0722	-0.0463
11	-0.0804	-0.0545	-0.0804	-0.0545

图 4.25　TotalPl 的数据格式

图中，749×4 表示 749 行的时间标签下 4 个因子的盈亏情况。

plot_TotalPl：根据 trade3 输出的 TotalPl，画出每个因子所有股票持仓浮动盈亏的图，如图 4.26 所示为各个因子的收益。

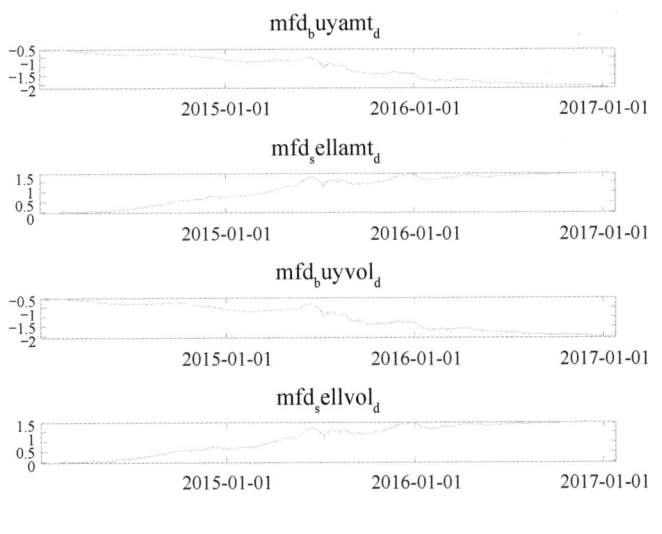

图 4.26　各个因子的收益

4.2.5　因子回测程序代码

本小节给出因子回测程序的源代码，以主程序为线索，逐个给出流程中的函数。

1. 主程序

```
function [ TotalPl ] = indicator_digging_total( varargin )
%参数说明
%MoneyInvest：模拟投入的资金
%输入样例：1000000（表示 1000000 元投入资金）
%TheLeverage：杠杆倍数
%输入样例：2（表示 2 倍杠杆）
%TheDataRate：数据频率调整
%输入样例：2（表示变为之前 1/2 的数据频率）
%TheUpper_bd：因子值前百分数区间（从大到小）
%输入样例：0.1（表示筛选因子前 10%的区间）
%TheLower_bd：因子值后百分数区间（从大到小）
%输入样例：0.1（表示筛选因子后 10%的区间）
%AbleToShort：是否考虑做空
%输入选项：0,1
%0：不考虑做空
```

```
%1：考虑做空
%Oppos_Trade：是否考虑反向测试（反向测试指把默认对因子低买高卖进行反向操作，变成低卖高买）
%输入选项：0,1
%0：不进行反向测试
%1：进行反向测试
%IndicatData：因子数据

%调用案例
%运行 [ Market_Data, IndicatData ] = DataTemp() 的样例数据
%MoneyInvest = 1000000;
%TheLeverage = 1;
%TheDataRate = 2;    %变为之前 1/data_rate 倍频率
%TheUpper_bd = 0.1;
%TheLower_bd = 0.5;
%AbleToShort = 0;    %不考虑 short
%AbleToShort = 1;    %考虑 short
%Oppos_Trade = 0;    %不反向测试
%Oppos_Trade = 1;    %反向测试
%例如，输入：[ TotalPl ] = indicator_digging_total('MoneyInvest', 100000,
'TheLeverage', 1, 'TheDataRate', 1, 'TheUpper_bd', 0.1, 'TheLower_bd', 0.1,
'AbleToShort', 0, 'Oppos_Trade', 0, 'IndicatData', IndicatData, 'Market_Data',
Market_Data);
    [ Input ] = initial(varargin);
    [stock_data,ins_data,recode_m]=data_pre_process0( Input );
    [ ins_data_cell, stock_data_cell, option ] = data_processing1( stock_data,
ins_data, Input );
    [ ins_sig ] = stock_ins_sort2( stock_data_cell, ins_data_cell, option,
Input );
    [ TotalPl ] = trade3( ins_sig, stock_data_cell, Input, option );
    plot_TotalPl(option, TotalPl,Input,recode_m);
end
```

2. 参数处理

```
function [ Input ] = initial(Varar)
%检测赋值正确
[~, varargin_cols] = size(Varar);
if mod(varargin_cols, 2) ~= 0
    disp('Inputs Not Correct');
    return;
end
for i = 0 : varargin_cols / 2 - 1
    a = Varar{i * 2 + 1};
```

```
        Property = whos('a');
        if Property.class ~= 'char'
            disp('Inputs Not Correct');
            return;
        end
    end
%检测有无赋值
for i = 0 : varargin_cols / 2 - 1
    if 'IndicatData' == Varar{i * 2 + 1}
        IndicatData = Varar{i * 2 + 1 + 1};
        break;
    end
end
for i = 0 : varargin_cols / 2 - 1
    if 'Market_Data' == Varar{i * 2 + 1}
        Market_Data = Varar{i * 2 + 1 + 1};
        break;
    end
end
for i = 0 : varargin_cols / 2 - 1
    if 'MoneyInvest' == Varar{i * 2 + 1}
        MoneyInvest = Varar{i * 2 + 1 + 1};
        break;
    end
end
for i = 0 : varargin_cols / 2 - 1
    if 'TheLeverage' == Varar{i * 2 + 1}
        TheLeverage = Varar{i * 2 + 1 + 1};
        break;
    end
end
for i = 0 : varargin_cols / 2 - 1 % 9
    if 'TheDataRate' == Varar{i * 2 + 1}
        TheDataRate = Varar{i * 2 + 1 + 1};
        break;
    end
end
for i = 0 : varargin_cols / 2 - 1 % 8
    if 'TheUpper_bd' == Varar{i * 2 + 1}
        TheUpper_bd = Varar{i * 2 + 1 + 1};
        break;
    end
end
```

```
for i = 0 : varargin_cols / 2 - 1
    if 'TheLower_bd' == Varar{i * 2 + 1}
        TheLower_bd = Varar{i * 2 + 1 + 1};
        break;
    end
end
for i = 0 : varargin_cols / 2 - 1
    if 'AbleToShort' == Varar{i * 2 + 1}
        AbleToShort = Varar{i * 2 + 1 + 1};
        break;
    end
end
for i = 0 : varargin_cols / 2 - 1
    if 'Oppos_Trade' == Varar{i * 2 + 1}
        Oppos_Trade = Varar{i * 2 + 1 + 1};
        break;
    end
end
%若无赋值，赋默认值
if exist('MoneyInvest') == 0
    MoneyInvest = 1000000;
end
if exist('TheLeverage') == 0
    TheLeverage = 1;
end
if exist('TheDataRate') == 0
    TheDataRate = 1;
end
if exist('TheUpper_bd') == 0
    TheUpper_bd = 0.1;
end
if exist('TheLower_bd') == 0
    TheLower_bd = 0.1;
end
if exist('AbleToShort') == 0
    AbleToShort = 1;
end
if exist('Oppos_Trade') == 0
    Oppos_Trade = 0;
end
if exist('IndicatData') == 0
    disp('Please Give IndicatData');
    return;
```

```
    end
    if exist('Market_Data') == 0
        disp('Please Give Market_Data');
        return;
    end
    The_Account = MoneyInvest * TheLeverage;
    Input = struct('MoneyInvest', {MoneyInvest}, 'The_Account', {The_Account},
'TheDataRate', {TheDataRate}, 'TheUpper_bd', {TheUpper_bd}, 'TheLower_bd',
{TheLower_bd}, 'AbleToShort', {AbleToShort}, 'Oppos_Trade', {Oppos_Trade}, ...
        'Market_Data', {Market_Data}, 'IndicatData', {IndicatData});
end
```

3. 数据格式处理

```
function [stock_data,ins_data,recode_m]=data_pre_process0( Input )
Market_Data = Input.Market_Data;
IndicatData = Input.IndicatData;
temp=table2cell(IndicatData{1,2}(:,1));
for i=1:length(IndicatData)
    temp=intersect(temp,table2cell(IndicatData{i,2}(:,1)));
    temp=intersect(temp,Market_Data{i,2}(:,1));
end
for i=1:length(IndicatData)
    ind=ismember(table2cell(IndicatData{i,2}(:,1)),temp);
    recode_m{i,1}=IndicatData{i,2}(ind,:);
    ind=ismember(Market_Data{i,2}(:,1),temp);
    md_m{i,1}=cell2table(Market_Data{i,2}(ind,:));
end

%输入股票数量
StockN = length(md_m);
%输入所有数据最短周期
[PeriodN, ~] = size(md_m{1});
%输入变量数量
InN = size(recode_m{1,1},2)-1;
%将 md 的最后一列数据（close）按 data_adj0 所需的格式放入 stock_data
stock_data = zeros(StockN, PeriodN);
for i = 1 : StockN
    md_temp = table2array(md_m{i, 1}(:, 2));
    stock_data(i, :) = md_temp';
end
ins_data = zeros(PeriodN * StockN, InN);
for i = 1 : StockN
```

```
            for j = 1 : PeriodN
                recode_temp = table2array(recode_m{i}(j, 2 : end));
                ins_data((j - 1) * StockN + i, :) = recode_temp;
            end
        end
    end
```

4. 数据变频处理

```
function [ ins_data_cell, stock_data_cell, option ] = data_processing1( stock_data, ins_data, Input )
    %stock_data 及 ins_data 数据变频
    %stock_data 的数据结构必须为:
    %   股票名称    t1   t2   t3  ...
    %   AAA         10   11   12  ...
    %   BBB          5    7    8  ...
    %   CCC         20   21   20  ...
    %
    %ins_data 的数据结构必须为:
    %   股票名称    变量1     变量2
    %   AAA         1.21      5.8       ------------
    %   BBB         1.52      7.15      t1
    %   CCC         1.43      6.9       ------------
    %   AAA         1.31      5.9       ------------
    %   BBB         1.32      6.15      t2
    %   CCC         1.13      5.8       ------------
    %              .         .
    %              .         .
    %              .         .
    [stock_data_rows, stock_data_cols] = size(stock_data);
    periods = floor(stock_data_cols / Input.TheDataRate);
    stock_N = stock_data_rows;
    tempStock = zeros(stock_data_rows, periods);
    for i = 1 : periods
        tempStock(:, i) = stock_data(:, i * Input.TheDataRate);
    end
    stock_data_m = tempStock;
    %stock_data 变频完成
    [ins_data_rows, ins_data_cols] = size(ins_data);
    ins_N = ins_data_cols;
    tempIns = zeros(periods * stock_N, ins_N);
    for i = 1 : periods
        tempIns((i - 1) * stock_N + 1 : (i - 1) * stock_N + stock_N, :) =
```

```
ins_data((i * Input.TheDataRate - 1) * stock_N + 1 : (i * Input.TheDataRate - 1)*
stock_N + stock_N, :);
    end
    ins_data_m = tempIns;
    %ins_data 变频完成
    %%
    %计算 return
    [~, ins_data_cols] = size(ins_data_m);
    stock_test_N = 1;
    option = struct('periods',{periods},'ins_data_cols',{ins_data_cols},'stock_N',
{stock_N},'stock_data_rows',{stock_data_rows},'stock_test_N',{stock_test_N});
    %%
    %调整 stock_data 的数据结构，放入 stock_data_Cell 中
    %stock_data_Cell 的数据结构为：
    %股票名称   stock_data_Cell{t1}   stock_data_Cell{t2}   ...
    %  AAA            10                   11              ...
    %  BBB             5                    7              ...
    %  CCC            20                   21              ...
    for i = 1 : option.periods
        stock_data_cell{i} = zeros(option.stock_N, 1);
    end
    for i = 1 : option.periods
        stock_data_cell{i} = stock_data_m(:, i);
    end
    %调整 ins_data 的数据结构，放入 ins_data_Cell 中
    %ins_data_Cell 的数据结构为：
    %            ins_data_Cell{t1}     ins_data_Cell{t2}   ...
    %股票名称   变量1       变量2     变量1      变量2    ...
    %  AAA      1.21        5.8       1.31       5.9      ...
    %  BBB      1.52        7.15      1.32       6.15     ...
    %  CCC      1.43        6.9       1.13       5.8      ...
    for i = 1 : option.periods
        ins_data_cell{i} = zeros(option.stock_N, option.ins_data_cols);
    end
    for i = 1 : option.periods
        ins_data_cell{i} = ins_data_m((i - 1) * option.stock_N + 1 : (i - 1) *
option.stock_N + option.stock_N, :);
    end
end
```

5. 因子有效性测试前的因子排序

```
function [ ins_sig ] = stock_ins_sort2( stock_data_cell, ins_data_cell, s, Input )
```

```matlab
run_data = zeros(s.stock_data_rows, s.stock_test_N + s.ins_data_cols + 1);
%第一列初始排序
sort_data = zeros(s.stock_data_rows, s.stock_test_N + 1 + 1 + 1);
%第一列初始排序；第二列close；第三列in；第四列记录交易
for i = 1 : s.ins_data_cols
    ins_sig{i} = zeros(s.periods, s.stock_data_rows);
end
for i = 1 : s.periods
    run_data(:, 1) = 1 : s.stock_data_rows;
    run_data(:, 2 : s.stock_test_N + 1) = stock_data_cell{i};
    run_data(:, s.stock_test_N + 2 : end) = ins_data_cell{i};
    for j = 1 : s.ins_data_cols
        sort_data(:, end) = 0;
        sort_data(:, 1) = run_data(:, 1);
        sort_data(:, 2 : s.stock_test_N + 1) = run_data(:, 2 : s.stock_test_N + 1);
        sort_data(:, s.stock_test_N + 2) = run_data(:, s.stock_test_N + 1 + j);
        sort_data = sortrows(sort_data, - (s.stock_test_N + 2));
        if Input.AbleToShort == 0 && Input.Oppos_Trade == 0
            sort_data(round(s.stock_data_rows * (1 - Input.TheLower_bd)) : end, end) = 1;  %记录买入
            sort_data = sortrows(sort_data, 1);
            ins_sig{j}(i, :) = sort_data(:, end)';
        end
        if Input.AbleToShort == 1 && Input.Oppos_Trade == 0
            sort_data(round(s.stock_data_rows * (1 - Input.TheLower_bd)) : end, end) = 1;  %记录买入
            sort_data(round(1 : s.stock_data_rows * Input.TheUpper_bd), end) = - 1;  %记录卖出
            sort_data = sortrows(sort_data, 1);
            ins_sig{j}(i, :) = sort_data(:, end)';
        end
        if Input.AbleToShort == 1 && Input.Oppos_Trade == 1
            sort_data(round(s.stock_data_rows * (1 - Input.TheLower_bd)) : end, end) = - 1;  %记录卖出
            sort_data(round(1 : s.stock_data_rows * Input.TheUpper_bd), end) = 1;  %记录买入
            sort_data = sortrows(sort_data, 1);
            ins_sig{j}(i, :) = sort_data(:, end)';
        end
        if Input.AbleToShort == 0 && Input.Oppos_Trade == 1
            sort_data(round(s.stock_data_rows * (1 - Input.TheLower_bd)) : end, end) = - 1;  %记录卖出
            sort_data = sortrows(sort_data, 1);
```

```
            ins_sig{j}(i, :) = sort_data(:, end)';
        end
    end
end
end
```

6. 根据排序的因子测试

```
function [ TotalPl ] = trade3( ins_sig, stock_data_cell, Input, s )
pl = zeros(s.periods - 1, s.ins_data_cols);
for i = 1 : s.ins_data_cols
    shares{i} = zeros(s.periods - 1, s.stock_N);
end
for i = 1 : s.ins_data_cols
    for j = 1 : s.periods - 1
        MoneyPerStock = round(Input.The_Account / sum(abs(ins_sig{i}(j, :))));
        for k = 1 : s.stock_N
            if ins_sig{i}(j, k) ~= 0
                shares{i}(j, k) = floor(MoneyPerStock / stock_data_cell{j}(k, :));
            end
        end
        pl(j, i) = sum((stock_data_cell{j + 1} - stock_data_cell{j}).* ins_sig{i}(j, :)' .* shares{i}(j, :)') / Input.MoneyInvest;
    end
end
TotalPl = cumsum(pl);
end
```

7. 测试结果进行可视化展示

```
function plot_TotalPl(s, TotalPl,Input,recode_m)
colname=recode_m{1}.Properties.VariableNames;
periods =length(TotalPl)+1;
for i = 1: periods
    date(:, i) = recode_m{1}.date(i * Input.TheDataRate);
end
time=datenum(date(2:end));
for i = 1 : s.ins_data_cols
    subplot(s.ins_data_cols, 1, i);
    plot(time,TotalPl(:, i));
    title(colname{i+1},'FontSize',15);
    datetick('x','yyyy-mm-dd')
    axis tight
end
end
```

4.3 先后轮动关系挖掘程序

4.3.1 先后轮动程序介绍

与因子挖掘程序不同，先后轮动关系挖掘程序主要用于挖掘交易标的物之间的涨跌先后轮动关系。如果说因子挖掘的目的是找到对交易标的有预测力的自变量，那么先后轮动关系挖掘就是要找到交易标的之间是否存在周期性的涨跌相关性。这两个程序在一定程度上具有互补性。

先行滞后关系检验的逻辑是这样的：首先将某个指标序列，比如美元指数，通过某种算法去噪，从而获得相对平滑的去噪后美元指数序列，并对投资标的，比如美元国债价格也做同样的去噪处理；然后通过算法分别寻找两个时间序列的高点和低点，并做如下的比较——如果美元指数出现低点，随后投资标的也出现低点，然后美元指数从低点上升到高点，投资标的也跟随从低点上升到高点，那么对于这样的情况就标记美元指数先行于投资标的的一次，统计这样先行的次数。同理，也可以统计美元指数先行下跌于投资标的的次数，以及美元指数上涨后投资标的的下跌、美元指数下跌后投资标的的上涨的反向先行次数，最后给出统计展示。如果对一段时间序列的美元指数和对应时间的投资标的，统计次数十分高，那么可以在一定程度上判断美元指数相对于投资标的有先行性。

4.3.2 先后轮动总体流程

如图 4.27 所示为先后轮动关系挖掘程序程序结构，其总体流程包括如下 5 个步骤。

（1）参数检验：对模型参数、去噪参数、趋势提取参数进行检验。

（2）数据去噪：对输入的时间序列数据去除噪声，从而方便提取主要波动趋势。

（3）趋势提取：去除小型波动，将其数据化为折线形式，从而提取主要趋势。

（4）匹配轮动：对折线化的数据进行匹配并统计先后轮动关系。

（5）画图和统计：对所有情况下轮动匹配的组合进行显著性统计并将其可视化，挑选排名中轮动效果显著靠前的组合。

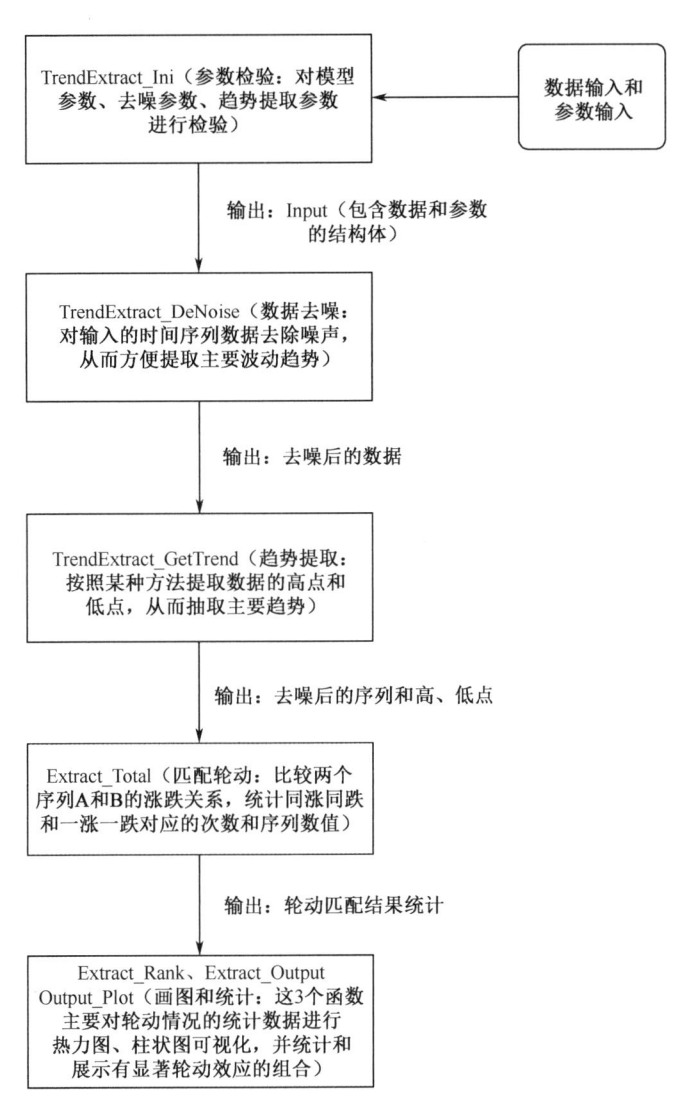

```
┌─────────────────────────┐                    ┌──────────┐
│ TrendExtract_Ini（参数检验：对模型 │ ◄─────────────── │ 数据输入和 │
│ 参数、去噪参数、趋势提取参数  │                    │ 参数输入  │
│       进行检验）           │                    └──────────┘
└─────────────────────────┘
            │ 输出：Input（包含数据和参数
            │       的结构体）
            ▼
┌─────────────────────────┐
│ TrendExtract_DeNoise（数据去噪： │
│ 对输入的时间序列数据去除噪声， │
│ 从而方便提取主要波动趋势）  │
└─────────────────────────┘
            │ 输出：去噪后的数据
            ▼
┌─────────────────────────┐
│ TrendExtract_GetTrend（趋势提取：│
│ 按照某种方法提取数据的高点和 │
│ 低点，从而抽取主要趋势）   │
└─────────────────────────┘
            │ 输出：去噪后的序列和高、低点
            ▼
┌─────────────────────────┐
│ Extract_Total（匹配轮动：比较两个 │
│ 序列A和B的涨跌关系，统计同涨同跌 │
│ 和一涨一跌对应的次数和序列数值）│
└─────────────────────────┘
            │ 输出：轮动匹配结果统计
            ▼
┌─────────────────────────┐
│ Extract_Rank、Extract_Output │
│ Output_Plot（画图和统计：这3个函数│
│ 主要对轮动情况的统计数据进行 │
│ 热力图、柱状图可视化，并统计和 │
│ 展示有显著轮动效应的组合）  │
└─────────────────────────┘
```

图 4.27　先后轮动关系挖掘程序程序结构

4.3.3　输入参数

（1）TotalParameter（格式：结构体）：先后轮动模型第一层的参数。

包含参数：BestR、Close、Nfunc、TrFun。

BestR：输出（Output）最佳的百分比。

Close：输入的原始数据。

Nfunc：输入对原始数据去噪的函数。

TrFun：输入去噪后对数据折线化的函数。

（2）DeNoiseParameter（格式：结构体）：去噪模型的所有参数。

可能包含参数：AddRP、AddRC、LmitW。

AddRP：当 Nfunc 选用 FFT 时，paddle（填充）人为伸展的数据的长度比例。

AddRC：当 Nfunc 选用 FFT 时，paddle（填充）的方式。可选参数：321123（symetric）、123123（asymmetric）。

LmitW：当 Nfunc 选用 FFT 时，在频域上去除的杂波在最大波幅中的占比。

（3）UpDownParameter（格式：结构体）：折线模型的所有参数。

可能包含参数：levelpercent、perts、pertscopy。

levelpercent：当折线化模型 TrFun 选用 peaks（一种基于整体观点的线性趋势提取，具体见后文）时，用于计算限制波幅的数据的百分数占比。

perts：当 TrFun 选用 PerCl（一种基于过程的波幅判断方式，具体逻辑见后文）时，用于计算限制波幅的数据的百分数占比（输入格式为一个 1 行 2 列的向量，第一个数为正向限制的、为正值的小数，第二个数为负向限制的、为负值的小数）。

pertscopy：当 TrFun 选用 PerCl 时，选择是否需要赋值 perts 至每个元胞［当选择输入 No 时，perts 的输入必须是一个 1×n 的 cell（n 为输入数据的列数，即设定不同数据序列的正、负波幅阈值），每个元胞的格式为一个 1 行 2 列的向量，第一个数为正向限制的、为正值的小数，第二个数为负向限制的、为负值的小数］。

4.3.4 模型结构及逻辑

TrendExtract_Ini：对输入的 3 个结构体进行检测，判断必要输入的值是否输入；对每个结构体中的参数进行检测，保证所选择流程的所有参数是齐全的。最后将 3 个输入的结构体汇总放入 Input 中作为输出量。

TrendExtract_DeNoise：按照需求，选择是否对输入数据进行去噪和用哪种方式去噪；进入去噪函数，调用 DeNoiseParameter 中的参数，对数据进行所选模式和程度的去噪。最后将去完噪或者未操作过的数据 DeNoise_Data 作为输出量。

TrendExtract_GetTrend：按照需求，选择用哪种折线化函数提取数据的各个极值；进入折线函数，调用 UpDownParameter 中的参数，对 DeNoise_Data 进行折线化操作。最后将折线化的数据 Trend 作为输出量。

Extract_Total：将折线化的数据两两配对，在限定情况（A 先于 B 升降，且先于 B 结束升降，且 B 开始升降时 A 已经处于升降的状态中）下对每种情况（A 上升，B 上升；A 下降，B 下降；A 上升，B 下降；A 下降，B 上升）进行计数。记录这 4 种情况发生的坐标（A 的起始坐标、终止坐标，B 的起始坐标、终止坐标）、A 升降的次数、B 升降的次数、A 发生升降的值（起止的纵坐标值）、B 发生升降的值（起止的纵坐标值）、轮动发生的次数、轮动发生的次数占 A 升降次数的比例，将这些数据放入 ExtractResult 中。最后将 ExtractResult 作为输出量（格式为结构体）。

Extract_Rank：将 ExtractResult 中轮动发生的次数、轮动发生的次数占 A 升降次数的比例分别做成热力图。最后画出热力图。

Extract_Output：按照需求，将 ExtractResult 中轮动发生的次数占 A 升降次数的比例降序排列并提取所需的前排的轮动发生次数占 A 升降次数的比例，以及其所对应的发生轮动次数、A 和 B 的原始数据、A 和 B 的去噪数据、A 和 B 的折线化数据，并将所提取的数据放入 Output。最后将 Output 作为输出量。

Output_Plot：将 Output 中的每种情况（A 上升，B 上升；A 下降，B 下降；A 上升，B 下降；A 下降，B 上升）的轮动发生的次数、轮动发生的次数占 A 和 B 升降合集次数的比例在柱状图中表现出来，最后画出柱状图。

4.3.5 自定义折线化函数逻辑

PerCl 折线化函数：定义 3 个坐标点 FixedPoint、FollowPoint、NewPoint（下面分别简称 Fi 点、Fo 点、N 点）。初始状态下 Fi 点和 Fo 点在起始点重合，然后进行一轮寻找极值的判断，最后 Fi 点和 Fo 点又发生重合，之后再进行下一轮的极值寻找，以此类推，直到判断完所有数据。

第一步：N 点前进，判断 N 点的纵坐标和 Fo 点的纵坐标之间的差值是否大于所给的界限值，如果不大于 N 点继续前进，如果大于 Fo 点前进至 N 点。

第二步：（Fo 点前进至 N 点）之后，N 点继续前进，判断 N 点在纵轴上的移动方向是否发生转变，如果没有 Fo 点前进至 N 点并且下次继续进行第二步操作，如果发生转变 Fo 点保持不变并判断 N 点纵坐标和 Fo 点纵坐标之间的差值是否大于所给的界限值，如果不大于 Fo 点保持不变并且下次继续进行第二步操作，如果大于 Fi 点前进至 Fo 点并记录 Fi 点属性（此时完成一轮极值寻找），Fo 点前进至 N 点。

peak 折线化函数：对数据序列整体计算以时间为自变量、以数据值为应变量的回归，然后从原始数据中减去回归值，余下的序列取波幅达到设定标准的标记为波的顶点。

4.3.6 程序代码

1. 主程序

```
function [ Output, RatioandTimes, ExtractResult, Trend, Recordpoints, DeNoise_Data,
Input ] = TrendExtract_Total(TotalParameter,TotalParameterStruct, DeNoiseParameter,
```

```
DeNoiseParameterStruct, UpDownParameter, UpDownParameterStruct)
%%
%函数解释：本函数实现用便利的方式检验多个标的物之间先后轮动的关系
%%
%运行默认数据
%TempTrendExtract_GetData
%%
%TotalParameter 输入参数解释：
%BestR：输出（Output）最佳的百分数（选择输入，默认值为0.2）
%Close：输入的数据，必须为matrix（必须输入）
%Nfunc：输入去噪函数（选择输入，默认值为None）
%可选参数：None（不去噪），FFT（快速傅里叶变化去噪）
%TrFun：输入计算折线函数（选择输入，默认值为PerCl）
%可选参数：peaks（使用peak函数），PerCl（使用按百分数去波幅函数）
%%
%UpDownParameter 输入参数解释：
%%当TrFun选用peaks时所需参数：level
%levelpercent：peak函数中用于计算限制波幅的数据的百分数占比（选择输入，默认值为0.1）
%%当TrFun选用PerCl时所需参数：perts
%perts：需要去除的波幅大小（输入格式必须为1行2列，是第一个数为正、第二个数为负的小数）
（选择输入，默认值为[0.005, -0.005]）
%%
%DeNoiseParameter 输入参数解释：
%%当Nfunc选用FFT时所需参数：AddRP、AddRC、LmitW
%AddRP：当使用快速傅里叶变化时，首位两端的数值会偏离真实值，需要使用镜像等方法弥补。AddRP
用于确定需要调整的长度占输入数据长度的百分数（输入格式为一个小于或等于1的自然数）（选择输入，默
认值为1）
%AddRC：选择弥补数据的方法（选择输入，默认值为321123）
%可选参数：321123, 123123
%LmitW：转换成频域时需要去除的杂波占最大波幅的百分数（输入格式为小于1、大于或等于0的小
数，或者为分数）（选择输入，默认值为1/100）
%%
%输入案例：[ Output, RatioandTimes, ExtractResult, Trend, Recordpoints,
DeNoise_Data, Input ] = TrendExtract_Total( 'TotalParameter', struct('BestR', 1/10,
'Close', Close, 'TrFun', 'PerCl', 'Nfunc', 'None', 'TargetLabel', {TargetLabel}),
'DeNoiseParameter', struct, 'UpDownParameter', struct('perts', [0.01, -0.01],
'pertscopy', 'Yes') );
%该案例实现了选用 'TrFun' = 'PerCl' 且 'Nfunc' = 'None' 时的测试
%
%%输入案例：[ Output, RatioandTimes, ExtractResult, Trend, Recordpoints,
DeNoise_Data, Input ] = TrendExtract_Total( 'TotalParameter', struct('BestR', 1/10,
'Close', Close, 'TrFun', 'peaks', 'Nfunc', 'None', 'TargetLabel', {TargetLabel}),
'DeNoiseParameter', struct, 'UpDownParameter', struct('levelpercent', 0.01) );
```

```
%该案例实现了选用 'TrFun' = 'peaks' 且 'Nfunc' = 'None' 时的测试
%
%输入案例：[ Output, RatioandTimes, ExtractResult, Trend, Recordpoints,
DeNoise_Data, Input ] = TrendExtract_Total( 'TotalParameter', struct('BestR', 1/10,
'Close', Close, 'TrFun', 'PerCl', 'Nfunc', 'FFT', 'TargetLabel', {TargetLabel}),
'DeNoiseParameter',  struct('AddRP', 1, 'AddRC', '321123', 'LmitW', 1 / 300),
'UpDownParameter', struct('perts', [0.001, -0.001], 'pertscopy', 'Yes') );
%该案例实现了选用 'TrFun' = 'PerCl' 且 'Nfunc' = 'FFT' 时的测试
%
%输入案例：[ Output, RatioandTimes, ExtractResult, Trend, Recordpoints,
DeNoise_Data, Input ] = TrendExtract_Total( 'TotalParameter', struct('BestR', 1/10,
'Close', Close, 'TrFun', 'peaks', 'Nfunc', 'FFT', 'TargetLabel', {TargetLabel}),
'DeNoiseParameter',  struct('AddRP', 1, 'AddRC', '321123', 'LmitW', 1 / 300),
'UpDownParameter', struct('levelpercent', 0.01) );
%该案例实现了选用 'TrFun' = 'peaks' 且 'Nfunc' = 'FFT' 时的测试
%%主函数
tic;
display_info
varargin={TotalParameter,TotalParameterStruct ,DeNoiseParameter,DeNoisePara
meterStruct, UpDownParameter, UpDownParameterStruct};
[ Input ] = TrendExtract_Ini( varargin );
[ DeNoise_Data ] = TrendExtract_DeNoise( Input );
[ Trend, Recordpoints ] = TrendExtract_GetTrend( Input, DeNoise_Data );
[ ExtractResult ] = Extract_Total( Trend );
[ RatioandTimes ] = Extract_Rank( ExtractResult );
[ Output ] = Extract_Output( Input, RatioandTimes, DeNoise_Data, Trend );
Output_Plot( Output, Input, RatioandTimes );
toc;
%%
end
```

2. 参数检测

```
function [ Input ] = TrendExtract_Ini( Varar )
%检测赋值正确
[~, varargin_cols] = size(Varar);
if mod(varargin_cols, 2) ~= 0
    disp('Inputs Not Correct');
    return;
end
for i = 0 : varargin_cols / 2 - 1
    a = Varar{i * 2 + 1};
    %Property = whos('a');
```

```matlab
        if ~ischar(a)
        %if Property.class = 'char'
            disp('Inputs Not Correct');
            return;
        end
    end
end
%检测有无赋值
for i = 0 : varargin_cols / 2 - 1
    if strcmp('TotalParameter', Varar{i * 2 + 1})
        TotalParameter = Varar{i * 2 + 1 + 1};
        break;
    end
end
for i = 0 : varargin_cols / 2 - 1
    if strcmp('UpDownParameter', Varar{i * 2 + 1})
        UpDownParameter = Varar{i * 2 + 1 + 1};
        break;
    end
end
for i = 0 : varargin_cols / 2 - 1
    if strcmp('DeNoiseParameter', Varar{i * 2 + 1})
        DeNoiseParameter = Varar{i * 2 + 1 + 1};
        break;
    end
end
%若无赋值
%检验 TotalParameter 的赋值
if exist('TotalParameter') == 0
    disp('Please Give TotalParameter');
    return;
end
%检验 DeNoiseParameter 的赋值
if exist('DeNoiseParameter') == 0
    disp('Please Give DeNoiseParameter');
    return;
end
%检验 UpDownParameter 的赋值
if exist('UpDownParameter') == 0
    disp('Please Give UpDownParameter');
    return;
end
%检验 TotalParameter 内部的赋值
if sum(strcmp(fieldnames(TotalParameter), 'TargetLabel')) == 0
```

```matlab
        disp('Please Give TargetLabel In TotalParameter');
        return;
    end
    if sum(strcmp(fieldnames(TotalParameter), 'Close')) == 0
        disp('Please Give Close In TotalParameter');
        return;
    end
    if sum(strcmp(fieldnames(TotalParameter), 'BestR')) == 0
        TotalParameter.('BestR') = 1/100;
    end
    if sum(strcmp(fieldnames(TotalParameter), 'Nfunc')) == 0
        TotalParameter.('Nfunc') = 'FFT';
    end
    if sum(strcmp(fieldnames(TotalParameter), 'TrFun')) == 0
        TotalParameter.('TrFun') = 'PerCl';
    end
    %检验 DeNoiseParameter 内部的赋值
    if strcmp(TotalParameter.Nfunc, 'FFT')
        if sum(strcmp(fieldnames(DeNoiseParameter), 'AddRP')) == 0
            DeNoiseParameter.('addRP') = 1;
        end
        if sum(strcmp(fieldnames(DeNoiseParameter), 'AddRC')) == 0
            DeNoiseParameter.('addRC') = '321123';
        end
        if sum(strcmp(fieldnames(DeNoiseParameter), 'LmitW')) == 0
            DeNoiseParameter.('LmitW') = 1 / 100;
        end
    end
    %检验 UpDownParameter 内部的赋值
    if strcmp(TotalParameter.TrFun, 'peaks')
        if sum(strcmp(fieldnames(UpDownParameter), 'levelpercent')) == 0
            UpDownParameter.('levelpercent') = 0.1;
        end
    elseif strcmp(TotalParameter.TrFun, 'PerCl')
        if sum(strcmp(fieldnames(UpDownParameter), 'perts')) == 0
            UpDownParameter.('perts') = [0.005, -0.005];
            UpDownParameter.('pertscopy') = 'Yes';
        end
    end
    if strcmp(TotalParameter.TrFun, 'PerCl')
        if strcmp(UpDownParameter.pertscopy, 'Yes')
            TempC = size(TotalParameter.Close, 2);
            TempPerts = cell(1, TempC);
```

```
        for i = 1 : TempC
            TempPerts{i} = UpDownParameter.perts;
        end
        UpDownParameter.('perts') = TempPerts;
    end
end

%所有参数放入 Input
Input = struct('TotalParameter', TotalParameter, 'DeNoiseParameter', DeNoiseParameter,
'UpDownParameter', UpDownParameter);
end
```

3. 参数去噪

```
function [ DeNoise_Data ] = TrendExtract_DeNoise( Input )

if strcmp(Input.TotalParameter.Nfunc, 'None') == 1
    DeNoise_Data = Input.TotalParameter.Close;
end

if strcmp(Input.TotalParameter.Nfunc, 'FFT') == 1
    [ DeNoise_Data ] = DeNoise_FFT( Input );
end
```

4. 序列的趋势提取

```
function [ Trend, Recordpoints ] = TrendExtract_GetTrend( Input, DeNoise_Data )
CloseC = size(Input.TotalParameter.Close, 2);
Trend = cell(1, CloseC);
RecordPoints = cell(1, CloseC);
if Input.TotalParameter.TrFun == 'peaks'
    TempLevel = Input.UpDownParameter.levelpercent * ones(1, CloseC) .* Input.
TotalParameter. Close(1, :);
    for i = 1 : CloseC
        sequence = DeNoise_Data(:, i);
        level = TempLevel(:, i);
        [trend, RecordPoints] = trend_extract_Findpeaks( sequence, level );
        Trend{i} = trend;
        Recordpoints{i} = RecordPoints;
    end
elseif Input.TotalParameter.TrFun == 'PerCl'
    for i = 1 : CloseC
        sequence = DeNoise_Data(:, i);
```

```
        percent = Input.UpDownParameter.perts{i};
        [trend, RecordPoints ]...
=trend_extract_by_percent(sequence,1,[-percent,percent],0);
        Trend{i} = trend(:, 1);
        Recordpoints{i} = RecordPoints;
    end
end
end
```

5. 提取峰谷点及符合各个轮动类型条件的统计

```
function [ ExtractResult ] = Extract_Total( Trend )
TrendL = length(Trend);
ExtractResult = cell(TrendL, TrendL);
for i = 1 : TrendL
    for j = 1 : TrendL
        if i == j
            ExtractResult{i, j} = 0;
            continue;
        else
            DataA = Trend{i};
            DataB = Trend{j};
            [ updown ] = Extract_updown( DataA, DataB );
            [ Record_AupBupS ] = Extract_AupBup( updown, DataA, DataB );
            [ Record_AdownBdownS ] = Extract_AdownBdown( updown, DataA, DataB );
            [ Record_AupBdownS ] = Extract_AupBdown( updown, DataA, DataB );
            [ Record_AdownBupS ] = Extract_AdownBup( updown, DataA, DataB );
            ExtractResult{i, j} = struct('Record_AupBupS', {Record_AupBupS},
'Record_AdownBdownS', {Record_AdownBdownS}, 'Record_AupBdownS', {Record_AupBdownS},
'Record_AdownBupS', {Record_AdownBupS});
        end
    end
end
end
```

6. 所有品种轮动关系的统计矩阵及可视化

```
function [ RatioandTimes ] = Extract_Rank( ExtractResult )
[TempR, TempC] = size(ExtractResult);
TotFollowRatioUU = zeros(TempR, TempC);
TotFollowTimesUU = zeros(TempR, TempC);

TotFollowRatioDD = zeros(TempR, TempC);
```

```
    TotFollowTimesDD = zeros(TempR, TempC);


    TotFollowRatioUD = zeros(TempR, TempC);
    TotFollowTimesUD = zeros(TempR, TempC);


    TotFollowRatioDU = zeros(TempR, TempC);
    TotFollowTimesDU = zeros(TempR, TempC);


    for i = 1 : TempR
        for j = 1 : TempC
            if i ~= j
              TotFollowRatioUU(i, j) = ExtractResult{i, j}.Record_AupBupS.FollowRatio;
              TotFollowTimesUU(i, j) = ExtractResult{i, j}.Record_AupBupS.BfollowTimes;

              TotFollowRatioDD(i, j) = ExtractResult{i, j}.Record_AdownBdownS.FollowRatio;
              TotFollowTimesDD(i, j) = ExtractResult{i, j}.Record_AdownBdownS.BfollowTimes;

              TotFollowRatioUD(i, j) = ExtractResult{i, j}.Record_AupBdownS.FollowRatio;
              TotFollowTimesUD(i, j) = ExtractResult{i, j}.Record_AupBdownS.BfollowTimes;

              TotFollowRatioDU(i, j) = ExtractResult{i, j}.Record_AdownBupS.FollowRatio;
              TotFollowTimesDU(i, j) = ExtractResult{i, j}.Record_AdownBupS.BfollowTimes;
            end
        end
    end

    RatioandTimes = struct('TotFollowRatioUU', TotFollowRatioUU, 'TotFollowTimesUU',
TotFollowTimesUU, ...
        'TotFollowRatioDD', TotFollowRatioDD, 'TotFollowTimesDD', TotFollowTimesDD, ...
        'TotFollowRatioUD', TotFollowRatioUD, 'TotFollowTimesUD', TotFollowTimesUD, ...
        'TotFollowRatioDU', TotFollowRatioDU, 'TotFollowTimesDU', TotFollowTimesDU);
```

7. 整理程序的输出结果

```
    function [ Output ] = Extract_Output( Input, RatioandTimes, DeNoise_Data, Trend )
    TotalPair = size(Input.TotalParameter.Close, 2) * size(Input.TotalParameter.Close,
2) - size (Input.TotalParameter.Close, 2);

    UU_R = RatioandTimes.TotFollowRatioUU;
    DD_R = RatioandTimes.TotFollowRatioDD;
    UD_R = RatioandTimes.TotFollowRatioUD;
    DU_R = RatioandTimes.TotFollowRatioDU;
```

```
UU_T = RatioandTimes.TotFollowTimesUU;
DD_T = RatioandTimes.TotFollowTimesDD;
UD_T = RatioandTimes.TotFollowTimesUD;
DU_T = RatioandTimes.TotFollowTimesDU;

UU_Rmax = zeros(round(TotalPair * Input.TotalParameter.BestR), 1);
DD_Rmax = zeros(round(TotalPair * Input.TotalParameter.BestR), 1);
UD_Rmax = zeros(round(TotalPair * Input.TotalParameter.BestR), 1);
DU_Rmax = zeros(round(TotalPair * Input.TotalParameter.BestR), 1);

UU_Rlocation = zeros(round(TotalPair * Input.TotalParameter.BestR), 2);
DD_Rlocation = zeros(round(TotalPair * Input.TotalParameter.BestR), 2);
UD_Rlocation = zeros(round(TotalPair * Input.TotalParameter.BestR), 2);
DU_Rlocation = zeros(round(TotalPair * Input.TotalParameter.BestR), 2);

UU_Tmax = zeros(round(TotalPair * Input.TotalParameter.BestR), 1);
DD_Tmax = zeros(round(TotalPair * Input.TotalParameter.BestR), 1);
UD_Tmax = zeros(round(TotalPair * Input.TotalParameter.BestR), 1);
DU_Tmax = zeros(round(TotalPair * Input.TotalParameter.BestR), 1);

TempUUR = UU_R;
TempDDR = DD_R;
TempUDR = UD_R;
TempDUR = DU_R;

for i = 1 : length(UU_Rmax)
    [UU_Rmax(i), I]= max(TempUUR(:));
    [UU_Rlocation(i, 1), UU_Rlocation(i, 2)] = ind2sub(size(TempUUR), I);
    TempUUR(UU_Rlocation(i, 1), UU_Rlocation(i, 2)) = 0;

    UU_Tmax(i, 1) = UU_T(UU_Rlocation(i, 1), UU_Rlocation(i, 2));
end

for i = 1 : length(DD_Rmax)
    [DD_Rmax(i), I]= max(TempDDR(:));
    [DD_Rlocation(i, 1), DD_Rlocation(i, 2)] = ind2sub(size(TempDDR), I);
    TempDDR(DD_Rlocation(i, 1), DD_Rlocation(i, 2)) = 0;

    DD_Tmax(i, 1) = DD_T(DD_Rlocation(i, 1), DD_Rlocation(i, 2));
end

for i = 1 : length(UD_Rmax)
    [UD_Rmax(i), I]= max(TempUDR(:));
```

```
    [UD_Rlocation(i, 1), UD_Rlocation(i, 2)] = ind2sub(size(TempUDR), I);
    TempUDR(UD_Rlocation(i, 1), UD_Rlocation(i, 2)) = 0;

    UD_Tmax(i, 1) = UD_T(UD_Rlocation(i, 1), UD_Rlocation(i, 2));
end

for i = 1 : length(DU_Rmax)
    [DU_Rmax(i), I]= max(TempDUR(:));
    [DU_Rlocation(i, 1), DU_Rlocation(i, 2)] = ind2sub(size(TempDUR), I);
    TempDUR(DU_Rlocation(i, 1), DU_Rlocation(i, 2)) = 0;

    DU_Tmax(i, 1) = DU_T(DU_Rlocation(i, 1), DU_Rlocation(i, 2));
end

UU_LeadData_OR = cell(round(TotalPair * Input.TotalParameter.BestR), 1);
UU_FollowData_OR = cell(round(TotalPair * Input.TotalParameter.BestR), 1);
UU_LeadData_WN = cell(round(TotalPair * Input.TotalParameter.BestR), 1);
UU_FollowData_WN = cell(round(TotalPair * Input.TotalParameter.BestR), 1);
UU_LeadData_Trend = cell(round(TotalPair * Input.TotalParameter.BestR), 1);
UU_FollowData_Trend = cell(round(TotalPair * Input.TotalParameter.BestR), 1);

DD_LeadData_OR = cell(round(TotalPair * Input.TotalParameter.BestR), 1);
DD_FollowData_OR = cell(round(TotalPair * Input.TotalParameter.BestR), 1);
DD_LeadData_WN = cell(round(TotalPair * Input.TotalParameter.BestR), 1);
DD_FollowData_WN = cell(round(TotalPair * Input.TotalParameter.BestR), 1);
DD_LeadData_Trend = cell(round(TotalPair * Input.TotalParameter.BestR), 1);
DD_FollowData_Trend = cell(round(TotalPair * Input.TotalParameter.BestR), 1);

UD_LeadData_OR = cell(round(TotalPair * Input.TotalParameter.BestR), 1);
UD_FollowData_OR = cell(round(TotalPair * Input.TotalParameter.BestR), 1);
UD_LeadData_WN = cell(round(TotalPair * Input.TotalParameter.BestR), 1);
UD_FollowData_WN = cell(round(TotalPair * Input.TotalParameter.BestR), 1);
UD_LeadData_Trend = cell(round(TotalPair * Input.TotalParameter.BestR), 1);
UD_FollowData_Trend = cell(round(TotalPair * Input.TotalParameter.BestR), 1);

DU_LeadData_OR = cell(round(TotalPair * Input.TotalParameter.BestR), 1);
DU_FollowData_OR = cell(round(TotalPair * Input.TotalParameter.BestR), 1);
DU_LeadData_WN = cell(round(TotalPair * Input.TotalParameter.BestR), 1);
DU_FollowData_WN = cell(round(TotalPair * Input.TotalParameter.BestR), 1);
DU_LeadData_Trend = cell(round(TotalPair * Input.TotalParameter.BestR), 1);
DU_FollowData_Trend = cell(round(TotalPair * Input.TotalParameter.BestR), 1);

for i = 1 : round(size(UU_R, 1) * Input.TotalParameter.BestR, 1)
```

```
        UU_LeadData_OR{i, 1} = Input.TotalParameter.Close(:, UU_Rlocation(i, 1));
        UU_FollowData_OR{i, 1} = Input.TotalParameter.Close(:, UU_Rlocation(i, 2));
        UU_LeadData_WN{i, 1} = DeNoise_Data(:, UU_Rlocation(i, 1));
        UU_FollowData_WN{i, 1} = DeNoise_Data(:, UU_Rlocation(i, 2));
        UU_LeadData_Trend{i, 1} = cell2mat(Trend(:, UU_Rlocation(i, 1)));
        UU_FollowData_Trend{i, 1} = cell2mat(Trend(:, UU_Rlocation(i, 2)));

        DD_LeadData_OR{i, 1} = Input.TotalParameter.Close(:, DD_Rlocation(i, 1));
        DD_FollowData_OR{i, 1} = Input.TotalParameter.Close(:, DD_Rlocation(i, 2));
        DD_LeadData_WN{i, 1} = DeNoise_Data(:, DD_Rlocation(i, 1));
        DD_FollowData_WN{i, 1} = DeNoise_Data(:, DD_Rlocation(i, 2));
        DD_LeadData_Trend{i, 1} = cell2mat(Trend(:, DD_Rlocation(i, 1)));
        DD_FollowData_Trend{i, 1} = cell2mat(Trend(:, DD_Rlocation(i, 2)));

        UD_LeadData_OR{i, 1} = Input.TotalParameter.Close(:, UD_Rlocation(i, 1));
        UD_FollowData_OR{i, 1} = Input.TotalParameter.Close(:, UD_Rlocation(i, 2));
        UD_LeadData_WN{i, 1} = DeNoise_Data(:, UD_Rlocation(i, 1));
        UD_FollowData_WN{i, 1} = DeNoise_Data(:, UD_Rlocation(i, 2));
        UD_LeadData_Trend{i, 1} = cell2mat(Trend(:, UD_Rlocation(i, 1)));
        UD_FollowData_Trend{i, 1} = cell2mat(Trend(:, UD_Rlocation(i, 2)));

        DU_LeadData_OR{i, 1} = Input.TotalParameter.Close(:, DU_Rlocation(i, 1));
        DU_FollowData_OR{i, 1} = Input.TotalParameter.Close(:, DU_Rlocation(i, 2));
        DU_LeadData_WN{i, 1} = DeNoise_Data(:, DU_Rlocation(i, 1));
        DU_FollowData_WN{i, 1} = DeNoise_Data(:, DU_Rlocation(i, 2));
        DU_LeadData_Trend{i, 1} = cell2mat(Trend(:, DU_Rlocation(i, 1)));
        DU_FollowData_Trend{i, 1} = cell2mat(Trend(:, DU_Rlocation(i, 2)));
    end

    UU_Total = struct('UU_Rmax', UU_Rmax, 'UU_Tmax', UU_Tmax, ...
        'UU_LeadData_OR', {UU_LeadData_OR}, 'UU_LeadData_WN', {UU_LeadData_WN},
'UU_LeadData_Trend', {UU_LeadData_Trend}, ...
        'UU_FollowData_OR', {UU_FollowData_OR}, 'UU_FollowData_WN', {UU_FollowData_
WN}, 'UU_FollowData_Trend', {UU_FollowData_Trend}, ...
        'UU_Rlocation', {UU_Rlocation});

    DD_Total = struct('DD_Rmax', DD_Rmax, 'DD_Tmax', DD_Tmax, ...
        'DD_LeadData_OR', {DD_LeadData_OR}, 'DD_LeadData_WN', {DD_LeadData_WN},
'DD_LeadData_Trend', {DD_LeadData_Trend}, ...
        'DD_FollowData_OR', {DD_FollowData_OR}, 'DD_FollowData_WN', {DD_FollowData_WN},
'DD_FollowData_Trend', {DD_FollowData_Trend}, ...
        'DD_Rlocation', {DD_Rlocation});
```

```
    UD_Total = struct('UD_Rmax', UD_Rmax, 'UD_Tmax', UD_Tmax, ...
        'UD_LeadData_OR', {UD_LeadData_OR}, 'UD_LeadData_WN', {UD_LeadData_WN},
'UD_LeadData_Trend', {UD_LeadData_Trend}, ...
        'UD_FollowData_OR', {UD_FollowData_OR}, 'UD_FollowData_WN', {UD_FollowData_WN},
'UD_FollowData_Trend', {UD_FollowData_Trend}, ...
        'UD_Rlocation', {UD_Rlocation});

    DU_Total = struct('DU_Rmax', DU_Rmax, 'DU_Tmax', DU_Tmax, ...
        'DU_LeadData_OR', {DU_LeadData_OR}, 'DU_LeadData_WN', {DU_LeadData_WN},
'DU_LeadData_Trend', {DU_LeadData_Trend}, ...
        'DU_FollowData_OR', {DU_FollowData_OR}, 'DU_FollowData_WN', {DU_FollowData_WN},
'DU_FollowData_Trend', {DU_FollowData_Trend}, ...
        'DU_Rlocation', {DU_Rlocation});

    Output = struct('UU_Total', UU_Total, 'DD_Total', DD_Total, 'UD_Total',
UD_Total, 'DU_Total', DU_Total);
    end
```

8. 挑选有显著轮动关系的品种对并进行可视化

```
function Output_Plot( Output, Input, RatioandTimes )
TempL = length(Output.UU_Total.UU_Rmax);
x = 1 : TempL;
x1 = x - 0.15;
x2 = x + 0.15;

NamesUU = cell(size(Output.UU_Total.UU_Rlocation, 1), 1);
NamesDD = cell(size(Output.UU_Total.UU_Rlocation, 1), 1);
NamesUD = cell(size(Output.UU_Total.UU_Rlocation, 1), 1);
NamesDU = cell(size(Output.UU_Total.UU_Rlocation, 1), 1);

for i = 1 : size(Output.UU_Total.UU_Rlocation, 1)
    NamesUU{i, 1} = Input.TotalParameter.TargetLabel{Output.UU_Total.UU_Rlocation(i, 1)};
    NamesUU{i, 2} = Input.TotalParameter.TargetLabel{Output.UU_Total.UU_Rlocation(i, 2)};
    TempUU{i, 1} = ['(', NamesUU{i, 1}, ', ', NamesUU{i, 2}, ')'];

    NamesDD{i, 1} = Input.TotalParameter.TargetLabel{Output.DD_Total.DD_Rlocation(i, 1)};
    NamesDD{i, 2} = Input.TotalParameter.TargetLabel{Output.DD_Total.DD_Rlocation(i, 2)};
    TempDD{i, 1} = ['(', NamesDD{i, 1}, ', ', NamesDD{i, 2}, ')'];

    NamesUD{i, 1} = Input.TotalParameter.TargetLabel{Output.UD_Total.UD_Rlocation(i, 1)};
    NamesUD{i, 2} = Input.TotalParameter.TargetLabel{Output.UD_Total.UD_Rlocation(i, 2)};
    TempUD{i, 1} = ['(', NamesUD{i, 1}, ', ', NamesUD{i, 2}, ')'];
```

```
        NamesDU{i, 1} = Input.TotalParameter.TargetLabel{Output.DU_Total.DU_Rlocation(i, 1)};
        NamesDU{i, 2} = Input.TotalParameter.TargetLabel{Output.DU_Total.DU_Rlocation(i, 2)};
        TempDU{i, 1} = ['(', NamesDU{i, 1}, ', ', NamesDU{i, 2}, ')'];
    end
    
    NamesUU = TempUU;
    NamesDD = TempDD;
    NamesUD = TempUD;
    NamesDU = TempDU;
    
    
    %%
    TempNames = cell(1, length(Input.TotalParameter.TargetLabel));
    for i = 1 : length(Input.TotalParameter.TargetLabel)
        TempNames{i} = Input.TotalParameter.TargetLabel{i};
    end
    
    figure;
    subplot(1, 2, 1)
    heatmap1(round(RatioandTimes.TotFollowRatioUU, 2), TempNames, TempNames, true,
'GridLines', ':','TextColor', 'b');
    %heatmap(RatioandTimes.TotFollowRatioUU);
    title('TotFollowRatioUU');
    subplot(1, 2, 2)
    heatmap1(round(RatioandTimes.TotFollowTimesUU, 2), TempNames, TempNames, true,
'GridLines', ':','TextColor', 'b');
    %heatmap(RatioandTimes.TotFollowTimesUU);
    title('TotFollowTimesUU');
    
    figure;
    subplot(1, 2, 1)
    heatmap1(round(RatioandTimes.TotFollowRatioDD, 2), TempNames, TempNames, true,
'GridLines', ':','TextColor', 'b');
    %heatmap(RatioandTimes.TotFollowRatioDD);
    title('TotFollowRatioDD');
    subplot(1, 2, 2)
    heatmap1(round(RatioandTimes.TotFollowTimesDD, 2), TempNames, TempNames, true,
'GridLines', ':','TextColor', 'b');
    %heatmap(RatioandTimes.TotFollowTimesDD);
    title('TotFollowTimesDD');
    
    figure;
    subplot(1, 2, 1)
    heatmap1(round(RatioandTimes.TotFollowRatioUD, 2), TempNames, TempNames, true,
```

```
'GridLines', ':','TextColor', 'b');
    %heatmap(RatioandTimes.TotFollowRatioUD);
    title('TotFollowRatioUD');
    subplot(1, 2, 2)
    heatmap1(round(RatioandTimes.TotFollowTimesUD, 2), TempNames, TempNames, true,
'GridLines', ':','TextColor', 'b');
    %heatmap(RatioandTimes.TotFollowTimesUD);
    title('TotFollowTimesUD');

    figure;
    subplot(1, 2, 1)
    heatmap1(round(RatioandTimes.TotFollowRatioDU, 2), TempNames, TempNames, true,
'GridLines', ':','TextColor', 'b');
    %heatmap(RatioandTimes.TotFollowRatioDU);
    title('TotFollowRatioDU');
    subplot(1, 2, 2)
    heatmap1(round(RatioandTimes.TotFollowTimesDU, 2), TempNames, TempNames, true,
'GridLines', ':','TextColor', 'b');
    %heatmap(RatioandTimes.TotFollowTimesDU);
    title('TotFollowTimesDU');

    %% UU
    figure;
    [ax, h1, h2] = plotyy(x1, Output.UU_Total.UU_Rmax, x2, Output.UU_Total.UU_Tmax,
@bar, @bar);
    set(h1, 'barwidth', 0.3, 'facecolor', 'r')
    set(h2, 'barwidth', 0.3, 'facecolor', 'b')
    set(ax(1), 'ycolor', 'r');
    set(ax(2), 'ycolor', 'b');

    set(ax(1), 'xtick', x, 'xticklabel', NamesUU);

    set(get(ax(1), 'ylabel'), 'string', 'FollowRatio');
    set(get(ax(2), 'ylabel'), 'string', 'FollowTimes');
    ax(1).XLim = [0, TempL + 1];
    ax(2).XLim = [0, TempL + 1];
    title('Best FollowRatio & FollowTimes UU');
    %% DD
    figure;
    [ax, h1, h2] = plotyy(x1, Output.DD_Total.DD_Rmax, x2, Output.DD_Total.DD_Tmax,
@bar, @bar);
    set(h1, 'barwidth', 0.3, 'facecolor', 'r')
    set(h2, 'barwidth', 0.3, 'facecolor', 'b')
    set(ax(1), 'ycolor', 'r');
```

```
    set(ax(2), 'ycolor', 'b');

    set(ax(1), 'xtick', x, 'xticklabel', NamesDD);

    set(get(ax(1), 'ylabel'), 'string', 'FollowRatio');
    set(get(ax(2), 'ylabel'), 'string', 'FollowTimes');
    ax(1).XLim = [0, TempL + 1];
    ax(2).XLim = [0, TempL + 1];
    title('Best FollowRatio & FollowTimes DD');
    %% UD
    figure;
    [ax, h1, h2] = plotyy(x1, Output.UD_Total.UD_Rmax, x2, Output.UD_Total.UD_Tmax,
@bar, @bar);
    set(h1, 'barwidth', 0.3, 'facecolor', 'r')
    set(h2, 'barwidth', 0.3, 'facecolor', 'b')
    set(ax(1), 'ycolor', 'r');
    set(ax(2), 'ycolor', 'b');

    set(ax(1), 'xtick', x, 'xticklabel', NamesUD);

    set(get(ax(1), 'ylabel'), 'string', 'FollowRatio');
    set(get(ax(2), 'ylabel'), 'string', 'FollowTimes');
    ax(1).XLim = [0, TempL + 1];
    ax(2).XLim = [0, TempL + 1];
    title('Best FollowRatio & FollowTimes UD');
    %% DU
    figure;
    [ax, h1, h2] = plotyy(x1, Output.DU_Total.DU_Rmax, x2, Output.DU_Total.DU_Tmax,
@bar, @bar);
    set(h1, 'barwidth', 0.3, 'facecolor', 'r')
    set(h2, 'barwidth', 0.3, 'facecolor', 'b')
    set(ax(1), 'ycolor', 'r');
    set(ax(2), 'ycolor', 'b');

    set(ax(1), 'xtick', x, 'xticklabel', NamesDU);

    set(get(ax(1), 'ylabel'), 'string', 'FollowRatio');
    set(get(ax(2), 'ylabel'), 'string', 'FollowTimes');
    ax(1).XLim = [0, TempL + 1];
    ax(2).XLim = [0, TempL + 1];
    title('Best FollowRatio & FollowTimes DU');
    end
```

程序运行完成后，输出各个品种在同时上涨时的轮动关系统计。如图 4.28 所示为品种轮动关系输出，其中左图是先后上涨关系成立的概率，右图是次数。颜色越浅表示轮动关系越明显，越深则表示越不明显。

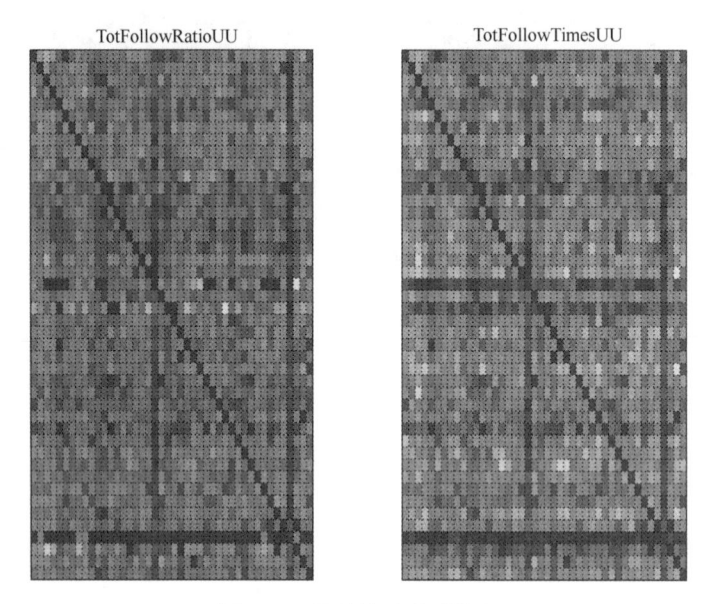

图 4.28　品种轮动关系输出

同时，也会输出如图 4.29 所示的显著轮动关系的品种和概率的统计图，展现的是有显著先后上涨轮动关系的品种对，左轴是轮动关系成立的概率，右轴是轮动关系成立的次数。

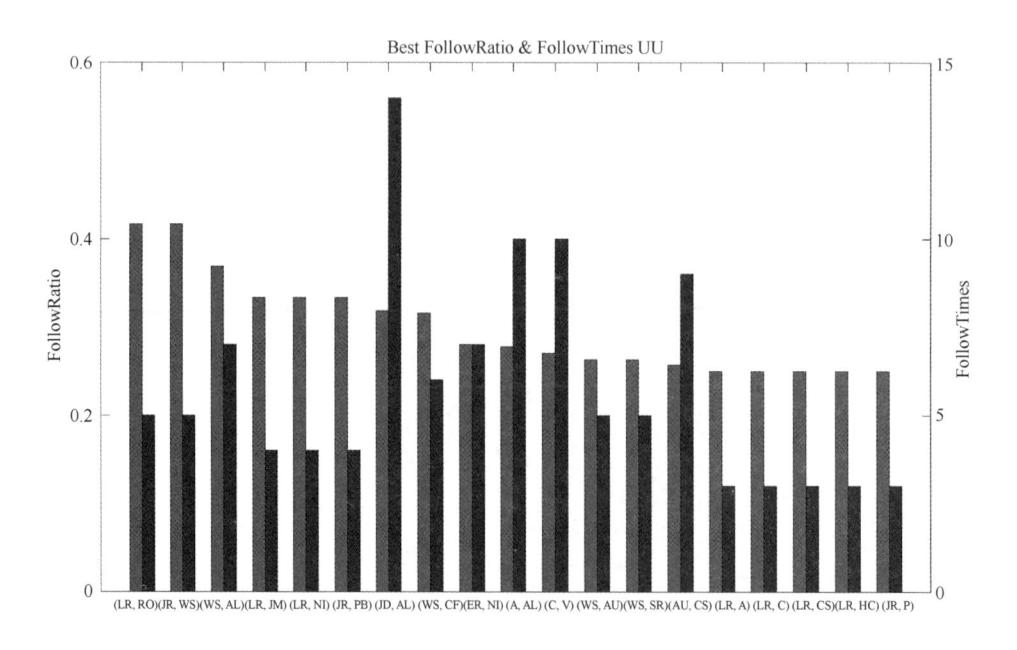

图 4.29　显著轮动关系的品种和概率

4.4 多品种量化回测系统

4.4.1 平台思路框架

使用本回测平台，需输入各品种在未来的持仓方向、持仓量的变动、价格及其他的市场参数。策略回测结束后，平台输出一个结构体，其中包含多个域，每个域记录了策略的某一个指标。平台的输入变量中具体包括哪些市场参数，以及平台输出的结构体中包含哪些域，见回测平台的"help"部分。框架本身包含 5 个子函数，分别是：用来记录证券价格、交易时间等基本信息的 fbasic() 函数；用来计算盈亏浮动变化、权益变化的 fequityc() 函数；用来计算证券保证金的 fmargin() 函数；记录各证券持仓价格的 fholdprice() 函数；对每一期策略进行总结的 fsumstate() 函数。每个子函数在主函数中自动调用，此处不再介绍。

关于平台内部变量的处理及各子函数在何时被调用，见图 4.30 回测平台的程序框架。

4.4.2 公式介绍

在介绍公式之前需先解释公式中重复出现的变量的意义及输入形式，主要包括如下 7 点。

（1）最小变动价位：期货交易中期货价格最小的变动量。对于商品期货往往是 x 元/质量单位（如克、吨等），例如，黄金期货是 0.01 元/克；对于股指期货是 x 点，例如，沪深 300 指数是 0.2 点。

（2）滑点：做多时滑点使建仓价格偏高，做空时滑点使建仓价格偏低。滑点输入的形式是整数，表示其为最小变动价位的整数倍。

（3）交易单位：表示期货进行交易时的最小规模。商品期货中，以黄金期货为例是 1000 克/手；股指期货中，以沪深 300 为例是 300 元/点。

（4）持仓量：单位为手。

（5）价格：对于商品期货，单位是元/质量单位；对于股指期货，单位是点。

（6）交易成本：即交易费用，是交易金额的一定比例。

（7）本节中对于各指标的计算，指的是某一期时的某一个证券，而不是整个策略。

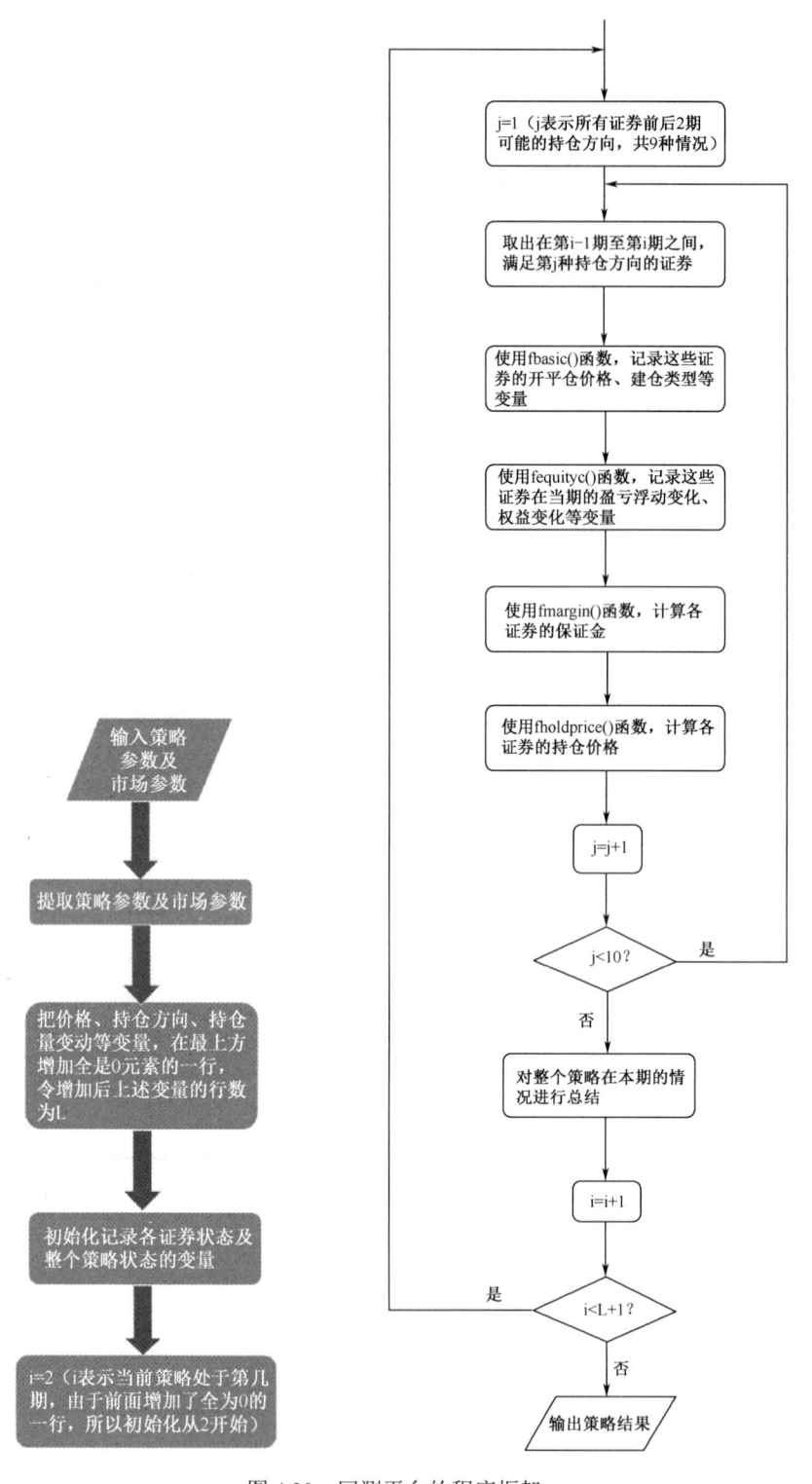

图 4.30 回测平台的程序框架

1. 记录开平仓信息的公式

记录开平仓信息的公式出现在回测平台的 fbasic()函数中，包括持仓量、开平仓市场价格、建仓价格、平仓价格、开仓次数、平仓次数、建仓类型。

（1）持仓量（Lots），如公式（4.4.1）所示。

　Lots=前一期的 Lots+这一期的持仓量变动（持仓量状态初始化时为 0）（4.4.1）

（2）开平仓市场价格（MyMarketPrice）。

① 前一期和这一期均未持仓时：

$$MyMarketPrice=0$$

②"前一期未持仓，这一期建仓"或"前一期持仓，这一期平仓"或"前一期持多（空）头仓，这一期持空（多）头仓"时：

$$MyMarketPrice=该证券在这一期的价格$$

③ 前一期持仓且持仓方向和这一期一致时（持仓量可能会变动）：

- 对于持仓量变动的证券：

$$MyMarketPrice=该证券在这一期的价格$$

- 对于持仓量不变的证券：

$$MyMarketPrice=0$$

（3）建仓价格（OpenPosPrice）。

①"前一期和这一期均未持仓"或"前一期持仓，这一期平仓"时：

$$OpenPosPrice=0$$

②"前一期未持仓，这一期建仓"或"前一期持多（空）头仓，这一期持空（多）头仓"时：

$$OpenPosPrice = 价格 + 目标持仓方向 \times 滑点 \times 最小变动价位 \quad (4.4.2)$$

简单来说建仓价格就是市场价格加上滑点造成的影响。以黄金期货为例，设价格是 300 元/克，目标持仓方向是 1（即做多），滑点是 2，最小变动价位是 0.01 元/克，则根据公式（4.4.2）可以计算出建仓价格：

$$OpenPosPrice = 300（元/克）+1 \times 2 \times 0.01（元/克）= 300.02（元/克）$$

以沪深 300 股指期货为例，设价格是 4000 点，目标持仓方向是-1（即做空），滑点是 2，最小变动价位是 0.2 点，则根据公式（4.4.2）可以计算出建仓价格：

$$OpenPosPrice = 4000（点）-1 \times 2 \times 0.2（点）= 3999.6（点）$$

③ 前一期持仓且持仓方向和这一期一致时（持仓量可能会变动）：

- 对于此时持仓量不变或对于部分头寸平仓的证券：

$$OpenPosPrice=0$$

- 对于增加持仓量的证券，包含增加原来的多头头寸和增加原来的空头头寸两种情况，此时建仓价格如下：

$$OpenPosPrice = 价格 + 持仓方向 \times 滑点 \times 最小变动价位 \qquad (4.4.3)$$

以沪深 300 股指期货为例，假设一直持有的都是空头仓，其他数据与上例相同，则价格计算如下：

$$OpenPosPrice = 4000(点) - 1 \times 2 \times 0.2(点) = 3999.6(点)$$

（4）平仓价格（ClosePosPrice）。

① "前一期和这一期均未持仓"或"前一期未持仓，这一期建仓"时：

$$ClosePosPrice=0$$

② "前一期持仓，这一期平仓"或"前一期持多（空）头仓，这一期持空（多）头仓"时：

$$ClosePosPrice = 价格 - 前持仓方向 \times 滑点 \times 最小变动价位 \qquad (4.4.4)$$

若前一期持的是多头仓，滑点会使平仓的价格降低；反之，若前一期持的是空头仓，则滑点会使平仓的价格升高。以沪深 300 股指期货为例，价格及滑点等相关数据和上例中一样。若前持仓方向是 1（即前一期是多头仓），则实际卖出平仓的价格为：

$$ClosePosPrice = 4000(点) - 1 \times 2 \times 0.2(点) = 3999.6(点)$$

若前持仓方向是 -1（即前一期是空头仓），则实际买入平仓的价格为：

$$ClosePosPrice = 4000(点) + 1 \times 2 \times 0.2(点) = 4000.4(点)$$

③ 前一期持仓且持仓方向和这一期一致时（持仓量可能会变动）：

- 对于此时持仓量不变或增加持仓的证券：

$$ClosePosPrice=0$$

- 对于减少持仓的证券：

$$ClosePosPrice = 价格 - 持仓方向 \times 滑点 \times 最小变动价位 \qquad (4.4.5)$$

对于沪深 300 股指期货，若一直持有的是空头仓，且其他数据和上例一样，则买入平仓时的平仓价格为：

$$ClosePosPrice = 4000(点) + 1 \times 2 \times 0.2(点) = 4000.4(点)$$

（5）开仓次数（OpenPosNum）。

① "前一期和这一期均未持仓"或"前一期持仓，这一期平仓"时：

$$OpenPosNum=0$$

②"前一期未持仓，这一期建仓"或"前一期持多（空）头仓，这一期持空（多）头仓"时：

$$OpenPosNum=1$$

③ 前一期持仓且持仓方向和这一期一致时（持仓量可能会变动）：

● 此时持仓量不变或对于部分头寸平仓的证券：

$$OpenPosNum=0$$

● 对于增加持仓量的证券，包含增加原来的多头头寸和增加原来的空头头寸两种情况，此时：

$$OpenPosNum=1$$

（6）平仓次数（ClosePosNum）。

①"前一期和这一期均未持仓"或"前一期未持仓，这一期建仓"时：

$$ClosePosNum=0$$

②"前一期持仓，这一期平仓"或"前一期持多（空）头仓，这一期持空（多）头仓"时：

$$ClosePosNum=1$$

③ 前一期持仓且持仓方向和这一期一致时（持仓量可能会变动）：

● 对于此时持仓量不变或增加持仓的证券：

$$ClosePosNum=0$$

● 对于减少持仓的证券：

$$ClosePosNum=1$$

（7）建仓类型（Type）。

把这一期调仓后的持仓量变动与 0 做比较：大于 0 即该证券持的多头仓变多或空头仓变少，此时 Type=1；等于 0 即该证券的持仓量和持仓方向均没有变化，Type=0；小于 0 即该证券持的空头仓变多或多头仓变少，此时 Type=-1。

2. 计算盈亏的公式

计算盈亏的公式出现在回测平台的 fequityc()函数中，包括盈亏浮动变化、静态权益变化、动态权益变化、滑点导致的权益变化、手续费导致的权益变化。

（1）盈亏浮动变化（profitlossc）。

① 前一期和这一期均未持仓时：

$$profitlossc=0$$

② 前一期未持仓，这一期建仓时：

$$\begin{aligned}profitlossc = &-滑点\times最小变动价位\times交易单位\times|持仓量变动|-(价格+\\&目标持仓方向\times滑点\times最小变动价位)\times交易单位\times\\&|持仓量变动|\times交易成本\end{aligned} \quad (4.4.6)$$

本公式可视为两部分，即 $profitlossc = A + B$。

- 对于 A 部分：

$A = -滑点\times最小变动价位\times交易单位\times|持仓量变动|$，$A$ 部分表示滑点，首端的负号代表亏损。以黄金期货为例，设滑点是 2，最小变动价位是 0.01 元/克，交易单位是 1000 克/手，持仓量变动为 2 手，则 A 部分计算如下所示：

$$A = -2\times0.01(元/克)\times1000(克/手)\times2(手) = -40(元)$$

以沪深 300 股指期货为例，设滑点是 2，最小变动价位是 0.2 点，交易单位是 300 元/点，持仓量变动是 2 手，则 A 部分计算如下所示：

$$A = -2\times0.2(点)\times300(元/点)\times2(手) = -240(元)$$

- 对于 B 部分：

$B = -(价格+目标持仓方向\times滑点\times最小变动价位)\times交易单位\times|持仓量变动|\times交易成本$，表示以"考虑到滑点后"的价格进行成交时的交易费用，首端的负号代表亏损。以黄金期货为例，设价格是 300 元/克，目标持仓方向是 1（即做多），交易成本是 0.001，滑点等其他变量和上例一样，则 B 部分计算如下所示：

$$\begin{aligned}B &= -[300(元/克)+1\times2\times0.01(元/克)]\times1000(克/手)\times2(手)\times0.001\\&= -300.02\times1000\times2\times0.001\\&= -600.04(元)\end{aligned}$$

以沪深 300 股指期货为例，设价格是 4000 点，目标持仓方向是 1，交易成本和滑点等变量和上例一样，则 B 部分计算如下所示：

$$\begin{aligned}B &= -[4000(点)+1\times2\times0.2(点)]\times300(元/点)\times2(手)\times0.001\\&= -4000.4\times300\times2\times0.001\\&= -2400.24(元)\end{aligned}$$

所以 A 部分代表滑点，更准确地说是"滑点导致权益的变化"，B 部分是考虑到滑点以后的交易费用，这两部分之和就是"前一期未持仓，这一期建仓"时的盈亏浮动变化（此时只是亏损）。

③ 前一期持多（空）头仓，这一期持空（多）头仓时：

$$\begin{aligned}
\text{profitlossc} = {}& \text{上一期持仓方向} \times (\text{价格} - \text{上一期持仓方向} \times \text{滑点} \times \\
& \text{最小变动价位} - \text{上一期价格}) \times \text{交易单位} \times |\text{上一期持仓量}| - \\
& (\text{价格} - \text{上一期持仓方向} \times \text{滑点} \times \text{最小变动价位}) \times \text{交易单位} \times \\
& |\text{上一期持仓量}| \times \text{交易成本} - \text{滑点} \times \text{最小变动价位} \times \text{交易单位} \times \\
& |\text{持仓量}| - (\text{价格} + \text{目标持仓方向} \times \text{滑点} \times \text{最小变动价位}) \times \\
& \text{交易单位} \times |\text{持仓量}| \times \text{交易成本}
\end{aligned}$$

(4.4.7)

本公式可以分为 4 个部分，即 $\text{profitlossc} = A + B + C + D$，具体解释如下。

● A 部分表示平仓产生的盈亏，计算公式如下（本公式是在仓位反转时调用的，所以中间会平仓）。

$$A = \text{上一期持仓方向} \times (\text{价格} - \text{上一期持仓方向} \times \text{滑点} \times \\ \text{最小变动价位} - \text{上一期价格}) \times \text{交易单位} \times |\text{上一期持仓量}|$$

若由多头仓变为空头仓，则上一期持仓方向是 1；反之，若由空头仓变为多头仓，则上一期持仓方向是 -1。上式括号中表示本期平仓时的价格（包含滑点的价格）减去过去建仓时的市场价格。注意此处是减去建仓时的市场价格而不是实际的建仓价格，因为建仓时由滑点和交易费用产生的成本已经计算到当时的浮动盈亏里了。以黄金期货为例，假设我们以前做多，现在改为做空，做多时的价格即上一期价格是 300 元/克，平仓时的价格即当前价格是 305 元/克，持仓量是 2 手，滑点是 2，最小变动价位是 0.01 元/克，交易单位是 1000 克/手，则 A 部分计算如下所示：

$$\begin{aligned}
A &= 1 \times [305(\text{元/克}) - 1 \times 2 \times 0.01(\text{元/克}) - 300(\text{元/克})] \times 1000(\text{克/手}) \times 2(\text{手}) \\
&= (305 - 0.02 - 300) \times 1000 \times 2 \\
&= 9960(\text{元})
\end{aligned}$$

以沪深 300 股指期货为例，假设之前做空，现在改为做多，做空时的价格即上一期的价格是 4000 点，平仓时的价格即当前价格是 3900 点，持仓量是 2 手，滑点是 2，最小变动价位是 0.2 点，交易单位是 300 元/点，则 A 部分计算如下所示：

$$\begin{aligned}
A &= (-1) \times [3900(\text{点}) + 2 \times 0.2(\text{点}) - 4000(\text{点})] \times 300(\text{元/点}) \times 2(\text{手}) \\
&= (4000 - 3900.4) \times 300 \times 2 \\
&= 59\,760(\text{元})
\end{aligned}$$

● B 部分表示平仓手续费，计算公式如下。

$$B = -(\text{价格} - \text{上一期持仓方向} \times \text{滑点} \times \text{最小变动价位}) \times \text{交易单位} \times \\ |\text{上一期持仓量}| \times \text{交易成本}$$

公式开头的负号表示其作为费用应当从浮动盈亏中减去，括号里表示平仓时考虑到滑点后的价格。以沪深300股指期货为例，假设我们之前是做空的，现在需要买入平仓，交易成本是0.001，其余变量和上例中一样，则B部分计算如下所示：

$$B = -[3900(点) - (-1) \times 2 \times 0.2(点)] \times 300(元/点) \times 2(手) \times 0.001$$
$$= -(3900 + 0.4) \times 300 \times 2 \times 0.001$$
$$= -2340.2(元)$$

- C部分表示开仓滑点，计算公式如下。

$$C = -滑点 \times 最小变动价位 \times 交易单位 \times |持仓量|$$

公式首端的负号表示滑点是一项损失。以沪深300股指期货为例，接上例，此时做多，则C部分计算如下所示：

$$C = -2 \times 0.2(点) \times 300(元/点) \times 2(手) = -240(元)$$

- D部分表示开仓手续费，计算公式如下。

$$D = -(价格 + 目标持仓方向 \times 滑点 \times 最小变动价位) \times 交易单位 \times$$
$$|持仓量| \times 交易成本$$

同前面B、C两部分一样，公式首端的负号表示手续费是一项损失，括号内的部分表示考虑滑点在内的价格。以沪深300股指期货为例，接上例，此时我们开多头仓，则D部分计算如下所示：

$$D = -[3900(点) + 2 \times 0.2(点)] \times 300(元/点) \times 2(手) \times 0.001$$
$$= -3900.4 \times 300 \times 2 \times 0.001$$
$$= -2340.2(元)$$

综上所述，以沪深300股指期货为例，若前一期做空时的价格是4000点，现在改为做多时价格是3900点，滑点是2，最小变动价位是0.2点，交易单位是300元/点，做空和做多的持仓量都是2手，交易成本是0.001，则此次调仓的浮动盈亏变化为：

$$\text{profitlossc} = A + B + C + D = 59\,760 - 2340.2 - 240 - 2340.2 = 54\,840(元)$$

④ 前一期持仓，这一期平仓时：

$$\text{profitlossc} = 上一期持仓方向 \times (价格 - 上一期持仓方向 \times 滑点 \times$$
$$最小变动价位 - 上一期价格) \times 交易单位 \times |持仓量变动| -$$
$$(价格 - 上一期持仓方向 \times 滑点 \times 最小变动价位) \times 交易单位 \times \quad (4.4.8)$$
$$|持仓量变动| \times 交易成本$$

该公式可分为A、B两个部分，即$\text{profitlossc} = A + B$。

- A部分表示平仓时，由于证券的价差（即由于资本利得）所产生的收益，计算公式如下。

$$A = 上一期持仓方向 \times (价格 - 上一期持仓方向 \times 滑点 \times$$
$$最小变动价位 - 上一期价格) \times 交易单位 \times |持仓量变动|$$

以黄金期货为例,之前做多,现在平仓,上一期价格是 300 元/克,当前价格是 305 元/克,滑点是 2,最小变动价位是 0.01 元/克,交易单位是 1000 克/手,之前持仓 2 手,则 A 部分计算如下所示:

$$A = 1 \times [305(元/克) - 1 \times 2 \times 0.01(元/克) - 300(元/克)] \times 1000(克/手) \times 2(手)$$
$$= (305 - 0.02 - 300) \times 1000 \times 2$$
$$= 9960(元)$$

以沪深 300 股指期货为例,之前做空,现在平仓,上一期价格是 4000 点,平仓价格是 3900 点,持仓量是 2 手,滑点是 2,最小变动价位是 0.2 点,交易单位是 300 元/点,则 A 部分计算如下所示:

$$A = (-1) \times [3900(点) + 1 \times 2 \times 0.2(点) - 4000(点)] \times 300(元/点) \times 2(手)$$
$$= (4000 - 3900 - 0.4) \times 300 \times 2$$
$$= 59\,760(元)$$

- B 部分表示由交易成本产生的损失,计算公式如下。

$$B = -(价格 - 上一期持仓方向 \times 滑点 \times 最小变动价位) \times 交易单位 \times$$
$$|持仓量变动| \times 交易成本$$

公式首端的负号代表损失。以沪深 300 股指期货为例,数据和上例一样,B 部分计算如下所示:

$$B = -[3900(点) - (-1) \times 2 \times 0.2(点)] \times 300(元/克) \times 2(手) \times 0.001$$
$$= -3900.4 \times 300 \times 2 \times 0.001$$
$$\approx -2340.2(元)$$

综上所述,此时沪深 300 股指期货的盈亏浮动变化为:

$$profitlossc = A + B = 59\,760 - 2340.2 = 57\,419.8(元)$$

⑤ 前一期持仓且持仓方向和这一期一致时(持仓量可能会变动):

此时,对于盈亏浮动变化又分为 3 种情况。

第一种情况,证券的持仓量没有变化时,计算公式如下:

$$profitlossc = 持仓方向 \times (价格 - 上一期价格) \times 交易单位 \times |持仓量| \quad (4.4.9)$$

假设沪深 300 股指期货,前一期和这一期持有的都是空头仓,前一期价格是 4000 点,这一期价格是 3900 点,持仓量是 5 手,则计算如下:

$$\text{profitlossc} = (-1) \times [3900(点) - 4000(点)] \times 300(元/点) \times 5(手)$$
$$= 100 \times 300 \times 5$$
$$= 150\,000(元)$$

第二种情况，证券的持仓量增加时，计算公式如下：

$$\text{profitlossc} = 持仓方向 \times (价格 - 上一期价格) \times 交易单位 \times |上一期持仓量| -$$
$$滑点 \times 最小变动价位 \times 交易单位 \times 增加的持仓量 - (价格 + 持仓方向 \times$$
$$滑点 \times 最小变动价位) \times 交易单位 \times 增加的持仓量 \times 交易成本$$

(4.4.10)

本公式分为3个部分，即 $\text{profitlossc} = A + B + C$。

● A 部分表示原先那部分持仓，由于证券价格的变动所带来的收益（资本利得），计算公式如下。

$$A = 持仓方向 \times (价格 - 上一期价格) \times 交易单位 \times |上一期持仓量|$$

假设沪深300股指期货持的是空头，之前持有5手，价格是4000点，现在是3900点，则 A 部分计算如下所示：

$$\text{profitlossc} = (-1) \times [3900(点) - 4000(点)] \times 300(元/点) \times 5(手)$$
$$= 100 \times 300 \times 5$$
$$= 150\,000(元)$$

● B 部分表示在增仓的过程中由滑点造成的损失，计算公式如下。

$$B = -滑点 \times 最小变动价位 \times 交易单位 \times 增加的持仓量$$

公式首端的负号代表损失。接上例，假设我们对该股指期货的空头仓位增加2手，即现在持仓7手，则 B 部分计算如下所示：

$$B = -2 \times 0.2(点) \times 300(元/点) \times 2(手) = -240(元)$$

● C 部分表示在增加仓位时由交易费用造成的损失，计算公式如下。

$$C = -(价格 + 持仓方向 \times 滑点 \times 最小变动价位) \times 交易单位 \times$$
$$增加的持仓量 \times 交易成本$$

以沪深300股指期货为例，接上例，当交易成本为0.001时，C 部分计算如下所示：

$$C = -[3900(点) + (-1) \times 2 \times 0.2(点)] \times 300(元/点) \times 2(手) \times 0.001$$
$$= -3899.6 \times 300 \times 2 \times 0.001$$
$$\approx -2339.8(元)$$

综上所述，当沪深300股指期货从4000点跌至3900点，之前持有5手空头仓位，在此时增加为7手空头仓位时，盈亏浮动变化为：

$$\text{profitlossc} = A + B + C = 150\,000 - 240 - 2339.8 = 147\,420.2(元)$$

第三种情况，证券的持仓量减少时，计算公式如下：

$$\begin{aligned}\text{profitlossc} = &\text{持仓方向} \times (价格 - 持仓方向 \times 滑点 \times 最小变动价位 - \\ &上一期价格) \times 交易单位 \times 减少的持仓量 - (价格 - 持仓方向 \times \\ &滑点 \times 最小变动价位) \times 交易单位 \times 减少的持仓量 \times 交易成本 + \\ &持仓方向 \times (价格 - 上一期价格) \times 交易单位 \times |减少后的持仓量|\end{aligned}$$

$$(4.4.11)$$

本公式分为3个部分，即 profitlossc = $A + B + C$。

- A 部分表示当持仓量减少时，由平仓部分产生的盈利，计算公式如下。

$$\begin{aligned}A = &\text{持仓方向} \times (价格 - 持仓方向 \times 滑点 \times 最小变动价位 - \\ &上一期价格) \times 交易单位 \times 减少的持仓量\end{aligned}$$

还是以沪深300股指期货为例，持有仓位是空头仓，上一期价格是4000点，这一期价格是3900点，原先持有5手，现在减少1手，改为持有4手，则 A 部分计算如下所示：

$$\begin{aligned}A &= (-1) \times \left[3900(点) - (-1) \times 2 \times 0.2(点) - 4000(点)\right] \times 300(元/点) \times 1(手) \\ &= (4000 - 3900.4) \times 300 \\ &= 29\,880(元)\end{aligned}$$

- B 部分表示由平仓的手续费带来的损失，计算公式如下。

$$\begin{aligned}B = &-(价格 - 持仓方向 \times 滑点 \times 最小变动价位) \times 交易单位 \times \\ &减少的持仓量 \times 交易成本\end{aligned}$$

公式首端的负号代表损失，还是以沪深300股指为例，数据同上例，交易成本是0.001，则 B 部分计算如下所示：

$$\begin{aligned}B &= -\left[3900(点) - (-1) \times 2 \times 0.2(点)\right] \times 300(元/点) \times 1(手) \times 0.001 \\ &= -1170.12(元)\end{aligned}$$

- C 部分表示尚未平仓的部分，当期持仓盈亏，计算公式如下。

$$C = 持仓方向 \times (价格 - 上一期价格) \times 交易单位 \times |减少后的持仓量|$$

和上例中的数据一样，沪深300股指期货的空头仓位由原先的5手变为4手，则 C 部分计算如下所示：

$$\begin{aligned}C &= (-1) \times \left[3900(点) - 4000(点)\right] \times 300(元/点) \times 4(手) \\ &= 100 \times 300 \times 4 \\ &= 120\,000(元)\end{aligned}$$

综上所述，沪深 300 股指期货的价格由 4000 点变为 3900 点，持有空仓，且原先持有 5 手，现在持有 4 手，则盈亏浮动变化为：

$$profitlossc = A + B + C = 29\,880 - 1170.12 + 120\,000 = 148\,709.88(元)$$

（2）静态权益变化（staticequityc）。

① 前一期和这一期均未持仓时：

$$staticequityc = 0$$

② 前一期未持仓，这一期建仓时：

$$staticequityc = profitlossc$$

即静态权益变化就是本期计算得到的盈亏浮动变化。

③ 前一期持多（空）头仓，这一期持空（多）头仓时：

staticequityc = 上一期持仓方向×（价格 − 上一期持仓方向× 滑点×
最小变动价位 − 上一期持仓价格）× 交易单位×|上一期持仓量| −
（价格 − 上一期持仓方向× 滑点× 最小变动价位）× 交易单位×
|上一期持仓量|× 交易成本 − 滑点× 最小变动价位× 交易单位×
|持仓量| −（价格 + 目标持仓方向× 滑点× 最小变动价位）×
交易单位×|持仓量|× 交易成本

（4.4.12）

staticequityc 同样可以分为 4 个部分：staticequityc = $A + B + C + D$。

● 静态权益变化中的 A 部分。

此时静态权益变化中的 A 部分与盈亏浮动变化在第 3 种情况下即公式（4.4.7）中的 A 部分相比，唯一的区别是将"上一期价格"改为"上一期持仓价格"，计算公式如下。

A = 上一期持仓方向×（价格 − 上一期持仓方向× 滑点×
最小变动价位 − 上一期持仓价格）× 交易单位×|上一期持仓量|

以沪深 300 股指期货为例，假设之前做空，现在改为做多。做空时的价格即上一期的持仓价格是 4000 点，平仓时的价格即当前价格是 3900 点，持仓量是 2 手，滑点是 2，最小变动价位是 0.2 点，交易单位是 300 元/点，则 A 部分计算如下所示：

$A = (-1) \times [3900（点） - (-1) \times 2 \times 0.2（点） - 4000（点）] \times 300（元/点） \times 2（手）$
$ = (4000 - 3900.4) \times 300 \times 2$
$ = 59\,760（元）$

此时静态权益变化的 B、C、D 这 3 个部分与浮动盈亏变化在第 3 种情况公式中的 B、C、D 这 3 部分一样。

- B 部分表示平仓手续费，计算公式如下。

$$B = -(价格 - 上一期持仓方向 \times 滑点 \times 最小变动价位) \times 交易单位 \times \\ |上一期持仓量| \times 交易成本$$

公式开头的负号表示其作为费用应当从静态权益变化中减去，括号里表示平仓时考虑到滑点后的价格。以沪深 300 股指期货为例，假设我们之前是做空的，现在需要买入平仓，交易成本是 0.001，其余变量和上例中一样，则 B 部分计算如下所示：

$$B = -\left[3900（点）-(-1) \times 2 \times 0.2（点）\right] \times 300（元/点）\times 2（手）\times 0.001$$
$$= -(3900 + 0.4) \times 300 \times 2 \times 0.001$$
$$\approx -2340.2（元）$$

- C 部分表示开仓滑点，计算公式如下。

$$C = -滑点 \times 最小变动价位 \times 交易单位 \times |持仓量|$$

公式首端的负号表示滑点是一项损失。以沪深 300 股指期货为例，接上例，此时做多，则 C 部分计算如下所示：

$$C = -2 \times 0.2（点）\times 300（元/点）\times 2（手）= -240（元）$$

- D 部分表示开仓手续费，计算公式如下。

$$D = -(价格 + 目标持仓方向 \times 滑点 \times 最小变动价位) \times 交易单位 \times \\ |持仓量| \times 交易成本$$

同前面 B、C 两部分一样，公式首端的负号表示手续费是一项损失，括号内的部分表示考虑到滑点在内的价格。以沪深 300 股指期货为例，接上例，此时我们开多头仓，则 D 部分计算如下所示：

$$D = -\left[3900（点）+ 2 \times 0.2（点）\right] \times 300（元/点）\times 2（手）\times 0.001$$
$$= -3900.4 \times 300 \times 2 \times 0.001$$
$$\approx -2340.2（元）$$

综上所述，以沪深 300 股指期货为例，若前一期做空时的价格是 4000 点，现在改为做多时价格是 3900 点，滑点是 2，最小变动价位是 0.2 点，交易单位是 300 元/点，做空和做多的持仓量都是 2 手，交易成本是 0.001，则静态权益变化为：

$$staticequityc = A + B + C + D = 59\,760 - 2340.2 - 240 - 2340.2 = 54\,840（元）$$

④ 前一期持仓，这一期平仓时：

$$staticequityc = 上一期持仓方向 \times (价格 - 上一期持仓方向 \times 滑点 \times \\ 最小变动价位 - 上一期持仓价格) \times \\ 交易单位 \times |持仓量变动| - (价格 - 上一期持仓方向 \times \\ 滑点 \times 最小变动价位) \times 交易单位 \times |持仓量变动| \times 交易成本$$

（4.4.13）

公式（4.4.13）与盈亏浮动变化的第4种情况即公式（4.4.8）相比，唯一的区别在于把盈亏浮动变化里的"上一期价格"改为"上一期持仓价格"。若"上一期价格"等于"上一期持仓价格"，则此时盈亏浮动变化在数值上和静态权益变化相等。

⑤ 前一期持仓且持仓方向和这一期一致时（持仓量可能会变动）：

此时，对于静态权益变化又分为3种情况。

第一种情况，证券的持仓量没有变化时：

$$staticequityc=0$$

第二种情况，证券的持仓量增加时，计算公式如下：

$$\begin{aligned}staticequityc =& -滑点 \times 最小变动价位 \times 交易单位 \times 增加的持仓量 - \\ & (价格 + 持仓方向 \times 滑点 \times 最小变动价位) \times 交易单位 \times \\ & 增加的持仓量 \times 交易成本\end{aligned} \quad (4.4.14)$$

该公式分为两部分，即 $staticequityc = A + B$。

● A 部分表示由滑点带来的损失，计算公式如下。

$$A = -滑点 \times 最小变动价位 \times 交易单位 \times 增加的持仓量$$

设沪深300股指期货的空头仓位由5手增加到7手，则 A 部分计算如下所示：

$$A = -2 \times 0.2(点) \times 300(元/点) \times 2(手) = -240(元)$$

● B 部分表示由增仓的交易费用带来的损失，计算公式如下。

$$\begin{aligned}B =& -(价格 + 持仓方向 \times 滑点 \times 最小变动价位) \times 交易单位 \times \\ & 增加的持仓量 \times 交易成本\end{aligned}$$

设当前沪深300股指期货的价格是3900点，则 B 部分计算如下所示：

$$\begin{aligned}B =& -[3900(点) + (-1) \times 2 \times 0.2(点)] \times 300(元/点) \times 2(手) \times 0.001 \\ =& -2339.76(元)\end{aligned}$$

综上所述，持有沪深300股指期货空头仓，当前价格是3900点，持仓量由5手变为7手，静态权益变化为：

$$staticequityc = A + B = -240 - 2339.76 = -2579.76(元)$$

第三种情况，证券的持仓量减少时，计算公式如下：

$$\begin{aligned}staticequityc =& 持仓方向 \times (价格 - 持仓方向 \times 滑点 \times 最小变动价位 - \\ & 上一期持仓价) \times 交易单位 \times 减少的持仓量 - (价格 - \\ & 持仓方向 \times 滑点 \times 最小变动价位) \times 交易单位 \times \\ & 减少的持仓量 \times 交易成本\end{aligned} \quad (4.4.15)$$

该公式分为两部分，即 $staticequityc = A + B$。

- A 部分表示由于平掉部分仓位得到的资本利得，计算公式如下。

$$A = 持仓方向 \times (价格 - 持仓方向 \times 滑点 \times 最小变动价位 - \\ 上一期持仓价) \times 交易单位 \times 减少的持仓量$$

以沪深 300 股指期货为例，持仓方向是空头仓，当前价格是 3900 点，上一期持仓价是 4000 点，持仓量由 5 手减少为 4 手，则 A 部分计算如下所示：

$$A = (-1) \times \left[3900（点）- (-1) \times 2 \times 0.2（点）- 4000（点）\right] \times 300（元/点）\times 1（手）\\ = 29\,880（元）$$

- B 部分表示由平仓的手续费带来的损失，计算公式如下。

$$B = -（价格 - 持仓方向 \times 滑点 \times 最小变动价位）\times \\ 交易单位 \times 减少的持仓量 \times 交易成本$$

使用上例的数据，设交易成本为 0.001，则 B 部分计算如下所示：

$$B = -\left[3900（点）- (-1) \times 2 \times 0.2（点）\right] \times 300（元/点）\times 1（手）\times 0.001 \\ = -3900.4 \times 300 \times 0.001 \\ = -1170.12（元）$$

综上所述，持有沪深 300 股指期货空头仓，原先价格是 4000 点，现在价格是 3900 点，持仓量由 5 手变为 1 手，则静态权益变化为：

$$staticequityc = A + B = 29\,880 - 1170.12 = 28\,709.88（元）$$

（3）动态权益变化（dynamicequityc）。

① 前一期和这一期均未持仓时：

$$dynamicequityc=0$$

②"前一期未持仓，这一期建仓"或"前一期持仓，这一期平仓"时：

$$dynamicequityc=profitlossc$$

即动态权益变化就是本期计算得到的盈亏浮动变化。

③ 前一期持多（空）头仓，这一期持空（多）头仓时：

$$dynamicequityc=profitlossc$$

即动态权益变化就是本期计算得到的盈亏浮动变化。

④ 前一期持仓且持仓方向和这一期一致时（持仓量可能会变动）：

此时，对于动态权益变化又分为 3 种情况。

第一种情况，证券的持仓量没有变化时，计算公式如下：

$$dynamicequityc = 盈亏浮动变化 - 滑点 \times 最小变动价位 \times 交易单位 \times \\ |持仓量| - （价格 - 持仓方向 \times 滑点 \times 最小变动价位）\times \\ 交易单位 \times |持仓量| \times 交易成本$$

（4.4.16）

该公式可视为：

$$\text{dynamicequityc} = \text{盈亏浮动变化} + A + B$$

- A 表示由滑点带来的损失，计算公式如下。

$$A = -\text{滑点} \times \text{最小变动价位} \times \text{交易单位} \times |\text{持仓量}|$$

- B 表示由交易费用带来的损失，计算公式如下。

$$B = -(\text{价格} - \text{持仓方向} \times \text{滑点} \times \text{最小变动价位}) \times \text{交易单位} \times |\text{持仓量}| \times \text{交易成本}$$

此时动态权益变化可视为在考虑交易摩擦的基础上所得到的盈亏。在此条件下，盈亏浮动变化只是简单地考虑到由前后两期的价差所带来的盈亏，没有考虑如果把账面上的盈亏变现，所得到的实际的盈亏。此公式的实例介绍，结合盈亏浮动变化在第5种情况下的公式（4.4.9）来说明。当时的数据为："假设沪深300股指期货，前一期和这一期持有的都是空头仓，前一期价格是4000点，这一期价格是3900点，持仓量是5手。"当时计算的浮动盈亏变化为150 000元，可以看出未考虑交易上的摩擦：

$$\begin{aligned}\text{profitlossc} &= (-1) \times [3900(\text{点}) - 4000(\text{点})] \times 300(\text{元/点}) \times 5(\text{手}) \\ &= 100 \times 300 \times 5 \\ &= 150\,000(\text{元})\end{aligned}$$

此时的动态权益变化，考虑到假设使该浮动盈亏变现，要把当前所有的仓位平掉，那么这个平仓的过程自然是有摩擦的，我们需要在盈亏浮动变化中考虑到由这个摩擦带来的损失。令滑点为2，最小变动价位为0.2点，交易成本是0.001，则有如下计算式：

$$A = -2 \times 0.2(\text{点}) \times 300(\text{元/点}) \times 5(\text{手}) = -600(\text{元})$$

$$\begin{aligned}B &= -[3900(\text{点}) - (-1) \times 2 \times 0.2(\text{点})] \times 300(\text{元/点}) \times 5(\text{手}) \times 0.001 \\ &= -3900.4 \times 300 \times 5 \times 0.001 \\ &= -5850.6(\text{元})\end{aligned}$$

$$\text{dynamicequityc} = 150\,000 - 600 - 5850.6 = 143\,549.4(\text{元})$$

所以考虑到变现的成本后，实际的盈利不是150 000元，而是143 549.4元。

第二种情况，证券的持仓量增加时，计算公式如下：

$$\begin{aligned}\text{dynamicequityc} = &\text{盈亏浮动变化} - \text{滑点} \times \text{最小变动价位} \times \text{交易单位} \times \\ &|\text{上一期持仓量}| - (\text{价格} - \text{持仓方向} \times \text{滑点} \times \text{最小变动价位}) \times \\ &\text{交易单位} \times |\text{上一期持仓量}| \times \text{交易成本}\end{aligned}$$

(4.4.17)

该公式可视为：

$$\text{dynamicequityc} = 盈亏浮动变化 + A + B$$

该式表示，如果把当前的浮动盈亏变化进行变现，则需要考虑变现过程所带来的摩擦，即把之前已经持有的仓位在平仓过程中所产生的损失考虑进来。所以 A 表示由滑点造成的损失，计算公式如下。

$$A = -滑点 \times 最小变动价位 \times 交易单位 \times |上一期持仓量|$$

B 表示由交易费用造成的损失，计算公式如下。

$$B = -(价格 - 持仓方向 \times 滑点 \times 最小变动价位) \times 交易单位 \times \\ |上一期持仓量| \times 交易成本$$

上述两个公式中均乘以"上一期持仓量"的绝对值，表示把增仓之前的仓位平掉。结合盈亏浮动变化在第 5 种情况下的公式（4.4.10），当沪深 300 股指期货价格由 4000 点变为 3900 点，持有空仓，且由之前持有的 5 手变为 7 手时，交易成本为 0.001，则盈亏浮动变化为：

$$\text{profitlossc} = 150\,000 - 240 - 2339.8 = 147\,420.2（元）$$

此时 A 与 B 的计算分别如下所示：

$$A = -2 \times 0.2（点）\times 300（元/点）\times 5（手）= -0.4 \times 300 \times 5 = -600（元）$$

$$B = -[3900（点）-(-1) \times 2 \times 0.2（点）] \times 300（元/点）\times 5（手）\times 0.001$$
$$= -3900.4 \times 300 \times 5 \times 0.001$$
$$= -5850.6（元）$$

得到的动态权益变化为：

$$\text{dynamicequityc} = 147\,420.2 - 600 - 5850.6 = 140\,969.6（元）$$

第三种情况，证券的持仓量减少时，动态权益变化的计算公式如下：

$$\text{dynamicequityc} = 盈亏浮动变化 - 滑点 \times 最小变动价位 \times 交易单位 \times \\ |减少后的持仓量| - (价格 - 持仓方向 \times 滑点 \times 最小变动价位) \times \\ 交易单位 \times |减少后的持仓量| \times 交易成本$$

(4.4.18)

盈亏浮动变化的计算公式为：

$$\text{profitlossc} = 持仓方向 \times (价格 - 持仓方向 \times 滑点 \times 最小变动价位 - \\ 上一期价格) \times 交易单位 \times 减少的持仓量 - (价格 - 持仓方向 \times \\ 滑点 \times 最小变动价位) \times 交易单位 \times 减少的持仓量 \times 交易成本 + \\ 持仓方向 \times (价格 - 上一期价格) \times 交易单位 \times |减少后的持仓量|$$

上述 profitlossc 的计算是在当期计算的盈亏浮动变化的基础上，考虑到将其变现时，由于平掉了所有仓位所产生的交易摩擦。此时平掉的所有仓位就是减少持仓量后剩下的该证券的所有持仓。

因此公式（4.4.18）可视为：

$$\text{dynamicequityc} = 盈亏浮动变化 + A + B$$

其中 A 表示把剩下的仓位全部平掉后，在平仓过程中由滑点产生的损失，计算公式如下。

$$A = -滑点 \times 最小变动价位 \times 交易单位 \times |减少后的持仓量|$$

B 表示把剩下的仓位全部平掉后，在平仓过程中由交易费用产生的损失，计算公式如下。

$$B = -(价格 - 持仓方向 \times 滑点 \times 最小变动价位) \times 交易单位 \times |减少后的持仓量| \times 交易成本$$

上述两个公式中，"|减少后的持仓量|"表示把该证券剩余的仓位全部平掉。结合盈亏浮动变化在第 5 种情况下的公式（4.4.11），当沪深 300 股指期货的价格由 4000 点变为 3900 点，持有空仓，且原先持有 5 手，现在持有 4 手时，盈亏浮动变化为：

$$\text{profitlossc} = 29\,880 - 1170.12 + 120\,000 = 148\,709.88（元）$$

此时 A 和 B 的计算分别为：

$$A = -2 \times 0.2（点）\times 300（元/点）\times 4（手）= -0.4 \times 300 \times 4 = -480（元）$$

$$B = -[3900（点）-(-1)\times 2 \times 0.2（点）] \times 300（元/点）\times 4（手）\times 0.001$$
$$= -3900.4 \times 300 \times 4 \times 0.001$$
$$\approx -4680.5（元）$$

得到的动态权益变化为：

$$\text{dynamicequityc} = 148\,709.88 - 480 - 4680.5 \approx 143\,550（元）$$

（4）滑点导致的权益变化（slipc）。

① 前一期和这一期均未持仓时：

$$\text{slipc} = 0$$

② "前一期未持仓，这一期建仓"或"前一期持仓，这一期平仓"或"按之前的持仓方向反向持仓"时：

$$\text{slipc} = -滑点 \times 最小变动价位 \times 交易单位 \times |持仓量变动| \qquad (4.4.19)$$

以沪深 300 股指期货为例，假设之前持 2 手多头仓，现在持 2 手空头仓，其余参数与前面一样，则此时滑点导致的权益变化为：

$$\text{slipc} = -2 \times 0.2(\text{点}) \times 300(\text{元}/\text{点}) \times |(-2)(\text{手}) - 2(\text{手})|$$
$$= -2 \times 60 \times 4$$
$$= -480(\text{元})$$

在本例中，由于持仓量由-2手变为2手，所以持仓量变动的绝对值为4手。

③ 前一期持仓且持仓方向和这一期一致时（持仓量可能会变动）：

此时，对于滑点导致的权益变化又分为两种情况。

第一种情况，证券的持仓量没有变化时：

$$\text{slipc} = 0$$

第二种情况，证券的持仓量有变化时：

$$\text{slipc} = -\text{滑点} \times \text{最小变动价位} \times \text{交易单位} \times \text{增加或减少的持仓量} \quad (4.4.20)$$

设沪深300股指期货持有5手空头头寸，现在变为4手空头头寸，则滑点导致的权益变化为：

$$\text{slipc} = -2 \times 0.2(\text{点}) \times 300(\text{元}/\text{点}) \times 1(\text{手}) = -0.4 \times 300 = -120(\text{元})$$

（5）手续费导致的权益变化（tradingcosts）。

① 前一期和这一期均未持仓时：

$$\text{tradingcosts} = 0$$

② 前一期未持仓，这一期建仓时：

$$\text{tradingcosts} = -(\text{价格} + \text{目标持仓方向} \times \text{滑点} \times \text{最小变动价位}) \times \text{交易单位} \times |\text{持仓量变动}| \times \text{交易成本} \quad (4.4.21)$$

该公式实际上就是盈亏浮动变化的公式（4.4.6）中的 B 部分。

③ "前一期持仓，这一期平仓"或"前一期持多（空）头仓，这一期持空（多）头仓"时：

$$\text{tradingcosts} = -(\text{价格} - \text{上一期持仓方向} \times \text{滑点} \times \text{最小变动价位}) \times \text{交易单位} \times |\text{持仓量变动}| \times \text{交易成本} \quad (4.4.22)$$

假设之前做空2手沪深300股指期货，现在持有2手该期货的多头，价格为4000点，其他数据和前例一样，则手续费导致的权益变化为：

$$\text{tradingcosts} = -[4000(\text{点}) - (-1) \times 2 \times 0.2(\text{点})] \times 300(\text{元}/\text{点}) \times$$
$$[2(\text{手}) - (-2)(\text{手})] \times 0.001$$
$$= -(4000 + 0.4) \times 300 \times 4 \times 0.001$$
$$\approx -4800.5(\text{元})$$

④ 前一期持仓且持仓方向和这一期一致时（持仓量可能会变动）：

此时，对于手续费导致的权益变化又分为 3 种情况。

第一种情况，证券的持仓量没有变化时：

$$tradingcosts = 0$$

第二种情况，证券的持仓量增加时：

$$tradingcosts = -（价格 + 持仓方向 \times 滑点 \times 最小变动价位）\times \\ 交易单位 \times 增加的持仓量 \times 交易成本 \quad (4.4.23)$$

设沪深 300 股指期货的价格是 3900 点，持仓为空头仓，并由 5 手增加至 7 手，则计算如下所示。

$$\begin{aligned} tradingcosts &= -\left[3900（点）+(-1) \times 2 \times 0.2（点）\right] \times 300（元/点）\times 2（手）\times 0.001 \\ &= -3899.6 \times 300 \times 2 \times 0.001 \\ &\approx -2339.8（元） \end{aligned}$$

第三种情况，证券的持仓量减少时：

$$tradingcosts = -（价格 - 持仓方向 \times 滑点 \times 最小变动价位）\times \\ 交易单位 \times 减少的持仓量 \times 交易成本$$

设沪深 300 股指期货的价格是 3900 点，持仓为空头仓，并由 5 手减少至 4 手，则计算如下所示：

$$\begin{aligned} tradingcosts &= -\left[3900（点）-(-1) \times 2 \times 0.2（点）\right] \times 300（元/点）\times 1（手）\times 0.001 \\ &= -3900.4 \times 300 \times 1 \times 0.001 \\ &= -1170.12（元） \end{aligned}$$

3. 保证金计算公式

保证金计算公式出现在回测平台的 fmargin() 函数中，具体包括多头保证金变化、空头保证金变化和保证金变化。

（1）多头保证金变化（long_marginc）。

① 前一期未持仓或持空头仓，这一期没开多头仓时：

$$long\_marginc = 0$$

② 前一期未持仓，这一期开多头仓时：

$$long\_marginc = 价格 \times 交易单位 \times |持仓量变动| \times 保证金比率 \quad (4.4.24)$$

以黄金期货为例，假设价格是 300 元/克，交易单位是 1000 克/手，持仓量变动是 2 手，保证金比率是 7%，则多头保证金变化为：

$$\text{long\_marginc} = 300(元/克) \times 1000(克/手) \times 2(手) \times 0.07 = 42\,000(元)$$

以沪深 300 股指期货为例，假设价格是 4000 点，交易单位是 300 元/点，持仓量变动是 2 手，保证金比率是 8%，则多头保证金变化为：

$$\text{long\_marginc} = 4000(点) \times 300(元/点) \times 2(手) \times 0.08 = 192\,000(元)$$

③ 前一期持多头仓，这一期平仓或开空头仓时：

$$\text{long\_marginc}_t = -\text{long\_margin}_{t-1} \tag{4.4.25}$$

即这一期的多头保证金变化就是之前所有多头保证金的相反数。例如，之前多头保证金是 1000 元，由于平仓或做空，此时多头保证金是 0，所以多头保证金变化是 −1000。

④ 前一期和这一期的持仓方向均为多头时（持仓量可能会变动）：

$$\text{long\_marginc}_t = 价格 \times 交易单位 \times |持仓量| \times 保证金比率 - \text{long\_margin}_{t-1} \tag{4.4.26}$$

接多头保证金变化的第 2 种情况公式（4.4.24）中黄金期货的例子，之前在价格为 300 元/克时持有黄金期货的多头仓位 2 手，假设现在黄金的价格跌为 290 元/克，持仓量不变。由于之前多头保证金变化是 42 000 元，且当时是开仓，因此当时多头保证金就是 42 000 元，现在多头保证金的变化计算如下：

$$\begin{aligned}\text{long\_marginc} &= 290(元/克) \times 1000(克/手) \times 2(手) \times 0.07 - 42\,000(元) \\ &= -1400(元)\end{aligned}$$

同样是价格由 300 元/克变为 290 元/克，但是我们减少 1 手的仓位，则计算如下：

$$\begin{aligned}\text{long\_marginc} &= 290(元/克) \times 1000(克/手) \times 1(手) \times 0.07 - 42\,000(元) \\ &= -21\,700(元)\end{aligned}$$

⑤ 前一期持空头仓，这一期开多头仓时：

$$\text{long\_marginc} = 价格 \times 交易单位 \times |持仓量| \times 保证金比率 \tag{4.4.27}$$

以黄金期货为例，假设之前持有黄金期货空头 10 手，现在价格是 300 元/克，平仓，然后做多 1 手，保证金比率是 0.07，则计算如下：

$$\text{long\_marginc} = 300(元/克) \times 1000(克/手) \times 1(手) \times 0.07 = 21\,000(元)$$

（2）空头保证金变化（short_marginc）。

① 前一期未持仓或持多头仓，这一期没开空头仓时：

$$\text{short\_marginc} = 0$$

② 前一期未持仓，这一期开空头仓时：

$$\text{short\_marginc} = 价格 \times 交易单位 \times |持仓量变动| \times 保证金比率 \tag{4.4.28}$$

以沪深 300 股指期货为例，持仓量变动是-2 手，其余数据一样，则空头保证金变化为：

$$\text{short\_marginc} = 4000（点）\times 300（元/点）\times |-2（手）| \times 0.08 = 192\,000（元）$$

③ 前一期持多头仓，这一期开空头仓时：

$$\text{short\_marginc} = 价格 \times 交易单位 \times |持仓量| \times 保证金比率 \quad (4.4.29)$$

假设之前持有沪深 300 股指期货多头 2 手，现在持有空头 1 手，价格是 4000 点，保证金比率是 0.08，则计算如下：

$$\text{short\_marginc} = 4000（点）\times 300（元/点）\times |1（手）| \times 0.08 = 96\,000（元）$$

由于公式中是"持仓量"的绝对值，而不是"持仓量变动"的绝对值，所以乘以 1，而不是乘以 3。

④ 前一期和这一期的持仓方向均为空头时（持仓量可能会变动）：

$$\text{short\_marginc}_t = 价格 \times 交易单位 \times |持仓量| \times 保证金比率 - \text{short\_margin}_{t-1}$$

$$(4.4.30)$$

接空头保证金变化的第 2 种情况公式（4.4.28）中沪深 300 股指期货的例子，设价格由 4000 点变为 3900 点，持仓量依然是 2 手。由于之前空头保证金变化是 192 000 元，且当时是开仓，因此当时空头保证金就是 192 000 元，现在空头保证金的变化计算如下：

$$\begin{aligned}\text{short\_marginc} &= 3900（点）\times 300（元/点）\times 2（手）\times 0.08 - 192\,000（元）\\ &= 187\,200 - 192\,000 \\ &= -4800（元）\end{aligned}$$

若此时我们增加 1 手仓位，则计算如下：

$$\begin{aligned}\text{short\_marginc} &= 3900（点）\times 300（元/点）\times 3（手）\times 0.08 - 192\,000（元）\\ &= 280\,800 - 192\,000 \\ &= 88\,800（元）\end{aligned}$$

⑤ 前一期持空头仓，这一期平仓或持多头仓时：

$$\text{short\_marginc}_t = -\text{short\_margin}_{t-1} \quad (4.4.31)$$

即这一期的空头保证金变化就是之前所有空头保证金的相反数。例如，之前空头保证金是 1000 元，由于平仓或做多，此时空头保证金是 0，所以空头保证金变化是 -1000。

（3）保证金变化（marginc）。

$$\text{marginc} = \text{long\_marginc} + \text{short\_marginc} \quad (4.4.32)$$

即保证金变化等于多头保证金变化加上空头保证金变化。

使用上例中的数据，假设我们做多 2 手黄金期货，做空 2 手沪深 300 股指期货，则保证金变化为：
$$marginc = 42\,000 + 192\,000 = 234\,000（元）$$

4．其他公式

前面介绍的 3 个类型的公式，每一类公式都属于同一个函数，下面介绍的公式不属于上述任意一个函数。

（1）准备金变化（cashc）。
$$cashc = profitlossc - marginc \tag{4.4.33}$$

即准备金变化等于浮动盈亏变化减去保证金变化。

（2）持仓价格（HoldPrice）。

① "前一期和这一期均未持仓"或"前一期持仓，这一期平仓"时：
$$HoldPrice = 0$$

② "前一期未持仓，这一期建仓"或"前一期持多（空）头仓，这一期持空（多）头仓"时：
$$HoldPrice = 该证券在这一期的价格$$

③ 前一期持仓且持仓方向和这一期一致时（持仓量可能会变动）：

此时，对于持仓价格又分为 3 种情况。

第一种情况，证券的持仓量没有变化时：
$$持仓价格 = 上一期持仓价格$$

第二种情况，证券的持仓量增加时：
$$HoldPrice = (|上一期持仓量| \times 上一期持仓价格 + 价格 \times 增加的持仓量) \div$$
$$(|上一期持仓量| + 增加的持仓量)$$

$$\tag{4.4.34}$$

该式可视为加权平均数的计算，上一期持仓价格的权重是|上一期持仓量|，价格的权重是增加的持仓量。设黄金期货在 300 元/克的价格处持多头仓 2 手，当价格跌为 290 元/克时，增持 1 手的多头仓，则持仓价格为：

$$HoldPrice = \frac{2（手）\times 300（元/克）+ 290（元/克）\times 1（手）}{2（手）+ 1（手）}$$
$$= \frac{890}{3}$$
$$\approx 296.67（元/克）$$

第三种情况，证券的持仓量减少时：

持仓价格=上一期持仓价格

5. 策略总结公式

前面介绍的公式均适用于单个证券，下面即将介绍的公式则用于总结。首先介绍的公式是将各证券在时间方向上进行总结（输出是一个时间维度×品种数量的矩阵），然后介绍把所有证券的结果加总后在时间方向上进行总结（输出是一个时间维度的向量），即策略的输出结果的公式。这些公式比前面的公式简单，包括仅在时间维度上累计加总的变量、体现整个策略在每一时间点上状态的变量。

（1）仅在时间维度上累计加总的变量。

● 各证券多头保证金（long_margin）：

本期各证券多头保证金＝上期各证券多头保证金＋本期各证券多头保证金的变化

● 各证券空头保证金（short_margin）：

本期各证券空头保证金＝上期各证券空头保证金＋本期各证券空头保证金的变化

● 各证券保证金（margin）：

本期各证券保证金＝上期各证券保证金＋本期各证券保证金的变化

（2）体现整个策略在每一时间点上状态的变量。

● 名义结算权益（DynamicPL）：

本期名义结算权益＝上期名义结算权益＋各证券本期盈亏浮动变化之和

名义结算权益的初始值为策略的初始资金。

● 静态权益（StaticEquity）：

本期静态权益＝上期静态权益＋各证券本期静态权益变化之和

静态权益的初始值为策略的初始资金。

● 动态权益（DynamicEquity）：

本期动态权益＝上期名义结算权益＋各证券本期动态权益变化之和

注意：此公式等号右端的第一项是上期名义结算权益，而不是上期动态权益。动态权益的变化中考虑交易费用，如果第一项是上期动态权益，则交易费用被累加，这样是错误的。

● 结算准备金（Cash）：

结算准备金＝上一期计算准备金的＋各证券本期准备金变化之和

● 每个时间点滑点导致的权益变化(SlipEquity)：

本期滑点导致的权益变化＝上一期滑点导致的权益变化+
　　　　　　　　　　　各证券本期滑点导致的权益变化之和

- 每个时间点手续费导致的权益变化（TradingCostsEquity）：

本期手续费导致的权益变化＝上一期手续费导致的权益变化+
　　　　　　　　　　　各证券本期手续费导致的权益变化之和

4.5 中文变量与代码变量对照表

由于代码中各公式里的变量名称是英文，文档中各公式里的变量名称是中文，所以此处给出两种变量名的对照表，两种变量名之间不一定是一一对应的。表中有些中文的变量名在代码中对应的是表达式，并不是英文的变量名，因此表中的英文变量名这一列，也会给出表达式。具体见表 4.1～表 4.5。

表 4.1　表示"量"的变量

中文变量名	代码中的变量名
持仓量变动	lotsc，tlotsc(tlotsc=lotsc*x(2))
减少的持仓量	abs(tlotsc(1,tlotsc<0))
增加的持仓量	abs(tlotsc(1,tlotsc>0))
持仓量	Lots，tLots
上一期持仓量	tn1Lots
减少后的持仓量	tLots(1,tlotsc<0)
增加或减少的持仓量	abs(tlotsc(1,tlotsc~=0))

表 4.2　表示"价"的变量

中文变量名	代码中的变量名
价格	data，tdata
上一期价格	tn1data
上一期持仓价格	tn1HoldPrice
各证券多头保证金的变化	long_marginc
各证券空头保证金的变化	short_marginc
各证券保证金的变化	marginc

表 4.3　表示交易摩擦的变量

中文变量名	代码中的变量名
滑点	Slip，tslip
交易成本	TradingCosts，ttradingcosts

表 4.4 合约固有的变量

中文变量名	代码中的变量名
交易单位	TradingUnits，ttradingunits
最小变动价位	MinMove，tminmove
保证金比率	MarginRatio

表 4.5 表示加总的变量

中文变量名	代码中的变量名
各证券本期盈亏浮动变化之和	sum(profitlossc(i,:))
各证券本期静态权益变化之和	sum(staticequityc(i,:))
各证券本期动态权益变化之和	sum(dynamicequityc(i,:))
各证券本期准备金变化之和	sum(cashc(i,:))
各证券本期滑点导致的权益变化之和	sum(slipc(i,:))
各证券本期手续费导致的权益变化之和	sum(tradingcostsc(i,:))

4.6　函数介绍

本回测平台中含有多个子函数，由于子函数是在主函数内部自动调用的，无须用户调用，所以本节只介绍回测平台的主函数。

```
function [strategy_result]=multi_varieties_historical_back(strategy_set,option_set)
%函数功能：根据输入的参数计算策略回测的结果
%输入变量：
%strategy_set:策略参数，即各证券持仓方向和持仓量，数据类型是结构体，含有两个域，分别是pos和lotsc
    %域pos：各证券在某一时刻的持仓，数据类型是矩阵，每列表示一个证券，每行表示一个时间点。元素是1、0或-1，1表示做多，0表示空仓，-1表示做空。pos中应该表示出策略执行期间每一期的持仓方向，即调仓和不调仓时的持仓方向都要记录在pos中。若当期调仓，假设持仓方向由多头仓变为空头仓，则pos中该期所在的那一行记录调仓后的持仓方向，即元素是-1而不是1
    %域lotsc：记录各证券每一期持仓量的变动（增量），类型是矩阵，每列表示一个证券，每行表示一个时间点。第一行由于是第一期所以元素就是实际的持仓量，因为元素是持仓量的增量，所以不调仓时元素均为0。元素大于0时，表示该证券在当期做多，或是减少空头仓的持仓量；元素小于0时，表示该证券做空，或是减少多头仓的持仓量。多头仓位持仓量是正数，空头仓位持仓量是负数
%option_set：市场参数，即策略运行的环境，数据类型是结构体，包含8个域
    %域TradingUnits：交易单位，类型是矩阵
    %域MarginRatio：保证金比率，类型是矩阵
    %域TradingCost：交易费用，类型是矩阵，每列表示一个证券，每行表示一个时间点
    %域Equity：初始资金，数据类型是标量
    %域data：策略执行期间各证券在每一时期的价格，类型是矩阵，每列表示一个证券，每行表示一个时间点
    %域MinMove：最小变动价位，类型是矩阵，每列表示一个证券，每行表示一个时间点
    %域Slip：滑点，类型是矩阵，每列表示一个证券，每行表示一个时间点
```

%域 Date：策略执行的时间，该时间对应的就是 strategy_set 中 pos 和 lotsc 两个变量及 TradingCost 等变量对应的时间。数据类型是向量，元素是时间戳（可以用 datenum 函数生成）

%对于 TradingUnites、MarginRatio、TradingCost、data、MinMove、Slip 这 6 个域，其数据类型都是矩阵，矩阵的规模和 strategy_set 的规模一样，且每列表示一个证券，每行表示一个时间点，这几个变量中相同的行表示的时间点是一致的

%输出变量：

%strategy_result：策略执行完后所输出的各种指标，该变量是一个结构体，含有 27 个域，每个域表示一个指标

%（1）域 DynamicPL：策略每一期的名义结算权益，数据类型是列向量，元素表示每一期执行完应操作后策略的名义结算权益。DynamicPL 的长度比 pos 的行数大 1，DynamicPL 的第一个元素记录的是第 0 期，也就是策略在初始状态下的名义结算权益（第一个元素的值就是 Equity）；DynamicPL 的第二个元素表示策略在执行第 1 期的操作后所得到的名义结算权益，即刚执行完 pos 和 lotsc 中第一行的信息时。DynamicPL 后面元素的含义依次类推

%后面所介绍的 26 个域，如果数据类型是向量，其长度都比 pos 的行数大 1；如果数据类型是矩阵，则列数和 pos 一样，行数比 pos 的行数大 1

%原因均与在 DynamicPL 中的解释类似

%（2）域 StaticEquity：策略每一期的静态权益，数据类型是列向量，元素表示每一期执行完应操作后策略的静态权益

%（3）域 DynamicEquity：策略每一期的动态权益，数据类型是列向量，元素表示每一期执行完应操作后策略的动态权益。动态权益简单地说是在当期浮动盈亏变化的基础上，考虑所有仓位在平仓时产生的交易费用而得到的

%（4）域 Cash：策略每一期的结算准备金，数据类型是列向量，元素表示每一期执行完相应操作后策略的结算准备金

%（5）域 LongMargin：策略每一期各证券多头保证金之和，数据类型是列向量，元素表示每一期执行完相应操作后策略的多头保证金

%（6）域 ShortMargin：策略每一期各证券空头保证金之和，数据类型是列向量，元素表示每一期执行完相应操作后策略的空头保证金

%（7）域 Margin：策略每一期各证券保证金之和，数据类型是列向量，元素表示每一期执行完相应操作后策略的保证金

%（8）域 SlipEquity：策略每一期滑点导致权益变化的累计，数据类型是列向量，元素表示每一期执行完相应操作后整个策略滑点对权益造成影响的累计

%（9）域 TradingCostsEquity：策略每一期交易费用导致权益变化的累计，数据类型是列向量，元素表示每一期执行完相应操作后整个策略交易费用对权益造成影响的累计

%（10）域 Lots：策略每一期各证券的持仓量，数据类型是矩阵

%（11）域 HoldPrice：策略每一期各证券的持仓价格，数据类型是矩阵

%（12）域 staticequityc：策略从上一期至这一期执行完后各证券静态权益的变化，数据类型是矩阵

%（13）域 dynamicequityc：策略从上一期至这一期执行完后各证券动态权益的变化，数据类型是矩阵

%（14）域 long_margin：策略每一期各证券的多头保证金，数据类型是矩阵

%（15）域 short_margin：策略每一期各证券的空头保证金，数据类型是矩阵

%（16）域 slipc：策略从上一期至这一期执行完后各证券的滑点导致权益的变化，数据类型是矩阵

%（17）域 tradingcostsc：策略从上一期至这一期执行完后各证券的交易费用导致权益的变化，数据类型是矩阵

%（18）域 profitlossc：策略从上一期至这一期执行完后各证券的盈亏浮动变化，数据类型是矩阵

%（19）域 margin：策略每一期各证券的保证金，数据类型是矩阵

%（20）域 MyMarketPrice：策略每一期各证券的开平仓市场价格，数据类型是矩阵。若该证券在本期

既没有开仓也没有平仓，则该元素值为 0

% (21) 域 OpenPosNum：策略每一期各证券是否有开仓操作，数据类型是矩阵，元素为 1 表示该证券当期有开仓操作，否则没有

% (22) 域 ClosePosNum：策略每一期各证券是否有平仓操作，数据类型是矩阵，元素为 1 表示该证券当期有平仓操作，否则没有

% (23) 域 OpenDate：策略每一期各证券建仓日期，数据类型是矩阵，元素为 0 表示该证券当期没有建仓

% (24) 域 CoseDate：策略每一期各证券平仓日期，数据类型是矩阵，元素为 0 表示该证券当期没有平仓

% (25) 域 OpenPosPrice：策略每一期各证券的建仓价格，数据类型是矩阵。若该证券在本期没有建仓，则该元素值为 0

% (26) 域 ClosePosPrice：策略每一期各证券的平仓价格，数据类型是矩阵。若该证券在本期没有平仓或原本就没有持仓，则该元素值为 0

% (27) 域 Type：策略每一期各证券的建仓类型，数据类型是矩阵。元素取值为 1，表示该证券做多或减少之前的空头头寸；取值为 0，表示该证券本次未进行任何操作；取值为-1，表示该证券做空或减少之前的多头头寸

4.7 实例分析

本实例分析只介绍回测平台的用法，主要是变量输入/输出的内容，不涉及具体策略。我们使用 50 个股票在 4094 个交易日的价格数据，持仓方向和持仓量的变动随机生成，并输入假设的市场参数。

市场参数中策略的时间是 2000 年 1 月 1 日起至往后 4093 个交易日的时间戳。策略时间的数据类型是列向量，元素就是时间戳，设定代码如下：

```
clear;clc
load('50股票的趋同度指标的实验数据');
[rclose,cclose]=size(close);
data=close;
date=datestr(datenum('2000/1/1'):1:datenum('2000/1/1')+rclose-1);    %生成时间跨度为 rclose 的日期字符串
Date=datenum(date(:,:));    %把日期字符串改为时间数值
option_set.Date=Date;
```

交易单位、保证金比率、交易费用、最小变动价位及滑点的数据类型都是矩阵，且矩阵的规模是 4094 行 50 列，这和价格数据的矩阵大小一样。之所以数据类型是矩阵，是为了表示滑点、交易费用、保证金比率等变量对每个证券在不同的时间点都是有可能不一样的。设定这些市场参数的代码如下：

```
option_set.TradingUnits=10*ones(rclose,cclose);    %交易单位
option_set.MarginRatio=0.07*ones(rclose,cclose);    %保证金比率
option_set.TradingCost=0.0003*ones(rclose,cclose);    %交易费用设为成交金额的 0.3‰
option_set.MinMove=1*ones(rclose,cclose);    %商品的最小变动价位
```

```
option_set.Slip=2*ones(rclose,cclose);    %滑点为最小变动价位的2倍
```

对于初始资金，数据类型是标量。在市场参数中存入初始资金和证券价格 data 的代码如下：

```
option_set.Equity=1e6;
option_set.data=data;
```

接下来介绍持仓量变动和持仓方向是如何随机生成的。首先生成一个 4094 行 50 列的矩阵，矩阵名为 POS，元素是介于 0 至 100 之间的随机数，然后将矩阵里的所有元素减去 50，代码如下：

```
POS=100*rand(rclose,cclose);    %POS 是持仓量，正数表示多头，负数表示空头
POS=floor(POS)-50*ones(rclose,cclose);
```

对于矩阵 POS，把值位于开区间(-10,-6)、(-3,3)或(6,10)的元素的值修改为 0，然后把最后一行的元素全变为 0，代码如下：

```
POS((POS<3 & POS>-3)|(POS>6 & POS<10)| (POS>-10 & POS<-6))=0;
POS(end,:)=0;
```

现在得到的 POS 就是各证券在每一期的持仓量。构造与 POS 规模相同的矩阵 pos，POS 中元素为 0 的位置对应在 pos 中的元素为 0，POS 中元素大于 0 的位置对应在 pos 中的元素为 1，POS 中元素小于 0 的位置对应在 pos 中的元素为-1。因此新构造的矩阵 pos，里面是证券的持仓方向。然后我们再对每一期的 POS 求差分，得到每一期持仓量的增量，令这个增量的矩阵名为 lotsc，代码如下：

```
pos=(POS==0)*0+(POS>0)*1+(POS<0)*-1;    %pos 记录的是持仓方向，+1 表示多头，-1 表示空头，0 为空仓
lotsc=[POS(1,:);diff(POS,[],1)];    %对 POS 的第一行及 POS 每行之间取 diff，就是交易手数的变化
```

把持仓方向和持仓量的增量放入结构体 strategy_set 中，作为策略参数，并运行策略回测平台，代码如下：

```
strategy_set.pos=pos;                    %多空仓策略
strategy_set.lotsc=lotsc;                %交易手数变化
[strategy_result]=multi_varieties_historical_back(strategy_set,option_set)
```

首先看回测平台的输入变量，输入的策略参数 strategy_set 是一个结构体，其中的 pos 和 lotsc 都是矩阵，分别表示策略在每一期的持仓（准确地说是目标持仓）。如果这一期某个证券由空头头寸调仓为多头头寸，则对应位置中 pos 的元素值为 1，而不是-1，我们在该位置输入的是已经完成调仓的持仓方向。lotsc 的情况类似，如果 lotsc 中的元素值为 0 说明该证券没有调仓，如果不为 0 则说明有调仓，且值是调仓后和调仓前相比持仓量的增量。如图 4.31 所示为策略参数。

lotsc 中表示的是持仓量的增量，而第一期中所谓的增量就是持仓量的绝对值，

如图 4.32 所示为持仓量的增量。

图 4.31　策略参数

图 4.32　持仓量的增量

市场参数如图 4.33 所示，有的变量是矩阵，有的是向量，有的是标量，各变量的含义前面已经解释过。

其中域 Date 就是价格数据或持仓数据每一行所对应的时间，该变量的数据类型是列向量，元素是时间戳，如图 4.34 所示为策略每一期的时间。

图 4.33　市场参数

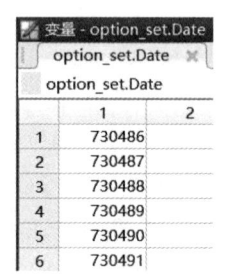

图 4.34　策略每一期的时间

输出变量 strategy_result 是结构体，其中包含 27 个域，每个域表示不同的策略指标。有的域的数据类型是列向量，有的域的数据类型是矩阵，具体每个域的含义见前面对函数的说明。如图 4.35 所示为策略的输出结果（部分）。

图 4.35　策略的输出结果（部分）

第 5 章 可视化库

可视化库是对数据进行可视化的各种技巧和工具的总结。本章分为 3 节，5.1 节对 Matlab 的各种可视化技巧和函数做了一个总结，使读者通过学习能够了解 Matlab 作图的常用技术；5.2 节主要介绍一些常用的形态类画图程序，比如如何绘制折线图、饼状图等；5.3 节结合量化投资实践的具体需求，并调用 5.2 节的形态类图例，给出一些在量化投资研究场景下的常规需求的图例工具，比如构建投资组合时有效前沿的可视化、构建套利策略时两个品种协整关系的可视化等。这 3 节按照从理论到实践的顺序逐次展开，让 Matlab 可视化技术由浅入深地落实到量化研究者的日常工作中。

5.1 Matlab 画图编程技巧总结

本节介绍 Matlab 的基本画图技巧，从画布设置开始，到字体、图题等的设置；除此之外，还有一些常用的 Matlab 自带作图函数，如 plotyy 等。通过本节的阅读，读者可以建立起一个 Matlab 画图的基础知识框架。

5.1.1 画布设置

1. 获得屏幕分辨率

```
get(0,'MonitorPosition');
ans=[1 1 1920 1080];
```

ans 分别表示横坐标、纵坐标、屏幕宽度、屏幕高度。

2. 获得画框大小和位置

```
get(gcf,'Position');
ans=[1 1 1920 1080];
```

ans 分别表示 x 轴起点、y 轴起点、长、宽。

3. 设定画框位置和大小

```
pv =[1  1  1920  1080];
set(gcf,'Position',pv);
```

pv 是设置画框大小和位置的参数，第一个参数 1 是画框与屏幕左边距的距离，第 2 个参数 1 是画框与屏幕下边距的距离，第 3 个参数 1920 是画框的宽度，第 4 个参数 1080 是画框的高度。

4. 画布颜色

```
set(gcf,'color',[1 1 1]);
```

[1, 1, 1]分别表示 r、g、b 各自的值域为[0,1]、其中[0, 0, 0]为黑色，[1, 1, 1]为白色。

5. 画框视角

```
view(100,30)
```

100 为坐标轴左右调整的视觉角度，30 为上下调整的视觉角度。

5.1.2　坐标轴设置

1. 创建坐标轴

```
axes('position',[0.1 0.2 0.3 0.4]);  %创建一个坐标系
%设置起点为左边占到显示窗口的1/10处，下边占到2/10处，宽占3/10，高占4/10
```

2. 坐标轴句柄

在一个图形窗口中可以有多个坐标系，但只有一个当前坐标系。使某个句柄标识的坐标系成为当前坐标系，可用如下函数：axes(h)，h 为指定坐标系句柄值。

3. 设定坐标轴范围

```
axis([0 2*pi -0.5 0.5]);  %x 的坐标范围是 0～2π，y 的坐标范围是-0.5～0.5
```

4. 坐标轴控制

（1）Matlab 的默认方式是在绘图时，将所在的坐标系也画出来，如果要隐去坐标系，可用 axis off，而 axis on 则显示坐标轴（默认值）。

（2）通常 Matlab 的坐标系是长方形，长宽比例大约是 4:3，为了得到一个正方形的坐标系，可用 axis square。

（3）坐标系横纵轴的比例是自动设置的，比例可能不一样，要得到相同比例的坐标系，可用 axis equal。

5. 坐标轴标注

xtick 是刻度（x 轴上面的小竖线）；xticklabel 是刻度值（竖线下面的数值标签）。

```
x=-pi:.1:pi
y=sin(x);
plot(x,y)
set(gca,'xtick',-pi:pi/2:pi)
set(gca,'xtick',[])    %去掉标注
set(gca,'xticklabel',{'-pi','-pi/2','0','pi/2','pi'})
```

5.1.3　label 设置

1. 直接添加

```
xlabel('0 \leq x \leq 2\pi')    %给 x 轴添加 label (0<=x<=2*pi)
```

2. 含变量

```
plot((1:10).^2)
year = 2014;
xlabel(['Population for Year ',num2str(year)])
```

3. 通过句柄添加

```
ax1 = subplot(2,1,1);
plot((1:10).^2)
xlabel(ax1,'Population')    %将 label 添加到第一幅图中的 x 轴
ax2 = subplot(2,1,2);
plot((1:10).^3)
```

4. 属性修改

```
plot((1:10).^2)
xlabel('Population','FontSize',12,'FontWeight','bold','Color','r')
```

或者

```
plot((1:10).^2)
t = xlabel('Population');
t.Color = 'red';
```

5.1.4 legend 设置

```
x = -pi:pi/20:pi;
y1 = sin(x);
plot(x,y1)

hold on
y2 = cos(x);
plot(x,y2,'--')
hold off
 legend({'A','B'},'FontSize',12 , 'Location','northwest','Orientation',
'horizontal')  %字体为12号，位于图像西北方，版式为横向排列
```

或者

```
lgd = legend('show');
lgd.FontSize = 12;
lgd.TextColor = 'blue';
```

5.1.5 title 设置

1. 直接添加

```
plot((1:10).^2)
ts=title('My Title')
set(ts,'position',[0 1]);
```

2. 含变量

```
figure
plot((1:10).^2)
f = 70;
c = (f-32)/1.8;
title(['Temperature is',num2str(c),'C']);
```

5.1.6 颜色、透明图控制

1. 通过 colormap 获取颜色梯度

```
cmp=colormap(hsv(128));
```

hsv 为颜色梯度函数，还有相关函数为 Jet、Hot、Cool、Spring、Summe、Autumn、Winter、Gray、Bone、Copper、Pink。

128 为人为设置的颜色梯度，可以将 hsv 的 colorbar 刻度人为调整至 0～128，默认值为 0～1；如果需要更为密集的颜色梯度，可以设置较大的值如 1000。

2. 通过 colorbar 显示颜色梯度

```
colorbar
```

在设定好 colormap 以后直接输入 colorbar，可在图像上出现颜色梯度条，如图 5.1 所示。

3. 提取颜色梯度

接前面 2 的代码，如果需要在上面 128 个颜色梯度中，提取 70～90 个颜色系中的 10 个等差的颜色梯度，则代码如下：

```
col=linspace(70,90,10);
col=floor(col);
b=cmp(col(2),:)
```

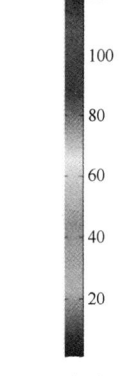

图 5.1 colorbar 的图例

其中 b 代表上述颜色梯度中的第 2 种颜色。

4. 设置透明度

获得图形句柄可进行如下操作：

```
h=patch([1,0,0],[0,1,0],[0,0,1],[0,0,1]);
set(h,'FaceAlpha',0.5);
```

其中 'FaceAlpha' 的值域为[0,1]，0 表示完全透明，1 表示完全不透明。注意线条是没有这个属性的。

5.1.7 plot 函数

```
plot(x1, y1, 选项1, x2, y2, 选项2,…)
```

这些选项说明如下。

各种颜色属性选项："r"表示红色，"m"表示洋红色，"g"表示绿色，"c"表示青色，"b"表示蓝色，"w"表示白色，"y"表示黄色，"k"表示黑色。

各种线型属性选项："-"表示实线，"--"表示虚线，":"表示点线，"-."表示点画线。

各种标记点属性选项："."，用点号绘制各数据点；"^"，用上三角绘制各数据点；

"+",用加号绘制各数据点;"v",用下三角绘制各数据点;"*",用星号绘制各数据点;">",用右三角绘制各数据点;"<",用左三角绘制各数据点;"s"或"squar",用正方形绘制各数据点;"p",用五角星绘制各数据点;"d"或diamond,用菱形绘制各数据点;"h",用六角星绘制各数据点。

这些选项可以连在一起用,如"-.g"表示绘制绿色的点画线,"g+"表示用绿色的加号绘制曲线。

注意:①表示属性的符号必须放在同一个字符串中;②可同时指定 2~3 个属性;③与先后顺序无关;④指定的属性中,同一种属性不能有两个以上。

例如:

```
t=0:0.1:2*pi;
y1=sin(t);
y2=cos(t);
y3=sin(t).*cos(t);
plot(t,y1, '-r',t,y2, ':g',t,y3, '*b')
```

还可以进一步设置包括线的宽度(LineWidth)、标记点的边缘颜色(MarkerEdgeColor)、填充颜色(MarkerFaceColor)及标记点的大小(MarkerSize)等的其他绘图属性。

例如:设置绘图线的线型、颜色、宽度、标记点的颜色及大小。

```
t=0:pi/20:pi;
y=sin(4*t).*sin(t)/2;
plot(t,y,'-bs','LineWidth',2,...    %设置线的宽度为2
'MarkerEdgeColor','k',...           %设置标记点边缘颜色为黑色
'MarkerFaceColor','y',...           %设置标记点填充颜色为黄色
'MarkerSize',10)                    %设置标记点的尺寸为10
```

5.1.8　scatter 函数

```
clear
clc
xn={'a' 'b' 'c' 'd'};
Y=100*rand(4,2); %横坐标代表品种数,纵坐标代表X轴标签数
pv=[0.1300    0.1100    0.7750    0.8150];
titlet='tile';
xlabelt='x';
ylabelt='y';
scatter_map(Y,xn,pv,titlet,xlabelt,ylabelt)



function line_bar_doubley(x,y,titlet,xlabelt,ylabelt)
```

```
X=1:length(x);
cmp=colormap(winter(length(x)));
for i=1:length(x)
[AX,H1,H2]=plotyy(X,y(:,1),X(i),y(i,2),@plot,@bar);
set(H1,'color','r','Linewidth',2,'marker','.');
set(H2,'Facecolor',cmp(i,:),'Edgecolor','none','Facealpha',0.5,'barwidth',0.3);
set(AX(1),'ycolor',cmp(1,:));
set(AX(2),'Yticklabel',[]);
hold on
end
colorline(X,y(:,1),[],[],titlet,xlabelt,ylabelt{1});
set(gca,'xticklabel',x);
set(gca,'color',[0.96 0.98 0.99]);

[AX,H1,H2]=plotyy(X,y(:,1),X(i),y(i,2),@plot,@bar);
set(H1,'color','r','Linewidth',2,'marker','.');
set(H2,'Facecolor',cmp(i,:),'Edgecolor','none','Facealpha',0.5,'barwidth',0.3);
set(AX(1),'ycolor',cmp(1,:));
AX(2).YLabel.String=ylabelt{2};

grid on
box off
end
```

上述代码的运行结果如图 5.2 所示，即 scatter 函数的可视化结果。

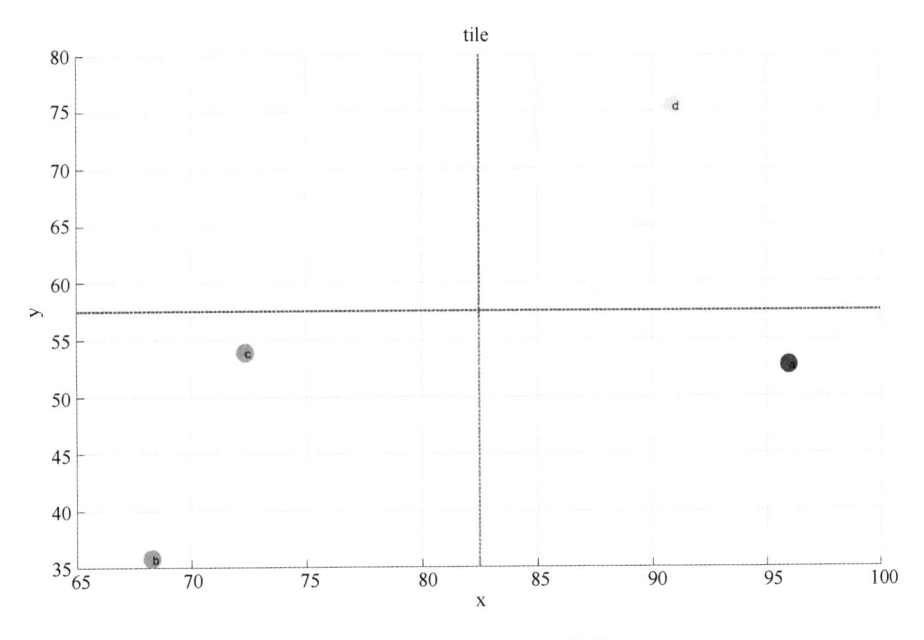

图 5.2 scatter 函数的可视化结果

5.1.9 plotyy 函数

```
plotyy(x1,y1,x2,y2)
```

绘制由（x1,y1）和（x2,y2）确定的两组曲线，其中（x1,y1）的坐标轴在图形窗口的左侧，（x2,y2）的坐标轴在图形窗口的右侧。

例如：

```
x=0:0.3:12;
y=exp(-0.3*x).*sin(x)+0.5;
plotyy(x,y,x,y,'plot','stem')
```

上述代码的运行结果如图 5.3 所示，即函数的可视化结果。

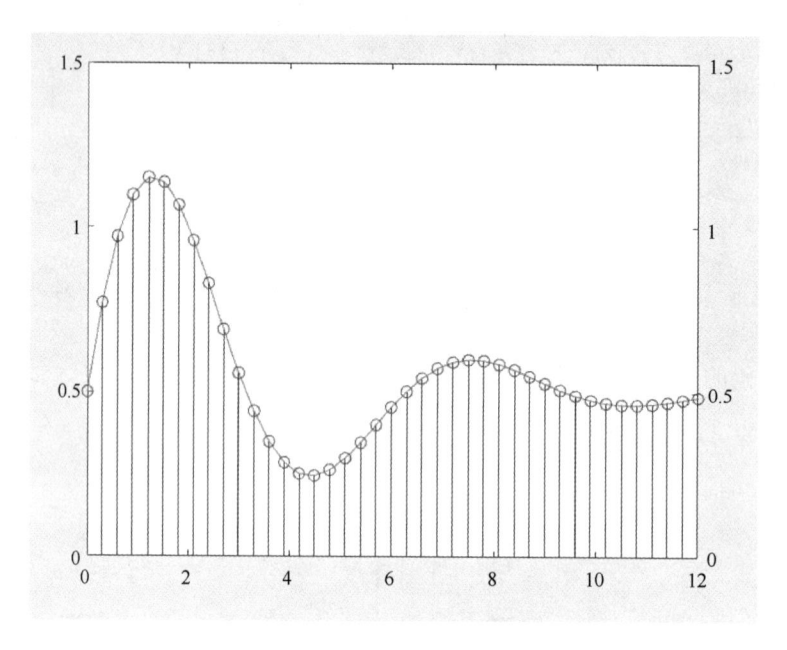

图 5.3　函数的可视化结果

```
plotyy(x1,y1,x2,y2, 'function1','function2')
```

功能同 plotyy(x1,y1,x2,y2)，function 是指绘图函数，如 plot、semilogx、loglog 等。

例如：

```
clc
clear
x=2:31;
y=100*rand(30,2);
titlet='test';
xlabelt='x';
ylabelt={'y1','y2'};
```

```
line_bar_doubley(x,y,titlet,xlabelt,ylabelt)

function line_bar_doubley(x,y,titlet,xlabelt,ylabelt)
X=1:length(x);
cmp=colormap(winter(length(x)));
for i=1:length(x)
[AX,H1,H2]=plotyy(X,y(:,1),X(i),y(i,2),@plot,@bar);
set(H1,'color','r','Linewidth',2,'marker','.');
set(H2,'Facecolor',cmp(i,:),'Edgecolor','none','Facealpha',0.5,'barwidth',0.3);
set(AX(1),'ycolor',cmp(1,:));
set(AX(2),'Yticklabel',[]);
hold on
end
colorline(X,y(:,1),[],[],titlet,xlabelt,ylabelt{1});
set(gca,'xticklabel',x);
set(gca,'color',[0.96 0.98 0.99]);

[AX,H1,H2]=plotyy(X,y(:,1),X(i),y(i,2),@plot,@bar);
set(H1,'color','r','Linewidth',2,'marker','.');
set(H2,'Facecolor',cmp(i,:),'Edgecolor','none','Facealpha',0.5,'barwidth',0.3);
set(AX(1),'ycolor',cmp(1,:));
AX(2).YLabel.String=ylabelt{2};

grid on
box off
end
```

上述代码的运行结果如图 5.4 所示。

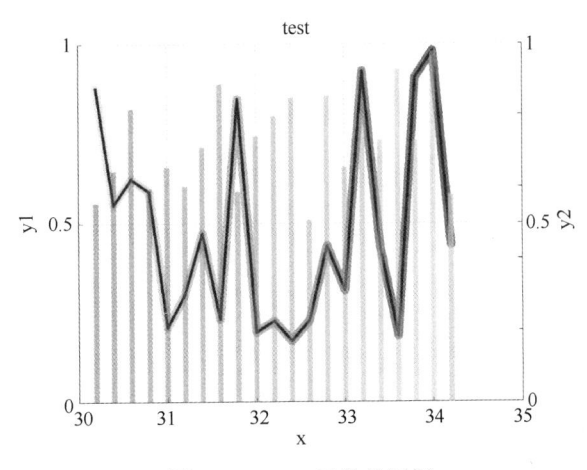

图 5.4　plotyy 函数的图例

5.1.10 极坐标与笛卡儿坐标转换

极坐标转笛卡儿坐标 pol2cart 函数，示例代码如下：

```
x=rand(1,3)*3;
y=rand(1,3)*30;
z=rand(1,3)*300;
xlim=3;
ylim=30;
zlim=300;
nx=x./xlim;
ny=y./ylim;
nz=z./zlim;
nr=20;
data=[nx;ny;nz];
rtheta=pi/6;
nindex=size(data,2);
nblock=size(data,1);
theta=0:(2*pi/nindex):2*pi-(2*pi/nindex);
theta=theta-rtheta;
r=0:1/nr:1;
pv=[100 100 400 500];
hold on;
set(gcf,'color',[1,1,1]);
set(gcf,'position',pv);
axis off;axis square;
cmp=colormap(hsv(128));
dbx=zeros(numel(r),numel(theta));
dby=zeros(numel(r),numel(theta));
for i=1:numel(r)
    [dbx(i,:),dby(i,:)]=pol2cart(theta,r(i));
end
col=linspace(70,90,nr);
col=floor(col);
colorbar
for i=1:numel(r)-1
    hb{i}=patch(dbx(end-i+1,:),dby(end-i+1,:),cmp(col(i),:));
    set(hb{i},'EdgeColor','none');
end
```

运行以上代码，得到如图 5.5 所示的极坐标与笛卡儿坐标转换功能的图例。

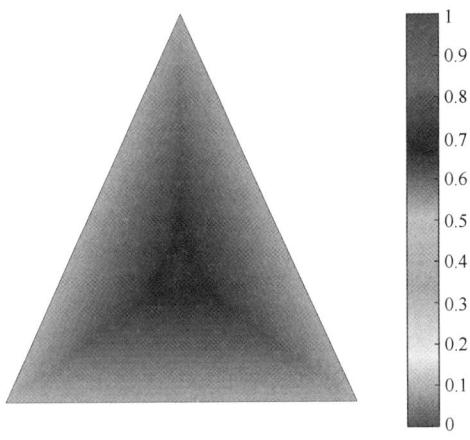

图 5.5 极坐标与笛卡儿坐标转换功能的图例

5.1.11 patch 函数应用

1. 通过一系列按照顺序排列的点构建图形

```
patch([1,0,0],[0,1,0],[0,0,1],[0,0,1]);
view(32,54);
```

针对三维的情况，[1,0,0]代表三个点在 x 轴上的坐标，[0,1,0]代表三个点在 y 轴上的坐标，[0,0,1]代表三个点在 z 轴上的坐标。最后一个[0,0,1]为颜色 rgb 的代码。patch 函数运用的图例如图 5.6 所示。

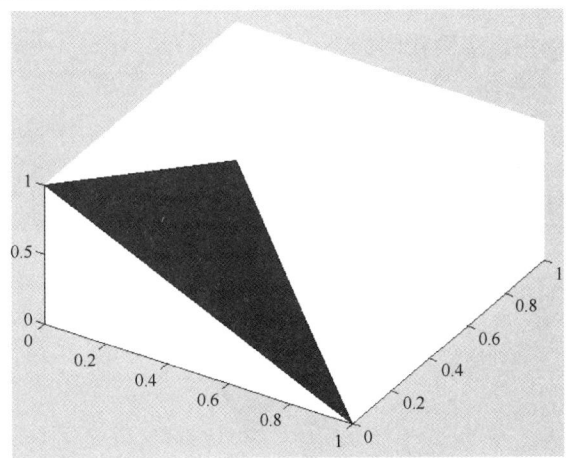

图 5.6 patch 函数运用的图例

2. 通过随机序列的点和指定面对应的点设置图形

```
v=[0 0 0;0 50 0;50 50 0;50 0 0;50 0 50;0 0 50;0 50 50;50 50 50];
```

```
f= [1 2 3 4;1 4 5 6;1 2 7 6;3 4 5 8;2 3 8 7;5 6 7 8];
h=patch('Faces',f,'Vertices',v,'FaceColor','b','FaceAlpha',0.1);
set(h,'LineStyle','-.')
set(gcf,'Color',[1,1,1]);
view(30,30)
axis off
```

运行上述代码，结果如图 5.7 所示，即使用 patch 函数画立方体的图例。

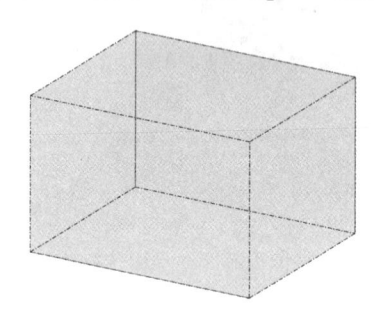

图 5.7　patch 函数画立方体的图例

在上述代码中，'Vertices',v 中记入了各个点的三维坐标，'Faces',f 中记入了各个面所需要的点。

5.1.12　构建曲面

首先通过 Matlab 自带函数获得曲面坐标，然后通过 surf 函数获得曲面，如图 5.8 所示为生成的圆锥图例。实例代码如下：

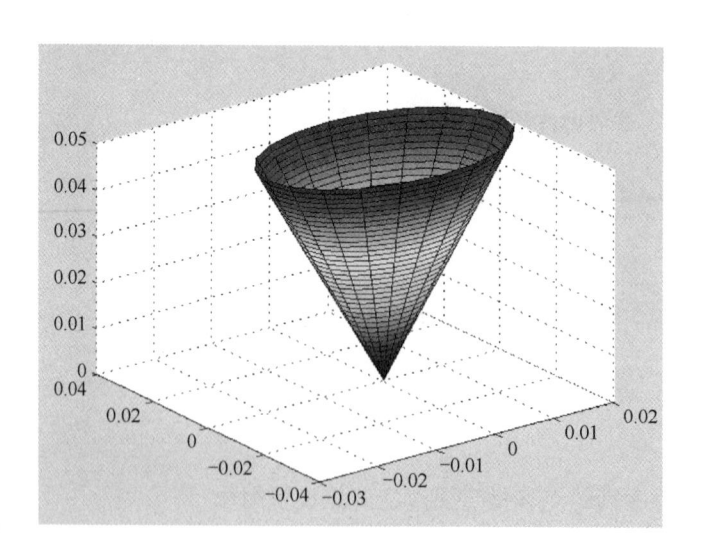

图 5.8　圆锥图例

```
t=0:0.01:0.4;
[cx,cy,cz] =cylinder(t);
cx=cx*0.05;
cy=cy*0.05;
cz=cz*0.05;
caxis(1)=surf(cx,cy,cz);
```

5.1.13 自制坐标轴

如果不想用 Matlab 设定的坐标系，可以自行绘制一个三维坐标系，代码如下：

```
hold on;
t=0:0.01:0.4;
[cx,cy,cz] =cylinder(t);
cx=cx*0.05;
cy=cy*0.05;
cz=cz*0.05;
caxis(1)=surf(cx,cy,-cz+1.05);
caxis(2)=surf(-cz+1.05,cx,cy);
caxis(3)=surf(cy,-cz+1.05,cx);
plot3([0,1.05],[0,0],[0,0],'k','Linewidth',1.2);
plot3([0,0],[0,1.05],[0,0],'k','Linewidth',1.2);
plot3([0,0],[0,0],[0,1.05],'k','Linewidth',1.2);
axis off;
view(20,40);
```

运行以上代码，可以得到如图 5.9 所示的自制坐标轴。

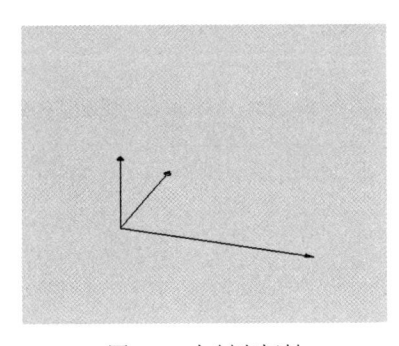

图 5.9 自制坐标轴

5.1.14 字体

利用字体可设置字体的大小、厚度和种类。

```
aname={'资金面','技术面','情绪面'};
```

```
text(1.15,0,0,aname{1},'Fontweight','bold','FontName','隶书','Fontsize',15);
view(37,40);
```

如图 5.10 所示为字体设置的图例。

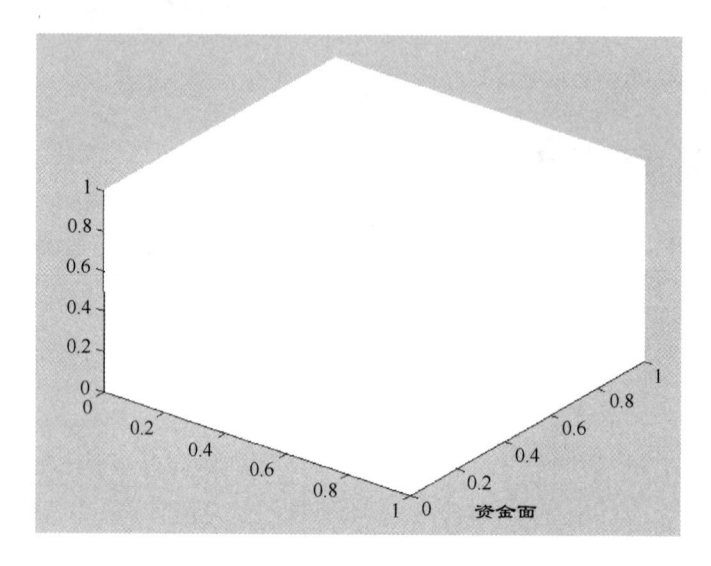

图 5.10　字体设置的图例

5.1.15　画图技巧

通过 hold on 函数固定已完成的图像，模仿搭积木的过程，通过 patch、plot、surf、bar 等画图函数构建基本单元，可实现绘制复杂的图形。在该过程中，可以将每个图形函数输出句柄赋给对象输出，通过调用对象的参数来实现图形的编辑。实例代码如下：

```
view(-21,18);
pv=[579,108,1123,809]; %针对不同的计算机屏幕需要改变参数
x=rand(1,3)*3;
y=rand(1,3)*30;
z=rand(1,3)*300;
xlim=3;
ylim=30;
zlim=300;
npatch=1; Ncubic=5; Npoint=Ncubic+1;
pxlim=xlim+xlim/(Npoint-npatch)*npatch;
pylim=ylim+ylim/(Npoint-npatch)*npatch;
pzlim=zlim+zlim/(Npoint-npatch)*npatch;
nx=x./pxlim;
ny=y./pylim;
nz=z./pzlim;
```

```
    [px,py,pz]=meshgrid(linspace(0,pxlim,Npoint),linspace(0,pylim,Npoint),
linspace(0,pzlim,Npoint));
    [lx,ly,lz]=meshgrid(linspace(0,1,Npoint),linspace(0,1,Npoint),linspace(0,1,
Npoint));
    vertics=[px(:),py(:),pz(:)];
    lvertics=[lx(:),ly(:),lz(:)];
    No_vertics=reshape(1:power(Npoint,3),[Npoint,Npoint,Npoint]);
    nblock=zeros(1,numel(x));
    data=[nx;ny;nz];
    for i=1:numel(nblock)
       tempd=repmat(data(i,:),size(lvertics,1),1);
        [~,nblock(i)]=min(sum((tempd-lvertics).^2,2));
    end
    hold on;
    set(gcf,'Color',[1,1,1]);
    set(gcf,'Position',pv);
    axis off
    axis equal
    h=cell(Npoint-1,Npoint-1,Npoint-1);
    for i=1:Npoint-1
        for j=1:Npoint-1
            for k=1:Npoint-1
                v=[lvertics(No_vertics(i,j,k),:);...
                   lvertics(No_vertics(i+1,j,k),:);...
                   lvertics(No_vertics(i+1,j+1,k),:);...
                   lvertics(No_vertics(i,j+1,k),:);...
                   lvertics(No_vertics(i,j,k+1),:);...
                   lvertics(No_vertics(i+1,j,k+1),:);...
                   lvertics(No_vertics(i+1,j+1,k+1),:);...
                   lvertics(No_vertics(i,j+1,k+1),:)
                   ];
                f= [1,2,3,4;...
                    1,4,8,5;...
                    4,3,7,8;...
                    2,3,7,6;...
                    1,2,6,5;...
                    5,6,7,8;
                    ];
                h{i,j,k}=patch('Faces',f,'Vertices',v,'FaceColor','b','FaceAlpha',
0.03);
                set(h{i,j,k},'LineStyle','--','Linewidth',1e-10);
            end
        end
    end
```

运行上述代码，可以得到一个复杂的立方体，如图 5.11 所示。

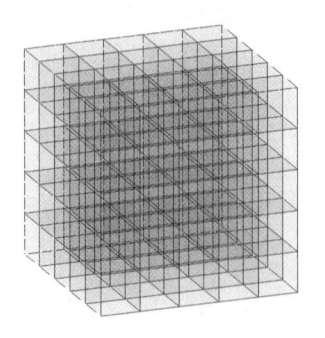

图 5.11　复杂图形组合的图例

5.2　形态类画图程序

本节主要介绍一些形态类画图程序，这些程序是在 Matlab 自带的常用画图程序的基础上，进行更为复杂的渲染和组合，从而实现更加绚丽的可视化效果、更加丰富的数据输入形式，比如从单一折线图到多条折线图、从单层饼状图到多层饼状图等。

5.2.1　渐变彩色折线图

渐变彩色折线图是对传统折线图的改进。其利用图片的叠加技巧，反复使用 plot 函数画每一小段折线，并利用 colormap 对每一小段折线设置不同颜色，由于 colormap 的颜色轴可以渐变，所以将每一小段折线连接后就会呈现出色彩渐变的效果，如图 5.12 所示。

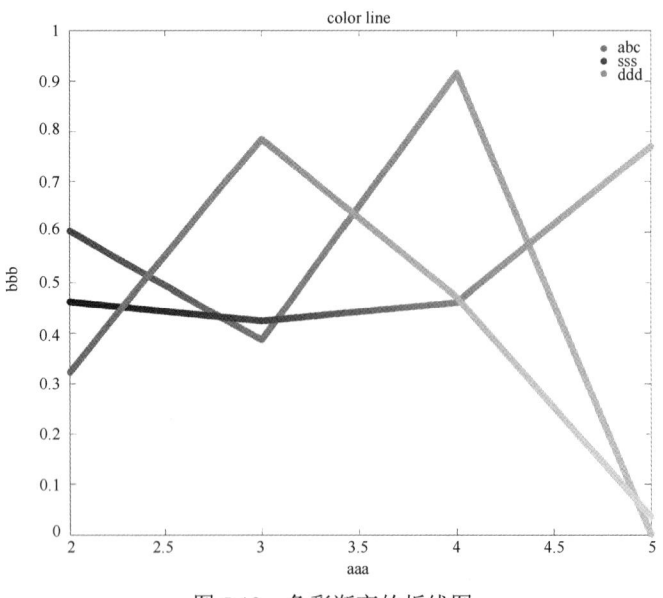

图 5.12　色彩渐变的折线图

代码如下：

```
%%Project Title: colorline
%Developer: 李一邨及其团队
%Contact Info: 2975056631@qq.com
%Input:
%x: vector 1 × m, m 为横坐标，若为日期则默认为从 1 开始的自然序列
%y: matrix m × n, m 为随横坐标变化的变量，n 为品种数量
%yn: cell 1 × n, 品种名称，若无则输入[]
%pv: vector 1 × 4, 画布的坐标和大小（像素），第一个参数表示左下点离显示器左侧边界距离，第二个参数表示左下点离显示器下侧边界距离，第三个参数表示图像的宽度，第四个参数表示图像的高度
%若按默认格式输出画布的坐标和大小，则设为[]
%titlet: string 图的名称
%xlabel: string 横坐标标注
%ylabel: string 纵坐标标注
%Output: colorline
%示例：
%x=2:1:5;
%y=rand(4,3);
%yn={'abc','sss','ddd'};
%pv=[0.1300,0.1100,0.6772,0.8150];
%titlet='color line';
%xlabelt='aaa';
%ylabelt='bbb';
%colorline(x,y,yn,pv,titlet,xlabelt,ylabelt);

function colorline(x,y,yn,pv,titlet,xlabelt,ylabelt)
y=y;
L=size(y,1);    %%y 的长度
sizescreen=get(0,'MonitorPosition');
N=max(sizescreen(end-1:end));   %按照屏幕最大分辨率确定最大点数
n=floor((N/(size(y,2)-1))/0.5);   %每一段插入的点数
colorf={@summer,@autumn,@winter,@gray,@copper,@pink,@hot,@cool};
%每一小段中的所有点对应同一种颜色，不同段中的点对应不同颜色
for j=1:L   %通过两个 for 循环，为 x 与 y 中每两个点之间填充 n 个点
        X=[];
        Y=[];
            for i=1:size(x,2)-1
                X=[X,linspace(x(i),x(i+1),n)];
                Y=[Y,linspace(y(j,i),y(j,i+1),n)];
            end
```

```
            Y1(j,:)=Y;
        end
        b=randperm(length(colorf),L);
        h=cell(size(Y1,1),n*(size(x,2)-1));
        for j=1:size(Y1,1)
            a=colorf{1,b(j)};
            cmp=colormap(a(size(X,2)));
            for i=1:n*(size(x,2)-1)    %通过for循环,为每一小段中所有点赋予相同的颜色,不同小段中的点赋予不同的颜色
                h{j,i}=plot(X(i),Y1(j,i),'o','Color',cmp(i,:),'MarkerFace',cmp(i,:));
                hold on;
            end
            clear cmp
        end
        
        if isempty(pv)==0
            set(gcf,'color',[1 1 1],'units','normalized');
            set(gcf,'position',pv)
        end
        
        if isempty(yn)==0
            for i=1:length(yn)
                hl(i)=h{i,floor(size(X,2)/3)+1};
            end
            legend(hl,yn);
            legend boxoff
        end
        ts=title(titlet);
        set(ts,'FontSize',15);
        xlabel(xlabelt);
        ylabel(ylabelt);
    end
```

5.2.2 饼状图

多层环形图将数值的相对大小表示为圆环的一个片段,利用 Matlab 的 patch 函数将圆环一一画出、最终拼凑为一个圆环,并逐层增加圆环,同时为每个片段标上数值,如图 5.13 所示为多层饼状图。

2D多元环形图

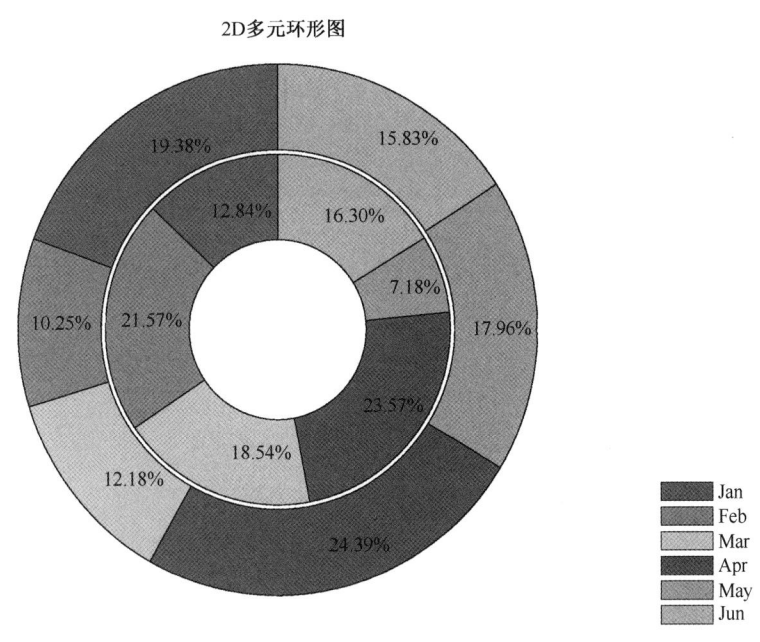

图 5.13　多层饼状图

代码如下：

```
%Project Title: pie_doughnut_multiple
%Developer: 李一邨及其团队
%Contact Info: 2975056631@qq.com
%date:2018/01/15
%Input:
%y: vector n × m, n 为数据组数, m 为每组数据个数
%yn: cell  1 × m,  数据标签,若无则输入[]
%titlet: string 图的名称
%pv: vector 1 × 4, 画布的坐标和大小（像素）,第一个参数表示左下点离显示器左侧边界距离,第
二个参数表示左下点离显示器下侧边界距离,第三个参数表示图像的宽度,第四个参数表示图像的高度
%若按默认格式输出画布的坐标和大小,则设为[]
%Output: pie_doughnut_multiple
%示例:
%    clear
%    clc
%    y=100*rand(2,6);
%    yn={'Jan','Feb','Mar','Apr','May','Jun'};
%    titlet='2D多元环形图';
%    pv=[ 382.6000  168.2000  837.6000  561.6000];
%    pie_doughnut_multiple(y,yn,titlet,pv)

function [percent,h,texth]=pie_doughnut_multiple(y,yn,titlet,pv)
  [percent,h,texth]=donut(y,yn,{});
```

```matlab
    set(gcf,'visible', 'on','color','w')
    ls=legend(yn);
    set(ls,'position',[0.828 0.11 0.086 0.207],'Orientation','Vertical')
    legend boxoff
    ts=title(titlet);
    set(ts,'FontSize',15);
     if isempty(pv)==0
      set(gcf,'position',pv)
     end
    %添加数据标签
     for i=1:size(h,1)
        for j=1:size(h,2)
           t=texth{i,j};
           [X,Y]=pol2cart(t(1),t(2));
           text(X,Y,[num2str(percent(i,j)*100, '%0.2f') '%'])
        end
     end
     axis off
end


function [donout,handle,texth] = donut(numdat,varargin)
%numdat: number data. Each column is a catagory, each row represents a separate set of data
%varargin{1}: cell of legend entries, one string for each column of numdat, default is none, eg. {'First','Second','Third'}
%varargin{2}: cell of colors, one row of 3 RGB values for each category (column of numdat)
%varargin{3}: if 'pie', will make a standard pie chart
%示例:
%donut([50,20,10;40,30,15],{'First','Second','Third'},{'r','g','b'});
%donut([50,20,10],{'First','Second','Third'},[],'pie');
%donut([50,20,10;40,30,15],[],{[ .945 .345 .329],[ .376 .741 .408],[ .365 .647 .855 ]});

%Default Values, if no variable arguments in
legtext = [];
colormap lines
clrmp = colormap;
ispie = 0;

if ~isempty(varargin)
    legtext = varargin{1};
    if length(varargin)>1
       if ~isempty(varargin{2})
          clrmp = varargin{2};
       else
```

```matlab
                colormap lines
                clrmp = colormap;
            end
            if length(varargin)>2
                if isempty(find(strcmp(varargin,'pie'), 1))==0; ispie = 1; end
            end
        end
    end
end

rings = size(numdat,1); % number of rings in plot
cats = size(numdat,2); % number of categories in each ring/set
handle=cell(size(numdat));
texth=cell(size(numdat));
donout = nan(size(numdat));
for i = 1:rings
    tot = nansum(numdat(i,:)); % total things
    donout(i,:)=numdat(i,:)./tot;
    fractang = (pi/2)+[0,cumsum((numdat(i,:)./tot).*(2*pi))];
    for j = 1:cats
        if ispie==1
            r0 = 0;
            r1 = 0.95;
        else
            r0 = i;
            r1 = i+0.95;
        end
        a0 = fractang(j);
        a1 = fractang(j+1);
        if iscell(clrmp)
            cl = clrmp{j};
        else
            cl = clrmp(j,:);
        end
        pspatch= polsect(a0,a1,r0,r1,cl);
        handle{i,j}=pspatch;
        texth{i,j}=[(a0+a1)/2,(r0+r1)/2];
    end
    
    if i==rings
        legend1 = legend(legtext);
        wi = legend1.Position(3);
        Xlm = xlim;
        widx = diff(Xlm);
        unitwi = widx.*wi;
        xlim([Xlm(1),Xlm(2)+unitwi])
```

```
        end
    end
end

function pspatch = polsect(th0,th1,rh0,rh1,cl)
%This function creates a patch from polar coordinates

a1 = linspace(th0,th0);
r1 = linspace(rh0,rh1);
a2 = linspace(th0,th1);
r2 = linspace(rh1,rh1);
a3 = linspace(th1,th1);
r3 = linspace(rh1,rh0);
a4 = linspace(th1,th0);
r4 = linspace(rh0,rh0);
[X,Y]=pol2cart([a1,a2,a3,a4],[r1,r2,r3,r4]);
p=patch(X,Y,cl); %Note: patch function takes text or matrix color def
axis equal
pspatch = p;
end
```

5.2.3 彩带图

我们利用 Matlab 自有的 ribbon 函数来构造彩带图的基础，并结合 plot3 函数对原始的彩带进行加工，在彩带上增加条纹和样式，从而丰富彩带的形状，如图 5.14 所示为彩带图。

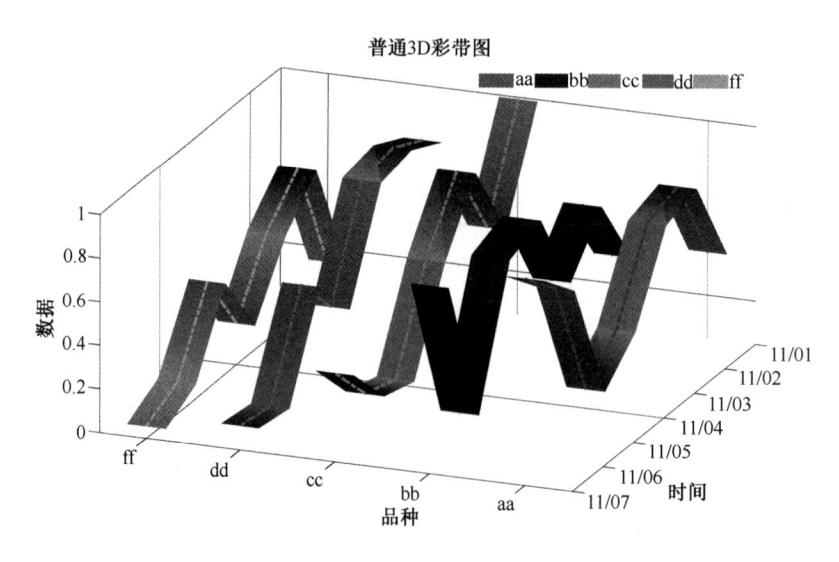

图 5.14 彩带图

代码如下:

```
%%Project Title: ribbon3D
%Date: 2017.11.13
%Developer: 李一邨及其团队
%Contact Info: 2975056631@qq.com
%Input:
%x: vector 1 × m, m 为横坐标,若为日期则默认为从 1 开始的自然序列
%y: matrix m × n, m 为随横坐标变化的变量,n 为品种数量
%注意: y 轴数据最好是正数
%xn: cell 1 × m, 横坐标 xticklabel,若无则输入[]
%yn: cell 1 × n, n 为品种名称,若无则输入[]
%wd: scalar,彩带的宽度,取值范围 0~1
%sty: string,线型样式,可取值'-'、'--'、'-.'、':'
%pv: vector 1 × 4,图的坐标和大小(像素),第一个参数表示左下点离显示器左侧边界距离,第二个参数表示左下点离显示器下侧边界距离,第三个参数表示图像的宽度,第四个参数表示图像的高度
%若按默认格式输出画布的坐标和大小,则设为[]
%titlet: string 图的名称
%xlabelt: string x 轴标注
%ylabelt: string y 轴标注
%zlabelt: string z 轴标注
%Output: ribbon3D
%e.g
%clear
%clc
%figure
%y=rand(7,4);
%x=1:size(y,1);
%xlabelt='时间';
%ylabelt='品种';
%zlabelt='数据';
%titlet='普通 3D 彩带图';
%xn={'11/01','11/02','11/03','11/04','11/05','11/06','11/07'};
%yn={'aa','bb','cc','dd','ff'};
%wd=0.4;  %彩带的宽度
%sty='-.';  %线型样式
%pv=[488.2000  178.6000  977.6000  583.2000];
%ribbon3D(x,y,xn,yn,pv,titlet,xlabelt,ylabelt)

function ribbon3D_plain(x,y,xn,yn,wd,sty,pv,titlet,xlabelt,ylabelt,zlabelt)
x=repmat(x',1,size(y,2));
h=ribbon(x,y,wd);   %画彩带图,0.4 表示彩带宽度
hold on
```

```
x1=1:size(x,1);
for i=1:length(yn)
set(h(i),'FaceColor',rand(1,3),'EdgeColor','none')
y1=i*ones(1,size(x,1));
plot3(y1,x1,y(:,i),sty,'Color',rand(1,3),'LineWidth',2)
hold on
end
%至此,彩带图已经生成。以下指令都是为了使图形效果更好、标识更清楚
view([-159,36])
brighten(0.5);          %增亮
lighting phong     %设置照明模式,采用冯氏明暗处理算法,计算各个像素的反光,使表现效果更好
camlight headlight   %从上方照射
material shiny    %使对象带金属光泽

if isempty(pv)==0  %设置图像位置
    set(gcf,'position',pv)
end
if isempty(xn)==0  %给 x 轴添加标签
    set(gca,'yticklabel',xn);
end
if isempty(yn)==0  %添加图例
    set(gca,'xtick',1:length(yn),'xticklabel',yn);
    lg=legend(yn);
    set(lg,'Orientation','Horizontal','position',[0.581 0.879 0.3 0.044]);
    legend boxoff
end
ts=title(titlet);    %添加标题
set(ts,'FontSize',15);    %设置标题字体大小
xlabel(xlabelt);   %给 x 轴命名
ylabel(ylabelt);   %给 y 轴命名
zlabel(zlabelt);   %给 z 轴命名
box off
grid on;
```

5.2.4 关系图

Matlab 自带一个 digraph 函数,用于表示点到点的导向关系。基于这个导向关系图,改变点的形状和连接点与点的线型,就可以构造出丰富的多叉树图,来表示点与点的相互关系,如图 5.15 所示为三维多叉树图。

多叉树模型

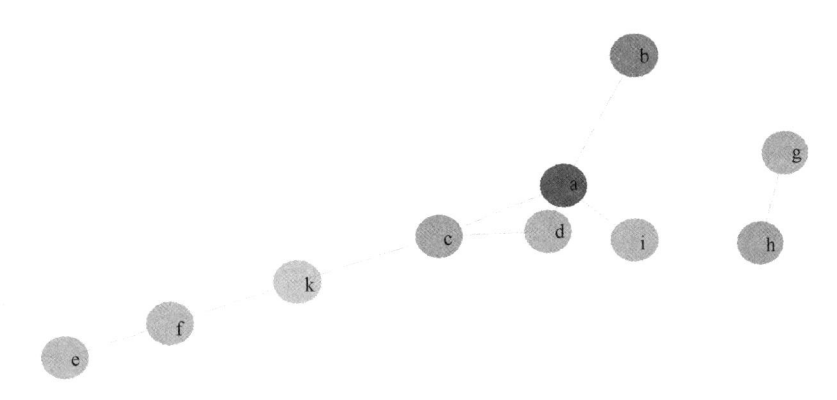

图 5.15 三维多叉树图

代码如下：

```
%%Project Title: node_tree_plot
%Date: 2017.11.15
%Developer：李一邨及其团队
%Contact Info: 2975056631@qq.com
%Input:
%xn: cell 1 × n, 各节点的名称
%yn: cell 1 × n, 各节点的名称
%method: string 展示方式,可选值为'auto'、'circle'、'force'、'layered'、'subspace'、
'force3'、'subspace3'
%Marker: string 节点的样式,可取值为'o'、's'、'd'、'p'、'h'
%MarkerSize: 节点的大小,取值大于 0
%pv: vector 1 × 4, 图的坐标和大小（像素）,第一个参数表示左下点离显示器左侧边界距离,第二
个参数表示左下点离显示器下侧边界距离,第三个参数表示图像的宽度,第四个参数表示图像的高度
%若按默认格式输出画布的坐标和大小,则设为[]
%titlet: string 图的名称
%Output: node_tree_plot
%示例:
%clear
%clc
%xn={'a','a','a','d','e','g','i','f','k'};
%yn={'b','c','d','c','f','h','a','k','c'};
%method='force';展示方式,可以为'auto'、'circle'、'force'、'layered'、'subspace'、
'force3'、'subspace3'
%Marker='o';  %节点的样式
%MarkerSize=15;  %节点的大小
%titlet='多叉树模型';
%pv=1.0e+03 *[0.2618    0.0794    1.0304    0.6688];  %图像的坐标和大小
%node_tree_plot(xn,yn,method,Marker,MarkerSize,pv,titlet)
function node_tree_plot(xn,yn,method,Marker,MarkerSize,pv,titlet)
```

```
if isempty(pv)==0   %设定图像的坐标和大小
    set(gcf,'position',pv)
end
n=length(xn);
c = linspace(1,10,n+1);
G = digraph(xn,yn);
GP=plot(G,'Layout',method,'showarrows','off');
GP.MarkerSize=MarkerSize;
GP.Marker=Marker;
GP.NodeCData=c;
GP.EdgeColor=[0 0.45 0.74];
GP.EdgeAlpha=0.4;
set(gca,'xtick',[],'ytick',[])
ts=title(titlet);    %添加标题
set(ts,'FontSize',15);
box off
set(gcf,'Color','w')
axis off
view(-6,-54)
end
```

5.2.5 火柴图

火柴图与柱状图类似，但有着更加丰富的表现形式和数据形式。利用 Matlab 自有的 stem 函数进行多次叠加，将不同的火柴图形分组，并运用 colormap 对每一组的火柴图形设定不同的色彩，可使图形整体显示更加绚丽，如图 5.16 所示。

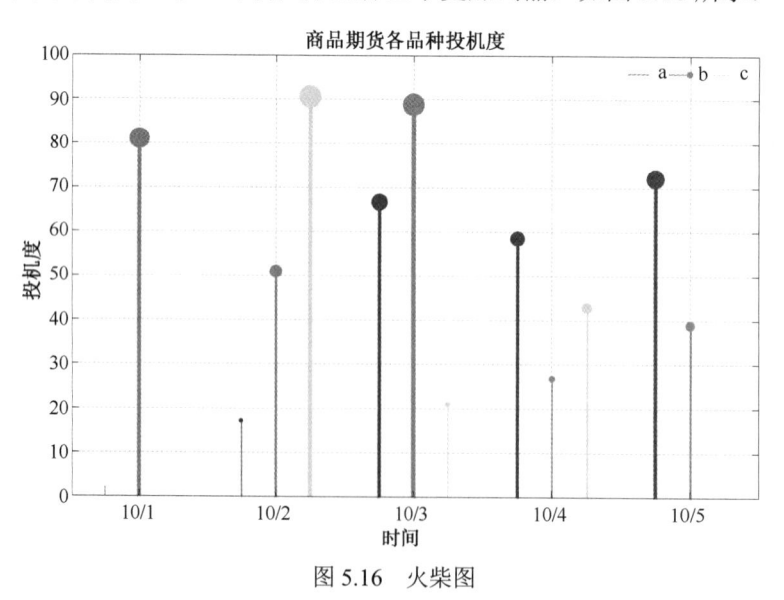

图 5.16 火柴图

代码如下:

```
%%Project Title: stem_multiple_size
%Developer: 李一邨及其团队
%Contact Info: 2975056631@qq.com
%Input:
%x: vector 1 × n, 横坐标数据
%y: vector m × n, m 代表品种数, n 代表横坐标标签数
%xn: cell 1 × n, 表示 x 中每个标签对应的名称
%ls: string stem 线条样式,可取值为'-'、'--'、'-.'、':'
%lm: string stem Marker 样式, 可取值为'o'、's'、'd'、'p'、'h'.
%lw: scalar stem 线条宽度, 取值范围为 0~1
%pv: vector 1 × 4, 图的坐标和大小(像素), 第一个参数表示左下点离显示器左侧边界距离, 第二个参数表示左下点离显示器下侧边界距离, 第三个参数表示图像的宽度, 第四个参数表示图像的高度
%若按默认格式输出画布的坐标和大小, 则设为[]
%ttext: string 图像的标题名称
%xlabelt: string x 轴名称
%ylabelt: string y 轴名称
%lg: cell vector 1 × m, 表示 x、y 轴上每个品种对应的名称
%output: stem_multiple_size
%示例:
%clear
%clc
%xn={'10/1','10/2','10/3','10/4','10/5'};
%x=1:length(xn);
%y=100*rand(3,5); %横坐标代表品种数, 纵坐标代表 x 轴标签数
%lg={'a','b','c','d','e'};
%ls='-';
%lm='o';
%lw=5*y./100; %火柴图线型宽度
%sz=20*y./100; %火柴图标记大小
%pv=[0.1300   0.1100   0.7750   0.8150];
%ttext='商品期货各品种投机度';
%xlabelt='时间';
%ylabelt='投机度';
%stem_multiple_size(x,y,xn,ls,lm,lw,sz,pv,ttext,xlabelt,ylabelt,lg)
function stem_multiple_size(x,y,xn,ls,lm,lw,sz,pv,ttext,xlabelt,ylabelt,lg)
%设定线条宽度
    if isempty(lw)==0
        lw=lw;
    else
        lw=1.5;   %默认线条宽度为 1.5
    end
```

```
%设定marker样式
    if isempty(lm)==0
        lm=lm;
    else
        lm='o';    %默认marker样式为圆形
    end
%设定线条样式
    if isempty(ls)==0
        ls=ls;
    else
        ls='-';    %默认线条样式为直线
    end
%图形大小
    set(gcf,'color',[1 1 1],'units','normalized');    %设置图像背景颜色为白色
    if isempty(pv)==0
        set(gcf,'Position',pv);
    end
    h=cell(size(y));
    C=colormap(spring(size(y,1)));
    for i=1:size(y,1)
        for j=1:size(y,2)
            h{i,j}=stem(x(j)-floor(size(y,1)/2)/((size(y,1)+1))+(1/(size(y,1)+1)*(i-1)), y(i,j), 'filled');
            h{i,j}.LineWidth=2;
            h{i,j}.Color=C(i,:);
            h{i,j}.LineStyle=ls;
            h{i,j}.LineWidth=lw(i,j);
            h{i,j}.Marker=lm;
            h{i,j}.MarkerSize=sz(i,j);
            hold on
        end
    end
%设置x轴标签
set(gca,'xtick',1:numel(xn),'Xticklabel',xn);
tn=title(ttext);    %添加标题
set(tn,'Fontsize',15);    %设定标题字体
xlabel(xlabelt);    %x轴名称
ylabel(ylabelt);    %y轴名称
[y,I]=min(y,[],2);    %寻找每一行最小值位置
for i=1:size(y,1)
    h1(i)=h{i,I(i)};
end
legend(h1,lg)    %添加图例，显示最小值的火柴图例
```

```
set(legend,'box','off')
set(legend,'Orientation','Horizontal')
grid on
end
```

5.2.6 雷达图

雷达图与饼状图的数据类型类似，但是表现更有张力。利用 Matlab 自有的 polar 函数，在极坐标系上以类似罗盘形状的指针长短来表示输入数据的大小，可以标记输入数据的标签和数值，如图 5.17 所示为罗盘型雷达图。

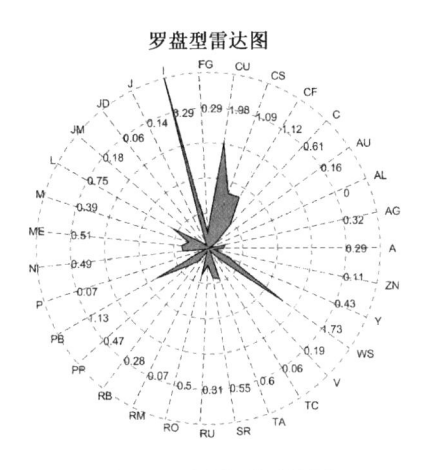

图 5.17 罗盘型雷达图

代码如下：

```
%%Project Title: radar_fun2
%Developer: 李一邨及其团队
%Contact Info: 2975056631@qq.com
%Input:
%x: vector 1 × m,输入数据
%pname: cell 1 × m, m 数据标签
%titlet: string 标题名称
%pv: vector 1 × 4, 图的坐标和大小（像素），第一个参数表示左下点离显示器左侧边界距离，第二个参数表示左下点离显示器下侧边界距离，第三个参数表示图像的宽度，第四个参数表示图像的高度
%若按默认格式输出画布的坐标和大小，则设为[]
%Output: radar_fun2
%示例：
%clear
%clc
%%输入数据
```

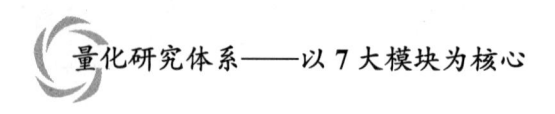

```
%Y=[0.28,0.32,0.00091,0.15,0.6,1.12,1.09,1.98,0.29,3.28,0.14,0.059,0.17,0.75,
0.38,0.5,0.48,0.065,1.12,0.47,0.28,0.072,0.49,0.3,0.54,0.5991006694455531,0.056,
0.19,1.72,0.43,0.11];
%%数据标签
%X={'A','AG','AL','AU','C','CF','CS','CU','FG','I','J','JD','JM','L','M','ME',
'NI','P','PB','PP','RB','RM','RO','RU','SR','TA','TC','V','WS','Y','ZN'};
%titlet='罗盘型雷达图';
%pv=[0.1516    0.1278    0.3828    0.7556];
%radar_fun2(Y,X,titlet,pv);
%saveas(gcf,'罗盘型雷达图.jpg')

function radar_fun2(x,pname,titlet,pv)
nt=1000;
%%数据标准化
if min(x)-max(x)==0
    tdis=1;
else
    tdis=max(x)-min(x);
end
nx=(x-min(x))/tdis;
theta=0:(2*pi)/numel(nx):2*pi-(2*pi)/numel(nx);
[px,py]=pol2cart(theta,nx);
%%作图
figure;hold on;
set(gcf,'Color',[1,1,1],'units','normalized');
set(gcf,'Renderer','zbuffer');
axis square
axis off
r=0:0.2:1;
thetab=linspace(0,2*pi,nt);
cmp=colormap(winter);
cmp=cmp(floor(linspace(1,size(cmp,1),5)),:);
for i=1:5
    h(i)=polar(thetab,r(i+1)*ones(1,nt));
    set(h(i),'LineStyle','--','LineWidth',1);
    set(h(i),'Color',[0 0.45 0.74]);
end
for i=1:numel(theta)
    l(i)=polar([theta(i),theta(i)],[0,1]);
    set(l(i),'LineStyle','--');
    set(l(i),'Color','k');
end
p=patch(px',py',[0 0.45 0.74]);
```

```
set(p,'EdgeColor','k','LineWidth',1);
%%给出标注
[pnx,pny]=pol2cart(theta,1.05);
ntext=text(pnx,pny,pname);
tn=ceil(length(pny)/4)+1;
ts=title(titlet,'Position',[pnx(tn) 1.03*pny(tn)]);
set(ts,'FontSize',20);
if isempty(pv)==0
   set(gcf,'position',pv)
end
%%给出数据标签
[dx,dy]=pol2cart(theta,0.8*ones(1,numel(theta)));
dn=cellstr(num2str(roundn(x,-2)'));
dn=dn';
dtext=text(dx,dy,dn);
end
```

5.2.7 面积图

面积图用来展示某些区间或范围的时间序列数据。比如一段时间内 CPI 预测的最大值和最小值就可以用面积图来展示。利用 Matlab 的 fill 函数可以实现对一块面积的填充，将时间序列区间的上下界作为填充的范围从而实现带状面积图，如图 5.18 所示为可重叠面积图。

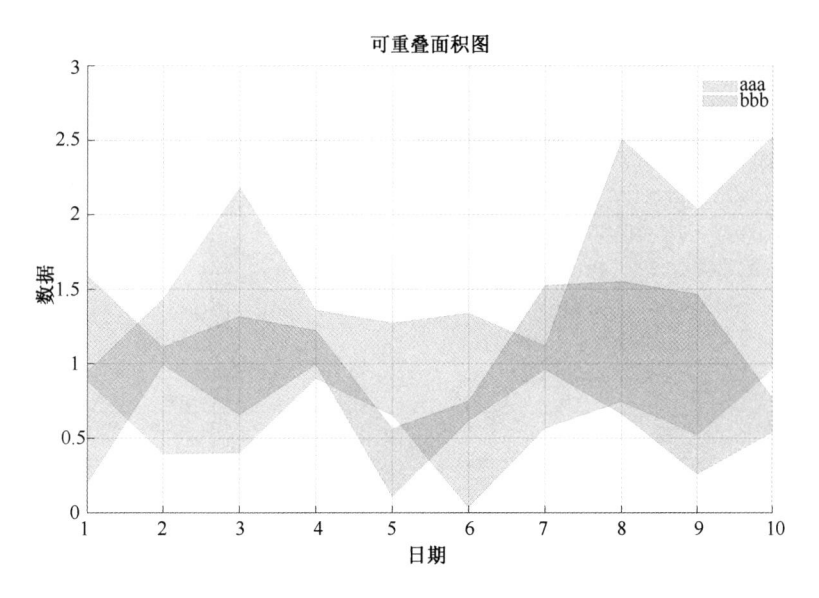

图 5.18 可重叠面积图

代码如下：

```
%%Project Title: jbfill_plot
%Date: 2017.12.05
%Developer: 李一邨及其团队
%Contact Info: 2975056631@qq.com
%Input arguments:
%xpoints: vector 1 × n, x轴数据
%upper: vector 2 × n, 上曲线数据（数据可低于下曲线数据）
%lower: vector 2 × n, 下曲线数据（数据可高于上曲线数据）
%add: Scalar 0 或 1, 是否添加当前图像至上一层图像中
%transparency scalar：设置颜色透明度，取值范围为0~1
%yn: cell 1 × 2, 品种名称, 若无则输入[]
%xlabel: string 横坐标标注
%ylabel: string 纵坐标标注
%titlet: string 图的名称
%pv: vector 1 × 4, 画布的坐标和大小（像素），第一个参数表示左下点离显示器左侧边界距离，第二个参数表示左下点离显示器下侧边界距离，第三个参数表示图像的宽度，第四个参数表示图像的高度
%若按默认格式输出画布的坐标和大小，则设为[]
%Output: jbfill_plot
%示例：
%      clear
%      clc
%      upper=rand(2,10);      %待填充的第一组数据
%      lower= upper+2*rand(2,10);   %待填充的第二组数据
%      x=1:10;
%      add=1;
%      transparency=0.2;
%      yn={'aaa','bbb'};
%      xlabelt='日期';
%      ylabelt='数据';
%      titlet='可重叠面积图';
%      pv=1.0e+03 *[0.4882 0.1538 1.0056 0.608];
%      [ph,msg]=jbfill_plot(x,upper,lower,add,transparency,yn,xlabelt,ylabelt,titlet,pv);
%      saveas(gcf,'可重叠面积图.jpg')

function [ph,msg]=jbfill_plot(xpoints,upper,lower,add,transparency,yn,xlabelt,ylabelt,titlet,pv)

    for i=1:size(upper,1)
        color=rand(1,3);
        edge=rand(1,3);
```

```
        [ph,msg]=jbfill(xpoints,upper(i,:),lower(i,:),color,edge,add,transparency);
    end
       grid on

legend(yn)
legend boxoff
if isempty(pv)==0
    set(gcf,'position',pv)
end
ts=title(titlet);   %添加标题
set(ts,'FontSize',15);
xlabel(xlabelt);    %给 x 轴命名
ylabel(ylabelt);    %给 y 轴命名
end
function[fillhandle,msg]=jbfill(xpoints,upper,lower,color,edge,add,transparency)

%This function will fill a region with a color between the two vectors provided
%using the Matlab fill command.

if nargin<7;transparency=.5;end  %default is to have a transparency of .5
if nargin<6;add=1;end      %default is to add to current plot
if nargin<5;edge='k';end   %dfault edge color is black
if nargin<4;color='b';end  %default color is blue

if length(upper)==length(lower) && length(lower)==length(xpoints)
    msg='';
    filled=[upper,fliplr(lower)];
    xpoints=[xpoints,fliplr(xpoints)];
    if add
        hold on
    end
    fillhandle=fill(xpoints,filled,color);   %plot the data
    set(fillhandle,'EdgeColor',edge,'FaceAlpha',transparency,'EdgeAlpha',
transparency); %set edge color
    if add
        hold off
    end
else
    msg='Error: Must use the same number of points in each vector';
end
end
```

5.2.8 柱状图

本程序基于 Matlab 传统的 bar 函数，运用渐变色和 patch 函数，增加了可以改变柱状图柱头形状的功能和每一根柱颜色渐变的功能，效果展示比传统的柱状图更为绚丽。如图 5.19 所示为渐变色的柱状图（因显示为黑白图，渐变效果不明显）。

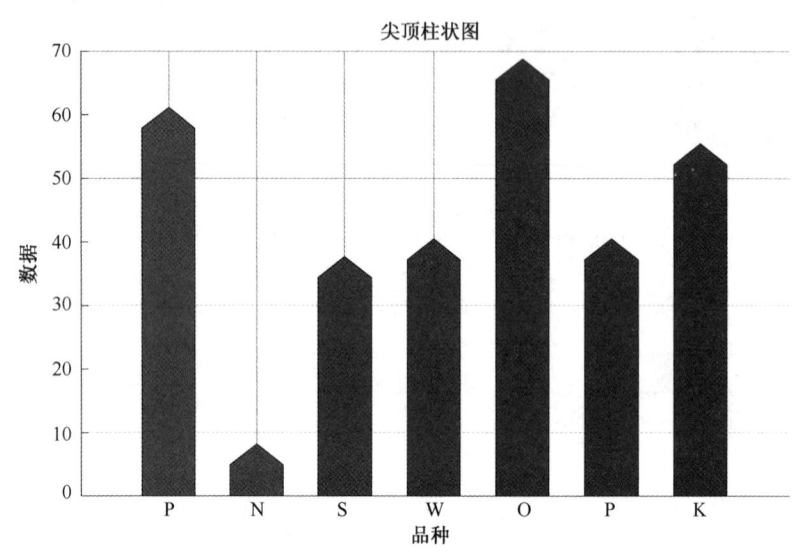

图 5.19 渐变色的柱状图

代码如下：

```
%%Project Title: bar_switch
%Group: 李一邨及其团队
%date: 2017/12/19
%Contact Info: 2975056631@qq.com
%Input:
%data: vector 1 × m, m 为输入数据量
%xn: cell 1 × m, m 为输入标签量
%BarWidth: scalar 柱宽，[0,1]之间取值
%head: 柱形图变换样式，可选值有 flat、square、stair、mushroom、sharp
%flat: BarWidth scalar BarWidth (取值在 0~1)
%square: Base, scalar 方形长度比例 (取值在 0~1); Upper, scalar Bar 顶宽度比例 (取值在 0~1)
%stair: Base, scalar 斜角长度比例 (取值在 0~1); Upper, scalar Bar 顶宽度比例 (取值在 0~1)
%mushroom: Base, scalar 方形长度比例 (取值在 0~1); Upper, scalar Bar 顶宽度比例 (取值在 0~1)。ML=0.5, 泵状长度比例 (取值在 0~1); MU=0.5, 泵状上端长度比例 (取值在 0~1)
%sharp: Base, scalar 箭头长度比例 (取值在 0~1)
%Base: scalar 长度比例，[0,1]之间取值
%Upper: scalar 顶宽度比例，[0,1]之间取值
%C0: vector 1 × 3, 最左边 bar 的颜色，红色
```

```
%C1: vector 1 × 3, 最右边 bar 的颜色, 红色
%ML: Scalar 泵状长度比例（取值在 0～1）
%MU: Scalar 泵状上端长度比例（取值在 0～1）
%xlabelt: string 横坐标名称
%ylabelt: string 纵坐标名称
%titlet: string 标题名称
%pv: vector 1 × 4, 画布的坐标和大小（像素）,第一个参数表示左下点离显示器左侧边界距离,第
二个参数表示左下点离显示器下侧边界距离,第三个参数表示图像的宽度,第四个参数表示图像的高度
%若按默认格式输出画布的坐标和大小,则设为[]
%Output: bar_switch
%示例：
%clear
%clc
%N=7;
%data = 100*rand(N,1);
%xn = {'P','N','S','W','O','P','K'};
%C0 = [1, 0, 0];    %最左边 bar 的颜色, 红色
%C1 = [0, 0, 1];    %最右边 bar 的颜色, 蓝色
%BarWidth = 0.6;   %BarWidth 要小于或等于 1
%Base=0.4;
%Upper=0.5;    %Bar 顶宽度比例（取值在 0～1）
%Arrow=0.5;    %箭头长度比例（取值在 0～1）
%ML=0.5;   %泵状长度比例（取值在 0～1）
%MU=0.5;   %泵状上端长度比例（取值在 0～1）
%head='sharp';    %可选值有 flat、square、stair、mushroom、sharp
%% flat: BarWidth = 0.6;   %BarWidth 要小于或等于 1
%% square: Base=0.4; %方形长度比例（取值在 0～1）; Upper=0.8; %Bar 顶宽度比例（取值在 0～1）
%% stair: Base=0.5; %斜角长度比例（取值在 0～1）; Upper=0.8; %Bar 顶宽度比例（取值在 0～1）
%% mushroom:Base=0.4; %方形长度比例（取值在 0～1）; Upper=0.8;  %Bar 顶宽度比例（取值
在 0～1）。ML=0.5;   %泵状长度比例（取值在 0～1）; MU=0.5;   %泵状上端长度比例（取值在 0～1）
%% sharp: Base=0.5;   %箭头长度比例（取值在 0～1）
%pv=[366.6000  182.6000  996.0000  579.2000];
%xlabelt='品种';
%ylabelt='数据';
%titlet='尖顶柱状图';
    %bar_switch(data,xn,BarWidth,head,Base,Upper,C0,C1,ML,MU,xlabelt,ylabelt,
titlet,pv)
    function bar_switch(data,xn,BarWidth,head,Base,Upper,C0,C1,ML,MU,xlabelt,ylabelt,
titlet,pv)
    x=1:length(data);
    if isempty(pv)==0
        set(gcf,'position',pv)
    end
```

```matlab
    if isempty(xn)==0   %给x轴添加标签
        set(gca,'xtick',x);
        set(gca,'xticklabel',xn);
    end

    ts=title(titlet);   %添加标题
    set(ts,'FontSize',15);
    xlabel(xlabelt);    %给x轴命名
    ylabel(ylabelt);    %给y轴命名
    box off;
    grid on;
    TempL = length(data);

    switch head
        case 'flat'
        for i = 1 : TempL
            X = [i - 0.5 * BarWidth, i - 0.5 * BarWidth, i + 0.5 * BarWidth, i + 0.5 * BarWidth];
            Y = [0, data(i), data(i), 0];
            C = [C0(1) + (C1(1) - C0(1)) / (TempL - 1) * (i - 1), C0(2) + (C1(2) - C0(2)) / (TempL - 1) * (i - 1), C0(3) + (C1(3) - C0(3)) / (TempL - 1) * (i - 1)];
            h=patch(X, Y, C);
            set(h,'EdgeColor','none')
        end
        case 'square'
            UpperWidth = Upper;
            SquareLengthRatio = Base;
            SquareLength = SquareLengthRatio * min(data);
        for i = 1 : TempL
            X = [i - 0.5 * BarWidth, i - 0.5 * BarWidth, i - 0.5 * UpperWidth, i - 0.5 * UpperWidth, i + 0.5 * UpperWidth, i + 0.5 * UpperWidth, i + 0.5 * BarWidth, i + 0.5 * BarWidth];
            Y = [0, data(i) - SquareLength, data(i) - SquareLength data(i), data(i), data(i) - SquareLength, data(i) - SquareLength, 0];
            C = [C0(1) + (C1(1) - C0(1)) / (TempL - 1) * (i - 1), C0(2) + (C1(2) - C0(2)) / (TempL - 1) * (i - 1), C0(3) + (C1(3) - C0(3)) / (TempL - 1) * (i - 1)];
            patch(X, Y, C);
        end
        case 'stair'
            ArrowLengthRatio = Base;    %请输入箭头长度比例（取值在0~1）
            UpperWidthRatio = Upper;    %请输入Bar顶宽度比例（取值在0~1）
            UpperWidth = UpperWidthRatio * BarWidth;
```

```
            ArrowLength = ArrowLengthRatio * min(data);
            for i = 1 : TempL
                X = [i - 0.5 * BarWidth, i - 0.5 * BarWidth, i - 0.5 * UpperWidth,
i + 0.5 * UpperWidth, i + 0.5 * BarWidth, i + 0.5 * BarWidth];
                Y = [0, data(i) - ArrowLength, data(i), data(i), data(i) -
ArrowLength, 0];
                C = [C0(1) + (C1(1) - C0(1)) / (TempL - 1) * (i - 1), C0(2) + (C1(2) -
C0(2)) / (TempL - 1) * (i - 1), C0(3) + (C1(3) - C0(3)) / (TempL - 1) * (i - 1)];
                patch(X, Y, C);
            end
        case 'mushroom'
            UpperWidth = Upper;   %UpperWidth 要小于或等于1
            BottomWidth = Base;   %BottomWidth 要小于或等于1
            MushroomLengthRatio = ML;   %蘑菇长度比例（取值在0~1）
            MushroomUpperLengthRatio = MU;   %蘑菇上端长度比例（取值在0~1）
            MushroomLength = MushroomLengthRatio * min(data);
            MushroomUpperLength = MushroomUpperLengthRatio * MushroomLength;
            TempL = length(data);
            for i = 1 : TempL
                X = [i - 0.5 * BarWidth, i - 0.5 * BarWidth, i - 0.5 * BottomWidth,
i - 0.5 * BottomWidth, i - 0.5 * UpperWidth, i + 0.5 * UpperWidth, i + 0.5 *
BottomWidth, i + 0.5 * BottomWidth, i + 0.5 * BarWidth, i + 0.5 * BarWidth];
                Y = [0, data(i) - MushroomLength, data(i) - MushroomLength, data(i) -
MushroomUpperLength, data(i), data(i), data(i) - MushroomUpperLength, data(i) -
MushroomLength, data(i) - MushroomLength, 0];
                C = [C0(1) + (C1(1) - C0(1)) / (TempL - 1) * (i - 1), C0(2) +
(C1(2) - C0(2)) / (TempL - 1) * (i - 1), C0(3) + (C1(3) - C0(3)) / (TempL - 1) *
(i - 1)];
                patch(X, Y, C);
            end
        case 'sharp'
            ArrowLengthRatio = Base;
            ArrowLength = ArrowLengthRatio * min(data);
            for i = 1 : TempL
                X = [i - 0.5 * BarWidth, i - 0.5 * BarWidth, i, i + 0.5 * BarWidth,
i + 0.5 * BarWidth];
                Y = [0, data(i) - ArrowLength, data(i), data(i) - ArrowLength, 0];
                C = [C0(1) + (C1(1) - C0(1)) / (TempL - 1) * (i - 1), C0(2) + (C1(2) -
C0(2)) / (TempL - 1) * (i - 1), C0(3) + (C1(3) - C0(3)) / (TempL - 1) * (i - 1)];
                patch(X, Y, C);
            end
    end
end
```

5.3 功能性图例

本节主要介绍基于量化投资研究相关的一些工作所产生的数据可视化需求。功能性图例往往需要调用 5.1 节和 5.2 节的程序与相应的技巧来实现，同时为了针对性地解决具体的量化研究问题，会结合一些量化投资的专业知识，在画图程序内部实现一些研究分析性的计算。

5.3.1 沿有效前沿的资产权重变化面积图

均值方差范式是现代金融学的基石，在这个范式中，有效前沿意味着在既定风险偏好之下，最优的收益风险比（夏普比）的组合。如何构建这样的组合并将其展示出来就是本程序的目的。程序可视化了沿着有效前沿不断增大风险时，资产组合如何变化的情况。以每股投资组合为例，沿有效前沿的资产权重变化面积图如图 5.20 所示。

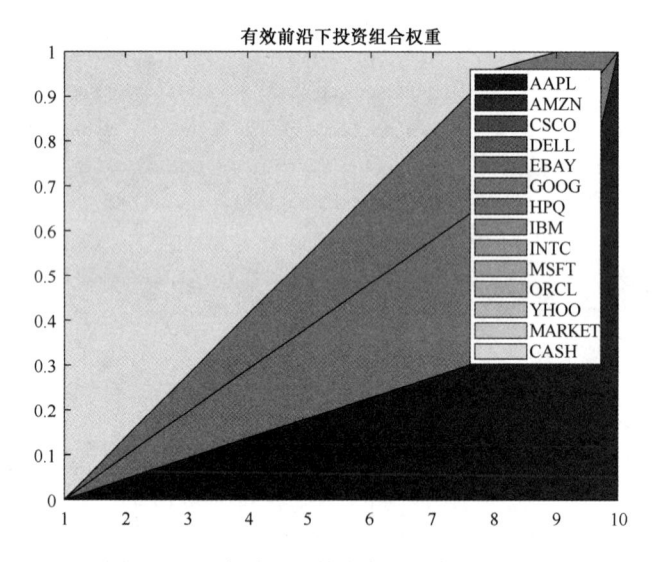

图 5.20　沿有效前沿的资产权重变化面积图

代码如下：

```
%%%Project Title: 沿有效前沿的资产权重变化面积图
%Developer: 李一邨及其团队
%Contact Info: 2975056631@qq.com
%Input:
%Returns: N × K 的矩阵，N 为资产的收益率序列的长度，K 为资产的数量
%assetTickers: 1 × K 的字符串元胞数组，分别为 K 个资产的名称，用于图中的 legend
```

```
%Output：无
%示例：
%clc
%clear
%load CAPMuniverse
%efficient_frontier_weight_area_plot(Data,Assets)

function efficient_frontier_weight_area_plot(Returns,assetTickers)
pmv = Portfolio;
pmv = pmv.setAssetList(assetTickers);
pmv = pmv.estimateAssetMoments(Returns);
pmv = pmv.setDefaultConstraints;
pmvwgts = pmv.estimateFrontier(10);
figure;
area('pmvwgts');
set(get(gcf,'Children'),'YLim',[0 1]);
title('有效前沿下投资组合权重');
legend(pmv.AssetList);
```

5.3.2 资产组合的有效前沿

在均值方差范式中，沿着有效前沿，当我们得到各个资产的权重之后，就可以构建资产组合了。有效前沿是一条随组合风险增大组合收益也增大的曲线，在有效前沿上的每个点都代表一个资产组合，这个组合是在给定风险偏好下，最优风险收益比（夏普比）的组合。有效前沿的可视化图例如图 5.21 所示。

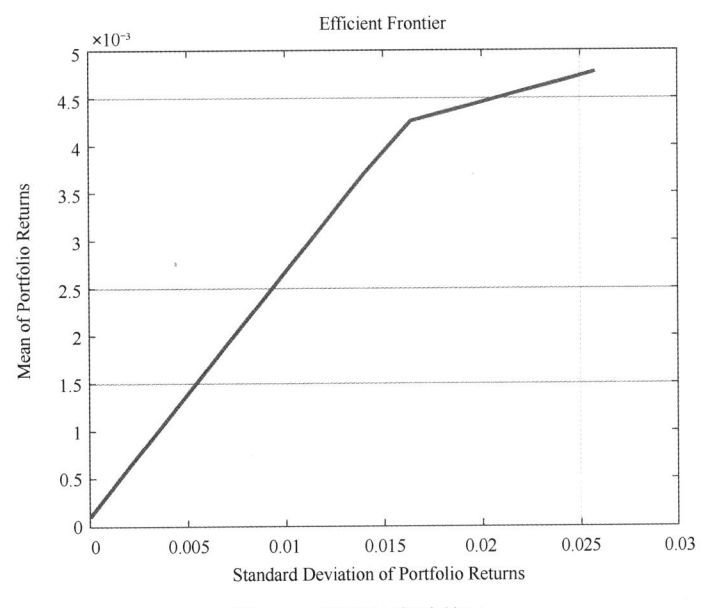

图 5.21 资产的有效前沿

代码如下：

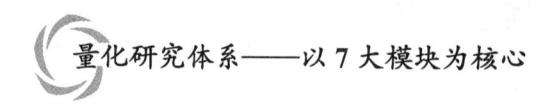

```
%%Project Title: 资产的有效前沿
%Developer: 李一邨及其团队
%Contact Info: 2975056631@qq.com
%Input:
%Returns: N × K 的矩阵，N 为资产的收益率序列的长度，K 为资产的数量
%assetTickers: 1 × K 的字符串元胞数组，分别为 K 个资产的名称，用于图中的 legend
%Output:
%prsk: 有效前沿上资产组合的风险
%pret: 有效前沿上资产组合的收益
%clc
%clear
%load CAPMuniverse
%%[prsk, pret] = efficient_frontier_plot(Data,Assets)

function [prsk, pret] = efficient_frontier_plot(Returns,assetTickers)
pmv = Portfolio;
pmv = pmv.setAssetList(assetTickers);
pmv = pmv.estimateAssetMoments(Returns);
pmv = pmv.setDefaultConstraints;
%%绘制收益有效前沿曲线
figure; [prsk, pret] = pmv.plotFrontier(10);
```

5.3.3　二资产协整关系判断及对冲策略测试

两个资产之间由于其内在经济规律关系可能在很多情况下存在协整关系，当协整关系成立期间，两者的价格变动幅度如果有大幅偏离则这样的偏离很有可能回归，那么此时就有对冲套利的可能。本程序用于测试两资产在协整成立时的对冲套利情况，运行该程序，结果如图 5.22 所示。

代码如下：

```
%%Project Title: 二资产协整关系判断及对冲策略测试
%Developer: 李一邨及其团队
%Contact Info: 2975056631@qq.com
%Input:
%series2: N × 2 的矩阵，N 为资产的收益率序列的长度，两列须是可能存在协整性的两个资产
%M: 用于测试两个资产是否存在协整关系的时间长度
%N: 对 M 的时间窗口进行调整的步长
%spread: 标准差的倍数，用于决策是否达到可交易状态的决策变量
%scaling: 对夏普比率进行年化调整，用于不同时间频率的数据
%cost: 计算收益时的交易成本
```

```
%Output:
%s: 触发交易决策变量的交易信号及信号值
%r: 触发交易后每笔交易的收益
%sh: 夏普比率
%indicate: 交易决策的判断对象,两个资产价格偏离协整回归中残差的倍数
%示例:
%clc
%clear
%load Data_GlobalIdx1
%series2=[DataTable.DAX,DataTable.CAC]
%series2=series2./series2(1,:)
%pairs_egcitest(series2, 50, 10, 1, 1, 0.03)
%[s,r,sh,indicate]=pairs_egcitest(series2, 50, 10, 1, 1, 0.03)

function varargout = pairs_egcitest(series2, M, N, spread, scaling, cost)
%该函数返回一组交易信号
%%处理输入变量
if ~exist('scaling','var')
    scaling = 1;
end

if ~exist('cost','var')
    cost = 0;
end

if ~exist('spread', 'var')
    spread = 1;
end

if nargin == 1
    M = 420;
    N = 60;
elseif nargin == 2.
    error('PAIRS:NoRebalancePeriodDefined',...
        'When defining a lookback window, the rebalancing period must also be defined')
end

warning('off', 'econ:egcitest:LeftTailStatTooSmall')
warning('off', 'econ:egcitest:LeftTailStatTooBig')

%%扫描整个时间序列的协整关系
s = zeros(size(series2));
indicate = zeros(length(series2),1);
```

```matlab
for i = max(M,N) : N : length(s)-N
    try
        [h,~,~,~,reg1] = egcitest(series2(i-M+1:i, :));
    catch
        h = 0;
    end
    if h ~= 0
        res = series2(i:i+N-1, 1) ...
            - (reg1.coeff(1) + reg1.coeff(2).*series2(i:i+N-1, 2));

        indicate(i:i+N-1) = res/reg1.RMSE;

        s(i:i+N-1, 1) = -(res/reg1.RMSE > spread) ...
            + (res/reg1.RMSE < -spread);
        s(i:i+N-1, 2) = -reg1.coeff(2) .* s(i:i+N-1, 1);
    end
end

%%计算性能统计量
trades = [0 0; 0 0; diff(s(1:end-1,:))]; % shift trading by 1 period
cash = cumsum(-trades.*series2-abs(trades)*cost/2);
pandl = [0 0; s(1:end-1,:)].*series2 + cash;
pandl = pandl(:,1)-pandl(:,2);
r = [0; diff(pandl)];
sh = scaling*sharpe(r,0);

if nargout == 0
    %%绘制结果
    ax(1) = subplot(3,1,1);
    plot(series2), grid on
    legend('series1','series12')
    title(['Pairs trading results, Sharpe Ratio = ',num2str(sh,3)])
    ylabel('Price')

    ax(2) = subplot(3,1,2);
    plot([indicate,spread*ones(size(indicate)),-spread*ones(size(indicate))])
    grid on
    legend(['Indicator'],'series1: Over bought','series1: Over sold',...
        'Location','NorthWest')
    title(['Pairs indicator: rebalance every ' num2str(N)...
        ' trading terms with previous ' num2str(M) ' trading terms'' prices.'])
    ylabel('Indicator')

    ax(3) = subplot(3,1,3);
    plot([s,cumsum(r)]), grid on
```

```matlab
        legend('Position for series1','Position for series2','Cumulative Return',...
            'Location', 'NorthWest')
        title(['Final    Return   =   ',num2str(sum(r),3),'   (',num2str(sum(r)/mean(series2(1,:))*100,3),'%)'])
        ylabel('Return')
        xlabel('Serial time number')
        linkaxes(ax,'x')
    else
        %%返回变量
        for i = 1:nargout
            switch i
                case 1
                    varargout{1} = s; %信号
                case 2
                    varargout{2} = r; %收益 (pnl)
                case 3
                    varargout{3} = sh; %夏普比率
                case 4
                    varargout{4} = indicate; %指标
                otherwise
                    warning('PAIRS:OutputArg',...
                        'Too many output arguments requested, ignoring last ones');
            end
        end
    end
end
```

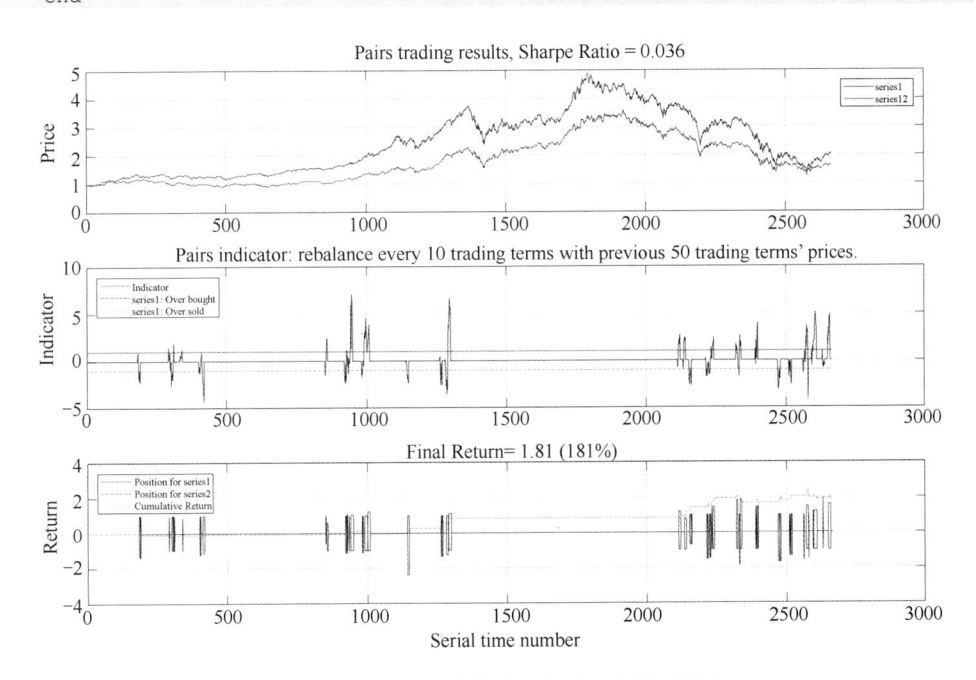

图 5.22　品种间协整关系和套利机会的可视化

5.3.4 时间序列数据的离群点可视化

时间序列数据在使用中可能由于数据错误或其他原因存在某些异常值，常规的一种初步观察方法是判断数值是否超过整体数据的 3 倍标准差。本程序将时间序列数据及其 3 倍（也可以自行设定其他倍数）标准差的上、下界画出，并标记其离群点输出。离群点的可视化图例如图 5.23 所示。

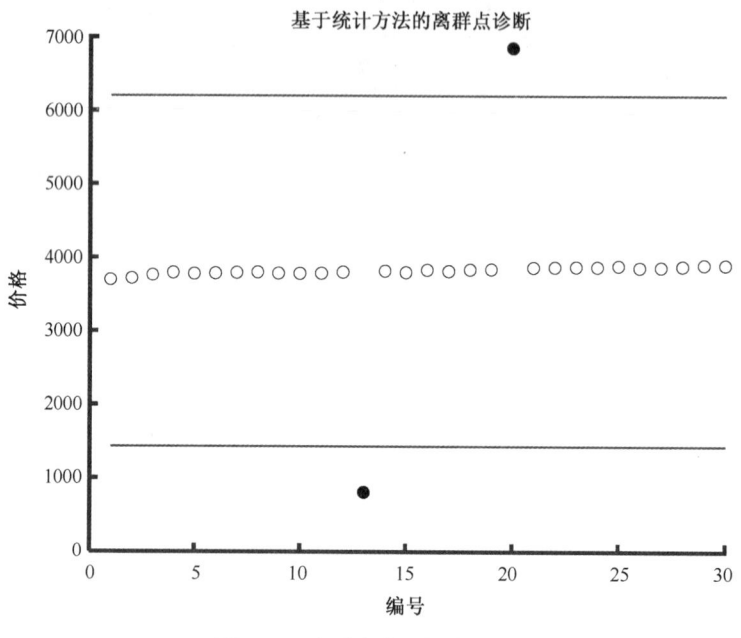

图 5.23 离群点的可视化图例

代码如下：

```
%%Project Title: 时间序列数据的离群点可视化
%Developer: 李一邨及其团队
%Contact Info: 2975056631@qq.com
%Input:
%sequence: 测试是否存在离群点的数据
%label: 测试数据的名称，用于画图
%tolerance: 偏离标准差的倍数，当数据超过设定的标准差倍数时被判断为离群点
%Output:
%Outlier_id: 离群点的索引
%outlier_point: 离群点的值
%示例：
%clc
%clear
%sequence=[3691.2;3710.2;3755;3789.4;3773.4;3779.1;3788.8;3794.7;3779;3778.5;
3780.3;3796.5;801.3;3813.3;3792.4;3826.8;3811.2;3831.5;3835.9;6847.9;3859.9;3865.1;
```

```
3869.7;3866.4;3882.6;3856.8;3859.8;3875;3894.6;3892.1]
    %outlier_point=outlier_bound_plot(sequence,'价格',3)


    function [Outlier_id,outlier_point]=outlier_bound_plot(sequence,label,tolerance)
    sequence=reshape(sequence,length(sequence),1);
    u=mean(sequence);
    a = std(sequence);
    bound = tolerance * a;
    N = size(sequence,1);

    Id = 1:N;

    Upper_Bound = (u + bound)*ones(N,1);
    Lower_Bound = (u - bound)*ones(N,1);


    hold on;
    plot(Id, sequence, 'bO');
    plot(Id, Upper_Bound, '-r','linewidth',1);
    plot(Id, Lower_Bound,'-r','linewidth',1);
    plot(Id,u,'--k','linewidth',2);
    xlabel('编号','fontsize', 12);
    ylabel(label, 'fontsize',12);
    set(gca, 'linewidth',2)
    title('基于统计方法的离群点诊断','fontsize',12)

    Outlier_id1 = sequence < (u - bound);
    Outlier_id2 = sequence > (u + bound);
    Outlier_id = Outlier_id1 | Outlier_id2;

    plot(Id(Outlier_id), sequence(Outlier_id), 'k*','linewidth',2);
    outlier_point=sequence(Outlier_id);
    disp(['离群点索引为: ',num2str(find(Outlier_id)')])
    disp(['离群点值为: ',num2str(sequence(Outlier_id)')])
    hold off
```

5.3.5 数据分布及统计性质

在量化研究中，往往需要对数据进行整体性的观察，把握数据的大致情况，进而再做下一步处理。常见的数据统计性质有均值、标准差、中位数、四分位数、极差等。我们将这些常见的数据统计值汇总在一个分布图上，统一观察，如图5.24所示。

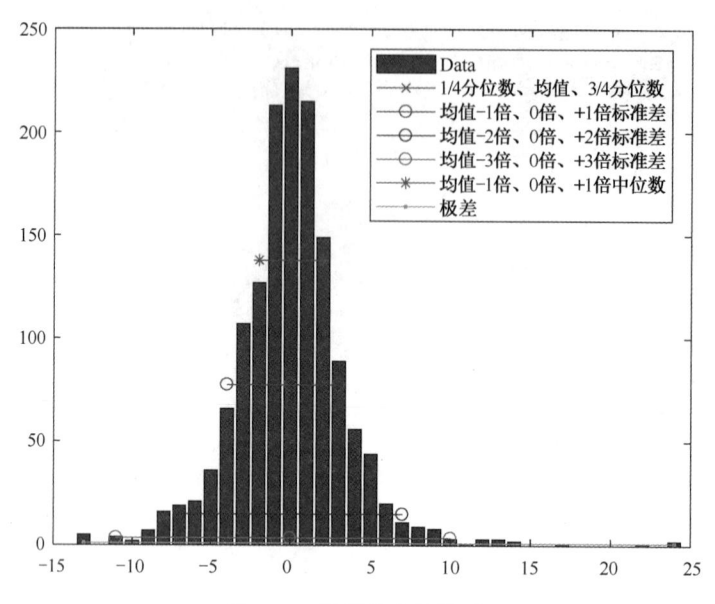

图 5.24 数据分布的性质

代码如下:

```
%%Project Title: 数据分布及统计性质
%Developer: 李一邨及其团队
%Contact Info: 2975056631@qq.com
%Input:
%dv: 待观察的数据序列（n × 1 的矩阵）
%Output:
%无
%clc
%clear
%load CAPMuniverse
%dv=Data(:,3)
%hist_and_para_plot(dv)

function hist_and_para_plot(dv)
%绘制变量dv的柱状分布图
while range(abs(dv))<10
    dv=dv*10;
end
h = round(min(dv):1:max(dv));
n = hist(dv,h);
figure
bar(h,n)

%计算常用的形状度量指标
mn = mean(dv);    %均值
```

```
sdev = std(dv);       %标准差
mdsprd = iqr(dv);     %四分位数
mnad = mad(dv);       %中位数
rng = range(dv);      %极差

%标识度量数值
x = round(quantile(dv,[0.25,0.5,0.75]));
y = (n(h==x(1)) + n(h==x(3)))/2;
line(x,[y,y,y],'marker','x','color','r')

x = round(mn + sdev*[-1,0,1]);
y = (n(h==x(1)) + n(h==x(3)))/2;
line(x,[y,y,y],'marker','o','color',[0 0.5 0])

x = round(mn + sdev*[-2,0,2]);
y = (n(h==x(1)) + n(h==x(3)))/2;
line(x,[y,y,y],'marker','o','color',[0.13 0.1 0.87])

x = round(mn + sdev*[-3,0,3]);
y = (n(h==x(1)) + n(h==x(3)))/2;
line(x,[y,y,y],'marker','o','color',[0.85 0.2 0.15])

x = round(mn + mnad*[-1,0,1]);
y = (n(h==x(1)) + n(h==x(3)))/2;
line(x,[y,y,y],'marker','*','color',[0.75 0 0.75])

x = round([min(dv),max(dv)]);
line(x,[1,1],'marker','.','color',[0 0.75 0.75])

legend('Data','1/4 分位数、均值、3/4 分位数','均值-1 倍、0 倍、+1 倍标准差','均值-2 倍、0 倍、+2 倍标准差','均值-3 倍、0 倍、+3 倍标准差','均值-1 倍、0 倍、+1 倍中位数','极差')
```

5.3.6 数据分布的分位数观察

观察数据的分布是在研究中常用的一个方法，而自然界中大多数数据是呈现钟形分布的，即极大值和极小值都比较少，大多数数值都集中在均值附近，这种形态之下我们往往十分关心极值的分布情况，因此需要通过分位数这一工具来考察。如图 5.25 所示为分布的分位数观察。

代码如下：

```
%%Project Title: 数据分布的分位数观察
%Developer: 李一邨及其团队
%Contact Info: 2975056631@qq.com
%Input:
```

```
%Y: 待观察的数据序列（n × 1 的矩阵）
%cutoff: 需要展示的分位数，一个小数或 1 × 2 的小数数组，后者代表双侧分位数，如 0.05 或
[0.05 0.95]
%bar_num：分布图的柱的数量
%Output:
%无
%clc
%clear
%load CAPMuniverse
%Y=Data(:,3)
%cutoff=[0.05 0.95];
%bar_num=70;
%hist2color(Y,cutoff,bar_num)

function hist2color(Y,cutoff,bar_num)

if numel(cutoff)==1
    cutoff1=quantile(Y,cutoff);
elseif numel(cutoff)==2
    cutoff1=quantile(Y,cutoff(1));
    cutoff2=quantile(Y,cutoff(2));
end
[count,bins] = hist(Y,bar_num);

%Create 2nd data set that is zero above cutoff point
count_cutoff1 = count.*(bins < cutoff1);
count_cutoff2 = count.*(bins > cutoff2);
%Plot full data set
hold on;
bar(bins,count,'b');

if numel(cutoff)==1
%Plot cutoff data set
    bar(bins,count_cutoff1,'r');
elseif numel(cutoff)==2
    bar(bins,count_cutoff2,'g');
    bar(bins,count_cutoff1,'r');
end

grid on;
if numel(cutoff)==1
    hh=legend('总体',[num2str(cutoff(1)),'分位数']);
elseif numel(cutoff)==2
    hh=legend('总体',[num2str(cutoff(1)),'分位数'],[num2str(cutoff(2)),'分位数']);
end
```

```
hh.FontSize=15;
hold off;
```

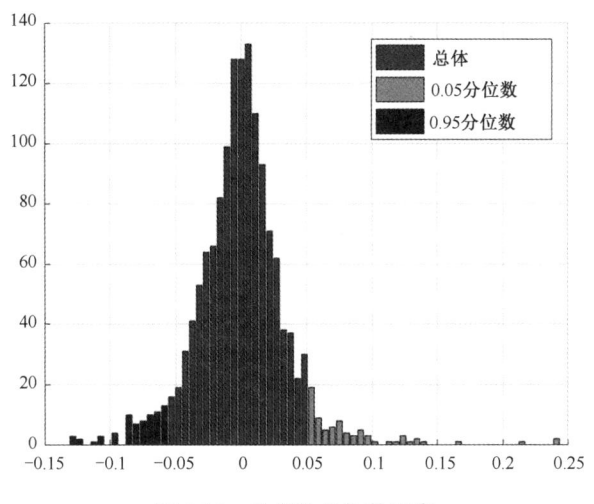

图 5.25 分布的分位数观察

5.3.7 二分类机器学习器的分类准确率展示

量化研究中机器学习是常用的工具，其中二分类问题又是最常见的问题。评价一个分类器的好坏，一般用 ROC 曲线和分类准确率来衡量。本案例列举了常用的几种分类算法进行比较，并调用本程序进行可视化展示。展示有两部分，分别为 ROC 曲线和分类正确率。如图 5.26 所示为机器学习效率评价的图例。

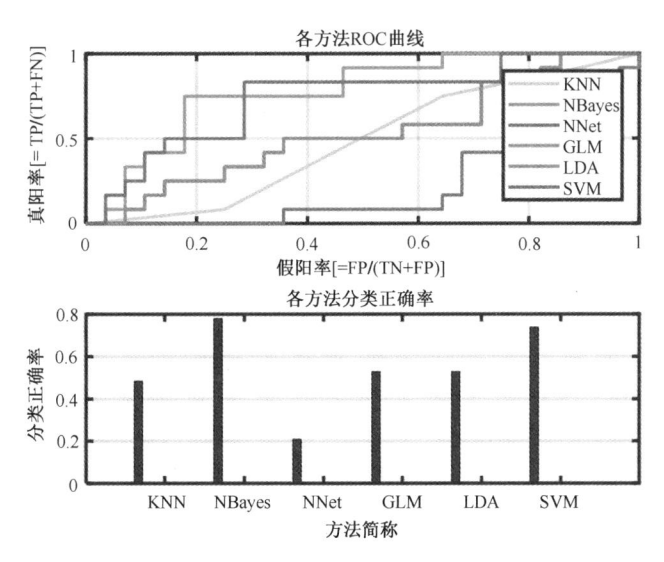

图 5.26 机器学习效率评价的图例

代码如下：

```matlab
%%Project Title: 二分类机器学习器的分类准确率展示
%Developer: 李一邨及其团队
%Contact Info: 2975056631@qq.com
%Input:
%methods: 分类器的名称（1 × K 的字符串数组）
%scores: 各个分类器的分类概率或分类决策指标的数值（N × K 的数组，N 为预测样本长度，K 为分类器个数）
%label: 预测样本的真实标签（1 × N 的数组）
%positive_name: 正样本的名称，必须与 label 的数据类型一致
%Output:
%无
%%
%示例：
%数据准备
%clc
%clear
%load hospital
%hospital=cell2table(dataset2cell(hospital));
%hospital(:,1)=[];
%hospital(1,:)=[];
%names = hospital.Properties.VariableNames;
%category = [1,1,0,0,0,0,0];
%for i = find(category)
%    hospital.(names{i}) = categorical(hospital.(names{i}));
%end
%
%X = [double(categorical(hospital.Var3)),cell2mat(table2array(hospital(:,[3,4])))];
%Y = categorical(cell2mat(hospital.Var6));
%XNum = [X(:,[2,3]), dummyvar(hospital.Var3)];
%YNum = double(Y)-1;
%
%%设置交叉验证方式
%%随机选择40%的样本作为测试样本
%cv = cvpartition(length(X),'holdout',0.40);
%%训练集
%Xtrain = X(training(cv),:);
%Ytrain = Y(training(cv),:);
%XtrainNum = XNum(training(cv),:);
%YtrainNum = YNum(training(cv),:);
%%测试集
%Xtest = X(test(cv),:);
```

```
%Ytest = Y(test(cv),:);
%%XtestNum = XNum(test(cv),:);
%%YtestNum = YNum(test(cv),:);
%disp('训练集：')
%tabulate(Ytrain)
%disp('测试集：')
%tabulate(Ytest)
%
% %%最近邻
%%训练分类器
%knn = ClassificationKNN.fit(Xtrain,Ytrain,'Distance','seuclidean',...
'NumNeighbors',5);
%%进行预测
%[Y_knn, Yscore_knn] = knn.predict(Xtest);
%Yscore_knn = Yscore_knn(:,2);
%%计算混淆矩阵
%disp('最近邻方法分类结果：')
%C_knn = confusionmat(Ytest,Y_knn)
%
% %%贝叶斯
%%设置分布类型
%dist = repmat({'normal'},1,size(Xtrain,2));
%dist(1)={'mvmn'};
%%训练分类器
%Nb = fitcnb(Xtrain,Ytrain,'Distribution',dist);
%[Y_Nb,Yscore_Nb,sys_pred]=predict(Nb,Xtest);
%%进行预测
%Yscore_Nb = Yscore_Nb(:,2);
%%计算混淆矩阵
%disp('贝叶斯方法分类结果：')
%C_nb = confusionmat(Ytest,Y_Nb)
%
% %%神经网络
%%设置神经网络模式及参数
%hiddenLayerSize = 5;
%net = patternnet(hiddenLayerSize);
%%设置训练集、验证机和测试集
%net.divideParam.trainRatio = 70/100;
%net.divideParam.valRatio = 15/100;
%net.divideParam.testRatio = 15/100;
%%训练网络
%net.trainParam.showWindow = false;
%inputs = Xtrain';
```

```matlab
%targets = double(categorical((Ytrain)))';
%[net,~] = train(net,inputs,targets);
%%%用测试集数据进行预测
%Yscore_nn = net(Xtest)';
%Y_nn = round(Yscore_nn);
%%%计算混淆矩阵
%disp('神经网络方法分类结果：')
%C_nn = confusionmat(double(categorical((Ytest))),Y_nn)
%
% %%Logistic
%%%训练分类器
%glm = fitglm(Xtrain,double(categorical((Ytrain)))-1,'linear', 'Distribution', 'binomial',...'link','logit');
%%%用测试集数据进行预测
%Yscore_glm = glm.predict(Xtest);
%Y_glm = round(Yscore_glm);
%%%计算混淆矩阵
%disp('Logistic方法分类结果：')
%C_glm = confusionmat(double(categorical((Ytest)))-1,Y_glm)
%
% %%判别分析
%%%训练分类器
%da = ClassificationDiscriminant.fit(Xtrain,categorical((Ytrain)));
%%%进行预测
%[Y_da, Yscore_da] = da.predict(Xtest);
%Yscore_da = Yscore_da(:,2);
%%%计算混淆矩阵
%disp('判别方法分类结果：')
%C_da = confusionmat(Ytest,Y_da)
%
% %%支持向量机(SVM)
%%%设置最大迭代次数
%opts = statset('MaxIter',45000);
%%%训练分类器
%svmStruct = svmtrain(Xtrain,Ytrain,'kernel_function','linear','kktviolationlevel',0.2,'options',opts);
%%%进行预测
%Y_svm = svmclassify(svmStruct,Xtest);
%
%shift = svmStruct.ScaleData.shift;
%scale = svmStruct.ScaleData.scaleFactor;
%
%X = bsxfun(@plus,Xtest,shift);
%X = bsxfun(@times,Xtest,scale);
```

```matlab
%
%sv = svmStruct.SupportVectors;
%alphaHat = svmStruct.Alpha;
%bias = svmStruct.Bias;
%kfun = svmStruct.KernelFunction;
%kfunargs = svmStruct.KernelFunctionArgs;
%
%f = kfun(sv,Xtest,kfunargs{:})'*alphaHat(:) + bias;
%Yscore_svm = -f; % flip the sign to get the score for the +1 class
%
%Yscore_svm = (Yscore_svm - min(Yscore_svm))/range(Yscore_svm);
%%计算混淆矩阵
%disp('SVM方法分类结果：')
%C_svm = confusionmat(Ytest,Y_svm)
%
% %%决策树
%%训练分类器
%t = ClassificationTree.fit(Xtrain,Ytrain);
%%进行预测
%Y_t = t.predict(Xtest);
%%计算混淆矩阵
%disp('决策树方法分类结果：')
%C_t = confusionmat(Ytest,Y_t)
%
% %%
%%调用本画图程序
%methods = {'KNN','NBayes','NNet', 'GLM', 'LDA', 'SVM'};
%scores = [Yscore_knn, Yscore_Nb, Yscore_nn, Yscore_glm, Yscore_da, Yscore_svm];
%ROC_plot(methods,scores,Ytest,'true')
%
%%
%画图程序开始
function ROC_plot(methods,scores,label,positive_name)

n=length(methods);

subplot(2,1,1)
auc= zeros(n); hCurve = zeros(1,n);
for ii=1:n;
  [rocx, rocy, ~, auc(ii)] = perfcurve(label, scores(:,ii),positive_name);
  hCurve(ii,:) = plot(rocx, rocy,'Color',rand(1,3),'LineWidth',2); hold on;
end
legend(hCurve(:,1), methods)
```

```
set(gca,'linewidth',2);
grid on;
title('各方法 ROC 曲线','fontsize',12);
xlabel('假阳率 [ = FP/(TN+FP)]','fontsize',12);
ylabel('真阳率 [ = TP/(TP+FN)]','fontsize',12);
%绘制各方法分类正确率
subplot(2,1,2)
bar(auc); set(gca,'YGrid','on','XTickLabel',methods);
xlabel('方法简称','fontsize',12);
ylabel('分类正确率','fontsize',12);
title('各方法分类正确率','fontsize',12);
set(gca,'linewidth',2);
end
```

5.3.8 品种指标排名

在对金融数据进行可视化展示的时候，不可避免地要对某些指标进行横向比较。本程序利用柱状图对待比较指标进行排序展示，并计算均值。如图 5.27 所示为指标排名的图例。

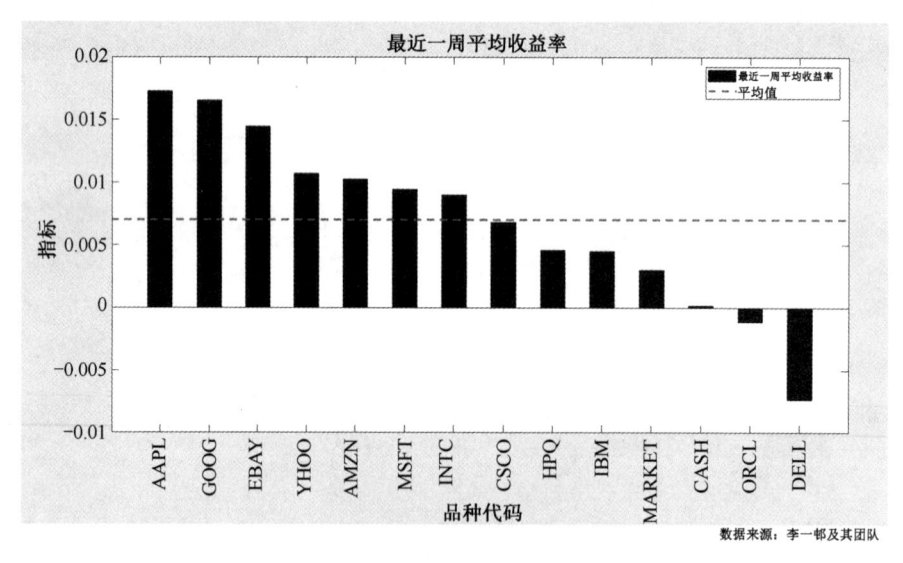

图 5.27 指标排名的图例

代码如下：

```
%%Project Title: 指标排名可视化
%Developer: 李一邨及其团队
%Contact Info: 2975056631@qq.com
%Input:
```

```
%indicator：待排名的各个品种的指标
%name：待排名的各个品种的名称
%date：画图的日期（用于对外发布时标记时间戳）
%title_name：画图的标题
%Output:
%无
%示例：
%clc
%clear
%load CAPMuniverse
%indicator=mean(Data(end-5:end,:))
%ranking_bar_plot(indicator,Assets,datestr(today),'最近一周平均收益率')

function ranking_bar_plot(indicator,name,date,title_name)
[data_s,IX] = sort(indicator,'descend');
xticklabeltemp = name(IX);

scrsz = get(0,'ScreenSize');

figure1=figure('Position',[scrsz(3)*0.05 scrsz(4)*0.1 scrsz(3)*0.9 scrsz(4)*0.8]);
axes1 = axes('Parent',figure1);

bh=bar(data_s,'DisplayName',title_name);
bh.BarWidth=0.5;
xlim( [0 length(data_s)+1] );

xticktemp = 1:( length(data_s));

windCodesInd = 1:length(name);
FreeTurnList = name(IX);
FreeTurnListInd = windCodesInd(IX);

h=gca;
set(h,'XTick',xticktemp);
set(h,'XTickLabel',xticklabeltemp);
h.FontSize=13;
h.XTickLabelRotation=90;
xlabel('品种代码', 'FontWeight', 'Bold');
ylabel('指标', 'FontWeight', 'Bold');

title(title_name, 'FontWeight', 'Bold');

hold on;
```

```
line([0, length(data_s)+1], [mean(indicator), mean(indicator)], ...
    'Color', [1 0 0], 'LineStyle','--','LineWidth',2,'Parent',axes1,'DisplayName',
'平均值');

legend2 = legend(axes1,'show');

a=gca;
text( 'Position', [1,-a.Position(2)],'Units', 'normalized', 'Tag', 'TT',
'String', '数据来源：李一邨及其团队', ...
    'BackgroundColor', [1 0 0], 'FontAngle', 'oblique', ...
    'HorizontalAlignment', 'right', 'VerticalAlignment', 'top');
```

5.3.9　时间序列与相关指标对比图

在时间维度上纵向比较不同指标与目标时间序列的关系是时间序列分析常见的应用场景。在金融问题中，目标时间序列通常是价格、GPD、CPI 等，而各类指标用于分析这些目标，因而需要观察各类指标与这些目标之间的关系。运行示例程序，得出时间序列与指标的对比图如图 5.28 所示。

代码如下：

```
%%Project Title: 时间序列与相关指标对比图
%Developer: 李一邨及其团队
%Contact Info: 2975056631@qq.com
%Input:
%p: 时间序列，量化金融研究中通常是价格（N × 1 的向量）
%indicator: 与时间序列 p 相关的指标，长度须与 p 一致，可以是多个指标（N × K 的向量，K 为指标个数）
%name: indicator 的名称，字符串数组（1 × K 的向量）
%times: p 的时间序列向量
%iscompare: 是否将指标和时间序列分开对比，1 表示分开，0 表示不分开
%Output:
%无
%示例:
%clc
%clear
%load CAPMuniverse
%p=cumprod(Data(10:end,1)+1)
%[indicator5,indicator10]=movavg(p,5,10)
%for i=10:length(Data)
%s(i,1)=std(Data(i-9:i,1));
%end
%indicator=[s(10:end),indicator5,indicator10];
%price_and_indicator_plot(p,indicator,{'10 日波动率','5 日均线','10 日均线'},
```

```
today-length(p)+1:today,1)


    function price_and_indicator_plot(p,indicator,name,times,iscompare)
    if ~isnumeric(times)
        times=datenum(times)
    end

        Y=p;

    if iscompare
    scrsz = get(0,'ScreenSize');
    figure('Position',[scrsz(3)*1/4 scrsz(4)*1/6 scrsz(3)*4/5 scrsz(4)]*3/4);

    subplot(211);

    plot(Y,'LineWidth',1.5,'LineStyle','-');
    hold on;

    legend('价格');
    title(['价格与指标的对比图'],'FontWeight','Bold','FontSize',15);
    ylabel('价格','FontWeight','Bold');

    xlim( [1 length(times)] );

    tickstep = ( length(times)-1 )/30;
    tickstep = ceil(tickstep);
    xticktemp = 1:tickstep:length(times);
    if xticktemp(end) ~=length(times)
        xticktemp(end) =length(times);
    end

    xticklabeltemp = cell(length(xticktemp), 1);
    for i = 1:length(xticktemp)
        strTemp = datestr(times( xticktemp(i) ), 'yyyy-mm-dd');
        xticklabeltemp{i,1} = strTemp;
    end

    set(gca,'XTick',xticktemp);
    set(gca,'XTickLabel',xticklabeltemp);
    TickLabelRotate(gca,'x',30,'right');

    subplot(212);
    plot(indicator,'LineWidth',1.5,'LineStyle','--');
    hold on;
```

```
legend(name);
title(['指标的曲线'],'FontWeight','Bold','FontSize',15);
ylabel('指标','FontWeight','Bold');

xlim( [1 length(times)] );

tickstep = ( length(times)-1 )/30;
tickstep = ceil(tickstep);
xticktemp = 1:tickstep:length(times);
if xticktemp(end) ~=length(times)
    xticktemp(end) =length(times);
end

xticklabeltemp = cell(length(xticktemp), 1);
for i = 1:length(xticktemp)
    strTemp = datestr(times( xticktemp(i) ), 'yyyy-mm-dd');
    xticklabeltemp{i,1} = strTemp;
end

set(gca,'XTick',xticktemp);
set(gca,'XTickLabel',xticklabeltemp);
TickLabelRotate(gca,'x',30,'right');


else
    scrsz = get(0,'ScreenSize');
figure('Position',[scrsz(3)*1/4 scrsz(4)*1/6 scrsz(3)*4/5 scrsz(4)]*3/4);

plot(Y,'LineWidth',1.5,'LineStyle','-');
hold on

plot(indicator,'LineWidth',1.5,'LineStyle','--');
hold on

legend({'价格数据',name{:}});

title(['价格与指标的对比图'],'FontWeight','Bold','FontSize',15);
ylabel('价格','FontWeight','Bold');

xlim( [1 length(times)] );

tickstep = ( length(times)-1 )/30;
tickstep = ceil(tickstep);
xticktemp = 1:tickstep:length(times);
if xticktemp(end) ~=length(times)
```

```
        xticktemp(end) =length(times);
end

xticklabeltemp = cell(length(xticktemp), 1);
for i = 1:length(xticktemp)
    strTemp = datestr(times( xticktemp(i) ), 'yyyy-mm-dd');
    xticklabeltemp{i,1} = strTemp;
end

set(gca,'XTick',xticktemp);
set(gca,'XTickLabel',xticklabeltemp);
TickLabelRotate(gca,'x',30,'right');
end

function TickLabelRotate(AX_handle,tag,rot,HorizontalAlignment,UpDown)

if nargin < 5
    %1 Down 2 Up 3 Left 4 Right
    UpDown = 1;
end
if nargin < 4
    HorizontalAlignment = 'right';
    %left | center | right
end
if nargin < 3
    rot = 60;
end
if nargin < 2
    tag = 'x';
end
%%
switch tag
    case 'x'
        str = get(AX_handle,'XTickLabel');
        x = get(AX_handle,'XTick');
        yl = ylim(AX_handle);
        set(AX_handle,'XTickLabel',[]);
        if UpDown == 1
            y = zeros(size(x)) + yl(1) - range(yl)/80;
        end
        if UpDown == 2
            y = zeros(size(x)) + yl(end) + range(yl)/80;
        end
        
        text(x,y,str,'rotation',rot,...
```

```
            'Interpreter','none','HorizontalAlignment',HorizontalAlignment);
    case 'y'
        str = get(AX_handle,'YTickLabel');
        y = get(AX_handle,'YTick');
        xl = xlim(AX_handle);
        set(AX_handle,'YTickLabel',[]);
        if UpDown == 3
            x = zeros(size(y)) + xl(1) - range(xl)/80;
        end
        if UpDown == 4
            x = zeros(size(y)) + xl(end) + range(xl)/80;
        end
        
        text(x,y,str,'rotation',rot,...
            'Interpreter','none','HorizontalAlignment',HorizontalAlignment);
end
```

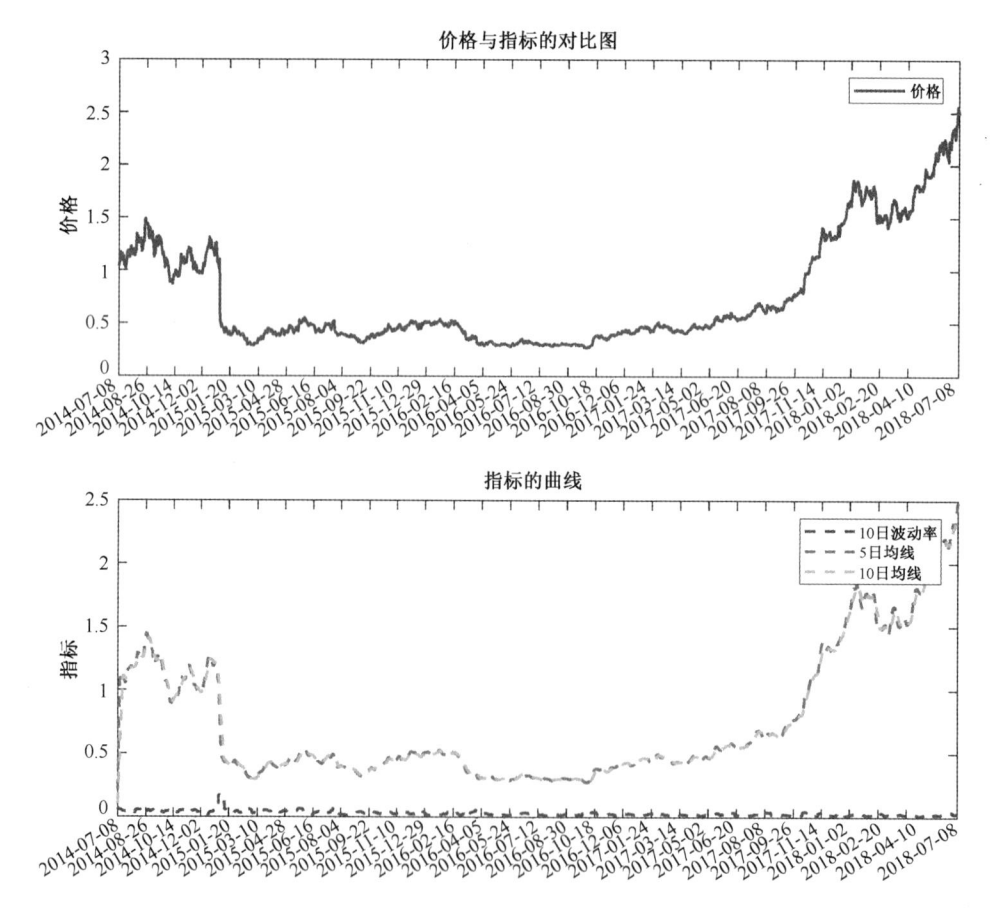

图 5.28　时间序列与指标的对比图

5.3.10 多个价格序列及其收益率序列对比图

当我们需要考察多个投资标的时，我们需要将这些投资标的的价格序列和收益率序列放在同一张图上对比。这样的应用场景很多，比如：某股票和市场指数的走势对比，多个行业指数的对比，某一行业内的多个股票的对比，甚至不同大类资产指数的对比，等等。如图 5.29 所示为多序列及其收益率的对比。

代码如下：

```
%%Project Title:多个价格序列及其收益率序列对比图
%Developer:李一邨及其团队
%Contact Info: 2975056631@qq.com
%Input:
%varargin:一个或多个价格序列（N × K 的向量）
%name:一个或多个价格序列的名称（1 × K 的字符串 cell 数组，K 为序列个数）
%times:价格序列对应的时间序列
%Output:
%无
%示列:
%clc
%clear
%load CAPMuniverse
%p=cumprod(Data+1);
%price_and_return_plot(p(:,10:end),Assets(10:end),today-length(p)+1:today)

function price_and_return_plot(varargin,name,times)
if ~isnumeric(times)
    times=datenum(times)
end
    Y=varargin;
    Yret=price2ret(Y);

scrsz = get(0,'ScreenSize');
figure('Position',[scrsz(3)*1/4 scrsz(4)*1/6 scrsz(3)*4/5 scrsz(4)]*3/4);

subplot(211);

plot(Y,'LineWidth',1.5,'LineStyle','-');

legend(name{:});
title('价格曲线','FontWeight','Bold','FontSize',15);
ylabel('价格','FontWeight','Bold');
```

```matlab
xlim( [1 length(times)] );

tickstep = ( length(times)-1 )/30;
tickstep = ceil(tickstep);
xticktemp = 1:tickstep:length(times);
if xticktemp(end) ~=length(times)
    xticktemp(end) =length(times);
end

xticklabeltemp = cell(length(xticktemp), 1);
for i = 1:length(xticktemp)
    strTemp = datestr(times( xticktemp(i) ), 'yyyy-mm-dd');
    xticklabeltemp{i,1} = strTemp;
end

set(gca,'XTick',xticktemp);
set(gca,'XTickLabel',xticklabeltemp);
TickLabelRotate(gca,'x',30,'right');

subplot(212);
plot(Yret);
legend(name{:});
title('对数收益率曲线','FontWeight','Bold','FontSize',15);
ylabel('对数收益率','FontWeight','Bold');

xlim( [1 length(times)] );

tickstep = ( length(times)-1 )/30;
tickstep = ceil(tickstep);
xticktemp = 1:tickstep:length(times);
if xticktemp(end) ~=length(times)
    xticktemp(end) =length(times);
end

xticklabeltemp = cell(length(xticktemp), 1);
for i = 1:length(xticktemp)
    strTemp = datestr(times( xticktemp(i) ), 'yyyy-mm-dd');
    xticklabeltemp{i,1} = strTemp;
end

set(gca,'XTick',xticktemp);
set(gca,'XTickLabel',xticklabeltemp);
```

```
    TickLabelRotate(gca,'x',30,'right');
end

function TickLabelRotate(AX_handle,tag,rot,HorizontalAlignment,UpDown)

if nargin < 5
    %1 Down 2 Up 3 Left 4 Right
    UpDown = 1;
end
if nargin < 4
    HorizontalAlignment = 'right';
    %left | center | right
end
if nargin < 3
    rot = 60;
end
if nargin < 2
    tag = 'x';
end

switch tag
    case 'x'
        str = get(AX_handle,'XTickLabel');
        x = get(AX_handle,'XTick');
        yl = ylim(AX_handle);
        set(AX_handle,'XTickLabel',[]);
        if UpDown == 1
            y = zeros(size(x)) + yl(1) - range(yl)/80;
        end
        if UpDown == 2
            y = zeros(size(x)) + yl(end) + range(yl)/80;
        end
        
        text(x,y,str,'rotation',rot,...
            'Interpreter','none','HorizontalAlignment',HorizontalAlignment);
    case 'y'
        str = get(AX_handle,'YTickLabel');
        y = get(AX_handle,'YTick');
        xl = xlim(AX_handle);
        set(AX_handle,'YTickLabel',[]);
        if UpDown == 3
            x = zeros(size(y)) + xl(1) - range(xl)/80;
        end
```

```
if UpDown == 4
    x = zeros(size(y)) + xl(end) + range(xl)/80;
end

text(x,y,str,'rotation',rot,...
    'Interpreter','none','HorizontalAlignment',HorizontalAlignment);
end
end
```

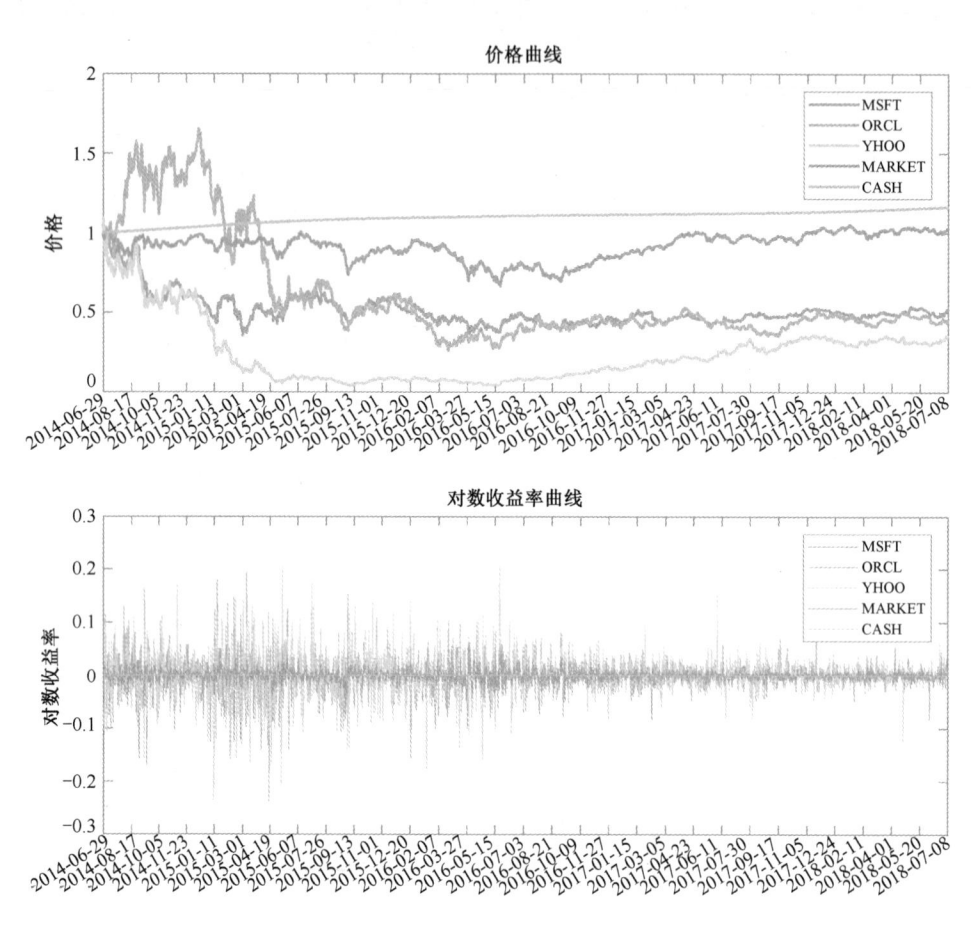

图 5.29　多序列及其收益率的对比

5.3.11　策略累计收益及最大回撤

量化投资策略回测是每个量化研究者在策略开发时都要面对的问题。观察策略的收益和风险是回测的两个核心点，而最大回撤和累计收益是实现这一观察的良好指标，再辅以市场指数作为 benchmark 对比，就可以更全面地了解投资策略的性质。以示例策略为程序样例，运行结果如图 5.30 所示。

第 5 章 | 可视化库

图 5.30 策略回测结果

代码如下：

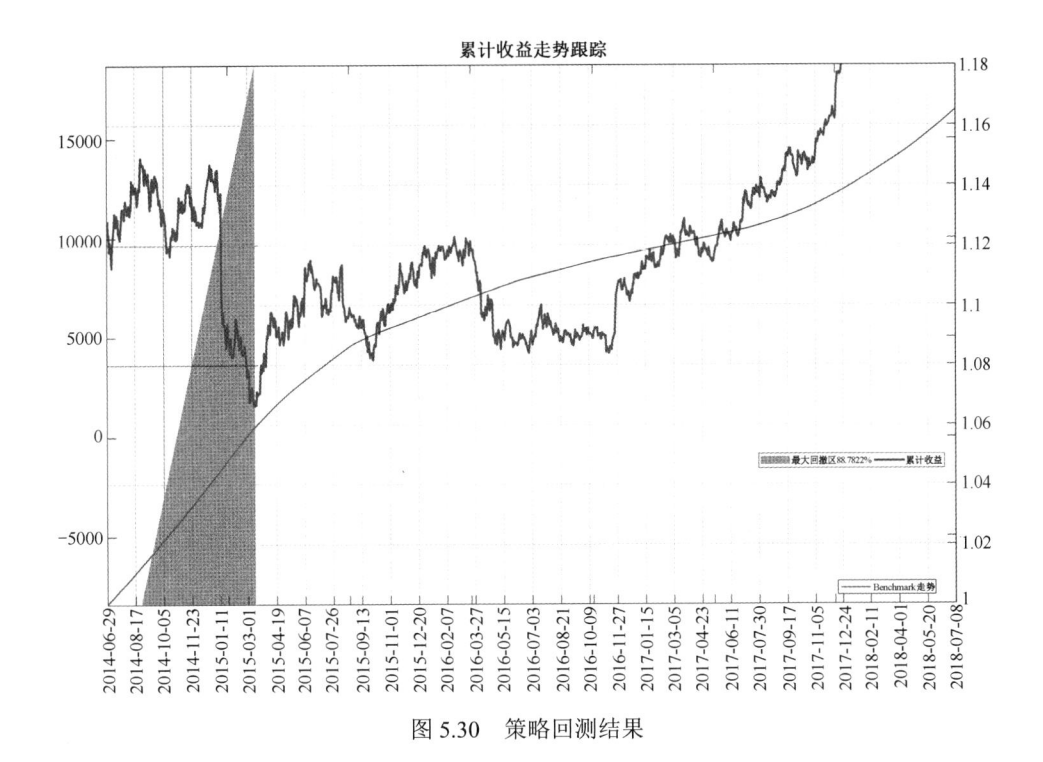

```
%%Project Title: 策略累计收益及最大回撤
%Developer: 李一邺及其团队
%Contact Info: 2975056631@qq.com
%Input:
%start: 初始资金量，数值，如 1000
%pl: 策略的累计损益，比如第一天亏损 100 元、第二天盈利 200 元、第三天又盈利 200 元，则累计损益为[-100,100,300]，再加上初始资金 1000 元，则资产向量为[900,1100,1300]。那么这三天的最大回撤就是第一天发生的 10%
%benchmark: benchmark 的累计收益率
%times: 策略回测的时间
%Output:
%无
%示例:
%clc
%clear
%load CAPMuniverse
%pl=cumsum(Data(:,1)*10000);
%benchmark=cumprod(Data(:,14)+1);
%start=10000;
%cumr_bechmark_compare_and_maxdrawdown_plot(start,pl,benchmark,times)
```

```matlab
function cumr_bechmark_compare_and_maxdrawdown_plot(start,pl,benchmark,times)

[Maxdrawdown,dd] = maxdrawdown(start+pl,'return');
XData1=1:length(pl);
Xm = dd(1,1);
XM = dd(2,1);
Ym = min(pl);
YM = max(pl);

%Create figure
figure1 = figure;

%Create axes
axes1 = axes('Parent',figure1,'YColor',[1 0 0],'XColor',[1 0 0],'visible','off','XAxisLocation','bottom');

 fill([Xm Xm XM XM],[Ym YM YM Ym],'b','FaceAlpha',0.1, 'EdgeColor',[1 1 1],'DisplayName',['最大回撤区',num2str(Maxdrawdown*100),'%'])

%Create line
line(XData1,start+pl,'Parent',axes1,'LineWidth',2,...
    'Color',[1 0 0],...
    'DisplayName','累计收益');
title('累计收益走势跟踪');
%Create axes
axes2 = axes('Parent',figure1,'YAxisLocation','right',...
    'Color','none');
axes2.XTickLabel=[];
 ylim(axes1,[Ym YM]);

grid(axes2,'on');
hold(axes1,'all');


%Create line
line(XData1,benchmark,'Parent',axes2,'LineWidth',1,'DisplayName','Benchmark走势');

%Create legend
legend1 = legend(axes1,'show');
set(legend1,'EdgeColor',[1 0 0],'Orientation','horizontal',...
    'Location','Best',...
    'FontSize',8);
```

```
%Create legend
legend2 = legend(axes2,'show');
set(legend2,'EdgeColor',[0 0 1],'Orientation','horizontal',...
    'Location','Best',...
    'FontSize',8,...
    'Color',[1 1 1]);

times=datenum(times);
xlim( [1 length(times)] );
tickstep = ( length(times)-1 )/30;
tickstep = ceil(tickstep);
xticktemp = 1:tickstep:length(times);
if xticktemp(end) ~=length(times)
    xticktemp(end) =length(times);
end

xticklabeltemp = cell(length(xticktemp), 1);
for i = 1:length(xticktemp)
    strTemp = datestr(times( xticktemp(i) ), 'yyyy-mm-dd');
    xticklabeltemp{i,1} = strTemp;
end

set(gca,'XTick',xticktemp);
set(gca,'XTickLabel',xticklabeltemp);
a=gca;
a.XTickLabelRotation=90;
axes1.XTickLabel=[];
end
```

5.3.12 逐笔交易盈亏图

策略的回测观察的是整体的盈亏走势，如果我们需要仔细观察策略的细节，那么每一笔交易盈亏的情况是一个良好的观察侧面。本程序通过分析策略的累计收益，分别观察亏损的逐笔交易和盈利的逐笔交易。逐笔交易的可视化使我们可以在直观上看出策略的优劣，效果如图 5.31 所示。

代码如下：

```
%%Project Title: 逐笔交易盈亏图
%Developer: 李一邺及其团队
%Contact Info: 2975056631@qq.com
```

```
%Input:
%cumr: 策略的累计盈亏序列
%Output:
%无
%示例:
%clc
%clear
%cumr=cumprod(rand(1000,1)/10-0.05+1);
%bar_plot_pl_for_trading(cumr)

function bar_plot_pl_for_trading(cumr)
%计算累计盈亏记录点的每个观察点的盈亏,并画图
    r=cumr(2:end)-cumr(1:end-1);
    r1 = r;
    r2 = r;
    r1(r1<0)=0;
    r2(r2>0)=0;
    hold on
    bar(r1,'FaceColor',[1 0 0])
    bar(r2,'FaceColor',[0 1 0])
    xlabel('交易次数','FontSize',14,'FontWeight','bold')
    ylabel('浮盈浮亏','FontSize',14,'FontWeight','bold')
    title('交易信号图','FontSize',20,'FontWeight','bold')
    grid on
    hold off
end
```

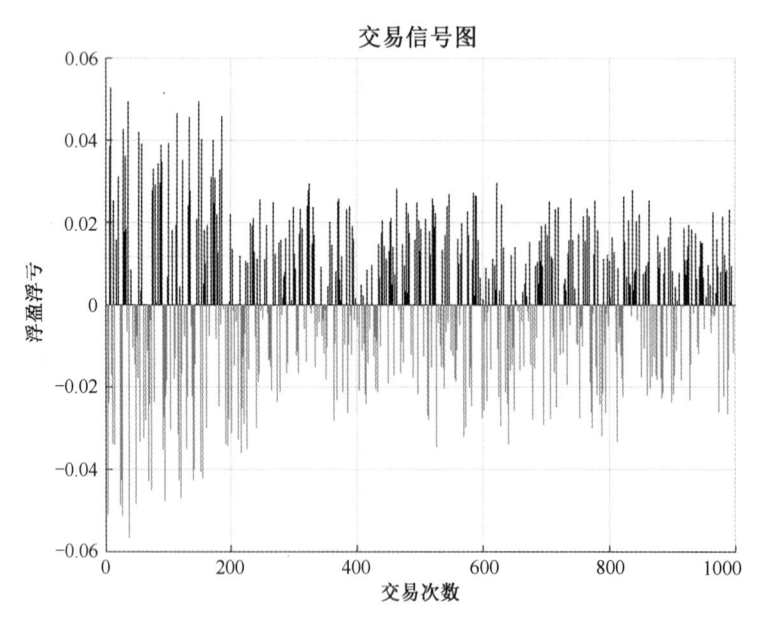

图 5.31 交易信号图

5.3.13 三维聚类展示

对于三维属性的样本，在聚类中可以用三维坐标轴进行可视化表达。当我们用某个分类器做出分类预测以后，可以调用本程序来观察分类效果。如果样本维度大于三维，也可以抽取三维来分别观察，一方面可以观察分类的效果，另一方面还可以观察抽取的三个维度是否和最终分类相关。聚类结果展示如图 5.32 所示。

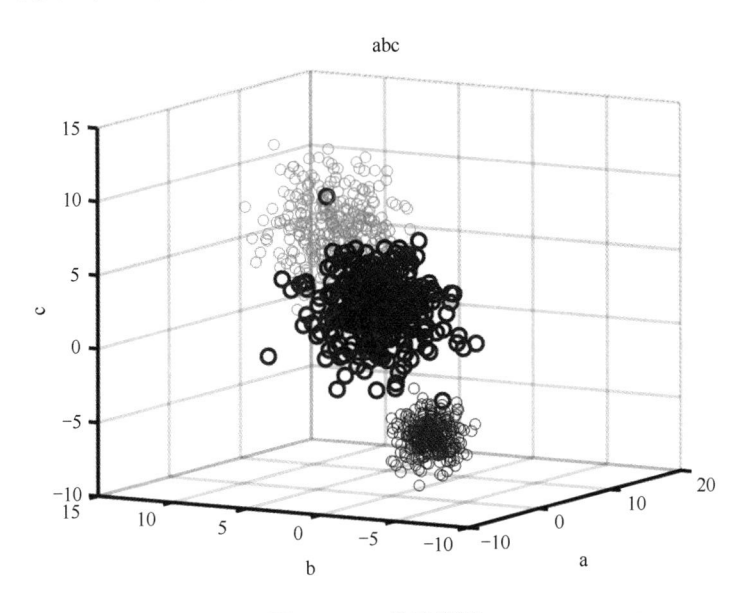

图 5.32　三维聚类图

代码如下：

```
%%Project Title: 三维聚类展示
%Developer: 李一邨及其团队
%Contact Info: 2975056631@qq.com
%Input:
%C：每个样本的三维属性值（N × 3 的矩阵，其中N是样本数量，3列的每一列是相应的属性值）
%id：每个样本所对应的类别（N × 1 的向量，向量的每个元素是类别号，一个自然数）
%mname：三个坐标和图的名称（1 × 4 的字符串，cell数组，前三个是三个坐标轴的名称，第四个是图的名称）
%Output:
%无
%示例：
%clc
%clear
%C=[normrnd(-5,1,300,3);normrnd(7,2,300,3);normrnd(2,2,300,3)];
%id=[ones(300,1);ones(300,1)*2;ones(300,1)*3;]
%mname={'a','b','c','abc'}
```

```matlab
%clusterPlot3(C, id, mname)

function clusterPlot3(C, id, mname)
hold on
for i=1:length(unique(id))
    H1 = plot3(C(id==i,1),C(id==i,2),C(id==i,3),'Color',rand(1,3),'LineStyle','none','Marker','o')
end
set(gca,'linewidth',2);
set(H1,'linewidth',2, 'MarkerSize',8);
xlabel(mname{1},'fontsize',12);
ylabel(mname{2},'fontsize',12);
zlabel(mname{3},'fontsize',12);
title(mname{4},'fontsize',20,'fontweight','bold');
grid on
hold off
view(-60,10)
end
```

第 6 章 报告和日常工作系统

本章的主要内容是介绍量化团队所需要的一些宣传、管理方面的知识。宣传主要是量化团队对外宣传需要用到的报告自动撰写程序，管理指的是量化研究员的日常工作绩效考核、汇总归集程序的开发。通过本章的学习，可以帮助读者建立一个量化团队管理者的视野，其中的具体知识可以进一步推广到其他报告和管理方面。

6.1 Matlab 中调用 Microsoft Word 的技巧总结

本节主要介绍通过 Matlab 调用 Office 的 COM 接口，进而实现对 Word 各种操作的技术。从新建文档开始，到字体、表格、图片等的设置，最后到保存文档，我们将给出 Word 编辑中各种常用技术的函数。

6.1.1 COM 对象及其接口

为了方便应用程序升级更新，微软提出组件对象模型（COM），即单个应用程序被分隔成多个独立的部分（Component），从而方便新旧组件更替。

通过接口可以访问 COM 对象的属性和方法，这也是访问 COM 对象的唯一途径，同时一个 COM 组件可以有多个接口。

Active X 控件技术是建立在 COM 之上、由微软推出的共享程序数据和功能的技术。Active X 控件以前也叫 OLE 控件或 OCX 控件，它是一些组件，可以插入 Web 网页或其他应用程序中。该组件的客户接口使它可以对客户的行为做出响应，它有属性、方法、事件三个特征。属性决定了显示效果，方法用于提供完成特定的任务所需要的外部调用函数，事件一般是用户启动的某种行为，用来给应用程序控件的程序发送消息，以做出某种响应动作。

下面详细介绍 Matlab 对 COM 接口的调用、查询、识别与保存，以及与接口和对象释放的相关代码。

1. 利用 Matlab 调用 COM 对象

Matlab 作为一种面向对象的编程语言，支持 COM 技术。利用 Active X 控件技术，在 Matlab 中调用其他应用程序，如 Word、Excel，Word、Excel 被作为组件，是服务程序，Matlab 是控制器程序，是客户程序。

Matlab 提供 actxcontrol 函数用来在当前图形窗口中创建 Active X 控件，提供 actxcontrollist 函数用来查看系统中当前安装的所有 COM 控件，提供 actxcontrolselect 函数用来通过图形界面的方式在图形窗口中创建控件，还提供 actxserver 函数用来创建 COM 自动化服务器。由于本文中只介绍 Matlab 自动写入 Word 部分，因此下面只对 actxserver 函数进行详细介绍。

actxserver 函数：

```
h=actxserver('progid')
```

创建一个本地 OLE 自动化服务器，并返回服务器的默认接口 h，progid 是 COM 服务器的程序标识符，该标识符由控件或服务器供应商提供。

例如：

```
Word=actxserver('Word.Application');   %创建一个Microsoft Word服务器并返回句柄Word
```

此时虽然已经打开了 Microsoft Word 应用程序，但是看不到 Word 的运行界面，还需要进行一些设置，具体内容见 6.1.2 节。

actxserver 函数也支持远程创建服务，有以下几种方法可以被调用。

```
h=actxserver('progid', 'machine');
```

创建一个运行在远程系统上的 COM 服务器，machine 指定远程系统的名称，它可以是一个 IP 地址或 DNS 名称。只有在支持分布式组件（DCOM）的环境中才能这样调用。

```
h=actxserver('progid','machine','machineName');
```

在远程机器 machineName 上创建一个 OLE 自动化服务器。

```
h=actxserver('progid','interface', 'interfaceName');
```

创建一个客户接口服务器，这里的 interfaceName 是一个 COM 对象的指定接口名称。

2. 查询 COM 对象的接口、方法和事件等

```
S=h.invoke       %返回对象和接口的所有方法列表，S为一个结构体数组
S=h.invoke('methodname')   %调用句柄h由methodname指定的方法
S=h.invoke('methodname',arg1,arg2,...)    %调用句柄h由methodname指定的方法，并由
```

```
arg1,arg2,...指定输入参数
    S=h.invoke('custominterfacenames')    %返回句柄 h 由 COM 组件执行的客户接口对象
    S=invoke(h,...)    %上述格式替代语法
```

例如：

```
Word=actxserver('Word.Application');  %创建一个 Microsoft Word 服务器并返回句柄 Word
S=Word.invoke      %返回 Word 对象和接口的所有方法列表
S=Word.interfaces  %返回 Word 的接口列表
S=Word.methods     %返回 Word 的所有方法
S=Word.events      %返回 Word 的事件列表
Word.methodsview   %在单独的图形窗口中显示控件的方法和相关信息
```

3. 识别 COM 对象的接口、方法和事件等

```
tf=h.iscom     %判断对象是否为 COM 对象或 Active X 控件，True =1, False=0
tf=iscom(h)    %替换形式
tf=h.isinterface    %判断对象是否为一个 COM 接口，True =1, False=0
tf=isinterface(h)   %替换形式
isprop(h, 'name')   %若字符串 name 指定的是 COM 对象 h 的一个属性，则返回 1
ismethod(h, 'name') %若字符串 name 指定的是 COM 对象 h 上可调用的方法，则返回 1
tf=h.isevent('name') %若 name 指定的是一个由 COM 对象 h 认可和响应的事件，则返回 1, 否则返回 0
tf= isevent(h, 'name')  %替换形式
```

例如：

```
Word=actxserver('Word.Application');  %创建一个 Microsoft Word 服务器并返回句柄 Word
Word.iscom       %判断 Word 是否为一个 COM 对象
Word.Document.isinterface    %判断 Document 是否为 COM 对象 Word 的一个接口
isprop(Word, 'Width')     %判断 Width 是否为 COM 对象 Word 的一个接口
ismethod(Word, 'Quit')    %判断 Quit 是否为 Word 的一个可调用的方法
isevent(Word, 'Quit')     %判断 Quit 是否为 Word 的一个可认可和响应的事件
```

4. 调用 get 和 inspect 函数查询 COM 对象和接口属性

我们可以利用 get 和 inspect 函数查看 COM 对象的属性和接口句柄。get 函数的用法如下：

```
V=h.get
```

返回对象或接口 h 的属性和属性列表。若 V 为空，则说明对象没有属性或 Matlab 不能读取对象的类型库。

```
V=h.get('propertyname')
V=get(h,...)
```

inspect 函数的作用是打开一个图形界面，列出对象的所有属性和属性值，并通过图形界面修改属性值，用法如下：

```
inspect(h)
h.inspect
```

例如：

```
Word=actxserver('Word.Application');   %创建一个Microsoft Word服务器并返回句柄Word
get(Word)      %查看Word的所有属性
Word.get('Visible')    %查看Word的Visible属性的属性值
get(Word,'Visible')    %查看Word的Visible属性的属性值
Word.inspect     %打开属性探测器窗口
```

需要注意的是，某些接口的属性像方法一样可以接收参数。在用 get 函数操作时，需要输入参数，最后获得的属性与输入的参数有关。如 Document 接口下的 Content 属性，它也是 Document 的一个接口，利用该接口可以控制一段内容的起始位置，此时需要输入指定的参数"Start"或"End"。

例如：

```
Word=actxserver('Word.Application');   %%创建一个Microsoft Word服务器并返回句柄Word
Word.Visible=1   %设置Word属性可见
document=invoke(Word.Document,'Add');    %调用Document接口的Add方法，新建一个空白文档，并返回其句柄document
get(Word,'Visible')    %查看Word的Visible属性的属性值
Word.inspect     %打开属性探测器窗口
```

5. 调用 set、addproperty 和 deleteproperty 函数设置 COM 对象和接口属性

h.set('pname',value)，设置由字符串 pname 指定的属性的属性值为 value；h.set('pname1',value1,'pname2',value2)可同时设置多个属性的属性值。

例如：

```
set(Word,'Visible',1)    %设置Word属性可见
h.addproperty('propertyname')    %句柄h所表示的COM接口或对象添加自定义属性，由字符串propertyname指定属性名
h.addproperty('propertyname')    %添加自定义属性
```

再如：

```
h=actxcontrol('mwsamp.mwsampctrl.2',[200 120 200 200]);
%Matlab自带的mwsamp控件
h=addproperty('liyicun');
%为h添加liyicun属性的属性值'I am a student'
h.liyicun='I am a student';
h.get
```

```
h.deleteproperty('liyicun')
%删除自定义的 liyicun 属性
```

6. 保存所做的工作

load 从文件载入和初始化一个 COM 控件对象，save 把一个 COM 控件对象保存成一个文件。

例如：

```
h.save('mwsamp.mat')    %将该控件保存到 mwsamp.mat 中
h.load('mwsamp.mat')    %重新加载 h 的初始状态
```

7. 释放 COM 接口和对象

当 COM 接口和对象完成使命不再需要时，应将它们释放，收回它们占用的内存。例如：

```
h.release    %释放该接口，并收回它占用的内存
h.delete     %不仅可以释放对象所有的接口，还可以删除服务器或对象
```

6.1.2 创建和编辑 Microsoft Word 文件

1. 创建 Microsoft Word 服务器

前面介绍了 COM 接口，下面介绍 COM 接口更具体的运用，即使用 Matlab 进行 Microsoft Word 文件的创建和编辑。先用 actxGetRuningServer 判断 Word 服务器是否已经打开，若打开，就写入文档，否则用 actxserver 创建 Word 服务器。

```
filespec_user='C:\李一邨\toword.doc';
try
    Word=actxGetRuningServer('Word.Application');
catch
%创建一个 Microsoft Word 服务器，返回句柄 Word
    Word=actxserver('Word.Application');
end
```

2. 设置对象属性和新建空白文档

以上代码若正确执行 catch 部分，则此时 Word 的 Visible 属性的属性值为 0，服务器界面为不可见状态；将 Visible 属性的属性值重新设为 1，则服务器可见。

```
Word.Visible=1   %设置 Word 属性可见
%Word 服务器的 Document 接口提供了 Add 方法
Word.Document.invoke    %查看 Document 接口下的所有方法
```

```
Document=Word.Document.Add;
%调用 Add 建立一个空白文档,并返回其句柄 Document
Document.isinterface    %判断 Document 是否为一个接口
Document.iscom  %判断 Document 是否为一个 COM 对象
```

3. 页面设置

Document 接口下有一个 PageSetup 接口,它其实也是 Document 的一个属性。

```
Document.PageSetup.get  %查看 Document 接口下 PageSetup 的属性
```

通过修改 PageSetup 属性的属性值,可以进行页面设置,例如:

```
Document.PageSetup.TopMargin=60;
Document.PageSetup.BottomMargin=45;
Document.PageSetup.LeftMargin=45;
Document.PageSetup.RightMargin=45;
```

PageSetup 的 VerticalAlignment 属性用来设置垂直对齐方式,它是一个枚举型的属性,例如:

```
Document.PageSetup.VerticalAlignment='wdAlignVerticalTop'
```

PageSetup 的 Orientation 属性用来设置页面方向,它也是一个枚举型的属性,例如:

```
Document.PageSetup.Orientation='wdOrientLandscape'  %设置为横向
```

4. 输入文字

输入文字需要用到 Word 服务器的 Selection 接口,Document 接口的 Content 接口、Paragraphs 接口。

(1) Content 接口。

利用 Document 的 Content 接口可以在文档指定位置写入一段文字。通过 Content.get 或 Content.methodsview 命令可以查看其所有属性和方法。其中 Start 属性用来获取或设定文字内容的起始位置,End 属性用来获取或设定文字内容的终止位置,Text 属性用来写入内容,Font 属性用于字体设置,Paragraphs 属性用于段落设置。

例如:

```
Content=Document.Content;   %返回 Document 的 Content 接口的句柄
Content.Start=0;   %设置文档起始位置
title='试卷分析';
Content.Text=title;   %输入文字内容
Content.Font.Size=16;   %设置字号为 16
Content.Font.Bold=4;   %字体加粗
Content.paragraphformat.Alignment='wdAlignParagraphCenter';  %居中对齐
```

（2）Selection 接口和 Paragraphs 接口。

利用 Word 服务器的 Selection 接口可以在文档中选定一个区域，并对所选区域进行相关操作。

Word 服务器的很多接口下都有 Paragraphs 接口，其作用都是相似的，用来进行段落设置。例如：

```
DP=Document.Paragraphs;   %返回 Document 的 Paragraphs 接口的句柄
DP.Add()    %增加一个段落
DP1=DP.Item(2);    %返回第二段落句柄
DP1.Range.Text=['I am a teacher working in ... '];
DP1.Range.Paragraphs.Alignment='wdAlignParagraphCenter';
DP1.Range.Font.Size=16;   %设置字号为 16
DP1.Range.Font.Bold=4;    %字体加粗
DP1.Range.InsertParagraphAfter;    %在当前自然段后面插入一个新的自然段
DP.Item(3).FirstLineIndent=25;   %第三段首行缩进 25 磅
DP.Item(3).Range.Text=['abcdefghijklmn '];
DP.Item(3).Range.Paragraphs.Alignment='wdAlignParagraphCenter';
DP.Item(3).Range.Font.Size=16;   %设置字号为 16
DP.Item(3).Range.Font.Bold=1;    %字体加粗
Selection=Word.Selection   %选中一个区域
Selection.Start=DP.Item(3).Range.End;   %将光标移到第二自然段后面
Selection.TypeParagraph;   %回车，另起一段
```

5. 表格处理

表格处理包括插入表格、设置表格的格式、合并单元格、输入单元格内容等，下面对这些内容进行详细介绍。

（1）插入表格。

Document 接口下有一个 Tables 接口。实际上 Word 和 Document 的很多接口下面都有 Tables 接口，例如，Word.ActiveDocument、Word.Selection、Document.Paragraphs.Item(1).Range 和 Document.Content 接口等。这些 Tables 接口的作用是相同的，用来在文档中插入表格。

```
Document.Tables.get    %查看 Tables 接口的所有属性
Document.Tables.invoke    %查看 Tables 接口的所有方法
```

```
Document.Tables.Add(handle,m,n)
```

上面一行代码中，输入参数 handle 为某个句柄，指向需要插入表格的位置，m 为表格行数，n 为表格列数。例如：

```
Tables=Document.Tables.Add(Selection.Range,5,4);
```

（2）设置表格边框。

以上代码生成的表格是没有边框的，需要用户自己定义边框的线型、粗细和颜色等。在对某个表格进行边框设置时，应先获取该表格的句柄。例如：

```
DT1=Document.Tables.Item(1);   %获取第一个表格的句柄
%DT1有一个属性Borders，它其实也是一个接口，用来设置表格边框
DT1.Borders.get   %查看Borders接口的所有属性
```

其中 Count 属性值为 8，表示一个表格有 8 种线，分别为上边框、左边框、下边框、右边框、内横线、内竖线、左上至右下内斜线、左下至右上内斜线。

```
handle=DT1.Cell(1,1)  %分单元格设置
handle.Borders.Item(1).Linestyle='wdLineStyleSingl';   %设置(1,1)单元格上边框
handle.Borders.Item(2).Linestyle='wdLineStyleSingle';  %设置(1,1)单元格左边框
```

Borders 接口的 InsideLineStyle 属性用来设置表格内边框线型，OutsideLineStyle 属性用来设置表格外边框线型；InsideLineWidth 属性用来设置表格内边框线宽，OutsideLineWidth 属性用来设置表格外边框线宽；InsideColorIndex 和 InsideColor 属性用来设置表格内边框线颜色，OutsideColorIndex 和 OutsideColor 属性用来设置表格外边框线颜色。

例如：

```
handle.Borders.Item(1).LineWidth='wdLineWidth100pt';
handle.Borders.Item(1).ColorIndex='wdBlue';
```

（3）设置表格行高和列宽。

DT1 的 Rows 属性是指向表格各行的接口，Columns 属性是指向表格各列的接口，通过这两个接口来设置表格的行高、列宽和对齐方式。

```
column_width=[53.7 54.5 35 28.6]   %自定义每列的宽度
row_height=[22 60 55 35 38]   %自定义每行的高度
for i=1:4   %通过循环设置每列宽度
    DT1.Columns.Item(i).Width=column_width(i);
end
for i=1:5   %通过循环设置每行高度
    DT1.Rows.Item(i).Height=row_height(i);
end
```

（4）设置对齐方式。

可以设置整个表格的对齐方式，也可以设置每个单元格的对齐方式。

```
DT1.Rows.set('Alignment')
DT1.Rows.Alignment='wdAlignRowCenter';  %居中对齐
```

上述方式只对整个表格起作用,对里面的单元格不起作用。下面两种方式可以从整体上设置各单元格的对齐方式。

```
DT1.Range.Paragraphs.Alignment='wdAlignParagraphLeft'   %左对齐
DT1.Select;
Selection.Paragraphs.Alignment='wdAlignParagraphLeft'   %左对齐
```

(5) 合并单元格。

单元格接口句柄的 DT1.Cell(i,j) 下的 Merge 方法用于合并单元格,如下面的一行代码,将第 i1 行、第 j1 列交叉位置到第 i2 行、第 j2 列交叉位置之间的单元格合并成一个单元格。

```
DT1.Cell(i1,j1).Merge(DT1.Cell(i2,j2));
```

(6) 输入单元格内容。

在单元格(1,1)中输入文字"课程名称",例如:

```
DT1.Cell(1,1),Range.Text='课程名称';   %在(1,1)中输入课程名称
```

6. 图像处理

图像处理包括插入图片,设置图片版式、叠放次序等,下面对这些内容进行详细介绍。

(1) InLineShapes 接口和 InLineShape 对象。

Document 和 Word.Selection 接口下都有一个 InLineShapes 属性,并且还是接口,利用这个接口可以对 InLineShape 对象进行设置。例如:

```
InLineShapes=Document.InLineShapes;   %返回 InLineShapes 接口的句柄
InLineShapes.Item(1).set('Type')   %查看 InLineShape 对象的类型
```

注意,只有当文档中有 InLineShape 对象时,上面的代码才可以正确执行。Word 文档中一幅版式为嵌入型的图片就是一个 InLineShape 对象。

(2) Shapes 接口和 Shape 对象。

Document 接口下有一个 Shapes 属性,它也是一个接口,利用它可以对 Shape 对象进行设置。例如:

```
Shapes=Document.Shapes;   %返回 Shapes 接口的句柄
Shapes.Item(1).set('Type')   %查看 Shape 对象的类型
```

Shape 对象锁定于 Document 范围内,但是能够任意移动,用户可以将它定位于任何位置。Word 文档中一幅版式为四周型、紧密型环绕、衬于文字下方或浮于文字上方的图片就是一个 Shape 对象。

插入 InLineShape 对象:

```
handle=Document.InLineShapes.AddPicture('外部图片路径')   %在文档左上角插入一幅外部图
handle=Selection.InLineShapes.AddPicture('外部图片路径')   %在当前光标位置插入一幅
外部图
```

插入 Shape 对象（其属性见表 6.1）：

```
handle=Document.Shapes.AddPicture('外部图片路径')   %在文档左上角插入一幅外部图
handle=Selection.Shapes.AddPicture('图片路径',LinkToFile,SaveWithDocument,
Left,Top,Width,Height,Anchor)   %在指定位置插入一幅外部图
```

表 6.1　Shape 对象的属性

参数	说明
LinkToFile	取值为 1 或 "True" 时，建立图片与其源文件之间的链接； 取值为 0 或 "False" 时，使图片成为其源文件的独立副本
SaveWithDocument	取值为 1 或 "True" 时，将链接图片与该图片插入的文档一起保存； 取值为 0 或 "False" 时，在文档中只保存链接信息
Left	图片左上角与锚点的水平距离，单位为磅，默认锚点位置为整个文档左上角
Top	图片左上角与锚点的垂直距离，单位为磅
Width	图片宽度，单位为磅
Height	图片高度，单位为磅
Anchor	用来指定锚点位置，从而指定图片插入位置。Anchor 参数指定的位置所处段落的起始位置就是锚点位置

注意，LinkToFile 与 SaveWithDocument 的值不能同时为 0 或 "False"，但可以同时为空。例如：

```
filename=['.\pie3.jpg'];
handle1=Selection.InLineShapes.AddPicture(filename);
%在光标位置插入一幅图片，版式为嵌入型
handle2= Document.Shapes.AddPicture(filename,[],[],180,50,200,170);
%在指定位置插入一幅图片，版式为浮于文字上方
Anchor=Selection.Range;
handle3=Document.Shapes.AddPicture(filename,1,0,180,50,200,170,Anchor);
%Anchor 参数表示当前光标位置，并在光标所处段落的初始位置插入一幅外部图片
```

（3）Item 下的 Shape 对象。

当 Word 文档有很多 Shape 对象时，Shapes 接口下的 Item 方法可用来获取某个 Shape 对象的句柄。例如：

```
handle=Document.Shapes.Item(i);
```

插入内部图片：所谓内部图片是指由 Matlab 作图命令生成、还在 Figure 图形窗口中的图片。Word 服务器的很多接口都有 Paste 和 PasteSpecial 方法，它们的作用就是将复制到剪贴板的内容粘贴到 Word 文档中。例如：

```
Selection.Paste
Selection.PasteSpecial    %选择性粘贴
```

具体示例如下：

```
data=normrnd(0,1,1000,1);    %生成1000个服从正态分布的随机数
zft=figure('units','normalized','position',[0.280469   0.553385   0.428906
0.251302],'visible','off');
%新建一个图形窗口，设置为不可见状态
set(gca,'position',[0.1 0.2 0.85 0.75]);    %设置坐标系的大小
hist(data);    %绘制频率直方图
grid on;
xlabel('考试成绩');
ylabel('人数');
hgexport(zft,'-clipboard');    %将图形复制到剪贴板
Selection=Word.Selection;    %选中Word
Selection.Paste;    %粘贴
Selection.TypeParagraph;    %回车
```

（4）InLineShape 对象 和 Shape 对象的相互转换。

```
handle=Document.InLineShapes.Item(i).ConvertToShape;
%InLineShape对象转换为Shape对象
handle1=Document.Shapes.Item(i).ConvertToInLineShape;
%Shape对象转换为InLineShape对象
```

（5）设置图片的版式。

作为 Shape 对象的图片，可以设置其版式，即文字环绕方式，如表 6.2 所示。

表 6.2　Shape 对象的文字环绕方式

属性值（TypeString or TypeNum）	文字环绕方式说明
wdWrapSquare 或 0	四周型
wdWrapTight 或 1	紧密型环绕
wdWrapThrough 或 2	穿越型环绕
wdWrapNone 或 3	若当前版式为四周型或上下型环绕，则本次改为浮于文字上方；若当前版式为紧密型环绕或穿越型环绕，则本次改为衬于文字下方
wdWrapTopBottom 或 4	上下型环绕
wdWrapNone 或 5	衬于文字下方
wdWrapNone 或 6	浮于文字上方

可以用如下方式修改 Type 的属性值：

```
Document.Shapes.Item(i).WrapFormat.Type='TypeString';    %属性名
Document.Shapes.Item(i).WrapFormat.Type='TypeNum';    %属性值
```

（6）设置图片叠放次序。

对于 Shape 对象的图片，还可以设置图片的叠放次序。调用格式如下：

```
Document.Shapes.Item(i).ZOrder(MsoZOderCmd);
```

这里的 i 表示 Shape 对象的序号，输入参数 MsoZOrderCmd 可以是字符串，也可以是数字，如表 6.3 所示。

表 6.3　图片叠放次序

输入参数取值（MsoZOrderCmd）	图片叠放次序说明
msoBringToFront 或 0	置于顶层
msoSendToBack 或 1	置于底层
msoBringForward 或 2	上移一层
msoSendBackward 或 3	下移一层
msoBringInFrontOfText 或 4	浮于文字上方
msoSendBehindText 或 5	衬于文字下方

注意，当一个 Word 文档中有多个 Shape 对象时，随着图片叠放次序的改变，Shape 对象的序列号也会发生改变，越往底层的 Shape 对象的序号越小。

7. 页眉、页码处理

下面的代码展示的是如何在 Word 文档中处理页眉和页码，包括页眉和页码的插入、字体格式的设置。首先介绍页眉的设置。

```
%页眉
Document.ActiveWindow.ActivePane.View.SeekView='wdSeekCurrentPageHeader';
Selection.Range.Paragraphs.Alignment='wdAlignParagraphLeft';
Selection.InLineShapes.AddPicture(filename);
Selection.MoveRight;
Selection.Range.Text='多元统计分析教案';
Selection.SetRange(1,15);
Selection.Range.Font.Name='隶书';
Selection.Range.Font.Size=16;    %设置字号为16
Selection.Range.Font.Bold=2;     %字体加粗
```

下面的代码展示的是页码的设置，同样包括插入页码、页码的格式设置、字体设置等内容。

```
%页码
Selection.EndKey;
Selection.Range.Text='第';
Selection.EndKey;
Selection.Fields.Add(Selection.Range,[],'Page');
Selection.EndKey;
Selection.Range.Text='页';
Selection.SetRange(16,56);
```

```
Selection.Range.Font.Name='宋体';
Selection.Range.Font.Size=12;    %设置字号为12
Document.ActiveWindow.ActivePane.View.SeekView='wdSeekMainDocument';
```

8. 保存 Word 文档

在完成 Word 文档的编辑之后，需要对文档进行保存，保存 Word 文档的代码如下。

```
Document.SaveAs2(name);    %保存Word名为name的文档
```

6.2 实例：创建一份股票量化日报模板

在前面学会了用 Matlab 操作 Word 文档的技巧之后，本节将利用所学内容创建一份具体的股票量化日报模板。这个模板主要有三页内容：第一页是 LOGO、作者资格展示、联系方式等；第二页是目录，需要设置文字样式、页眉和页脚、插入图片和形状等；第三页是免责声明，需要设计表格。

6.2.1 建立 Word 文档

首先要创建一个 Word 文档，包括创建 Microsoft Word 服务器、设置对象属性、新建空白文档三部分内容。

1. 创建 Microsoft Word 服务器

```
filespec_user=[cd,'\股票量化研究模板.docx'];  %给Word赋予名字
try   %判断当前是否有Word服务器打开，若有，则直接打开；否则，新打开一个Word服务器
    word=actxGetRunningServer('Word.Application');
catch
    word=actxserver('Word.Application');
end
```

2. 设置对象属性

```
word.Visible=1;   %设置Word服务器可见
```

3. 新建空白文档

```
%判断是否存在名为filespec_user的Word文档，若存在，则直接打开；否则，创建一个新文档
if exist(filespec_user,'file')
    document=word.document.Open(filespec_user);
else
```

```
    document=word.document.Add;
    document.SaveAs2(filespec_user);
end
```

运行上面的代码,可以获得一个空白文档,如图 6.1 所示,保存在目标路径中。

图 6.1　创建空白文档

6.2.2　第一页内容编写

模板共有 3 页。在创建好空白 Word 文档后,接下来要对具体的内容进行编辑。首先是编写第一页内容,股票量化日报模板第一页如图 6.2 所示,包括页眉设置、插入页眉和页脚、插入与编辑图片、文本框的插入及具体内容的编写,下面对这些内容进行详细介绍。

图 6.2　股票量化日报模板第一页

1. 页面设置

页面设置的内容包括设置页面上、下、左、右边距，以及页眉、页脚边距，具体代码如下。

```
Selection=word.Selection;   %将光标赋给 Selection 选项
%1.4 页面设置
document.PageSetup.get    %查看 Document 接口下 PageSetup 的所有属性
document.PageSetup.TopMargin=85.05;    %设置上边距 85.05
document.PageSetup.BottomMargin=72;    %设置下边距 72
document.PageSetup.LeftMargin=170;     %设置左边距 170
document.PageSetup.RightMargin=63.8;   %设置右边距 63.8
document.PageSetup.HeaderDistance=28.35;   %设置页眉边距 28.35
document.PageSetup.FooterDistance=49.6;    %设置页脚边距 49.6
```

2. 页眉、页脚设置

页眉设置与人工进行 Word 操作类似，首先要插入页眉、页脚，进行属性的设置。本文根据实际模板的需求，进行了首页不同、删除页眉线、去除边框等操作，具体代码如下。

```
%1.5 插入页眉、页脚
%插入自选图形 1：长方形
document.pagesetup.DifferentFirstPageHeaderFooter=-1;    %页眉首页不同
document.ActiveWindow.ActivePane.View.SeekView='wdSeekCurrentPageHeader';
%打开当前页页眉
Selection.Range.Style='正文';   %删除页眉横线
h1=document.Shapes.AddShape(1,1,1,168.6,751.2,Selection.Range);
%第一个参数表示长方形
h1.Fill.ForeColor.RGB=15062200;    %对应 RGB[184 212 229]
h1.Line.Visible='msoFalse';    %去除边框
```

3. 日报模板的左侧边栏设计

完成 Word 文档的基本配置后，下面进行内容的编写。模板第一页可以分为四大部分，第一部分是左侧边栏，第二部分是页眉和首页顶部的点缀，第三部分是页脚，第四部分是正文。这里先设计左侧边栏，首先插入模板中需要用到的第一张图片，并进行图片的编辑。下面是插入和编辑图片的代码，包括插入图片 1 和插入图片的标语图片 1。

（1）插入首页图片 1。

```
Front_name=[cd,'\图片\首页图片.jpg'];   %获得图片路径
h2= document.Shapes.AddPicture(Front_name,[],[],-160,14.4,150,170,Selection.Range);
```

%插入图片，第一个参数表示 LinktoFile（建立与源文件的链接），1 表示建立，0 表示不建立；第二个参数表示 SaveWithDocument（是否将链接图片与随图片插入的文档一起保存），1 为保存，0 为只保存链接信息；第三个参数表示左上角与锚点的水平距离，单位为磅；第四个参数表示左上角与锚点的垂直距离，单位为磅；第五个参数表示图片宽度，单位为磅；第六个参数表示图片高度，单位为磅；最后一个参数表示锚点位置，从而指定图片插入位置

  h2.ZOrder(0); %图片叠放次序，0 表示置于顶层

（2）插入标语图片 1。

```
Front_name=[cd,'\图片\标语.png'];    %获得图片路径
h3= document.Shapes.AddPicture(Front_name,[],[],-159.8,190.05,150,40.8,Selection.Range);
%插入图片，6 个参数说明同"插入首页图片 1"
h3.ZOrder(0);   %图片叠放次序，0 表示置于顶层
```

（3）插入文本框 1。

接下来进行文本框的插入和编辑。本案例要构建的模板在包括多张图片的同时，也包含多个文本框，下面先进行第一个文本框的插入和编辑。

插入文本框的函数如下。

```
%插入文本框 1
h4=document.Shapes.AddTextbox('MsoTextOrientationHorizontal',8,345.05,150,320,Selection.Range);
```

代码中第一个参数表示插入横向文本框；第二个参数 Left 表示左上角与锚点的水平距离，单位为磅；第三个参数 Top 表示左上角与锚点的垂直距离，单位为磅；第四个参数 Width 表示文本框宽度，单位为磅；第五个参数 Height 表示文本框高度，单位为磅；最后一个参数 Anchor 表示锚点位置，从而指定文本框插入位置。

下面的代码对具体内容、文本框中的字体格式、段落格式进行编辑。

```
h4.TextFrame.TextRange.Text='伊园科技量化团队';   %插入文本框内容
h4.TextFrame.TextRange.Font.Size=9;   %设置文本框内字体大小
h4.TextFrame.TextRange.Font.Bold=0;   %设置文本框内字体粗细
h4.TextFrame.TextRange.Font.Italic=1;    %设置文本框内字体斜体
h4.TextFrame.TextRange.Font.Name='Microsoft YaHei Light';   %设置文本框内字体样式
h4.TextFrame.TextRange.ParagraphFormat.Alignment='wdAlignParagraphCenter';
%设置文本框内容居中对齐
h4.TextFrame.TextRange.ParagraphFormat.LineSpacing=18;   %设置文本框内容段落间距为 18 磅行距
h4.Select;   %选中 h4 句柄
Selection.Start=h4.TextFrame.TextRange.End;   %将光标起始点设置为 h4 文本框内现有内容最后
Selection.TypeParagraph;   %回车
Selection.TypeParagraph;   %回车
```

```
Selection.Range.Text='李一邨';   %插入内容
Selection.EndKey;   %将光标移至现有内容最后
Selection.TypeParagraph;   %回车
Selection.Range.Text='伊园科技 总经理';   %插入内容
Selection.EndKey;   %将光标移至现有内容最后
Selection.TypeParagraph;   %回车
Selection.Range.Text='浙江大学 博士';   %插入内容
Selection.EndKey;   %将光标移至现有内容最后
Selection.TypeParagraph;   %回车
Selection.Range.Text='中国民盟 盟员';   %插入内容
Selection.EndKey;   %将光标移至现有内容最后
Selection.TypeParagraph;   %回车
Selection.Range.Text='WeChat:303984464';   %插入内容
Selection.EndKey;   %将光标移至现有内容最后
Selection.TypeParagraph;   %回车
Selection.Range.Text='Email:2975056631@qq.com';   %插入内容
Selection.EndKey;   %将光标移至现有内容最后
Selection.TypeParagraph;   %回车
```

（4）改变文本框中字体。

在插入文本框具体内容之后，还可以进一步对文本框中的字体进行修改，具体代码如下。

```
%改变文本框中第一段字体
h4.TextFrame.TextRange.Paragraphs.Item(1).Range.Font.Size=10.5;   %改变字体大小
h4.TextFrame.TextRange.Paragraphs.Item(1).Range.Font.Name='黑体';   %改变字体样式
h4.TextFrame.TextRange.Paragraphs.Item(1).Range.Font.Bold=4;   %改变字体粗细度
h4.TextFrame.TextRange.Paragraphs.Item(1).Range.Font.TextColor.RGB=11295488;
%改变字体颜色
h4.TextFrame.TextRange.Paragraphs.Item(1).Range.Font.Italic=0;   %改变字体，取消斜体
%改变文本框中第二段字体
h4.TextFrame.TextRange.Paragraphs.Item(2).Range.Font.Size=9;   %改变字体大小
h4.TextFrame.TextRange.Paragraphs.Item(2).Range.Font.Name='黑体';   %改变字体样式
h4.TextFrame.TextRange.Paragraphs.Item(2).Range.Font.Italic=1;   %改变字体为斜体
h4.TextFrame.TextRange.Paragraphs.Item(2).Range.Font.TextColor.RGB=11295488;
%改变字体颜色
h4.Line.Visible='msoFalse';   %取消文本框边框线
```

运行本节前面页面设置、页眉和页脚设置、图片插入与设置及文本框插入与内容编写的代码。至此，完成日报模板左侧边栏的设计，如图6.3所示。

图 6.3　日报模板的左侧边栏设计

4. 页眉和首页顶部的点缀

接下来,需要完成的是页眉和首页顶部的点缀,同样包括图片的插入与设置、文本框的插入与设置。

(1)图片插入与设置。

这里与左侧边栏插入首页图片 1 略有不同,先插入自选图形框,然后再插入首页用到的图片 2,具体代码如下。

```
%图片插入与设置
h2.Select;    %选中h2句柄
Selection.Start=Selection.MoveDown;   %将光标下移至起始点
%插入自选图形2:长方形
h5=document.Shapes.AddShape(1,180,95,400,25,Selection.Range);
%插入自选图形,第一个参数表示长方形;第二个参数表示左上角与锚点的水平距离,单位为磅;第三个参数表示左上角与锚点的垂直距离,单位为磅;第四个参数表示图片宽度,单位为磅;第五个参数表示图片高度,单位为磅;最后一个参数表示锚点位置,从而指定图片插入位置
    h5.Fill.ForeColor.RGB= 11295488;   %对应RGB[0 91 172]
    h5.Line.Visible='msoFalse';    %取消图形边框线

h6=document.Shapes.AddShape(1,180,120,400,25,Selection.Range);
%插入自选图形,第一个参数表示长方形;第二个参数表示左上角与锚点的水平距离,单位为磅;第三个参数表示左上角与锚点的垂直距离,单位为磅;第四个参数表示图片宽度,单位为磅;第五个参数表示图片高度,单位为磅;最后一个参数表示锚点位置,从而指定图片插入位置
```

```
h6.Fill.ForeColor.RGB=14396046;    %对应RGB[184 212 229]
h6.Line.Visible='msoFalse';    %取消图形边框线
h2.Select;    %选中h2句柄
Selection.Start=Selection.MoveRight;    %将光标右移至起始点
```

（2）插入首页图片2。

在插入自选图形框之后，再插入图片2，具体代码如下。

```
Front_name=[cd,'\图片\LOGO.jpg'];    %获得当前图片路径
h7= document.Shapes.AddPicture(Front_name,[],[],5,17.25,127.2,42,Selection.Range);
%插入图片，第一个参数表示是否LinktoFile（建立与源文件的链接），1表示建立，0表示不建立；
第二个参数表示SaveWithDocument（是否将链接图片与随图片插入的文档一起保存），1为保存，0为只保
存链接信息；第三个参数表示左上角与锚点的水平距离，单位为磅；第四个参数表示左上角与锚点的垂直距离，
单位为磅；第五个参数表示图片宽度，单位为磅；第六个参数表示图片高度，单位为磅；最后一个参数表示锚
点位置，从而指定图片插入位置
h7.ZOrder(0);    %设置图片叠放次序，0表示置于顶层
```

（3）文本框2、3、4的插入与设置。

在设置好图片之后，下面进行的是文本框2、3、4的插入与设置，这里所使用的方法与前面插入文本框1的方法类似，具体代码如下。

```
%插入文本框2
h8=document.Shapes.AddTextbox('MsoTextOrientationHorizontal',420,55,180,30,
Selection.Range);
%插入文本框，第一个参数表示插入横向文本框；第二个参数表示左上角与锚点的水平距离，单位为磅；
第三个参数表示左上角与锚点的垂直距离，单位为磅；第四个参数表示文本框宽度，单位为磅；第五个参数表
示文本框高度，单位为磅；最后一个参数表示锚点位置，从而指定文本框插入位置
h8.TextFrame.TextRange.Text='前沿量化科学投资报告';    %插入文本框内容
h8.TextFrame.TextRange.Font.Size=15;    %设置字体大小
h8.TextFrame.TextRange.Font.Bold=4;    %设置字体粗细度
h8.TextFrame.TextRange.Font.Name='黑体';    %设置字体样式
h8.Line.Visible='msoFalse';    %取消边框线


%插入文本框3
h9=document.Shapes.AddTextbox('MsoTextOrientationHorizontal',180,95,300,30,
Selection.Range);
%插入文本框，6个参数说明同"插入文本框2"
h9.TextFrame.TextRange.Text='前沿量化科学|股票日报';    %插入文本框内容
h9.TextFrame.TextRange.Font.Size=13;    %设置字体大小
h9.TextFrame.TextRange.Font.Bold=0;    %设置字体粗细度
h9.TextFrame.TextRange.Font.ColorIndex='wdWhite';    %设置字体颜色为白色
h9.TextFrame.TextRange.Font.Name='黑体';    %设置字体样式
h9.Line.Visible='msoFalse';    %取消边框线
```

```
%插入文本框 4
    h10=document.Shapes.AddTextbox('MsoTextOrientationHorizontal',420,120,150,30,
Selection.Range);
%插入文本框，6个参数说明同"插入文本框 2"
    h10.Select;    %选中 h10 句柄
    Selection.Start=h1.TextFrame.TextRange.Start;    %将光标起点设置为 h10 文本框内容起始点
    h10.TextFrame.TextRange.Fields.Add(Selection.Range,[],'TIME');
%插入时间域，"TIME"表示插入时间
    h10.TextFrame.TextRange.Fields.Item(1).Code.Text=' TIME  \@ "YYYY 年 MM 月 DD 日
星期 W"\* MERGEFORMAT ';
%编写域代码：YYYY 年 MM 月 DD 日星期 W
    h10.TextFrame.TextRange.Fields.Update;    %域代码更新
    h10.TextFrame.TextRange.Font.Size=12;    %设置字体大小
    h10.TextFrame.TextRange.Font.Bold=4;    %设置字体粗细度
    h10.TextFrame.TextRange.Font.ColorIndex='wdWhite';    %设置字体颜色为白色
    h10.TextFrame.TextRange.Font.Name='黑体';    %设置字体样式
    h10.Line.Visible='msoFalse';    %取消边框线
```

将上面的代码组合起来，就完成了页眉的设计，如图 6.4 所示。

图 6.4　页眉的设计

5. 页脚设置

在设置完左侧边栏及页眉之后，下面进行首页最后一部分的设置，即页脚的设置。首页的页脚设置比较简单，仅仅是插入一条文本，具体代码如下。

（1）页脚的打开及格式设置。

```
document.ActiveWindow.ActivePane.View.SeekView='wdSeekCurrentPageFooter';
%打开当前页页脚
```

```
    Selection.Range.Paragraphs.Alignment='wdAlignParagraphLeft';    %设置页脚内容左
对齐
    handle_Line=document.Shapes.AddLine(45,762,550,762,Selection.Range);    %插入
底线,起点坐标(45,762),终点坐标(550,762)
```

(2) 插入和编辑页脚文字。

在页脚中插入文字,需要插入文本框,即插入本模板的第 5 个文本框,并进行相应的设置。

```
%插入文本框 5
    handle_text5=document.Shapes.AddTextbox('MsoTextOrientationHorizontal',30,
766,180,30,Selection.Range);
    %插入文本框,6 个参数说明同前面"插入文本框 2"
    handle_text5.TextFrame.TextRange.Text='请务必阅读正文之后的免责条款部分';    %插入
文本框内容
    handle_text5.TextFrame.TextRange.Font.Size=9;    %设置字体大小
    handle_text5.TextFrame.TextRange.Font.Bold=0;    %设置字体粗细
    handle_text5.TextFrame.TextRange.Font.Name='黑体';    %设置字体样式
    handle_text5.Line.Visible='msoFalse';    %去除边框
```

(3) 关闭页眉、页脚,转入正文。

在编辑完页眉、页脚之后,通过下面的代码就可以关闭页眉、页脚,从而转入正文的编辑。

```
document.ActiveWindow.ActivePane.View.SeekView='wdSeekMainDocument';
```

将上面的代码组合起来,就完成了页脚的设计,如图 6.5 所示。

图 6.5　页脚的设计

6. 正文设置

由于模板中并没有写入具体的内容,因此这里只对正文的字体进行相应设置,具体代码如下。

```
%写入文字内容
Content=document.Content;
%添加样式
Figure_caption1=document.Styles.Add('图题');    %添加图题样式
Figure_caption1.Font.Size=10;    %设置字体大小
```

```
Figure_caption1.Font.Name='黑体';   %设置字体样式
Figure_caption1.Font.Bold=0;   %设置字体粗细度
Figure_caption2=document.Styles.Add('资料来源');   %添加资料来源样式
Figure_caption2.Font.Size=9;   %设置字体大小
Figure_caption2.Font.Name='黑体';   %设置字体样式
Figure_caption2.Font.Bold=0;   %设置字体粗细度
for i=1:12
    Selection.TypeParagraph;   %在正文开始输12次回车,将光标放置在页面中间
end
```

6.2.3 第二页内容编写

本节进行第二页内容的编写,第二页与第一页一样,需要对页眉、页脚进行相应的设置。但是第二页通常用来生成目录,因此这里会多了目录插入与生成,具体说明如下。

1. 页眉设置

此处与首页不同,首先插入分页符进行分页,然后进行页眉的具体设置,包括插入页眉的文本框、图片、日期、顶线等,具体代码如下。

(1) 插入分页符。

```
% Selection.InsertBreak;   %插入分页符,分页
```

(2) 打开当前页页眉。

```
document.ActiveWindow.ActivePane.View.SeekView='wdSeekCurrentPageHeader';
%打开当前页页眉
Selection.Range.Paragraphs.Alignment='wdAlignParagraphLeft';
%设置页眉内容左对齐
Selection.Range.Style='正文';   %删除页眉横线
```

(3) 文本框1、2的插入与设置。

```
%插入文本框1
handle_text1=document.Shapes.AddTextbox('MsoTextOrientationHorizontal',40,46,180,30,Selection.Range);
%插入文本框,第一个参数表示插入横向文本框;第二个参数表示左上角与锚点的水平距离,单位为磅;
第三个参数表示左上角与锚点的垂直距离,单位为磅;第四个参数表示文本框宽度,单位为磅;第五个参数表
示文本框高度,单位为磅;最后一个参数表示锚点位置,从而指定文本框插入位置
handle_text1.TextFrame.TextRange.Text='量化研究分析报告|股票日报';   %插入文本框内容
handle_text1.TextFrame.TextRange.Font.Size=10;   %插入文本框字体大小10号
handle_text1.TextFrame.TextRange.Font.Bold=0;   %设置文本框字体粗细
handle_text1.TextFrame.TextRange.Font.Name='黑体';   %设置文本框字体样式
```

```
    handle_text1.Line.Visible='msoFalse';   %去除边框


%插入文本框2
    handle_text2=document.Shapes.AddTextbox('MsoTextOrientationHorizontal',450,
46,95,30,Selection.Range);
    %插入文本框,参数说明同"插入文本框1"
    handle_text2.Select;   %选中文本框
    Selection.Start=handle_text2.TextFrame.TextRange.Start;    %设置光标起始点为文本
框内容起始点
    handle_text2.TextFrame.TextRange.Fields.Add(Selection.Range,[],'TIME');
```

（4）时间设置。

```
%插入时间域,"TIME"表示时间域
    handle_text2.TextFrame.TextRange.Fields.Item(1).Code.Text=' TIME\@  "MM月DD
日星期W"\* MERGEFORMAT ';
    %插入域代码:MM月DD日星期W
    handle_text2.TextFrame.TextRange.Fields.Update;   %域代码更新
    handle_text2.TextFrame.TextRange.Font.Size=10;   %设置域字体为10号
    handle_text2.TextFrame.TextRange.Font.Bold=0;   %设置域字体粗细
    handle_text2.TextFrame.TextRange.Font.Name='黑体';   %设置域字体样式
    handle_text1.Line.Visible='msoFalse';   %去除边框

    document.ActiveWindow.ActivePane.View.SeekView='wdSeekMainDocument';
    %返回主页面
    document.ActiveWindow.ActivePane.View.SeekView='wdSeekCurrentPageHeader';
    %重新打开页眉,定位光标到页眉开始处
```

（5）插入LOGO图片。

```
    Front_name=[cd,'\图片\LOGO.jpg'];   %获取图片路径
    handle_logo=document.Shapes.AddPicture(Front_name,[],[],-125,-15,100,34,
Selection.Range);
    %插入图片,第一个参数表示是否LinktoFile(建立与源文件的链接),1表示建立,0表示不建立;
第二个参数表示SaveWithDocument(是否将链接图片与随图片插入的文档一起保存),1为保存,0为只保
存链接信息;第三个参数表示左上角与锚点的水平距离,单位为磅;第四个参数表示左上角与锚点的垂直距离,
单位为磅;第五个参数表示图片宽度,单位为磅;第六个参数表示图片高度,单位为磅;最后一个参数表示锚
点位置,从而指定图片插入位置
    handle_logo.ZOrder(0);   %设置图片叠放次序,0表示置于顶层

    document.ActiveWindow.ActivePane.View.SeekView='wdSeekMainDocument';
    %返回主页面
    document.ActiveWindow.ActivePane.View.SeekView='wdSeekCurrentPageHeader';
    %重新打开页眉,定位光标到页眉开始处
```

（6）插入顶线。

```
    handle_Line1=document.Shapes.AddLine(45,66,550,66,Selection.Range);
    %在当前光标位置插入线条,起点坐标(45,66),终点坐标(550,66)
```

2. 页脚设置

页脚设置主要包括打开当前页页脚、插入底线、页脚文字插入与设置、页脚中的页码插入与设置，以及关闭页脚。

（1）打开当前页页脚。

```
document.ActiveWindow.ActivePane.View.SeekView='wdSeekCurrentPageFooter';
%打开当前页页脚
Selection.Range.Paragraphs.Alignment='wdAlignParagraphLeft';
%设置页脚内容左对齐
```

（2）插入底线。

```
handle_Line2=document.Shapes.AddLine(30,770,550,770,Selection.Range);
%在页脚处插入线条，起点坐标(30,770)，终点坐标(550,770)
```

（3）插入文本框3。

```
handle_text3=document.Shapes.AddTextbox('MsoTextOrientationHorizontal',25,
778,180,30,Selection.Range);
%插入文本框，参数说明同页眉设置中的"插入文本框1"
handle_text3.TextFrame.TextRange.Text='请务必阅读正文之后的免责条款部分';
%插入文本框内容
handle_text3.TextFrame.TextRange.Font.Size=9;    %设置文本框字体大小
handle_text3.TextFrame.TextRange.Font.Bold=0;    %设置文本框粗细度
handle_text3.TextFrame.TextRange.Font.Name='黑体';  %设置文本框样式
handle_text3.Line.Visible='msoFalse';    %去除边框
```

（4）设置页码，首页不显示页码。

```
Page_num=Selection.HeaderFooter.PageNumbers.Add('wdAlignPageNumberRight',0);
document.ActiveWindow.ActivePane.View.SeekView='wdSeekMainDocument';   %返回主页面
```

3. 目录设置

目录设置主要包括目录的插入和目录的生成两部分，具体代码如下。

（1）插入目录。

```
Selection.Range.Paragraphs.Item(1).Range.Text='目录';   %输入第12段落文字内容
Selection.Range.Paragraphs.Item(1).Range.Style='标题 1';  %设置字体格式
Selection.Range.Paragraphs.Item(1).Range.Font.Name='黑体';  %设置字体样式
Selection.Range.Paragraphs.Item(1).Range.Font.Size=16;   %设置字体大小
Selection.Range.Paragraphs.Item(1).Range.Font.TextColor.RGB=11295488;
%设置字体颜色
Selection.Range.ParagraphFormat.Alignment='wdAlignParagraphLeft';
%设置段落内容左对齐
Selection.Range.Paragraphs.FirstLineIndent=21;   %设置段落首行缩进21磅
```

```
Selection.EndKey;    %将光标移至内容最后
Selection.TypeParagraph;    %回车
```

（2）生成目录。

```
tc=word.ActiveDocument.TablesOfContents.Add(Selection.Range,1,1,3);
%插入目录，第一个参数表示插入位置，最后两个参数表示插入级别范围为1～3 级
Selection.EndKey;    %将光标移至内容最后
%创建图表目录
Figure_Table=Selection.Range.Fields.Add(Selection.Range,[],'TOC');
Figure_Table.Code.Text=' TOC \t "图题" ';
%编写域代码：创建图表目录
Figure_Table.Update;    %域代码更新
Selection.EndKey;    %将光标移至内容最后
Selection.InsertBreak(3);
Selection.InsertBreak;    %回车
```

通过上述页眉、页脚及目录的设置，本小节完成了第二页内容目录的设计，如图 6.6 所示。

图 6.6　目录的设计

6.2.4　第三页内容编写

第三页的内容，除了前面第一页、第二页已经用到的页眉和页脚、文档的设置，还增加了表格的处理。另外，在文档编辑完成之后，往往需要进行目录的更新，因此更新目录也放在了这里进行介绍，尽管这不属于第三页的内容。

1. 页眉、页脚设置

前面两节用到的都是页眉、页脚的插入和设置，第三页由于没有页眉、页脚，因此这里需要清空页眉、页脚，具体代码如下。

```
Selection.PageSetup.LeftMargin=50;    %设置左边距为 50 磅
%清空当前页眉、页脚
document.Sections.Item(2).Headers.Item(1).LinkToPrevious=0;    %取消页眉链接至上一条
document.Sections.Item(2).Headers.Item(1).Range.Text='';    %清空页眉
```

```
document.Sections.Item(2).Footers.Item(1).LinkToPrevious=0;   %取消页脚链接至上一条
document.Sections.Item(2).Footers.Item(1).Range.Text='';      %清空页脚
document.ActiveWindow.ActivePane.View.SeekView='wdSeekMainDocument';   %返回正文
```

2. 表格设置

表格的设置包括表格的插入、表格内容的编写。

```
%插入表格
Table2=document.Tables.Add(Selection.Range,79,2);   %插入79行、2列的表格
Table2.Columns.Item(1).Width=250;   %设置第一列表格的列宽为250磅
Table2.Columns.Item(2).Width=250;   %设置第二列表格的列宽为250磅
Table2.Range.Font.Name='黑体';   %设置表格字体样式
Table2.Range.Font.Size=9;   %设置表格字体大小

%表格内容编写
Table2.Cell(1,1).Range.Text='萧山分公司';   %插入表格内容
Table2.Cell(1,1).Range.Font.TextColor.RGB=11295488;   %设置字体颜色
Table2.Cell(1,1).Range.Font.Bold=4;   %设置字体粗细
Table2.Cell(2,1).Range.Text='杭州市萧山区XXXX';   %插入表格内容
Table2.Cell(3,1).Range.Text='电话：0571-8888888';   %插入表格内容

Selection.GoTo(1, 1, 3, '');   %转到第三页
%第一个参数表示寻找目标，1代表"Page"；第二个参数代表指定区域要移动的量，1代表Absolute；
第三个参数代表Count，文档的项数
%该段语句表示转到第三页
handle1=document.Shapes.AddShape(1,38,56,510,30,Selection.Range);
%插入自选图形，第一个参数表示长方形；第二个参数表示左上角与锚点的水平距离，单位为磅；第三个
参数表示左上角与锚点的垂直距离，单位为磅；第四个参数表示图片宽度，单位为磅；第五个参数表示图片高
度，单位为磅；最后一个参数表示锚点位置，从而指定图片插入位置
handle1.Fill.ForeColor.RGB=11295488;   %对应RGB[184 212 229]
handle1.Line.Visible='msoFalse';   %去除边框

handle2=document.Shapes.AddTextbox('MsoTextOrientationHorizontal',210,55,
200,30,Selection.Range);
%插入文本框，第一个参数表示插入横向文本框，第二个参数表示左上角与锚点的水平距离，单位为磅；
第三个参数表示左上角与锚点的垂直距离，单位为磅；第四个参数表示文本框宽度，单位为磅；第五个参数表
示文本框高度，单位为磅；最后一个参数表示锚点位置，从而指定文本框插入位置
handle2.TextFrame.TextRange.Text='李一邨分支机构';   %插入表格内容
handle2.TextFrame.TextRange.Font.Size=16;   %设置表格字体大小
handle2.TextFrame.TextRange.Font.Bold=1;   %设置表格粗细度
handle2.TextFrame.TextRange.Font.ColorIndex='wdWhite';   %设置表格字体颜色
handle2.TextFrame.TextRange.Font.Name='黑体';   %设置表格字体样式
```

```
handle2.Line.Visible='msoFalse';   %去除表格边框

Table2.Select    %选中文本框
Selection.MoveDown    %光标下移至表格底部
Selection.InsertBreak(3);    %插入分节符
```

以上代码完成了第三页表格等的设置，如图6.7所示为末尾页联系方式。

图6.7　末尾页联系方式

3. 更新目录

```
%更新目录
Selection.GoTo(7,3,1,'TOC');
%第一个参数表示寻找目标，7 代表"Field"；第二个参数代表指定区域要移动的量，3 代表
GoToPrevious，向前移动；第三个参数代表 Count，文档的项数，1 代表一行
%该段语句表示转到域名为 TOC 即目录的域并将光标向前移动 1 行
tc.Update;   %更新目录
document.TablesOfContents.Item(2).Update;    %更新图表目录
document.TablesOfContents.Item(2).Range.Font.Size=9;   %设置图表目录字体大小
document.TablesOfContents.Item(2).Range.Font.Name='黑体';   %更新图表目录字体样式
document.TablesOfContents.Item(1).Range.Font.ColorIndex='wdBlack';
%更新目录字体颜色为黑色
```

最后，如果正文有内容就需要在完成日报之后更新目录，因为本模板没有内容，所以目录是空白的，如图6.8所示为更新目录。

图6.8　更新目录

6.3 量化团队工作管理系统

研究员的评价是管理者一直想要解决的问题。因为研究员的工作与一般的市场业务人员的工作性质有所不同，市场业务人员以销售业绩带来的利润作为直接的考量依据，简单明确。但是研究员的工作并不能产生直接的利润，研究员作为公司的后台人员，更多的是以知识与服务作为产出，这样对于公司而言，贡献就相对隐形一些。基于以上的问题，如何准确地对研究员的工作进行价值衡量就是本系统需要解决的问题。

研究员的工作可以归结为两种：第一种，有具体的工作成果，主要包括文档、程序（代码）、PPT、Excel 模板等；第二种，没有明确具体的成果，如客户服务、行政沟通、对外宣传等。本系统主要针对第一种有具体工作成果的业绩绩效进行评价，并对第二种工作有所补充。

6.3.1 量化研究环节、评价及考核

量化研究通常分为"思想起源""理论构建""理论验证""实证探索""产品包装"五个方面，本节将对这五个方面进行介绍，并根据这五个方面提出一个"五度评价模型"，然后根据这一模型提出量化研究人员的考核体系，并构建评分管理系统。

1. 量化研究的环节

量化研究根据其研究流程可以归结为以下几个环节。

第一个环节是"思想起源"。研究员在做研究时，最初的研究起源往往来自对事实的经验观察，基于这些经验萌发了一些思想的火花，进而催生了想要去进一步探索并对事实规律进行总结的愿望。在这个环节中，对于研究的对象往往只有模糊的认识，对于研究的结果有主观上的倾向性，也即认为"应该会有……的结果出现"，但并不明确这种结果是否会按照预期显现，从而需要进行下一步的研究。这个环节为研究提供先验的假设和猜想，需要研究员的洞察力、智慧、直觉、天赋、思想沉淀，会在战略层面上框定一个大方向，从而大概率决定最终研究成果的意义。

第二个环节是"理论构建"。这个环节需要研究员用数学、金融学、经济学、物理学、心理学、系统科学、信号科学、行为科学等各种不同的理论将观察到的现象和总结的思想符合逻辑甚至定量地解释和刻画出来。这一步需要研究者有良好的学术素养和知识沉淀，需要跨学科、跨专业的复合背景，目的是将模糊的思想碎片合理地

逻辑化、数学化、模型化。

第三个环节是"理论验证"。这个环节需要将上一环节得出的理论和模型进行实践检验，以确凿的事实基础来佐证猜想的思想起源和构建的理论或模型逻辑的正确性。这个环节需要研究员有文献的搜集能力和理论嫁接能力，这样可以从已有的学术理论的角度来佐证研究者自己的思想和模型，并嫁接到金融投资实践中。这使得至少从理论的角度确保研究者的模型和理论能够"落地"产生实际价值，避免空想的理论。

第四个环节是"实证探索"。这个环节需要研究员具有资源的搜集能力，以广泛的事实数据和其他资源通过事实来佐证其思想和模型的正确性。这个环节从本质上完成了前几个环节所有构想的落地，是从理论到实践的升华。

第五个环节是"产品包装"。这个环节需要研究员站在客户服务和用户感受的角度对其研究成果进行产品化包装。比如，需要对程序的使用便利性、说明文档的可读性、演讲 PPT 的美观性等进行精心设计。最终，将研究转化为产品和服务，从而实现研究的市场价值。

2. 量化研究的评价维度（五度评价模型）

量化研究的评价维度：①高度；②深度；③效度；④强度；⑤热度。这五个维度正是基于量化研究的环节——展开的。

维度一，高度，思想性：思想的高度，对应量化研究的第一个环节"思想起源"，主要考察研究员研究之初的研究定位、研究意义、研究设想，也即预设、猜想、假说的合理性。

维度二，深度，学术性：学术理论的深度，对应量化研究的第二个环节"理论构建"，主要考察研究员的研究过程是否运用了丰富的理论知识、科学的方法论、严谨的数学证明、逻辑的解释和描述等。

维度三，效度，经济性：前期构建的理论和模型在实践中的通用性和实用性，对应量化研究的第三个环节"理论验证"。具体来讲，通用性是指研究成果在不同应用场景下运用的广泛性，要回答是否可以推广到不同的应用场景中；实用性是指研究成果在问题的研究场景中是否会被频繁地用到，用了以后是否能切实地解决问题。

维度四，强度，体力性：非智力性的工作强度，对应量化研究的第四个环节"实证探索"。在量化研究中，工作并非总是智力性的，也有许多枯燥的数据试验、大海捞针式的广泛探索、简单机械的重复性工作。这些工作更多地需要耐心、精力甚至体力。虽然这些工作对于传统意义上的学术而言价值不高，但在学术工作中很有必要，因而这些劳动付出也应当被承认并计入价值。

维度五，热度，人文性：研究成果的商业化对客户的服务价值，对应量化研究的第五个环节"产品包装"。在将研究成果产品化后就不仅是研究本身的价值了，还要考虑用户的使用习惯和审美习惯、产品使用的便利性、识别和认识的简捷性等。总之，这个维度主要考虑文艺、美观、人文关怀等带给用户温暖、舒适感受的价值。

3. 研究员的考核

实习期：研究员的所有工作计入分数，但不考核，实习期结束后根据工作表现决定是否录用。

试用期：原则上员工 200 分每个月为合格、300 分每个月为优秀。单个月的季度考核要求总分达到 3 个月×200=600 分，实习期分数加入汇总计算的员工，可以考虑试用期结束后根据总分是否达到 1800 分的优秀标准（6 个月×300 分）来进行研究员评级的跨级。客户服务、行政综合等没有具体产出的工作，进行主观评价，折算为相应的分数。

正式员工：员工每个月 200 分为合格、300 分为优秀。对于 12 个月内员工达到 2400 分的可以考虑职级上升，员工未达到 1200 分的则可以考虑相应的处置。

分数的结转和累计：实习期分数结转到试用期，试用期分数结转到正式工作时期。计算月均和累计的分数，以月均分数衡量效率，以累计分数衡量资历和贡献。结合薪酬制度和职级制度给予相应的奖惩。

分数的扣除：前期工作已经打分但未发现有错误的，后期若在工作中发现错误，则调整分数评价，进行当期的扣减。

正式员工的优胜劣汰：每 3 个月进行一次总分核算，每 6 个月或每年至少进行一次职级调整，每次至少 1 个研究员升级（如果有多个研究员达到优秀的分数标准则可以有多个研究员升级，如果没有则按照分数从高到低选取最高的），至少一个研究员降级、转岗或解除劳动关系（如果有多个研究员低于合格标准则处置多个研究员，如果全部达标则处置总分数最低的一名研究员）。

6.3.2 评分管理系统

整个评分管理系统划分为三个界面，分别为个人评分输入界面、部门历史数据整合界面和部门查分系统界面。通过这三个界面的整合，使该系统具有对员工每个月完成任务的评分、储存及查询分析的完整功能。

1. 界面使用的准备工作

该评分管理系统是通过自动识别员工上交的 Excel 文件，通过三个界面完成输入、整合和分析功能的。作为准备工作，管理者首先需要让员工上交指定格式的 Excel 表格，要求如下。

文件名应为"姓名+当月工作清单+年份",然后在每个 Excel 文件中针对每个月创建一个名为"月份"的工作表。所以每个年度为创建的一个 Excel 文件,每个月为 Excel 文件中的一个工作表。

在每个表中,第一行为列名称,从第二行起,每一位员工输入自己对应月份的任务完成清单。

如图 6.9 所示为员工当月工作清单。

图 6.9 员工当月工作清单

管理者在使用该系统前需要收集所有员工上交的已经填好完成任务清单的 Excel 文件,然后将所有文件放入"部门工作清单"文件夹下名为"个人当月工作清单(空白)"的文件夹内,之后便可以使用评分系统对员工进行评分输入、整合和查询分析了。

2. 个人评分输入界面

个人评分输入界面主要用于管理者对员工每个月的工作进行评分和对个人评分结果进行整合,该界面如图 6.10 所示。

图 6.10 个人评分输入界面

个人评分输入界面具体的使用方法如下。

第一步：选择需要评分的员工姓名、性别，需要评分的时间段（可以为连续多个月）。其中，姓名及开始时间和结束时间均由系统自动识别指定文件夹中所有员工提交的 Excel 文件产生，即可选择的输入范围取决于相对应的数据存在范围。单击"导入数据"按钮可将指定员工指定时间段的任务清单导入中间的表格，如图 6.11 所示。

图 6.11　员工数据导入设置

第二步：单击"导入数据"按钮后，对应的数据会导入表格中，如图 6.12 所示。

图 6.12　员工工作数据展示

表格中前半部分显示年份、月份、该月该员工的完成任务清单，而在后面部分管理者可以直接在对应的单元格中对各项任务进行五个方面和综合评分输入。若管理者发现之前已打分的数据存在错误，希望进行修改时，也可以通过同样的操作步骤导入已评分的数据进行对应分数的修改，如图 6.13 所示为工作评分结果。

图 6.13　工作评分结果

第三步：在输入所有评分后，可以通过表格下方的按钮对输入的评分数据进行存储，如图 6.14 所示为分数汇总计算。

图 6.14　分数汇总计算

若单击"总分计算"按钮,则会在后台程序中计算出该员工每个月的评分总分,并且在下方展示所选阶段的整体评分总分。注意,请确保单击"总分计算"按钮后再单击"保存评分到个人当月记录"和"保存评分到个人历史记录"两个按钮,以确保获得每月总分并存入相应的 Excel 文件中。如果单击"保存评分到个人当月记录"按钮,则系统会将管理者输入的评分及在后台计算的每个月的总分全部存入"部门工作清单"文件夹下名为"个人当月工作清单"的文件夹内对应的 Excel 文件中,如图 6.15 所示为评分保存至 Excel 的结果。

图 6.15　评分保存至 Excel 的结果

如果单击"保存评分到个人历史记录"按钮,则会将指定员工的所有历史数据进行整合,放入位于"部门工作清单"文件夹下的"个人历史工作清单"文件夹中,并保存为"姓名+历史工作清单"的 Excel 文件,如图 6.16 所示为个人历史工作汇总。

图 6.16　个人历史工作汇总

在单击"保存评分到个人当月记录"和"保存评分到个人历史记录"按钮后,弹出"数据已保存"提示框,这说明数据保存成功,如图 6.17 所示。如果保存不成功,则会弹出"无法保存数据"的报错提示框,如图 6.18 所示。

注意,一般报错的原因可能是 Excel 文件没有关闭。

第四步:可以通过单击"清空"按钮,继续输入下一名员工的评分,或者当员工分数都输入完成后,可以单击"部门历史数据整合"按钮进入部门历史数据整合界面,对已保存数据进行整合。

图 6.17 员工评分保存成功

图 6.18 员工数据保存错误

3. 部门历史数据整合界面

在部门历史数据整合界面中，管理者可以通过选择自己需要的数据组合方式将员工的评分进行整合，然后通过部门查分系统界面查看和分析员工的工作情况。如图 6.19 所示为部门历史数据整合界面。

具体的操作方法如下。

第一步：单击"加载数据范围"按钮，将"个人当月工作清单"文件夹下存在的所有数据范围加载并显示成一张表格，然后即可通过对表格的操作来选择需要整合的数据组合方式。如图 6.20 所示为部门数据加载。

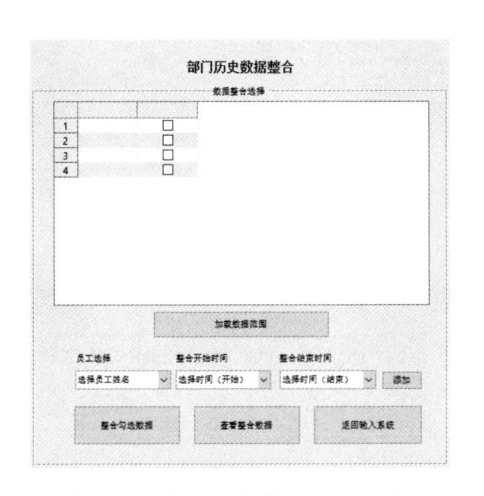

图 6.19　部门历史数据整合界面　　　　　　图 6.20　部门数据加载

第二步：单击"加载数据范围"按钮后，可以看到显示结果为一张由可选框组合而成的表格，其中如果数据不存在，则该数据对应的可选框不可选；如果勾选每一行最后的"全选"复选框，则可以选择整行，勾选每一列最后的"全选"复选框可以选择整列；若勾选最后一行最后一列的"全选"复选框，则可以选择所有有效范围内的数据；如果在已经勾选了"全选"复选框的情况下，再次勾选"全选"复选框，则可以取消选择对应范围内的数据。

当数据量较大时，管理者还可以通过"员工选择"这一行的按钮快速地勾选指定范围的数据。分别选择"员工选择""整合开始时间""整合结束时间"各项后，单击"添加"按钮，即可将指定范围的数据选中从而达到便捷操作的目的。

通过勾选相应的员工和时间范围，可以选择需要整合的数据，选择部门员工的整合数据范围如图 6.21 所示。

第三步：单击"整合勾选数据"按钮，对勾选的数据进行全面整合，并保存为"部门工作清单"文件夹下"部门历史工作清单"文件夹内名为"历史工作清单+{时间+姓名}"的 Excel 文件。保存的 Excel 文件如图 6.22 所示。

第四步：通过单击"查看整合数据"按钮，可以进入部门查分系统界面，如图 6.23 所示。整合的数据在该界面中予以展示和分析。

图 6.21　选择部门员工的整合数据范围　　图 6.22　部门历史工作清单（保存的 Excel 文件）

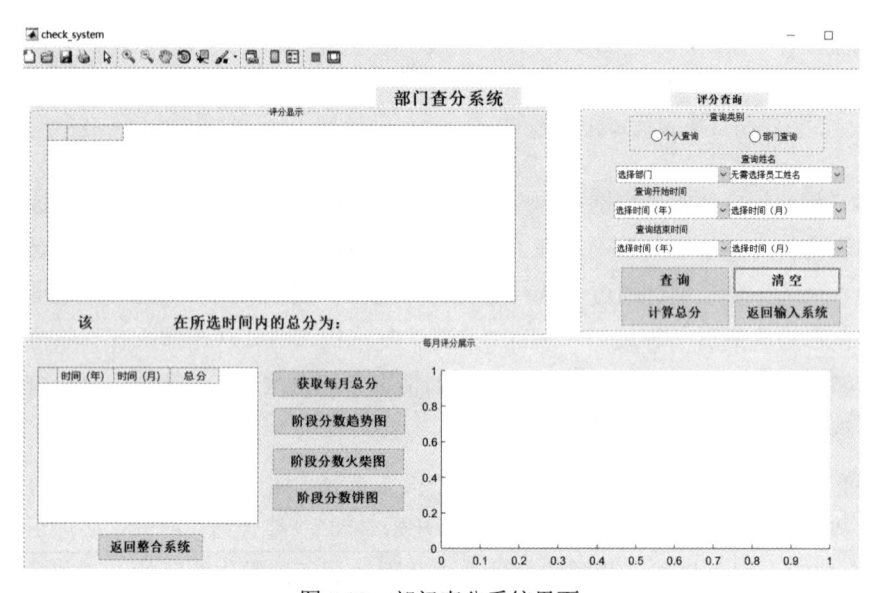

图 6.23　部门查分系统界面

单击"返回输入系统"按钮，可以返回个人评分输入界面。

4. 部门查分系统界面

在部门查分系统界面中，管理者可以对指定的个人评分或部门评分进行指定时间段的查询，并显示对应的每月评分及图形数据分析。在该界面中还可以清除历史数据，然后加入新的数据整合，如图 6.24 所示为清空后的部门查分系统界面。

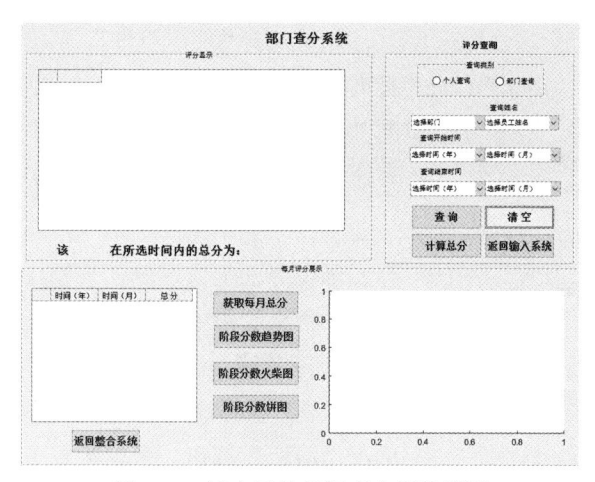

图 6.24 清空后的部门查分系统界面

具体的操作方法如下。

如果是从部门历史数据整合系统进入的,则在部门查分系统界面会直接展示刚刚整合的数据,具体展示如前所述。然后管理者可以通过下方中间的四个按钮对指定的整合数据进行"每月评分展示",绘制"阶段分数趋势图""阶段分数火柴图"和"阶段分数饼图",从而对员工工作情况进行分析。如果想回到整合系统,查看新的整合数据,可以单击"返回整合系统"按钮,返回部门历史数据整合界面。

进入部门查分系统界面后,也可以通过右上方的"评分查询"板块对指定时间段的员工分数和部门分数进行查询分析,具体使用方法如下。

第一步:选择查询类别,如果选择"个人查询",则选择对应的部门名称、员工姓名、查询开始时间和结束时间。选择了员工姓名后,查询开始时间和结束时间即为该员工保存在评分数据的时间范围,如果选择的时间范围不存在或有问题,则会报错,此时可单击"清空"按钮,重新输入所有信息。选择查询类别如图 6.25 所示,查询错误界面如图 6.26 所示。

图 6.25 选择查询类别

图 6.26 查询错误界面

如果选择"部门查询",则需要对应地选择部门、查询开始时间和结束时间。如果出现错误,则报错,同"个人查询",可单击"清空"按钮,重新输入所有信息。部门查询展示如图6.27所示。

第二步:单击"查询"按钮,对应的评分数据会显示在界面上方左侧的表格中,单击"计算总分"按钮,所选阶段的整体总分会在表格下方显示,以便于管理者查看阶段性总分。如果需要修改评分,可以单击"返回输入系统"按钮,对评分进行修改。单击"清空"按钮,可以将整个界面重置,然后重新选择需要查看的下一组评分数据。

图6.27 部门查询展示

如果选择的是"个人查询",则表格中会显示所选员工在所选时间段内的完成任务时间、完成任务清单,以及对应的任务五个方面的评分和总分,如图6.28所示。

图6.28 个人查询展示

如果选择的是"部门查询",则表格中会显示部门所选时间段内的完成任务时间、任务名称、任务完成者及对应的任务评分。需注意在进行部门查询前,需要在整合界面中将所有存在的部门数据整合,即返回部门历史数据整合界面,在勾选时间范围后进行整合,创建"部门历史工作清单"的Excel文件,之后才可以进行部门查询。部门总分查询如图6.29所示。

图6.29 部门总分查询

第6章 | 报告和日常工作系统

第三步：在查询展示了需要的评分数据后，即可通过下方的每月评分展示板块对员工的工作完成情况进行绘图和分析。如图 6.30 所示为部门和员工总分可视化展示。

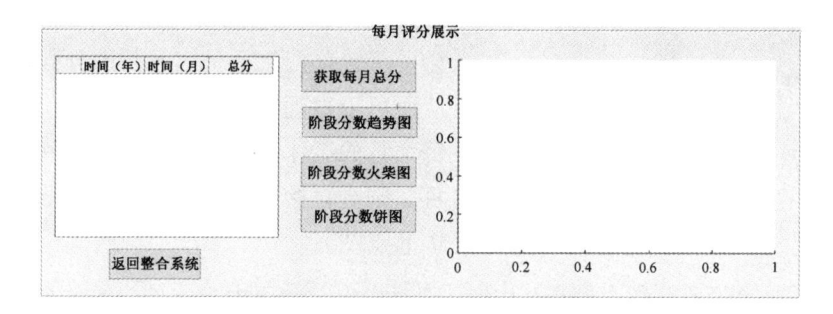

图 6.30　部门和员工总分可视化展示

该板块中左侧的表格在单击"获取每月总分"按钮后会展示所选员工或部门在所选时间段内每个月的总分，从而可以查看员工或部门每个月的工作情况；单击下面三个绘图按钮，会在右侧的坐标轴中分别绘制趋势图、火柴图和饼图。

如果选择"个人查询"，则展示的每月总分为单个指定员工指定时间段的每月总分，单击"阶段分数趋势图"按钮后，图中会展示该员工各个月的分数趋势变化，同时显示其达标标准线即"性别+优秀线"和"性别+及格线"，从而可以直观地从图中看到该员工每个月的达标情况。如果查询时间段为一个月，则会直接展示该月分数（为一个点）及达标情况。具体展示如图 6.31 所示。

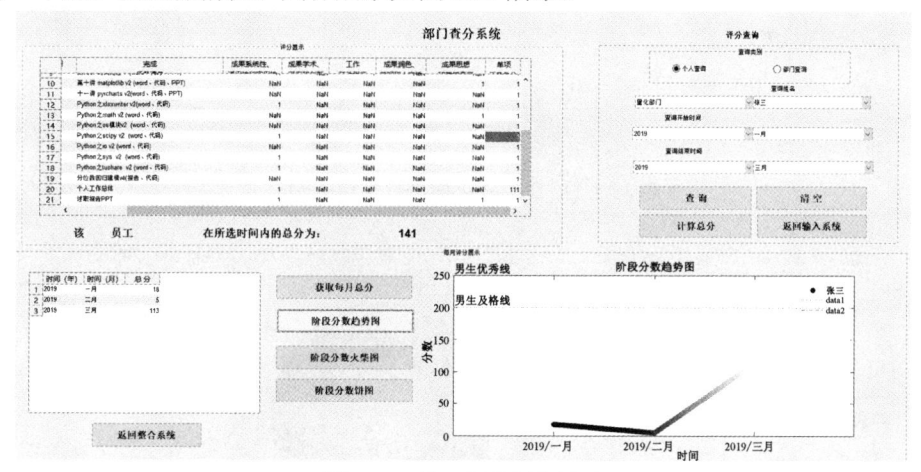

图 6.31　员工每月评分展示

如果单击"阶段分数火柴图"按钮，则相应地对单个员工的每月评分绘制火柴图，并在图中展示该员工指定阶段内评分的中位数和平均数；而单击"阶段分数饼图"按钮，则在饼图中直观地展示员工每个月的工作对总体时间段的贡献比例，即每个月的工作结果比重，如图 6.32 所示。

图 6.32　阶段分数饼图（个人查询）

如果选择"部门查询"，则展示的每月总分为指定部门指定时间段内所有员工的每月总分，单击"阶段分数趋势图"按钮后，图中会展示该部门每个员工各月的分数趋势变化，从而可以直观地从图中看到该部门各个员工每个月的工作情况。如果查询时间段为一个月，则会直接展示各个员工该月分数（为一幅散点图）。

如果单击"阶段分数火柴图"按钮，则对指定时间段内指定部门的各个员工的每月总分和部门每月总分绘制火柴图，并在图中展示该部门指定阶段内总分评分的中位数和平均数，从而可以直观地看到部门的分数变化情况及每个员工的分数变化情况，如图 6.33 所示；而单击"阶段分数饼图"按钮，则在饼图中直观地展示各个员工每个月的工作对总体时间段的贡献比例，即各个员工每个月的工作结果比重，以及每个月的部门分数成分，如图 6.34 所示。

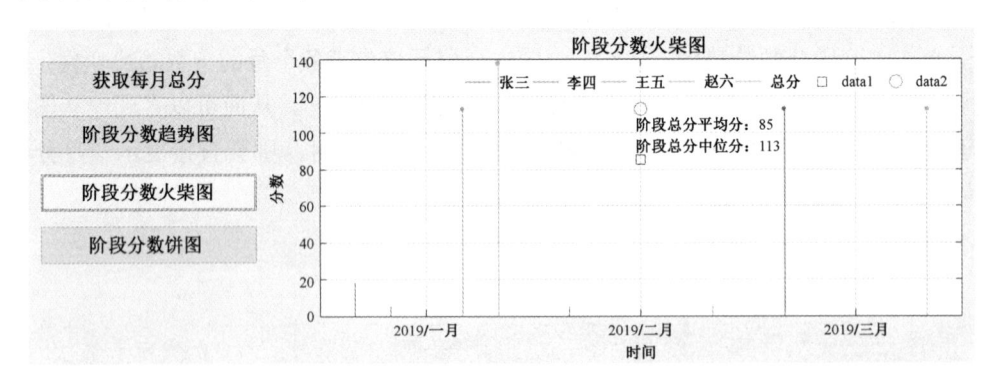

图 6.33　阶段分数火柴图（部门查询）

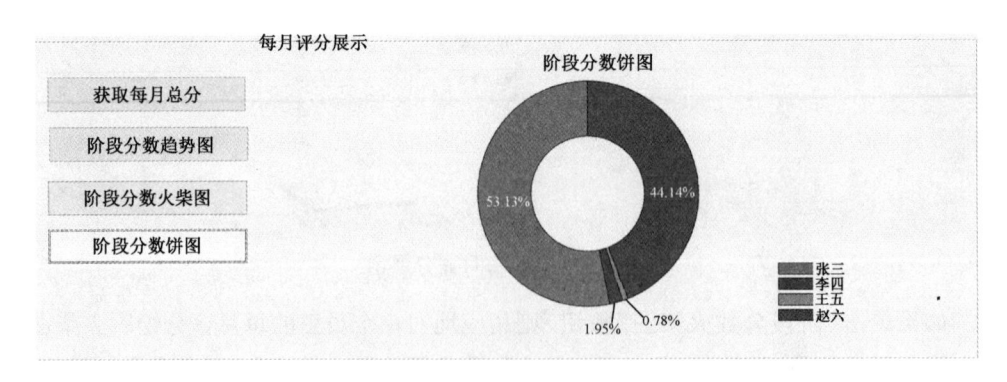

图 6.34　阶段分数饼图（部门查询）

第 7 章 交 易 系 统

本章首先基于 Python 的爬虫技术，依托东方财富网的网页模拟交易功能，开发了股票、期货、期权的模拟交易接口，然后介绍了可用于实盘交易的 VNPY 接口。7.1.1 节主要介绍网页结构的基础知识和爬虫技术操作；7.1.2 节介绍基于东方财富网的股票交易接口；7.1.3 节介绍期货交易接口；7.1.4 节介绍期权交易接口；7.2 节介绍 VNPY 的主要功能，这是一个开源的、以 Python 为工具的期货交易接口。

7.1 东方财富模拟交易接口

本节主要介绍网页结构的基础知识及如何从网页结构中定位元素、从而通过爬虫技术进行操作。网页结构的介绍以十五言网站为例，这个网站结构简单，相对容易解释和观察；从网页中提取元素的讲解以东方财富网为例，接下来的内容都是基于东方财富网的模拟交易功能开发的。

7.1.1 网页结构的基础知识及爬虫技术操作

本质上，东方财富交易接口是一个爬虫，通过 selenium 模拟人的操作来进行交易，因此首先介绍一下爬虫的原理。

网页由三部分组成：HTML、CSS、JavaScript。如果网页是一座房子，那么 HTML 就是房屋的结构，如图 7.1 所示。

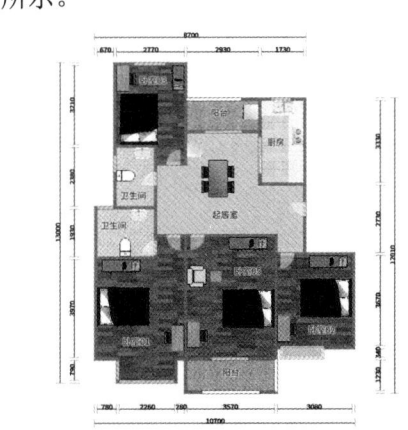

图 7.1 HTML 类比于房屋

CSS 就是房屋的装修样式，如橱柜用褐色、地板铺白色瓷砖等。JavaScript 就是房间的功能，如厨房可以做饭、卧室可以睡觉和休息。

1. 可能用到的库

本案例可能会用到如下所示的库，下面直接给出导入这些库的代码：

```
from bs4 import BeautifulSoup
import time
from selenium import webdriver
import random2
from selenium.webdriver.common.keys import Keys
from selenium.webdriver import ActionChains
import pyperclip  %粘贴剪切板的内容需要用到
```

在使用上面提到的库之前，需要先安装好这些库，因为 selenium 的使用涉及浏览器，所以这里对库的安装进行介绍。首先，安装并导入 selenium 库；然后，下载 chromedriver，并下载 Chrome 浏览器对应的版本。具体应用我们在东方财富网的案例中介绍。

如果将前面的介绍比作书本上的知识，那么接下来就是将书本上的知识进行具体的应用。下面先通过十五言网站介绍网页中的组成部分，该网站比较简单，容易理解；之后进一步通过东方财富网介绍网页中的元素定位。

2. 十五言网站

首先打开十五言网站，然后通过打开 Chrome 浏览器→在正文内容上单击右键→选择检查命令，即可看到其 HTML 结构，如图 7.2 所示。

网页中的元素都以成对的形式出现，如<html></html>。图 7.2 中的内容分为三部分，分别是 html、head 和 body。html 是文章的结构；head 部分不可见，是用于客户端、代理服务器和端服务器之间传输信息的部分；body 部分是可见的，包含文字、图片、视频、链接等信息。

以十五言网站为例，body 中的代码所表示的网页内容如图 7.3 所示，菜单代码如图 7.4 所示。

图 7.2　十五言网站的 HTML 结构　　　　图 7.3　body 中的代码所表示的网页内容

```
▼<div class="site-nav-lists popover bottom nav-list-transform" style=
"display: block;">
    ::before
    ▶<div class="arrow">…</div>
    ▼<ul class="site-nav-list">
        ▼<li class="site-nav-item">
            ▼<a class="site-nav-item-link" href="/topics/"> == $0
                ▶<span class="glyphicon glyphicon-topic">…</span>
                "主题广场"
            </a>
        </li>
        ▼<li class="site-nav-item">
            ▼<a class="site-nav-item-link" href="/search/">
                ▶<span class="glyphicon glyphicon-search">…</span>
                "搜索"
            </a>
        </li>
```

图 7.4 菜单代码

图 7.3 所示菜单栏对应的结构为：

```
<div class=" site-nav-lists popover bottom nav-list-transform" style="
display: block; "></div>
```

其中，class 属性指定参考样式的类，其他属性如 style 是 HTML 的全局属性。在爬虫中，class 属性和其他属性引用时的书写方式略有不同，后面会有介绍。将菜单栏结构简化可得：<div></div>。

菜单栏中的元素包括"主题广场""搜索""微博登录"和"微信登录"四部分，在网页中对应的结构为：

```
<div>
    <ul>
        <li>主题广场</li>
        <li>搜索</li>
        <li>微博登录</li>
        <li>微信登录</li>
    </ul>
</div>
```

HTML 语言中各个标签的含义如表 7.1 所示。

表 7.1 HTML 语言中各个标签的含义

HTML 标签	含 义
<div></div>	定义文档中的分区或节
<p></p>	定义段落
<li></li>	定义列表项目
<img>	img 元素向网页中嵌入一幅图像
<h1></h1>	h1～h6 代表不同字号的标题
<a href=" ">	定义超链接
<ul></ul>	代表无序的 HTML 列表
<span></span>	用来组合文档中的行内元素

HTML 参考文档见 http://www.w3school.com.cn/tags/html_ref_entities.html。下面继续讲解我们的例子，由于菜单栏中每个栏目都指向了一个链接，因此在<li></li>中嵌套了<a></a>标签，在每个栏目的前面有一个小图标，用<span>标签来定义小图标，如下所示。

```
<div>
    <ul>
    <li><a href="#">主题广场</a></li>
    <li><a href="#">搜索</a></li>
    <li><a href="#">微博登录</a></li>
    <li><a href="#">微信登录</a></li>
</ul>
</div>
```

其中，class 指定每个图标的样式。

3. 东方财富网

前面已经介绍了网页的基本结构和基础知识，下面以东方财富网为例进一步学习相关的内容。

（1）定位"准确"。

如何做到定位准确？核心是要找到"一"，即 CSS 标签的定位只有一个。

举个例子，打开网址 http://group.eastmoney.com/room/index.html，登录以后，如果想要定位到输入股票代码的交易输入框，可右键单击这个输入框，然后选择"检查"命令。由于第一次弹出的检查窗口显示不完全，因此可以再次右击输入框并选择"检查"命令。这时可以看到右边的代码框底色变深的区域，将光标移到底色变深的区域，再往左边的交易界面看，是不是股票代码的交易输入框区域被高亮标记了？左边高亮标记的部分和右边的代码框是一一对应的，如图 7.5 所示。

图 7.5　股票代码输入框与其 HTML 代码

从树叶找树枝法则：先找到目标元素（树叶），确认目标元素是否唯一，如果不唯一则往上找，找到树枝；如果发现树枝唯一，而树叶不唯一，则可能是同一个树枝底下有"多胞胎"，我们需要定位到第几片树叶。

定位的核心是定位到"一"，而在众多属性中，id 是唯一的属性，所以定位到 id 的优先级排在第一。我们看到股票代码输入框的标签是 input，input 带有 id 属性，因此我们直接采用 input 的 id 属性。

id 属性有三种写法，#futcode、input#futcode 或 input[id='futcode']都是可以的。我们看一看它是否是唯一的。在代码框中单击任意位置，使用组合键 Ctrl+F 打开搜索框，在其中输入#futcode 开始搜索，如果能搜到，则在搜索框的右边会显示搜索到多少个、现在是第几个。如果显示 1，则说明我们找到了，直接拿来用就可以了；如果发现有两个或以上，需要一层一层往上找。

如图 7.6 和图 7.7 所示，直接搜索 span，必然不是唯一的，于是我们往上找上一个节点；很明显 td 也不是唯一的，我们继续往上找；同理，tr、tbody 和 table 标签都不是唯一的。继续往上找，发现 div#bottom 是唯一的。然后，我们再在 div#bottom 的基础上一层一层地加回来。

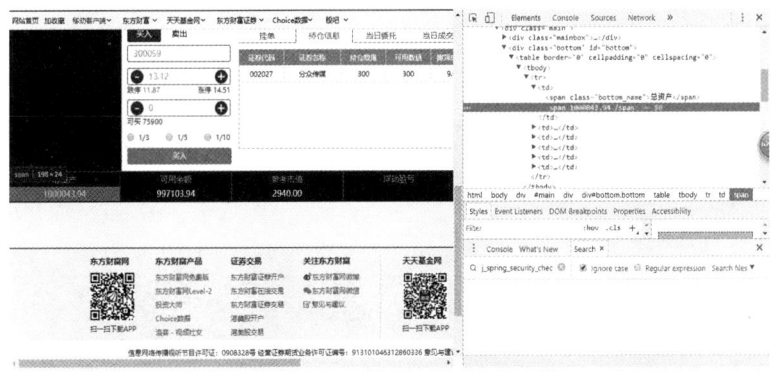

图 7.6　总资产的 HTML 代码

图 7.7　定位总资产标签的路径

我们发现到 tr 为止，定位都是唯一的，但是再加一层 td，就会发现有 6 个标签，而且每个标签都没有属性标识，这时只能采用标记第一个属性的办法。如果我们需要的是第一个 td 标签中第二个 span 标签的内容，我们可以这么写，如图 7.8 所示，找到目标元素后就可以编写代码了。

```
div#bottom > table > tbody > tr > td:nth-of-type(1) > span:nth-of-type(2)
```

图 7.8　定位总资产标签

（2）主要代码字段。

可能会用到的库有：

```
from bs4 import BeautifulSoup
import time
from selenium import webdriver
import random2
from selenium.webdriver.common.keys import Keys
from selenium.webdriver import ActionChains
import pyperclip
```

首先要启动 chromedriver，代码如下：

```
browser = webdriver.Chrome(executable_path="你存放chromedriver的路径/chromedriver.exe")
```

要打开某个网页，代码如下：

```
browser.get(url)
```

需要注意的是，这个操作只能操作第一个 tab 页面，如果要操作弹出的页面，则要把弹出页面的 url 记录下来，继续执行以下代码：

```
browser.get(url)
```

打开网页时需要停顿一定的时间，等待页面加载完成，如果盲目执行代码，则可能会报错，用到的代码如下：

```
time.sleep(2)
```

以下均为举例，具体代码请参考源文件。定位到目标元素，代码如下：

```
browser.find_element_by_css_selector('span.login_btn > a')
```

如果要在目标元素上单击，则使用如下代码：

```
browser.find_element_by_css_selector('span.login_btn > a').click()
```

如果要在目标元素上双击，则使用如下代码：

```
ac = browser.find_element_by_css_selector('#search_ipt')
ActionChains(browser).double_click(ac).perform()
```

如果要在目标元素上打字，则使用如下代码：

```
browser.find_element_by_css_selector('#search_ipt').send_keys("fb1809")
```

复制粘贴，使用如下代码：

```
browser.find_element_by_css_selector('#price').send_keys(Keys.CONTROL+'c')
price=pyperclip.paste()
```

如果要删除一些字，则使用如下代码：

```
browser.find_element_by_css_selector('#futcode').send_keys(Keys.BACK_SPACE)
```

要抓取页面上的信息，使用如下代码：

```
soup=BeautifulSoup(browser.page_source,'lxml')
codes=soup.select('#data_ccxx > ul > li:nth-of-type(1)')
```

获取标签中的内容，使用如下代码：

```
codes[0].get_text()
```

codes 是一个列表，0 代表列表中的第一个元素。

将鼠标定位到界面的某个位置，使用如下代码：

```
location=browser.find_element_by_css_selector('ul[data-code="WH809"]').location
%location 显示坐标为(74,639)
ActionChains(browser).move_by_offset(74,639).click()
```

将滚动条移动到页面的底部，使用如下代码：

```
js="var q=document.getElementById('id').scrollTop=10000"
browser.execute_script(js)
```

7.1.2 东方财富模拟股票交易接口

本小节从配置驱动文件、安装爬虫技术的必备包开始，逐步建立基于东方财富网的模拟股票交易接口，并且给出模拟股票交易接口的使用案例，最后给出接口的全部代码。

1. 准备工作

浏览器对应的 WebDriver 驱动文件：在使用该接口过程中，调用浏览器必须有一个 WebDriver 驱动文件。该文件的下载安装需要根据 Chrome 的版本选择对应版本的 chromedriver。查看 Chrome 的版本，如图 7.9 所示。

图 7.9　查看 Chrome 的版本

根据查看的 Chrome 版本找到对应的 chromedriver 版本下载，下载网址为 http://chromedriver.storage.googleapis.com/index.html，其中版本对应关系可以查看网页文件夹内的 note.txt 文件。Firefox 驱动文件的安装方式与之相似，下载网址为 https://github.com/mozilla/geckodriver/releases。

在下载并解压指定的文件后，将解压的 chromedriver.exe 文件放入 Chrome 的安装目录下（C:\Program Files (x86)\Google\Chrome\Application），然后配置环境变量，具体操作：右键单击"我的电脑"，选择"属性"，在打开对话框中依次选择高级系统设置→高级→环境变量→路径→添加路径，输入 Chrome 的安装目录 C:\Program Files (x86)\ Google\Chrome\ Application，单击"OK"按钮，如图 7.10 所示。

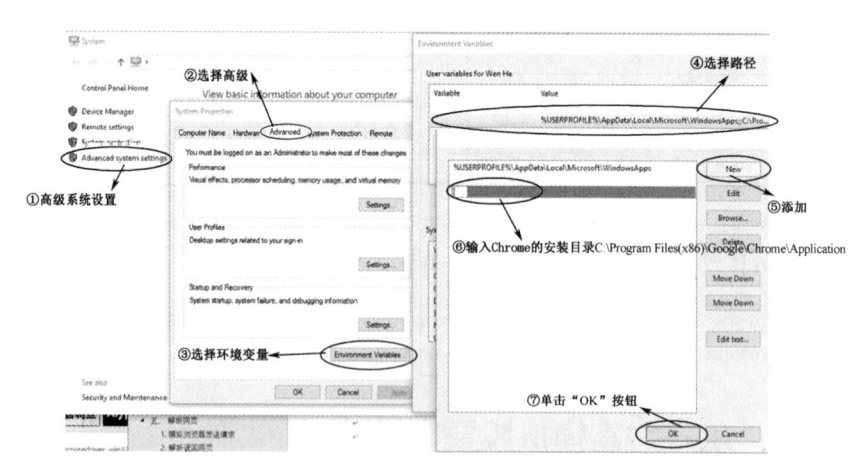

图 7.10　配置 chromedriver.exe 的路径

在使用该交易接口之前需要安装一些第三方库以支持交易接口的正常运行，需要安装的库有 BeautifulSoup、selenium 和 XlsxWriter。下面以库 BeautifulSoup 为例介绍其安装方法，其他两个库的安装与之类似。

（1）PyCharm 内部安装。

在 PyCharm 中安装库非常方便，但是需要注意该方法安装的库都安装在已配置好的虚拟环境中。具体安装步骤如下。

第一步，先在 PyCharm 的菜单中选择"File"→"Default Settings"，打开如图 7.11 所示界面后，单击右上角的设置图标，选择"Add Local"。之后弹出如图 7.12 所示界面，这里的路径应该是之前 Python 的安装路径，一般在计算机中搜索 python.exe 可以找到。若本身安装过其他版本的 python.exe，则可按安装时间来判断。

图 7.11　添加编译器

上述设置完成后，可以选择当前使用的虚拟环境。单击对话框右侧的安装按钮，在弹出的对话框中搜索安装包"bs4"，然后单击"Install Package"按钮，等待安装成功即可，如图 7.13 所示。

图 7.12　选择安装路径

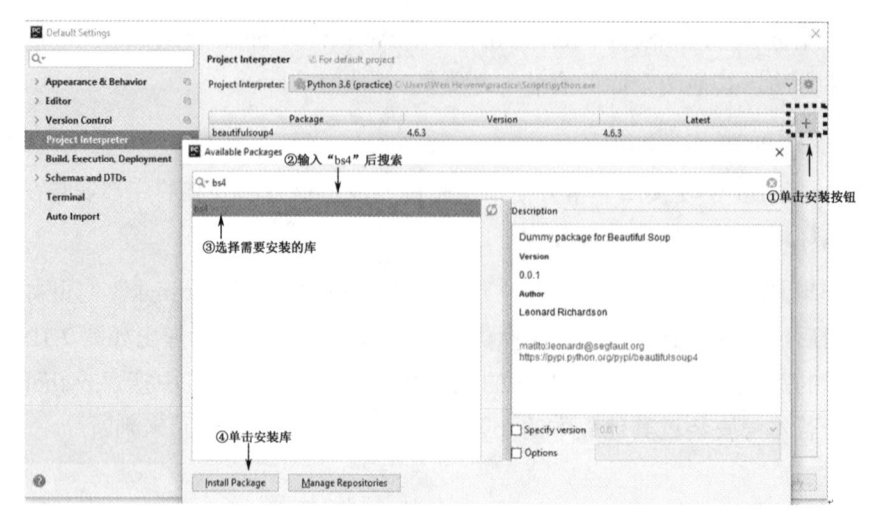

图 7.13　在 PyCharm 中安装 bs4 包

（2）pip 命令安装。

pip 命令安装 bs4 包如图 7.14 所示，首先确认配置好 Python 的环境变量，然后在本地搜索"cmd"，找到命令提示符，打开后输入命令"pip3 install bs4"。若找不到命令提示符，则先找到 pip3 所在目录。

图 7.14　pip 命令安装 bs4 包

2. 接口导入

如果 .py 模拟交易文件和运行的文件不在同一个目录下面，则需要执行如下命令添加系统环境的路径：

```
import sys
sys.path.append(r'C:\Users \交易接口\股票接口')
```

添加了上述环境的路径后，可以通过以下命令导入交易接口和需要用到的库：

```
from east_wealth_moni_trade import moni_eastmoney   %导入自定义模块里的class
from selenium import webdriver   %导入 webdriver 模块
import time
```

3. 启动接口

完成上述准备工作后，可以使用以下命令来启动接口：

```
api=moni_eastmoney()
```

然后接口会自行操作打开浏览器。在进行交易操作前，需要登录个人账户，此时输入用户东方财富模拟账户的账号和密码，并使用以下命令登录：

```
api.login(log_name,password)
```

在完成这些步骤后，接口会自动进入交易界面，然后便可使用该交易操作命令进行交易了，登录接口界面如图7.15所示。

4. 接口函数的交易操作应用

买入：买入操作可以分为市价买入和限价买入。具体的操作命令如下：

```
%%市价买入：api.buy(code,amount)
api.buy("300059",'100')   %以市价买入股票代码为"300059"的股票100股
%%限价买入：api.buy(code,amount,price)
api.buy('300059','100','11.00')
%以每股11.00元的价格买入股票代码为"300059"的股票100股
```

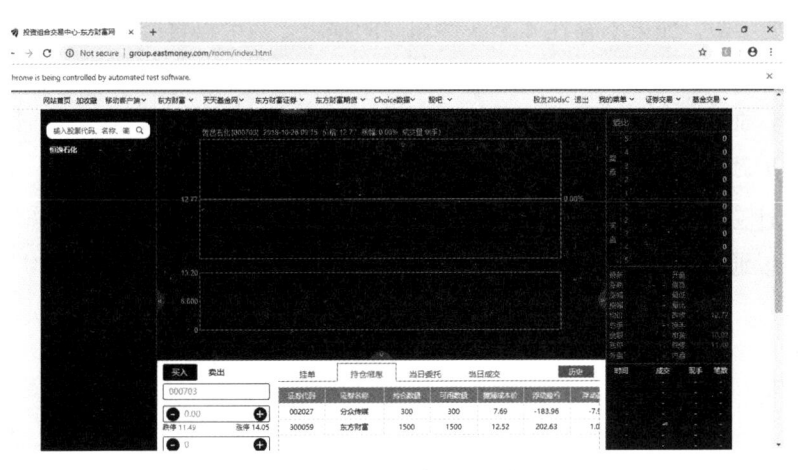

图7.15 登录接口界面

卖出：卖出操作也可以分为市价卖出和限价卖出。具体的操作命令如下：

```
%%市价卖出：api.sell(code,amount)
api.sell("002027",'100')   %以市价卖出股票代码为"002027"的股票100股
%%限价卖出：api.sell(code,amount,price)
api.sell('300059','100','15.00')
%以每股15.00元的价格卖出股票代码为"300059"的股票100股
```

注：在上述买入和卖出操作中，输入的参数均为字符串（str）格式，其中code为股票代码，应该为6位数字代码；amount为交易股票的数量，最小为100且为100的倍数；price为交易价格，格式为带两位小数。在调用接口函数时，code和amount为必要参数，price为可选参数，若不输入price，则直接以市价交易。

撤单：当不存在代码、价格、交易方向和数量相同的挂单时可以通过指定4个参

数进行撤单;当存在 4 个参数相同的多笔挂单时可以通过额外参数交易时间和交易笔数进行撤单。具体命令如下:

```
%%根据代码、价格、交易方向和数量撤单:api.cancel(code,price,direction,amount)
api.cancel('002027','7.25','卖出','100',None,None)
%%撤销以每股 7.25 元的价格卖出股票代码为"300059"的股票 100 股的挂单
%%根据时间撤单:api.cancel(code,price,direction,amount,time)
api.cancel('300059','12.40','卖出','100','2018/10/25 14:37:12')
%%撤销在 '2018/10/25 14:37:12' 时间以每股 12.40 元的价格卖出股票代码为"300059"的股票 100 股的挂单
%%根据交易单号撤单:api.cancel(code,price,direction,amount,None,n)
api.cancel('300059','12.75','卖出','100',None,9)
%%撤销今天的第 9 笔交易单以每股 12.75 元的价格卖出股票代码为"300059"的股票 100 股的挂单
```

在上述撤单操作的接口函数中包含 6 个输入参数。其中 code 为股票代码,应该为 6 位数字代码;price 为交易价格,格式为带两位小数;direction 为交易方向,可选择"卖出"或"买入";amount 为交易股票的数量,最小为 100 且为 100 的倍数。这 4 项为必要参数。如果不存在 4 个条件相同的挂单,则可以直接撤单。另外两个参数分别为 time(时间)和 n(交易序号),其中 time 是输入格式为"年/月/日 时:分:秒"的字符串,而 n 的输入格式为数字。后两者为选择性输入条件,当存在多单前 4 项条件相同的挂单时,可以通过提供后两者条件来撤销指定的挂单。

在上述三种命令执行后,每输入一次交易命令,无论下单成功与否都会记录在接口内,可以通过命令 api.i 来查看所有的交易记录,如图 7.16 所示。

```
In[27]: api.i
Out[27]:
{0: ['300059', '买入', '100', '12.55', '下单成功!', '2018/10/26 09:32:13'],
 1: ['300059', '买入', '100', '11.00', '不能低于跌停价', '2018/10/26 09:32:44'],
 2: ['300059', '买入', '100', '12.00', '下单成功!', '2018/10/26 09:33:05'],
 3: ['300059', '买入', '100', '12.40', '下单成功!', '2018/10/26 09:33:31'],
 4: ['300059', '买入', '100', '12.40', '下单成功!', '2018/10/26 09:33:43'],
 5: ['002027', '卖出', '100', '7.16', '下单成功!', '2018/10/26 09:34:05'],
 6: ['002027', '卖出', '100', '8.00', '不能高于涨停价', '2018/10/26 09:34:28'],
 7: ['002027', '卖出', '100', '7.60', '下单成功!', '2018/10/26 09:34:54'],
 8: ['002027', '卖出', '100', '7.60', '下单成功!', '2018/10/26 09:35:10'],
 9: [dict_values(['300059', '买入', '100', '12.00', '2018-10-26 9:33:05']),
     '撤单成功!'],
 10: [dict_values(['300059', '买入', '100', '12.40', '2018-10-26 9:33:43']),
      '撤单成功!'],
 11: [dict_values(['002027', '卖出', '100', '7.60', '2018-10-26 9:35:10']),
      '撤单成功!']}
```

图 7.16 交易记录

同时,每执行一次交易命令,接口内部都会更新此时的持仓数据和挂单数据,可分别通过 api.holding 和 api.uns 命令查看数据,如图 7.17 和图 7.18 所示。

```
In[31]: api.holding
Out[31]:
[{'证券代码':'002027','证券名称':'分众传媒','持仓数量':'300','可用数量':'0'},
 {'证券代码':'300059','证券名称':'东方财富','持仓数量':'1700','可用数量':'1500'}]
```

图 7.17 持仓数据

此外，针对每一笔下单或撤单成功的交易，都会记录在当前文件夹内名为接口启用时间的 CSV 文件中，如图 7.19 所示。

```
In[4]: api.uns
Out[4]:
[{'cancel_code': '002027',
  'cancel_direction': '卖出',
  'cancel_amount': '100',
  'cancel_price': '7.16',
  'cancel_time': '2018-10-26 9:34:05'},
 {'cancel_code': '002027',
  'cancel_direction': '卖出',
  'cancel_amount': '100',
  'cancel_price': '7.60',
  'cancel_time': '2018-10-26 9:34:54'},
 {'cancel_code': '300059',
  'cancel_direction': '卖出',
  'cancel_amount': '100',
  'cancel_price': '12.50',
  'cancel_time': '2018-10-26 10:02:13'}]
```

图 7.18 挂单数据

图 7.19 CSV 文件中的交易记录

信息查询：通过信息查询命令可以查到此时的资金信息、持仓信息、当日委托信息和当日成交信息。具体的操作命令如下：

```
%%获取资金信息
data=api.money_info()

%%获取持仓信息
data2=api.position_info()

%%获取当日委托信息
data3=api.today_order()

%%获取当日成交信息
data4=api.today_transaction()
```

保存交易信息：通过保存交易信息命令可以将当天上述所有信息保存到当前文件夹下名为"（交易日期）Overall"的.xlsx文件中。具体的操作命令如下：

```
%%%% 保存当日交易信息 %%%%
api.save()
```

所有信息会保存在名为"（交易日期）Overall"的.xlsx 文件中，内容如图 7.20 所示。

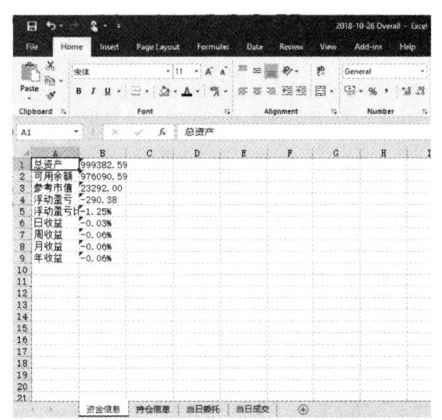

图 7.20 当日结算汇总单数据

403

5. 完整的股票交易接口代码

下面给出完整的股票交易接口代码。该接口基于爬虫技术，对东方财富网的股票模拟交易进行了 API 化，从而实现了在 Python 中自动化模拟交易股票的功能。

```python
from bs4 import BeautifulSoup
import time
from selenium import webdriver
import random2
from selenium.webdriver.common.keys import Keys
from selenium.webdriver import ActionChains

class moni_eastmoney(object):
    def __init__(self,browser):
        self.browser=browser
        self.i={}
        self.n=0

    def buy(self,stock,amount,price=None):
        %单击买入
        self.browser.find_element_by_css_selector('span.tab_buy').click()
        %删除代码
        for i in range(6):
            self.browser.find_element_by_css_selector('#futcode').send_keys(Keys.BACK_SPACE)
        %输入代码

        self.browser.find_element_by_css_selector('#futcode').send_keys(stock)
        time.sleep(2)
        %选择代码
        self.browser.find_element_by_css_selector('span.sg2017hl').click()
        if price is None:
            ac=self.browser.find_element_by_css_selector('#btnRefresh')
            ActionChains(self.browser).move_to_element(ac).perform()
            self.browser.find_element_by_css_selector('#addZX1').click()
            soup=BeautifulSoup(self.browser.page_source,'lxml')
            price=soup.select('ul[data-code="{}"] > li.stock_price.red'.format(stock))
            if price==[]:
                time.sleep(2)
                self.browser.find_element_by_css_selector('#addZX1').click()
                soup = BeautifulSoup(self.browser.page_source, 'lxml')
                price = soup.select('ul[data-code="{}"] > li.stock_price.red'.format(stock))
            price=price[0].get_text()
```

```
            pass
        else:
            #删除价格
            for i in range(6):
                self.browser.find_element_by_css_selector('#price').send_keys(Keys.BACK_SPACE)
            #输入价格
            self.browser.find_element_by_css_selector('#price').send_keys(price)
        #单击买入数量
        ac = self.browser.find_element_by_css_selector('#bottom')
        ActionChains(self.browser).move_to_element(ac).perform()

        self.browser.find_element_by_css_selector('#codenumber').click()
        #输入买入数量
        self.browser.find_element_by_css_selector('#codenumber').send_keys(amount)
        time.sleep(2)
        #单击买入
        self.browser.find_element_by_css_selector('#btnOrder').click()
        time.sleep(2)
        self.browser.find_element_by_css_selector('#btnCxcConfirm').click()
        #time.sleep(random2.uniform(4,6))
        self.i[self.n]=[stock,"买入",amount,price]
        self.n=self.n+1

    def sell(self,stock,amount,price=None):
        #选择卖出
        self.browser.find_element_by_css_selector('span.tab_sale').click()
        #删除代码
        for i in range(6):
            self.browser.find_element_by_css_selector('#futcode').send_keys(Keys.BACK_SPACE)
        #输入代码

        self.browser.find_element_by_css_selector('#futcode').send_keys(stock)
        time.sleep(2)
        #选择代码
        self.browser.find_element_by_css_selector('span.sg2017hl').click()
        if price is None:
            ac = self.browser.find_element_by_css_selector('#btnRefresh')
            ActionChains(self.browser).move_to_element(ac).perform()
            self.browser.find_element_by_css_selector('#addZX1').click()
            soup = BeautifulSoup(self.browser.page_source, 'lxml')
            price = soup.select('ul[data-code="{}"] > li.stock_price.red'.format(stock))
```

```
                if price == []:
                    time.sleep(2)
                    self.browser.find_element_by_css_selector('#addZX1').click()
                    soup = BeautifulSoup(self.browser.page_source, 'lxml')
                    price = soup.select('ul[data-code="{}"] > li.stock_price.red'.format(stock))
                    price = price[0].get_text()
                    pass
            else:
                %删除价格
                for i in range(6):
                    self.browser.find_element_by_css_selector('#price').send_keys(Keys.BACK_SPACE)
                %输入价格
                self.browser.find_element_by_css_selector('#price').send_keys(price)
            %单击数量
            ac = self.browser.find_element_by_css_selector('#bottom')
            ActionChains(self.browser).move_to_element(ac).perform()
            self.browser.find_element_by_css_selector('#codenumber').click()
            %输入数量
            self.browser.find_element_by_css_selector('#codenumber').send_keys(amount)
            time.sleep(2)
            %单击卖出
            self.browser.find_element_by_css_selector('#btnOrder').click()
            time.sleep(2)
            self.browser.find_element_by_css_selector('#btnCxcConfirm').click()
            %等待确认窗口结束
            %time.sleep(random2.uniform(4,6))
            self.i[self.n] = [stock,'卖出', amount,price]
            self.n = self.n + 1

    def cancel(self,n):
        %选择挂单
        %n 的类型为整数型
        self.browser.find_element_by_css_selector('li[data-type="gd"]').click()
        time.sleep(2)
        soup=BeautifulSoup(self.browser.page_source,'lxml')
        cancel_codes=soup.select('#data_gd > ul > li:nth-of-type(1)')
        cancel_directions=soup.select('#data_gd > ul > li:nth-of-type(3)')
        cancel_amounts=soup.select('#data_gd > ul > li:nth-of-type(4)')
        cancel_prices=soup.select('#data_gd > ul > li:nth-of-type(5)')
        data_list=[]
        for cancel_code,cancel_direction,cancel_amount,cancel_price in zip(cancel_codes,cancel_directions,cancel_amounts,cancel_prices):
```

```python
            data={
                'cancel_code':cancel_code.get_text(),
                'cancel_direction':cancel_direction.get_text(),
                'cancel_amount':cancel_amount.get_text(),
                'cancel_price':cancel_price.get_text()
            }
            data_list.append(data)

        for j in range(len(data_list)):
            delta_list=[]
            delta_i=[]
            for i in range(self.n) :
                if data_list[j]['cancel_code'] in self.i[i]:
                    if data_list[j]['cancel_direction'] in self.i[i]:
                        if data_list[j]['cancel_amount'] in self.i[i]:

                            delta=float(data_list[j]['cancel_price'])-float(self.i[i][3])
                            delta_list.append(delta)
                            delta_i.append(i)
                        else:
                            pass
                    else:
                        pass
                else:
                    pass
            index=delta_list.index(min(delta_list))
            data_list[j]['n']=delta_i[index]

        for i in range(len(data_list)):
            if data_list[i]['n']==n:
                num=i
                break



        try:
            %选择撤单
            browser.find_element_by_css_selector('span.chedan').click()
            time.sleep(2)
            browser.find_element_by_css_selector('#data_gd > ul:nth-of-type({}) > li > span.chedan'.format(str(num+1)))
            time.sleep(2)
            browser.find_element_by_css_selector('#btnCxcConfirm').click()
            time.sleep(1)
            browser.find_element_by_css_selector('#btnCxcConfirm').click()
        except:
```

```python
            print('撤单失败')

    def money_info(self):
        soup = BeautifulSoup(self.browser.page_source, 'lxml')
        data={}
        %总资产
        totalAssets = soup.select('tr > td:nth-of-type(1) > span:nth-of-type(2)')
        totalAsset = totalAssets[0].get_text()
        data['totalAsset']=totalAsset
        %可用余额
        remainers = soup.select('tr > td:nth-of-type(2) > span:nth-of-type(2)')
        remainer = remainers[0].get_text()
        data['remainer']=remainer
        %参考市值
        reference_market_values = soup.select('tr > td:nth-of-type(3) > span:nth-of-type(2)')
        reference_market_value = reference_market_values[0].get_text()
        data['reference_market_value']=reference_market_value
        %浮动盈亏
        float_profits = soup.select('tr > td:nth-of-type(4) > span:nth-of-type(2)')
        float_profit = float_profits[0].get_text()
        data['float_profit']=float_profit
        %浮动盈亏比
        float_profit_ratios = soup.select('tr > td:nth-of-type(5) > span:nth-of-type(2)')
        float_profit_ratio = float_profit_ratios[0].get_text()
        data['float_profit_ratio']=float_profit_ratio
        %日收益
        day_rates = soup.select('#pjj > p > em:nth-of-type(1)')
        day_rate = day_rates[0].get_text()
        day_rate = day_rate[4:]
        data['day_rate']=day_rate
        %周收益
        week_rates = soup.select('#pjj > p > em:nth-of-type(2)')
        week_rate = week_rates[0].get_text()
        week_rate = week_rate[4:]
        data['week_rate']=week_rate
        %月收益
        month_rates = soup.select('#pjj > p > em:nth-of-type(3)')
        month_rate = month_rates[0].get_text()
        month_rate = month_rate[4:]
        data['month_rate']=month_rate
        %年收益
        year_rates = soup.select('#pjj > p > em:nth-of-type(4)')
```

```python
            year_rate = year_rates[0].get_text()
            year_rate = year_rate[4:]
            data['year_rate']=year_rate
            return data

    def position_info(self):
        %持仓信息
        self.browser.find_element_by_css_selector('li[data-type="ccxx"]').click()
        time.sleep(2)
        soup=BeautifulSoup(self.browser.page_source,'lxml')
        codes=soup.select('#data_ccxx > ul > li:nth-of-type(1)')
        names=soup.select('#data_ccxx > ul > li:nth-of-type(2)')
        position_nums=soup.select('#data_ccxx > ul > li:nth-of-type(3)')
        available_nums=soup.select('#data_ccxx > ul > li:nth-of-type(4)')
        amortize_costs=soup.select('#data_ccxx > ul > li:nth-of-type(5)')
        float_profits=soup.select('#data_ccxx > ul > li:nth-of-type(6)')
        float_profit_ratios=soup.select('#data_ccxx > ul > li:nth-of-type(7)')
        market_prices=soup.select('#data_ccxx > ul > li:nth-of-type(8)')
        market_values=soup.select('#data_ccxx > ul > li:nth-of-type(9)')
        data_list=[]
        for code,name,position_num,available_num,amortize_cost,float_profit,float_profit_ratio,market_price,market_value in zip(codes,names,position_nums,available_nums,amortize_costs,float_profits,float_profit_ratios,market_prices,market_values):
            data={
                'code':code.get_text(),
                'name':name.get_text(),
                'position_num':position_num.get_text(),
                'available_num':available_num.get_text(),
                'amortize_cost':amortize_cost.get_text(),
                'float_profit':float_profit.get_text(),
                'float_profit_ratio':float_profit_ratio.get_text(),
                'market_price':market_price.get_text(),
                'market_value':market_value.get_text()
            }
            data_list.append(data)
        return data_list

    def today_order(self):
        %当日委托
        self.browser.find_element_by_css_selector('li[data-type="drwt"]').click()
        import time
        time.sleep(2)
        soup=BeautifulSoup(self.browser.page_source,'lxml')
        times=soup.select('#data_drwt > ul > li:nth-of-type(1)')
```

```python
            states=soup.select('#data_drwt > ul > li:nth-of-type(2)')
            codes=soup.select('#data_drwt > ul > li:nth-of-type(3)')
            names=soup.select('#data_drwt > ul > li:nth-of-type(4)')
            directions=soup.select('#data_drwt > ul > li:nth-of-type(5)')
            prices=soup.select('#data_drwt > ul > li:nth-of-type(6)')
            order_nums=soup.select('#data_drwt > ul > li:nth-of-type(7)')
            transactions_nums=soup.select('#data_drwt > ul > li:nth-of-type(8)')
            transactions_avg_nums=soup.select('#data_drwt > ul > li:nth-of-type(9)')
            contract_numbers=soup.select('#data_drwt > ul > li:nth-of-type(10)')
            data_list=[]
            for time,state,code,name,direction,price,order_num,transactions_num,transactions_avg_num,contract_number in zip(times,states,codes,names,directions,prices,order_nums,transactions_nums,transactions_avg_nums,contract_numbers):
                data={
                    'time':time.get_text(),
                    'state':state.get_text(),
                    'code':code.get_text(),
                    'name':name.get_text(),
                    'direction':direction.get_text(),
                    'price':price.get_text(),
                    'order_num':order_num.get_text(),
                    'transactions_num':transactions_num.get_text(),
                    'transactions_avg_num':transactions_avg_num.get_text(),
                    'contract_number':contract_number.get_text()
                }
                data_list.append(data)
            return data_list

    def today_transaction(self):
        %当日成交
        self.browser.find_element_by_css_selector('li[data-type="drcj"]').click()
        import time
        time.sleep(2)

        soup=BeautifulSoup(self.browser.page_source,'lxml')
        times=soup.select('#data_drcj > ul > li:nth-of-type(1)')
        codes=soup.select('#data_drcj > ul > li:nth-of-type(2)')
        names=soup.select('#data_drcj > ul > li:nth-of-type(3)')
        directions=soup.select('#data_drcj > ul > li:nth-of-type(4)')
        transactions_prices=soup.select('#data_drcj > ul > li:nth-of-type(5)')
        transactions_nums=soup.select('#data_drcj > ul > li:nth-of-type(6)')
        transactions_moneys=soup.select('#data_drcj > ul > li:nth-of-type(7)')
        transactions_fees=soup.select('#data_drcj > ul > li:nth-of-type(8)')
        transactions_numbers=soup.select('#data_drcj > ul > li:nth-of-type(9)')
        data_list=[]
```

```
        for time,code,name,direction,transactions_price,transactions_num,
transactions_money,transactions_fee,transactions_number in zip(times,codes,names,
directions,transactions_prices,transactions_nums,transactions_moneys,transactions
_fees,transactions_numbers):
            data={
                'time':time.get_text(),
                'code':code.get_text(),
                'name':name.get_text(),
                'direction':direction.get_text(),
                'transactions_price':transactions_price.get_text(),
                'transactions_num':transactions_num.get_text(),
                'transactions_money':transactions_money.get_text(),
                'transactions_fee':transactions_fee.get_text(),
                'transactions_number':transactions_number.get_text()
            }
            data_list.append(data)
        return data_list
```

7.1.3 东方财富模拟期货交易接口

东方财富网提供了网页版期货模拟交易平台，借助爬虫技术，我们可以实现在 Python 中操作这个模拟平台的接口函数，从而实现期货自动化模拟交易。本小节主要介绍期货模拟接口的功能和使用方法，并给出相关实现代码。

1. 接口导入

由于本接口基于爬虫技术，因此需要一些准备工作，这些准备工作具体的过程已经在股票交易接口中有详细的讲解，这里仅仅列出条目，不再一一赘述。下面主要讲解期货交易接口的导入。

（1）下载和 Chrome 浏览器相对应的 chromedriver.exe 文件。

（2）需要用到的库：bs4，selenium。

（3）如果 .py 模拟交易文件和运行的文件不在同一个目录下面，则需要执行如下命令，添加系统环境的路径：

```
import sys;
sys.path.append('存放模拟交易.py 文件的路径');
```

导入库：

```
from future_moni_trade import futures_trade
from selenium import webdriver
```

打开网页并登录：

```
browser = webdriver.Chrome(executable_path="dir/chromedriver.exe")
```

```
url='http://fusgame.eastmoney.com/room/'
browser.get(url)
```

打开登录页面后，请先登录，然后再进行下一步。设置 api：

```
api=futures_trade(browser)
```

2. 接口函数的交易操作应用

买入/卖出：

```
trade(self,futures,amount,price=None,method=0,buy_or_sell=0,stop=None)
%method={0:最新价,1:固定价,2:对手价}
%buy_or_sell={0:"买入",1:"卖出"}
%stop={0:None,1:"涨停",2:"跌停"}
```

举例：

```
futures='T1809'
%以固定价格 94.20 买入 1 手 T1809
api.trade(futures,'1',price="94.20",method=1,buy_or_sell=0)
%以最新价买入 1 手 T1809
api.trade(futures,'1',method=0,buy_or_sell=0)
%以跌停价买入 1 手 T1809
api.trade(futures,'1',method=0,buy_or_sell=0,stop=2)
%以涨停价卖出 1 手 T1809
api.trade(futures,'1',method=0,buy_or_sell=1,stop=1)
```

操作：

```
operation(self,n=None,futures=None,price=None,ocp=None,method=None,option=0,amount="1")
%method={0:'撤单',1:'平 33%',2:'平 50%',3:'全平',4:'反手',5:'平仓'}
%option={0:'挂单',1:'持仓信息'}
%ocp:买卖状态，买，卖，平
```

举例：

```
%平持仓中的第 3 笔 3 手
api.operation(2,method=5,option=1,amount='3')
%撤挂单中的第 1 笔
api.operation(0,method=0,option=0)
%买平持仓中的 T1809
api.operation(futures=futures,ocp='买',method=5,option=1)
```

资金信息：

```
data=api.money_info()
{'stable_equity': '999000.00',
 'dynamic_equity': '998975.00',
 'ds_position_profit': '0.00',
```

```
 'ds_close_profit': '0.00',
 'transaction_fee': '25.00',
 'in_use_margin': '47785.00',
 'order_freeze': '47125.00',
 'available_money': '904065.00',
 'risk_level': '4.783%'}
```

当日委托：

```
data2=api.today_order()
[{'code': 'T1809',
  'direction': '买',
  'open_close': '开',
  'order_state': '未成交',
  'price': '94.200',
  'cancel_time': '',
  'order_amount': '1',
  'success_amount': '0',
  'success_time': '00',
  'none_success_amount': '1',
  'order_number': '2206180727000004070'}]
```

当日成交：

```
data3=api.today_success()
[{'code': 'T1809',
  'direction': '买',
  'open_close': '开',
  'success_price': '95.570',
  'success_amount': '1',
  'success_time': '11:19:29',
  'success_code': '2206180727000004068',
  'order_code': '2206180727000004067',
  'order_time': '11:19:27',
  'order_price': '0.000'}]
```

结算单：

```
%收盘后运行
data4=api.settlement_invoice()
%运行后的内容
data={
    'success_record_table':success_record_table,
    'ping_record_table':ping_record_table,
    'position_record_table':position_record_table,
    'position_total_table':position_total_table
}
```

3. 期货模拟交易 API 化代码

以下是基于爬虫技术对东方财富网的期货模拟交易 API 化的全部代码。

```python
from bs4 import BeautifulSoup
import time
from selenium import webdriver
import random2
from selenium.webdriver.common.keys import Keys
from selenium.webdriver import ActionChains
import pyperclip

class futures_trade(object):
    def __init__(self,browser):
        self.browser=browser
        self.n=0
        self.i={}

    def trade(self,futures,amount,price=None,method=0,buy_or_sell=0,stop=None):
        %method={0:最新价，1:固定价，2:对手价}
        %buy_or_sell={0:"买入",1:"卖出"}
        %stop={0:None,1:"涨停",2:"跌停"}
        ac = self.browser.find_element_by_css_selector('#search_ipt')
        ActionChains(self.browser).double_click(ac).perform()
        self.browser.find_element_by_css_selector('#search_ipt').send_keys(futures)
        self.browser.find_element_by_css_selector('div.searchlist > ul').click()
        time.sleep(2)
        if method==0:
            ac = self.browser.find_element_by_css_selector('#price')
            ActionChains(self.browser).double_click(ac).perform()
            self.browser.find_element_by_css_selector('#price').send_keys(Keys.CONTROL+'c')
            price=pyperclip.paste()
            pass
        elif method==1:
            %选择固定价
            self.browser.find_element_by_css_selector('div.price > span').click()
            %输入固定价
            ac = self.browser.find_element_by_css_selector('#price')
            ActionChains(self.browser).double_click(ac).perform()
            self.browser.find_element_by_css_selector('#price').send_keys(price)
        elif method==2:
            %选择对手价，默认是最新价
            price_method=self.browser.find_element_by_css_selector('div.price > span')
            ActionChains(self.browser).double_click(price_method).perform()
```

```python
            ac = self.browser.find_element_by_css_selector('#price')
            ActionChains(self.browser).double_click(ac).perform()
            self.browser.find_element_by_css_selector('#price').send_keys
(Keys.CONTROL + 'c')
            price = pyperclip.paste()
        %输入手数
            ac=self.browser.find_element_by_css_selector('#number')
            ActionChains(self.browser).double_click(ac).perform()
            self.browser.find_element_by_css_selector('#number').send_keys(amount)
            if stop==1:
                %涨停
                self.browser.find_element_by_css_selector('#jy_zt').click()
            elif stop==2:
                %跌停
                self.browser.find_element_by_css_selector('#jy_dt').click()
            else:
                pass
            if buy_or_sell==0:
                %买多
                self.browser.find_element_by_css_selector('#btn_tip_d').click()
            elif buy_or_sell==1:
                %卖空
                self.browser.find_element_by_css_selector('#btn_tip_k').click()
            time.sleep(2)
            %确定
            self.browser.find_element_by_css_selector('a.dialog__btn.dialog__btn_
primary').click()
            if buy_or_sell==0:
                self.i[self.n]=[futures,"买","开",amount,price]
                self.n=self.n+1
            elif buy_or_sell==1:
                self.i[self.n]=[futures,'卖','开',amount,price]
                self.n = self.n + 1

    def operation(self,n=None,futures=None,price=None,ocp=None,method=None,
option=0,amount="1"):
        %method={0:'撤单',1:'平33%',2:'平50%',3:'全平',4:'反手',5:'平仓'}
        %option={0:'挂单',1:'持仓信息'}
        %ocp:买卖状态,即买、卖、平
        if option==0:
            %挂单
            self.browser.find_element_by_css_selector('li[data-type="gd"]').
click()
            time.sleep(2)
            soup=BeautifulSoup(self.browser.page_source,'lxml')
```

```python
            codes=soup.select('#data_gd > ul > li:nth-of-type(1)')
            directions=soup.select('#data_gd > ul > li:nth-of-type(2)')
            open_close_pings=soup.select('#data_gd > ul > li:nth-of-type(3)')
            nums=soup.select('#data_gd > ul > li:nth-of-type(4)')
            prices=soup.select('#data_gd > ul > li:nth-of-type(5)')
            futures_list=[]
            for code,direction,open_close_ping,num,price in zip(codes,directions,open_close_pings,nums,prices):
                data={
                    'code':code.get_text(),
                    'direction':direction.get_text(),
                    'open_close_ping':open_close_ping.get_text(),
                    'num':num.get_text(),
                    'price':price.get_text()
                }
                futures_list.append(data)
            for j in range(len(futures_list)):
                delta_list=[]
                delta_i=[]
                for i in range(self.n):
                    if futures_list[j]['code'] in self.i[i]:
                        if futures_list[j]['direction'] in self.i[i]:
                            if futures_list[j]['open_close_ping'] in self.i[i]:
                                if futures_list[j]['num'] in self.i[i]:
                                    delta = float(futures_list[j]['price']) - float(self.i[i][4])
                                    delta_list.append(delta)
                                    delta_i.append(i)
                                else:
                                    pass
                            else:
                                pass
                        else:
                            pass
                    else:
                        pass
                index = delta_list.index(min(delta_list))
                futures_list[j]['n'] = delta_i[index]

            for i in range(len(futures_list)):
                if futures_list[i]['n'] == n:
                    number = i
                    break

        %选中要平仓的单子
```

```python
            self.browser.find_element_by_css_selector('#data_gd >ul:nth-of-type({})'.format(str(number+1))).click()
        elif option==1:
            %持仓信息
            self.browser.find_element_by_css_selector('li[data-type="ccxx"]').click()
            time.sleep(1)
            soup=BeautifulSoup(self.browser.page_source,'lxml')
            codes=soup.select('#data_ccxx > ul > li:nth-of-type(1)')
            directions=soup.select('#data_ccxx > ul > li:nth-of-type(2)')
            futures_list=[]
            for code,direction in zip(codes,directions):
                data={
                    "code":code.get_text(),
                    'direction':direction.get_text()
                }
                futures_list.append(data)
            ocp="买"
            for i in range(len(futures_list)):
                if futures in futures_list[i].values():
                    if ocp in futures_list[i].values():
                        number=i
                        break
            %选中要平仓的单子
            self.browser.find_element_by_css_selector('#data_ccxx > ul:nth-of-type({})'.format(str(number+1))).click()
        else:
            pass
        time.sleep(1)
        if method==0:
            %撤单
            try:
                self.browser.find_element_by_css_selector('a[data-type="cd"]').click()
            except:
                print('撤单失败')
        elif method==1:
            %平33%
            self.browser.find_element_by_css_selector('a[data-type="3"]').click()
        elif method==2:
            %平50%
            self.browser.find_element_by_css_selector('a[data-type="2"]').click()
        elif method==3:
            %全平
            self.browser.find_element_by_css_selector('a[data-type="1"]').click()
```

```python
        elif method==4:
            #反手
            self.browser.find_element_by_css_selector('a[data-type="fs"]').click()
        elif method==5:
            #输入手数
            ac = self.browser.find_element_by_css_selector('#number')
            ActionChains(self.browser).double_click(ac).perform()
            self.browser.find_element_by_css_selector('#number').send_keys(amount)
            if price is None:
                pass
            else:
                #输入价格
                #选择固定价
                self.browser.find_element_by_css_selector('div.price > span').click()
                #输入固定价
                ac = self.browser.find_element_by_css_selector('#price')
                ActionChains(self.browser).double_click(ac).perform()
                self.browser.find_element_by_css_selector('#price').send_keys(price)

            #平仓
            self.browser.find_element_by_css_selector('div[data-type="平仓"] > span:nth-of-type(2)').click()
        else:
            pass
        time.sleep(1)
        #确定
        self.browser.find_element_by_css_selector('a.dialog__btn.dialog__btn_primary').click()


    def money_info(self):
        soup=BeautifulSoup(self.browser.page_source,'lxml')
        data={}
        #静态权益
        stable_equity = soup.select('#bottom > table > tbody > tr > td:nth-of-type(1) > span:nth-of-type(2)')
        data['stable_equity'] = stable_equity[0].get_text()
        #动态权益
        dynamic_equity = soup.select('#bottom > table > tbody > tr > td:nth-of-type(2) > span:nth-of-type(2)')
        data['dynamic_equity'] = dynamic_equity[0].get_text()
        #盯市持仓盈亏
        ds_position_profit = soup.select('#bottom > table > tbody > tr > td:nth-of-type(3) > span:nth-of-type(2)')
        data['ds_position_profit'] = ds_position_profit[0].get_text()
        #盯市平仓盈亏
```

```python
            ds_close_profit = soup.select('#bottom > table > tbody > tr > td:nth-of-type(4) > span:nth-of-type(2)')
            data['ds_close_profit'] = ds_close_profit[0].get_text()
            #手续费
            transaction_fee = soup.select('#bottom > table > tbody > tr > td:nth-of-type(5) > span:nth-of-type(2)')
            data['transaction_fee']=transaction_fee[0].get_text()
            #占用保证金
            in_use_margin = soup.select('#bottom > table > tbody > tr > td:nth-of-type(6) > span:nth-of-type(2)')
            data['in_use_margin']=in_use_margin[0].get_text()
            #下单冻结
            order_freeze = soup.select('#bottom > table > tbody > tr > td:nth-of-type(7) > span:nth-of-type(2)')
            data['order_freeze']=order_freeze[0].get_text()
            #可用资金
            available_money = soup.select('#bottom > table > tbody > tr > td:nth-of-type(8) > span:nth-of-type(2)')
            data['available_money']=available_money[0].get_text()
            #风险度
            risk_level = soup.select('#bottom > table > tbody > tr > td:nth-of-type(9) > span:nth-of-type(2)')
            data['risk_level']=risk_level[0].get_text()

            return data

    def today_order(self):
        #当日委托
        self.browser.find_element_by_css_selector('li[data-type="drwt"]').click()
        time.sleep(2)
        soup=BeautifulSoup(self.browser.page_source,'lxml')
        codes=soup.select('#data_drwt > ul > li:nth-of-type(1)')
        directions=soup.select('#data_drwt > ul > li:nth-of-type(2)')
        open_closes=soup.select('#data_drwt > ul > li:nth-of-type(3)')
        order_states=soup.select('#data_drwt > ul > li:nth-of-type(4)')
        prices=soup.select('#data_drwt > ul > li:nth-of-type(5)')
        cancel_times=soup.select('#data_drwt > ul > li:nth-of-type(6)')
        order_amounts=soup.select('#data_drwt > ul > li:nth-of-type(7)')
        success_amounts=soup.select('#data_drwt > ul > li:nth-of-type(8)')
        success_times=soup.select('#data_drwt > ul > li:nth-of-type(9)')
        none_success_amounts=soup.select('#data_drwt > ul > li:nth-of-type(10)')
        order_numbers=soup.select('#data_drwt > ul > li:nth-of-type(11)')
        data_list=[]
        for code,direction,open_close,order_state,price,cancel_time,order_amount,success_amount,success_time,none_success_amount,order_number in zip(codes,directions,open_closes,order_states,prices,cancel_times,order_amounts,success_amounts,success
```

```python
_times,none_success_amounts,order_numbers):
            data={
                'code':code.get_text(),
                'direction':direction.get_text(),
                'open_close':open_close.get_text(),
                'order_state':order_state.get_text(),
                'price':price.get_text(),
                'cancel_time':cancel_time.get_text(),
                'order_amount':order_amount.get_text(),
                'success_amount':success_amount.get_text(),
                'success_time':success_time.get_text(),
                'none_success_amount':none_success_amount.get_text(),
                'order_number':order_number.get_text()
                }
            data_list.append(data)
        return data_list

    def today_success(self):
        %当日成交
        self.browser.find_element_by_css_selector('li[data-type="drcj"]').click()
        time.sleep(2)
        soup=BeautifulSoup(self.browser.page_source,'lxml')
        codes=soup.select('#data_drcj > ul > li:nth-of-type(1)')
        directions=soup.select('#data_drcj > ul > li:nth-of-type(2)')
        open_closes=soup.select('#data_drcj > ul > li:nth-of-type(3)')
        success_prices=soup.select('#data_drcj > ul > li:nth-of-type(4)')
        success_amounts=soup.select('#data_drcj > ul > li:nth-of-type(5)')
        success_times=soup.select('#data_drcj > ul > li:nth-of-type(6)')
        success_codes=soup.select('#data_drcj > ul > li:nth-of-type(7)')
        order_codes=soup.select('#data_drcj > ul > li:nth-of-type(8)')
        order_times=soup.select('#data_drcj > ul > li:nth-of-type(9)')
        order_prices=soup.select('#data_drcj > ul > li:nth-of-type(10)')
        data_list=[]
        for code,direction,open_close,success_price,success_amount,success_time,success_code,order_code,order_time,order_price in zip(codes,directions, open_closes,success_prices,success_amounts,success_times,success_codes,order_codes,order_times,order_prices):
            data={
                'code':code.get_text(),
                'direction':direction.get_text(),
                'open_close':open_close.get_text(),
                'success_price':success_price.get_text(),
                'success_amount':success_amount.get_text(),
                'success_time':success_time.get_text(),
                'success_code':success_code.get_text(),
                'order_code':order_code.get_text(),
```

```python
                'order_time':order_time.get_text(),
                'order_price':order_price.get_text()
            }
            data_list.append(data)
        return data_list

    def settlement_invoice(self):
        %结算单
        self.browser.find_element_by_css_selector('#btn_jsd').click()
        time.sleep(2)
        self.browser.find_element_by_css_selector('a.btn_rjd').click()
        time.sleep(1)
        soup=BeautifulSoup(self.browser.page_source,'lxml')
        table=soup.select('table[border="thin dashed blue;"]')
        success_record_table=table[0]
        ping_record_table=table[1]
        position_record_table=table[2]
        position_total_table=table[3]
        data={
            'success_record_table':success_record_table,
            'ping_record_table':ping_record_table,
            'position_record_table':position_record_table,
            'position_total_table':position_total_table
        }
        return data
```

7.1.4 东方财富模拟期权交易接口

东方财富网提供的期权模拟交易接口是相对比较完善的模拟平台，主要针对50ETF 期权，分设了期权账户和现货账户，有着实时的 T 形报价，可以进行一系列开仓、平仓交易，并可以配合现货 50ETF 进行更为复杂的期现结合的交易模式。本小节基于这个平台，介绍交易接口的功能和实现代码。

1. 启动接口

准备工作已经在前面股票和期货交易接口的讲解中进行了详细的介绍，这里不再赘述。完成准备工作后，可以使用下面的命令来启动接口：

```
api=moni_options_trade()
```

然后接口会自行操作打开浏览器。在进行交易操作前，需要登录个人账户，此时请输入用户东方财富模拟账户的账号和密码，并使用下面的命令登录：

```
api.login(log_name,password)
```

在完成这些步骤后，接口会自动进入交易界面，然后便可使用该交易操作命令进行交易了，如图7.21所示。

图7.21　期权模拟交易界面

2. 接口函数的交易操作应用

期权交易操作：期权的交易操作可以分为认购期权和认沽期权，操作方向则存在开仓买入和卖出。具体的操作命令如下：

```
option_trade(month,strike_price,call_or_put,buy_or_sell,open_or_close,method,amount,price=None)
```

在上述命令中，month 为期权的到期月份，为两位数的字符串；strike_price 为期权的行权价格，为三位小数字符串；call_or_put 为期权类型，0 表示认购期权，1 表示认沽期权；buy_or_sell 为交易方向，0 为"买入"，1 为"卖出"；open_or_close 为建仓方向，0 为"开仓"，1 为"平仓"；method 表示交易的价格选择方式，0 表示限价委托，1 表示市价委托；amount 为下单数量，应为字符串格式；price 为限价交易的价格，为三位小数字符串，可以不输入。

示例如下：

```
%以 0.1105 的价格开仓 6 月行权价格为 2.750 的买入认沽期权
    api.option_trade(month='06',strike_price='2.750',call_or_put=1,buy_or_sell=0,open_or_close=0,method=0,amount='1',price='0.5000')
%以市价开仓卖 6 月行权价格为 2.400 的买入认购期权
    api.option_trade(month='03',strike_price='2.400',call_or_put=0,buy_or_sell=1,open_or_close=0,method=1,amount='2',price=None)
%以 0.3102 的价格平仓 3 月行权价格为 2.850 的卖出认购期权
    api.option_trade(month='03',strike_price='2.850',call_or_put=0,buy_or_sell=1,open_or_close=1,method=0,amount='1',price='0.0890')
```

期权撤单操作：期权的撤单操作在决定撤销哪一笔订单时可以通过 5 个参数进行查找，具体的操作命令如下：

```
api.cancel_option(code,direction,price,timec=None,n=None)
```

在上述命令中，code 为期权的 8 位合约代码；direction 为交易类型，输入可以为"买开""买平""卖开"和"卖平"；price 为挂单中的委托价格，应为 4 位小数字符串；timec 为挂单的时间，输入格式为"Y-M-D H:M:S"，可以不输入；n 为当天使用交易接口 api 下单的交易序号，同样也可以不输入。后两项为选择性输入条件，当存在多单前 4 项条件相同的挂单时，可以通过提供后两项条件来撤销指定的挂单。

当不存在代码、价格、交易方向和数量相同的挂单时可以通过指定 4 个参数进行撤单；当存在 4 个参数相同的多笔挂单时可以通过额外参数交易时间和交易笔数进行撤单。具体命令如下：

```
%撤销期权账户挂单中代码为10001518、方向为买开、价格为0.5000的挂单
api.cancel_option(code='10001518',direction=' 买 开 ',price='0.5000',timec=None,n=None)
%撤销交易记录中代码为10001469、方向为卖平、价格为0.0890 的交易序号为 2 的挂单（即第 3 单交易）
api.cancel_option(code='10001469',direction=' 卖 平 ',price='0.0890',timec=None,n=2)
```

期权相关信息查询：通过信息查询命令可以查到此时的期权交易账户概况、持仓信息、当日委托信息和当日成交信息。具体的操作命令如下：

```
%%% 查询 %%%
%期权交易账户概况
api.option_overall()
%期权持仓
api.option_position()
%期权委托查询
api.option_order_find()
%期权当日成交
api.option_today_success()
%期权历史成交
api.option_history_success()
```

期权当日信息保存：通过保存期权交易信息命令可以将当天上述所有需要的信息保存到当前文件夹下名为"（交易日期）Option_Overall"的 .xlsx 文件中。具体的操作命令如下：

```
%保存期权当日信息
api.option_save()
```

输出的文件中，如图 7.22 所示为当日期权模拟交易结算单。

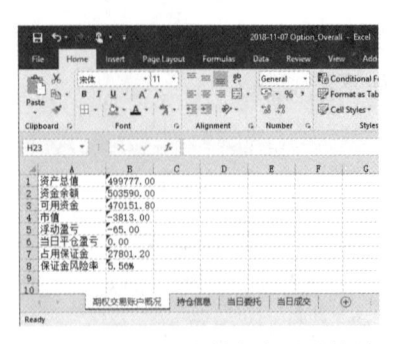

图 7.22　当日期权模拟交易结算单

下面介绍现货账户的操作。

ETF 交易操作：现货 ETF 的交易操作分为买入交易和卖出交易，买入和卖出数量可以选择资金全部交易、1/2 交易和 1/3 交易。具体的操作命令如下：

```
etf_trade(buy_or_sell,amount_method,price=None,amount=None)
```

在上述命令中，buy_or_sell 为交易方向，0 为"买入"，1 为"卖出"；amount_method 表示交易数量的选择方式，0 表示输入交易手数，1 表示资金全部交易，2 表示资金 1/2 交易，3 表示资金 1/3 交易；price 为限价交易的价格，为三位小数字符串，可以不输入；amount 为下单数量，为字符串格式，也可以不输入。

示例如下：

```
%以 2.302 的价格买入 ETF 现货 200 股
api.etf_trade(buy_or_sell=0,amount_method=0,price='2.302',amount='200')
%以市价卖出 ETF 现货 100 股
api.etf_trade(buy_or_sell=1,amount_method=0,price=None,amount='100')
```

ETF 撤单操作：ETF 现货的撤单操作在决定撤销哪一笔订单时同样可以通过 5 个参数进行查找。具体的操作命令如下：

```
cancel_etf(code,price,amount,timec=None,n=None)
```

在上述命令中，code 为 ETF 的 6 位代码；price 为挂单中的委托价格，应为三位小数字符串；amount 为挂单中的委托数量，为字符串格式；timec 为挂单的时间，输入格式为"Y-M-D H:M:S"，可以不输入；n 为当天使用交易接口 API 下单的交易序号，同样也可以不输入。后两项为选择性输入条件，当存在多单前 4 项条件相同的挂单时，可以通过提供后两项条件来撤销指定的挂单。

当不存在代码、价格、交易方向和数量相同的挂单时可以通过指定 4 个参数进行撤单；当存在 4 个参数相同的多笔挂单时可以通过额外参数交易时间和交易笔数进行撤单。具体命令如下：

```
%撤销现货账户挂单中代码为 510050、委托价格为 2.302、委托数量为 200 股、申报时间为 2018-
```

第 7 章 | 交易系统

```
11-07 09:04:19 的挂单
    api.cancel_etf(code='510050',price='2.302',amount='200',timec='2018-11-07 09:04:19',n=None)
%撤销现货账户挂单中代码为 510050、委托价格为 2.549、委托数量为 100 股、在交易记录中交易序号为 7 的挂单（即第 8 笔交易）
    api.cancel_etf(code='510050',price='2.549',amount='100',timec=None,n=7)
```

ETF 相关信息查询：通过信息查询命令可以查到此时的期权交易账户概况、持仓信息、当日委托信息和当日成交信息。具体的操作命令如下：

```
%%% 查询 %%%
%期权交易账户概况、
api.option_overall()
%期权持仓
api.option_position()
%期权委托查询
api.option_order_find()
%期权当日成交
api.option_today_success()
%期权历史成交
api.option_history_success()
```

ETF 当日信息保存：通过保存 ETF 交易信息命令可以将当天上述所有需要的信息保存到当前文件夹下名为"（交易日期）ETF_Overall"的 .xlsx 文件中，如图 7.23 所示为当日现货交易结算单。具体的操作命令如下：

```
%保存 ETF 当日信息
api.etf_save()
```

注：在上述交易命令和撤单命令执行后，每输入一次交易命令，无论下单或者撤单成功与否都会记录在接口内，可以通过命令 api.i 来查看所有的交易记录，如图 7.24 所示。

此外，针对每一笔下单或者撤单成功的交易，都会记录在当前文件夹内名为接口启用时间的 CSV 文件中，如图 7.25 所示。

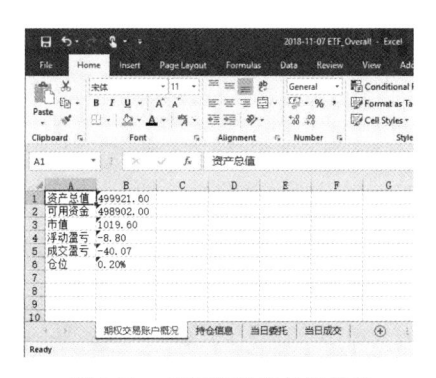

图 7.23 当日现货交易结算单　　　　图 7.24 交易记录

425

图 7.25　CSV 文件中的交易记录

期现转账：在期权交易过程中，可以通过期现转账功能实现现货账户与期权账户的资金互转，即当某一账户的可用资金大于 50 万元时，超过部分可以转划至另一账户。如图 7.26 所示为期限转账页面。

图 7.26　期限转账页面

具体的操作命令如下：

```
api.option_etf_transfer(method,money)
```

上述命令中，method 为期现转账的类型，0 表示现转期，1 表示期转现；money 为需要转账的金额，带有两位小数。具体示例如下：

```
%现货资金中转 10 元到期权账户
api.option_etf_transfer(method=0,money=10)
```

在期现转账的命令后，可以通过 api.t 命令查看期现转账的交易记录，如图 7.27 所示。

```
In[97]: api.t
Out[97]: {0: ['现转期', 100, '转账失败。', '2018-11-07 10:28:35']}
```

图 7.27　期限转账记录

3. 期权模拟交易的全部代码

以下是基于爬虫技术的东方财富网的期权模拟交易的全部代码。

```
from bs4 import BeautifulSoup
import time
from selenium.webdriver import ActionChains
import datetime

class moni_options_trade(object):
    def __init__(self,browser):
        self.browser=browser
        self.option_time_list=[]
        self.etf_time_list=[]

    def option_trade(self,month,strike_price,call_or_put,buy_or_sell,open_or_close,method,amount,price=None,confirm_or_clear=0):
        %call_or_put={0:"认购",1:"认沽"}
        %buy_or_sell={0:"买入",1:"卖出"}
        %open_or_close={0:"开仓",1:"平仓"}
        %method={0:"限价委托",1:"市价委托"}

        %location=browser.find_element_by_css_selector('ul.tabs > li:nth-of-type(1) > a').location
        self.browser.execute_script("window.scrollTo(226,120)")
        %期权账户
        self.browser.find_element_by_css_selector('ul.tabs > li:nth-of-type(1) > a'). click()
        import time
        time.sleep(2)
        %委托
        self.browser.find_element_by_css_selector('li.top_item.current > a.top_a'). click()
        time.sleep(1)
        %到期月份
        self.browser.find_element_by_css_selector('div.v_con > div.form-group:nth-of-type(3) > div.col-sm-5 > select.select_showbox > option[value="{}月"]'.
```

427

```python
format(str(month))).click()
            time.sleep(1)
            #行权价格
            self.browser.find_element_by_css_selector('#qqJG > option[value="{}"]'.format(str(strike_price))).click()
            time.sleep(1)

            if call_or_put==0:
                #认购
                self.browser.find_element_by_css_selector('#qqrg').click()
            else:
                #认沽
                self.browser.find_element_by_css_selector('#qqrk').click()
            if buy_or_sell==0:
                #买入
                self.browser.find_element_by_css_selector('span[data-val="1"]:nth-of-type(1)').click()
            else:
                #卖出
                self.browser.find_element_by_css_selector('span[data-val="2"]:nth-of-type(2)').click()
            if open_or_close==0:
                #开仓
                self.browser.find_element_by_css_selector('span[data-val="0"]').click()
            else:
                #平仓
                self.browser.find_element_by_css_selector('span[data-val="1"]:nth -of-type(2)').click()
            if method==0:
                #限价委托
                self.browser.find_element_by_css_selector('#delegateWay > option:nth-of-type(1)').click()
                #滚动条往下拉
                self.browser.execute_script("window.scrollTo(0,360)")
                if price is None:
                    pass
                else:
                    #价格
                    ac = self.browser.find_element_by_css_selector('#iptPrice')
                    ActionChains(self.browser).double_click(ac).perform()
                    self.browser.find_element_by_css_selector('#iptPrice').send_keys(price)
            else:
                #市价委托
```

```python
        self.browser.find_element_by_css_selector('#delegateWay > option:nth-of-type(2)').click()
        %滚动条往下拉
        self.browser.execute_script("window.scrollTo(0,360)")
        %下单数量
        ac = self.browser.find_element_by_css_selector('#iptCount')
        ActionChains(self.browser).double_click(ac).perform()
        self.browser.find_element_by_css_selector('#iptCount').send_keys(amount)
        %可用资金
        %soup = BeautifulSoup(self.browser.page_source, 'lxml')
        %available_money = soup.select('#lbMaxFund')
        %available_money = available_money[0].get_text()
        %%预估金额
        %predict_money = soup.select('#lbYgFund')
        %predict_money = predict_money[0].get_text()
        if confirm_or_clear==0:
            %买入开仓
            self.browser.find_element_by_css_selector('#btnConfirm').click()
            time.sleep(1)
            %确认
            self.browser.find_element_by_css_selector('#btnCxcConfirm').click()
            now = datetime.datetime.now()
            self.option_time_list.append(now)
        else:
            %清空重置
            self.browser.find_element_by_css_selector('#btnReset').click()
            time.sleep(1)

    def etf_trade(self,buy_or_sell,price=None,amount=None,amount_method=0,confirm_or_clear=0):
        %buy_or_sell={0:"买入",1:"卖出"}
        %amount_method={0:"输入买入手数",1:"全部",2:"1/2",3:"1/3"}
        self.browser.execute_script("window.scrollTo(226,120)")
        %现货账户
        self.browser.find_element_by_css_selector('ul.tabs > li:nth-of-type(2) > a').click()
        import time
        time.sleep(2)
        if buy_or_sell==0:
            %买入
            self.browser.find_element_by_css_selector('li.top_item:nth-of-type(1) > a.top_a').click()
            time.sleep(1)
            if price is None:
```

```python
            pass
        else:
            %买入价格
            ac = self.browser.find_element_by_css_selector('#iptPrice')
            ActionChains(self.browser).double_click(ac).perform()
            self.browser.find_element_by_css_selector('#iptPrice').send_keys(price)
            %%可用资金
            %soup = BeautifulSoup(self.browser.page_source, 'lxml')
            %available_money = soup.select('#lbMaxFund')
            %available_money = available_money[0].get_text()
            %%最大可买
            %max_available = soup.select('#lbMaxCount')
            %max_available = max_available[0].get_text()
            if amount_method==0:
                %买入数量
                ac = self.browser.find_element_by_css_selector('#iptCount')
                ActionChains(self.browser).double_click(ac).perform()
                self.browser.find_element_by_css_selector('#iptCount').send_keys(amount)
            elif amount_method==1:
                %全部
                self.browser.find_element_by_css_selector('#radall').click()
            elif amount_method==2:
                %1/2
                self.browser.find_element_by_css_selector('#radtwo').click()
            elif amount_method==3:
                %1/3
                self.browser.find_element_by_css_selector('#radstree').click()
            %%预估金额
            %predict_money = soup.select('#lbEstimate')
            %predict_money = predict_money[0].get_text()
            if confirm_or_clear==0:
                self.browser.execute_script("window.scrollTo(226,240)")
                time.sleep(2)
                %下单确认
                self.browser.find_element_by_css_selector('#btnConfirm').click()
                time.sleep(1)
                %确认
                self.browser.find_element_by_css_selector('#btnCxcConfirm').click()
                %记录当前时间
                now = datetime.datetime.now()
                self.etf_time_list.append(now)
            else:
                %清空设置
```

```python
            self.browser.find_element_by_css_selector('#btnReset').click()
        else:
            #卖出
            
            self.browser.find_element_by_css_selector('li.top_item:nth-of-type(2) > a.top_a').click()
            time.sleep(1)
            if price is None:
                pass
            else:
                #卖出价格
                ac = self.browser.find_element_by_css_selector('#iptPrice')
                ActionChains(self.browser).double_click(ac).perform()
                self.browser.find_element_by_css_selector('#iptPrice').send_keys(price)
            ##最大可卖
            #soup = BeautifulSoup(self.browser.page_source, 'lxml')
            #max_available = soup.select('#lbMaxCount')
            #max_available = max_available[0].get_text()
            if amount_method==0:
                #卖出数量
                ac = self.browser.find_element_by_css_selector('#iptCount')
                ActionChains(self.browser).double_click(ac).perform()
                self.browser.find_element_by_css_selector('#iptCount').send_keys(amount)
            elif amount_method==1:
                #全部
                self.browser.find_element_by_css_selector('#radall').click()
            elif amount_method==2:
                #1/2
                self.browser.find_element_by_css_selector('#radtwo').click()
            elif amount_method==3:
                #1/3
                self.browser.find_element_by_css_selector('#radstree').click()
            ##预估金额
            #predict_money = soup.select('#lbEstimate')
            #predict_money = predict_money[0].get_text()
            self.browser.execute_script("window.scrollTo(0,360)")
            if confirm_or_clear==0:
                time.sleep(2)
                self.browser.execute_script("window.scrollTo(226,240)")
                #下单确认
                self.browser.find_element_by_css_selector('#btnConfirm').click()
                time.sleep(1)
                #确认
```

```python
            self.browser.find_element_by_css_selector('#btnCxcConfirm').click()
            %记录当前时间
            now = datetime.datetime.now()
            self.etf_time_list.append(now)
        else:
            %清空重置
            self.browser.find_element_by_css_selector('#btnReset').click()
            time.sleep(1)

    def cancel_option(self,n):
        self.browser.execute_script("window.scrollTo(226,120)")
        %期权账户
        self.browser.find_element_by_css_selector('ul.tabs > li:nth-of-type(1) > a').click()
        import time
        time.sleep(2)
        %撤单
        self.browser.find_element_by_css_selector('li.top_item:nth-of-type(3) > a.top_a').click()
        time.sleep(2)
        %获取撤单列表
        soup=BeautifulSoup(browser.page_source,'lxml')
        cancel_list=soup.select('tbody > tr > td:nth-of-type(1)')
        data=[]
        for cancel_i in cancel_list:
            cancel=cancel_i.get_text()
            data.append(cancel)
        
        delta_list=[]
        delta_i=[]
        for i in range(len(data)):
            a=time.mktime(time.strptime(data[i], '%Y-%m-%d %H:%M:%S'))
            data_i=datetime.datetime.utcfromtimestamp(a)
            delta=(self.option_time_list[n]-data_i).seconds
            delta_list.append(delta)
            delta_i.append(i)
        index = delta_list.index(min(delta_list))
        %单击撤单
        self.browser.find_element_by_css_selector('tbody > tr:nth-of-type({}) > td > a.jx_or'.format(str(index+1))).click()
        time.sleep(1)
        %确认
        self.browser.find_element_by_css_selector('#btnCxcConfirm').click()
```

```python
    def cancel_etf(self,n):
        self.browser.execute_script("window.scrollTo(226,120)")
        #现货账户
        self.browser.find_element_by_css_selector('ul.tabs > li:nth-of-type(2) > a').click()
        time.sleep(2)
        #撤单
        self.browser.find_element_by_css_selector('li.top_item:nth-of-type(3) > a').click()
        time.sleep(2)
        #获取撤单列表
        soup = BeautifulSoup(self.browser.page_source, 'lxml')
        cancel_list = soup.select('#bodyinfo > tr > td:nth-of-type(8)')
        data = []
        for cancel_i in cancel_list:
            cancel = cancel_i.get_text()
            data.append(cancel)
        delta_list = []
        delta_i = []
        for i in range(len(data)):
            a = time.mktime(time.strptime(data[i], '%Y-%m-%d %H:%M:%S'))
            data_i = datetime.datetime.utcfromtimestamp(a)
            delta = (self.etf_time_list[n] - data_i).seconds
            delta_list.append(delta)
            delta_i.append(i)
        index = delta_list.index(min(delta_list))
        #撤单
        self.browser.find_element_by_css_selector('tbody > tr:nth-of-type({}) > td > button.btn.btn_cancel'.format(str(index+1))).click()
        time.sleep(1)
        #弹窗确认
        self.browser.switch_to_alert().accept()
        time.sleep(2)
        #确认
        self.browser.find_element_by_css_selector('#btnCxcConfirm').click()


    def option_position(self):

        #窗口往上移
        self.browser.execute_script("window.scrollTo(226,120)")
        #期权账户
        self.browser.find_element_by_css_selector('ul.tabs > li:nth-of-type(1) > a').click()
```

```python
import time
time.sleep(2)
%持仓
self.browser.find_element_by_css_selector('li.top_item:nth-of-type(2) > a.top_a').click()
time.sleep(2)

soup=BeautifulSoup(self.browser.page_source,'lxml')
total_assets=soup.select('div.cc_conTop.clearfix > table > tbody > tr:nth-of-type(1) > td:nth-of-type(2)')
left_moneys=soup.select('div.cc_conTop.clearfix > table > tbody > tr:nth-of-type(1) > td:nth-of-type(4)')
available_moneys=soup.select('div.cc_conTop.clearfix > table > tbody > tr:nth-of-type(1) > td:nth-of-type(6)')
market_values=soup.select('div.cc_conTop.clearfix > table > tbody > tr:nth-of-type(1) > td:nth-of-type(8)')
total_float_profits=soup.select('div.cc_conTop.clearfix > table > tbody > tr:nth-of-type(2) > td:nth-of-type(2)')
today_ping_profits=soup.select('div.cc_conTop.clearfix > table > tbody > tr:nth-of-type(2) > td:nth-of-type(4)')
inuse_deposits=soup.select('div.cc_conTop.clearfix > table > tbody > tr:nth-of-type(2) > td:nth-of-type(6)')
deposits_risk_rates=soup.select('div.cc_conTop.clearfix > table > tbody > tr:nth-of-type(2) > td:nth-of-type(8)')
codes=soup.select('tbody > tr > td:nth-of-type(1) > a')
names=soup.select('tbody > tr > td:nth-of-type(2) > a')
position_types=soup.select('div.xqjl_con.zjls_con > table > tbody > tr > td:nth-of-type(3)')
position_amounts=soup.select('div.xqjl_con.zjls_con > table > tbody > tr > td:nth-of-type(4)')
available_amounts=soup.select('div.xqjl_con.zjls_con > table > tbody > tr > td:nth-of-type(5)')
cost_prices=soup.select('div.xqjl_con.zjls_con > table > tbody > tr > td:nth-of-type(6)')
new_prices=soup.select('div.xqjl_con.zjls_con > table > tbody > tr > td:nth-of-type(7)')
position_costs=soup.select('div.xqjl_con.zjls_con > table > tbody > tr > td:nth-of-type(8)')
position_values=soup.select('div.xqjl_con.zjls_con > table > tbody > tr > td:nth-of-type(9)')
deposits=soup.select('div.xqjl_con.zjls_con > table > tbody > tr > td:nth-of-type(10)')
float_profits=soup.select('div.xqjl_con.zjls_con > table > tbody > tr > td:nth-of-type(11)')
data_list=[]
```

```python
            data = {
                'total_asset': total_assets[0].get_text(),
                'left_money': left_moneys[0].get_text(),
                'available_money': available_moneys[0].get_text(),
                'market_value': market_values[0].get_text(),
                'total_float_profit': total_float_profits[0].get_text(),
                'today_ping_profit': today_ping_profits[0].get_text(),
                'inuse_deposit': inuse_deposits[0].get_text(),
                'deposits_risk_rate': deposits_risk_rates[0].get_text()
            }
            data_list.append(data)
            for total_asset,left_money,available_money,market_value,total_float_profit,today_ping_profit,inuse_deposit,deposits_risk_rate,code,name,position_type,position_amount,available_amount,cost_price,new_price,position_cost,position_value,deposit,float_profit in zip(total_assets,left_moneys,available_moneys,market_values,total_float_profits,today_ping_profits,inuse_deposits,deposits_risk_rates,codes,names,position_types,position_amounts,available_amounts,cost_prices,new_prices,position_costs,position_values,deposits,float_profits):
                data={
                    'code':code.get_text(),
                    'name':name.get_text(),
                    'position_type':position_type.get_text(),
                    'position_amount':position_amount.get_text(),
                    'available_amount':available_amount.get_text(),
                    'cost_price':cost_price.get_text(),
                    'new_price':new_price.get_text(),
                    'position_cost':position_cost.get_text(),
                    'position_value':position_value.get_text(),
                    'deposit':deposit.get_text(),
                    'float_profit':float_profit.get_text()
                }
                data_list.append(data)
            return data_list

    def option_order_find(self):
        #窗口往上移
        self.browser.execute_script("window.scrollTo(226,120)")
        #期权账户
        self.browser.find_element_by_css_selector('ul.tabs > li:nth-of-type(1) > a').click()
        import time
        time.sleep(2)
        #委托查询
        self.browser.find_element_by_css_selector('li.sub_item:nth-of-type(1) > a').click()
```

```python
            time.sleep(2)
            soup=BeautifulSoup(self.browser.page_source,'lxml')
            order_times=soup.select('div.xqjl_con > table > tbody > tr > td:nth-of-type(1)')
            codes=soup.select('div.xqjl_con > table > tbody > tr > td:nth-of-type(2)')
            names=soup.select('div.xqjl_con > table > tbody > tr > td:nth-of-type(3)')
            transaction_types=soup.select('div.xqjl_con > table > tbody > tr > td:nth-of-type(4)')
            order_prices=soup.select('div.xqjl_con > table > tbody > tr > td:nth-of-type(5)')
            order_amounts=soup.select('div.xqjl_con > table > tbody > tr > td:nth-of-type(6)')
            success_amounts=soup.select('div.xqjl_con > table > tbody > tr > td:nth-of-type(7)')
            order_states=soup.select('div.xqjl_con > table > tbody > tr > td:nth-of-type(8)')
            order_methods=soup.select('div.xqjl_con > table > tbody > tr > td:nth-of-type(9)')
            operations=soup.select('div.xqjl_con > table > tbody > tr > td:nth-of-type(10)')
            data_list=[]
            for order_time,code,name,transaction_type,order_price,order_amount,success_amount,order_state,order_method,operation in zip(order_times,codes,names,transaction_types,order_prices,order_amounts,success_amounts,order_states,order_methods,operations):
                data={
                    'order_time':order_time.get_text(),
                    'code':code.get_text(),
                    'name':name.get_text(),
                    'transaction_type':transaction_type.get_text(),
                    'order_price':order_price.get_text(),
                    'order_amount':order_amount.get_text(),
                    'success_amount':success_amount.get_text(),
                    'order_state':order_state.get_text(),
                    'order_method':order_method.get_text(),
                    'operation':operation.get_text()
                }
                data_list.append(data)
            return data_list

    def option_today_success(self):
        %窗口往上移
        self.browser.execute_script("window.scrollTo(226,120)")
```

```
        %期权账户
        self.browser.find_element_by_css_selector('ul.tabs > li:nth-of-type(1) > a').click()
        import time
        time.sleep(2)
        %当日成交
        self.browser.find_element_by_css_selector('li.sub_item:nth-of-type(2) > a').click()
        time.sleep(2)
        soup=BeautifulSoup(self.browser.page_source,'lxml')
        success_times=soup.select('div.xqjl_con > table > tbody > tr > td:nth-of-type(1)')
        codes=soup.select('div.xqjl_con > table > tbody > tr > td:nth-of-type(2)')
        names=soup.select('div.xqjl_con > table > tbody > tr > td:nth-of-type(3)')
        transaction_types=soup.select('div.xqjl_con > table > tbody > tr > td:nth-of-type(4)')
        success_amounts=soup.select('div.xqjl_con > table > tbody > tr > td:nth-of-type(5)')
        success_prices=soup.select('div.xqjl_con > table > tbody > tr > td:nth-of-type(6)')
        success_moneys=soup.select('div.xqjl_con > table > tbody > tr > td:nth-of-type(7)')
        success_types=soup.select('div.xqjl_con > table > tbody > tr > td:nth-of-type(8)')
        deposits=soup.select('div.xqjl_con > table > tbody > tr > td:nth-of-type(9)')
        data_list=[]
        for success_time,code,name,transaction_type,success_amount,success_price,success_money,success_type,deposit in zip(success_times,codes,names,transaction_types,success_amounts,success_prices,success_moneys,success_types,deposits):
            data={
                'success_time':success_time.get_text(),
                'code':code.get_text(),
                'name':name.get_text(),
                'transaction_type':transaction_type.get_text(),
                'success_amount':success_amount.get_text(),
                'success_price':success_price.get_text(),
                'success_money':success_money.get_text(),
                'success_type':success_type.get_text(),
                'deposit':deposit.get_text()
            }
            data_list.append(data)
        return data_list
```

```python
    def option_history_success(self):
        %窗口往上移
        self.browser.execute_script("window.scrollTo(226,120)")
        %期权账户
        self.browser.find_element_by_css_selector('ul.tabs > li:nth-of-type(1) > a').click()
        import time
        time.sleep(2)
        %历史成交
        self.browser.find_element_by_css_selector('li.sub_item:nth-of-type(3) > a').click()
        time.sleep(2)


    def option_excute_settlement_flow(self):
        %窗口往上移
        self.browser.execute_script("window.scrollTo(226,120)")
        %期权账户
        self.browser.find_element_by_css_selector('ul.tabs > li:nth-of-type(1) > a').click()
        import time
        time.sleep(2)
        %行权交收流水
        self.browser.find_element_by_css_selector('li.sub_item:nth-of-type(4) > a').click()


    def option_cash_flow(self):
        %窗口往上移
        self.browser.execute_script("window.scrollTo(226,120)")
        %期权账户
        self.browser.find_element_by_css_selector('ul.tabs > li:nth-of-type(1) > a').click()
        import time
        time.sleep(2)
        %资金流水
        self.browser.find_element_by_css_selector('li.sub_item:nth-of-type(5) > a').click()


    def option_etf_transfer(self,method,money):
        %method={0:'现转期',1:'期转现'}
        %窗口往上移
        self.browser.execute_script("window.scrollTo(226,120)")
        %期权账户
        self.browser.find_element_by_css_selector('ul.tabs > li:nth-of-type(1) >
```

```python
a').click()
        import time
        time.sleep(2)
        %期现转账
        self.browser.find_element_by_css_selector('li.top_item:nth-of-type(5) > a').click()
        time.sleep(2)
        if method==0:
            %输入金额
            self.browser.find_element_by_css_selector('input#xhzqhje').send_keys(money)
            %立即转出
            self.browser.find_element_by_css_selector('button#xhzqh').click()
        elif method==1:
            %输入金额
            self.browser.find_element_by_css_selector('input#qhzxhje').send_keys(money)
            %立即转出
            self.browser.find_element_by_css_selector('button#qhzxh').click()

    def option_notify_event(self):
        %窗口往上移
        self.browser.execute_script("window.scrollTo(226,120)")
        %期权账户
        self.browser.find_element_by_css_selector('ul.tabs > li:nth-of-type(1) > a').click()
        import time
        time.sleep(2)
        %通知事件
        self.browser.find_element_by_css_selector('li.top_item:nth-of-type(6) > a').click()

    def etf_position(self):
        %现货账户
        self.browser.find_element_by_css_selector('ul.tabs > li:nth-of-type(2) > a').click()
        import time
        time.sleep(2)
        %我的持仓
        self.browser.find_element_by_css_selector('ul.sub > li.sub_item:nth-of-type(1) > a').click()
        time.sleep(2)
        soup=BeautifulSoup(self.browser.page_source,'lxml')
        assets_total_value=soup.select('div.cc_conTop.clearfix > table > tbody > tr > td:nth-of-type(2) ')
```

```
            available_money=soup.select('div.cc_conTop.clearfix > table > tbody >
tr > td:nth-of-type(4) ')
            market_value=soup.select('div.cc_conTop.clearfix > table > tbody > tr >
td:nth-of-type(6) ')
            float_profit=soup.select('div.cc_conTop.clearfix > table > tbody > tr >
td:nth-of-type(8) ')
            success_profit=soup.select('div.cc_conTop.clearfix > table > tbody >
tr > td:nth-of-type(10) ')
            holding_percent=soup.select('div.cc_conTop.clearfix > table > tbody >
tr > td:nth-of-type(12) ')
            data={
                'assets_total_value':assets_total_value[0].get_text(),
                'available_money':available_money[0].get_text(),
                'market_value':market_value[0].get_text(),
                'float_profit':float_profit[0].get_text(),
                'success_profit':success_profit[0].get_text(),
                'holding_percent':holding_percent[0].get_text()
            }
            data_list=[]
            data_list.append(data)
            codes=soup.select('div.listtable > table > tbody > tr > td:nth-of-
type(1) ')
            names=soup.select('div.listtable > table > tbody > tr > td:nth-of-
type(2) ')
            position_amounts=soup.select('div.listtable > table > tbody > tr >
td:nth-of-type(3) ')
            available_amounts=soup.select('div.listtable > table > tbody > tr >
td:nth-of-type(4) ')
            amotized_cost_prices=soup.select('div.listtable > table > tbody > tr >
td:nth-of-type(5) ')
            new_prices=soup.select('div.listtable > table > tbody > tr > td:nth-
of-type(6) ')
            position_values=soup.select('div.listtable > table > tbody > tr >
td:nth-of-type(7) ')
            float_profits=soup.select('div.listtable > table > tbody > tr >
td:nth-of-type(8) ')
            float_profits_rates=soup.select('div.listtable > table > tbody > tr >
td:nth-of-type(9) ')
            for code,name,position_amount,available_amount,amotized_cost_price,new_
price,position_value,float_profit,float_profits_rate in zip(codes,names,position_
amounts,available_amounts,amotized_cost_prices,new_prices,position_values,float_pro
fits,float_profits_rates):
                data={
                    'code':code.get_text(),
                    'name':name.get_text(),
```

```python
                'position_amount':position_amount.get_text(),
                'available_amount':available_amount.get_text(),
                'amotized_cost_price':amotized_cost_price.get_text(),
                'new_price':new_price.get_text(),
                'position_value':position_value.get_text(),
                'float_profit':float_profit.get_text(),
                'float_profits_rate':float_profits_rate.get_text()
            }
            data_list.append(data)
        return data_list



    def etf_today_order(self):
        %窗口往上移
        self.browser.execute_script("window.scrollTo(226,120)")
        %现货账户
        self.browser.find_element_by_css_selector('ul.tabs > li:nth-of-type(2) > a').click()
        import time
        time.sleep(2)
        %当日委托
        self.browser.find_element_by_css_selector('ul.sub > li.sub_item:nth-of-type(2) > a').click()
        time.sleep(1)
        soup=BeautifulSoup(self.browser.page_source,'lxml')
        order_times=soup.select('div.listtable > table > tbody > tr > td:nth-of-type(1) ')
        contract_numbers=soup.select('div.listtable > table > tbody > tr > td:nth-of-type(2) ')
        order_states=soup.select('div.listtable > table > tbody > tr > td:nth-of-type(3) ')
        codes=soup.select('div.listtable > table > tbody > tr > td:nth-of-type(4) ')
        names=soup.select('div.listtable > table > tbody > tr > td:nth-of-type(5) ')
        buy_or_sells=soup.select('div.listtable > table > tbody > tr > td:nth-of-type(6) ')
        order_prices=soup.select('div.listtable > table > tbody > tr > td:nth-of-type(7) ')
        order_amounts=soup.select('div.listtable > table > tbody > tr > td:nth-of-type(8) ')
        success_amounts=soup.select('div.listtable > table > tbody > tr > td:nth-of-type(9) ')
        success_avg_prices=soup.select('div.listtable > table > tbody > tr > td:nth-of-type(10) ')
```

```
            operations=soup.select('div.listtable > table > tbody > tr > td:nth-of-type(11) ')
            data_list=[]
            for order_time,contract_number,order_state,code,name,buy_or_sell,order_price,order_amount,success_amount,success_avg_price,operation in zip(order_times,contract_numbers,order_states,codes,names,buy_or_sells,order_prices,order_amounts,success_amounts,success_avg_prices,operations):
                data={
                    'order_time':order_time.get_text(),
                    'contract_number':contract_number.get_text(),
                    'order_state':order_state.get_text(),
                    'code':code.get_text(),
                    'name':name.get_text(),
                    'buy_or_sell':buy_or_sell.get_text(),
                    'order_price':order_price.get_text(),
                    'order_amount':order_amount.get_text(),
                    'success_amount':success_amount.get_text(),
                    'success_avg_price':success_avg_price.get_text(),
                    'operation':operation.get_text()
                }
                data_list.append(data)
            return data_list

    def etf_today_success(self):
        %窗口往上移
        self.browser.execute_script("window.scrollTo(226,120)")
        %现货账户
        self.browser.find_element_by_css_selector('ul.tabs > li:nth-of-type(2) > a').click()
        import time
        time.sleep(2)
        %当日成交
        self.browser.find_element_by_css_selector('ul.sub > li.sub_item:nth-of-type(3) > a').click()
        time.sleep(1)
        soup=BeautifulSoup(self.browser.page_source,'lxml')
        success_times=soup.select('div.listtable > table > tbody > tr > td:nth-of-type(1) ')
        success_numbers=soup.select('div.listtable > table > tbody > tr > td:nth-of-type(2) ')
        codes=soup.select('div.listtable > table > tbody > tr > td:nth-of-type(3) ')
        names=soup.select('div.listtable > table > tbody > tr > td:nth-of-type(4) ')
        buy_or_sells=soup.select('div.listtable > table > tbody > tr > td:nth-
```

```python
of-type(5) ')
            success_prices=soup.select('div.listtable > table > tbody > tr > td:nth-of-type(6) ')
            success_amounts=soup.select('div.listtable > table > tbody > tr > td:nth-of-type(7) ')
            success_moneys=soup.select('div.listtable > table > tbody > tr > td:nth-of-type(8) ')
            transactions=soup.select('div.listtable > table > tbody > tr > td:nth-of-type(9) ')
            data_list=[]
            for success_time,success_number,code,name,buy_or_sell,success_price,success_amount,success_money,transaction in zip(success_times,success_numbers,codes,names,buy_or_sells,success_prices,success_amounts,success_moneys,transactions):
                data={
                    'success_time':success_time.get_text(),
                    'success_number':success_number.get_text(),
                    'code':code.get_text(),
                    'name':name.get_text(),
                    'buy_or_sell':buy_or_sell.get_text(),
                    'success_price':success_price.get_text(),
                    'success_amount':success_amount.get_text(),
                    'success_money':success_money.get_text(),
                    'transaction':transaction.get_text()
                }
                data_list.append(data)
            return data_list

    def etf_history_success(self):
        %窗口往上移
        self.browser.execute_script("window.scrollTo(226,120)")
        %现货账户
        self.browser.find_element_by_css_selector('ul.tabs > li:nth-of-type(2) > a').click()
        import time
        time.sleep(2)
        %历史成交
        self.browser.find_element_by_css_selector('ul.sub > li.sub_item:nth-of-type(4) > a').click()
        time.sleep(1)
        soup=BeautifulSoup(self.browser.page_source,'lxml')
        success_times=soup.select('div.listtable > table > tbody > tr > td:nth-of-type(1) ')
        success_numbers=soup.select('div.listtable > table > tbody > tr > td:nth-of-type(2) ')
        codes=soup.select('div.listtable > table > tbody > tr > td:nth-of-
```

```python
type(3) ')
            names=soup.select('div.listtable > table > tbody > tr > td:nth-of-type(4) ')
            buy_or_sells=soup.select('div.listtable > table > tbody > tr > td:nth-of-type(5) ')
            success_prices=soup.select('div.listtable > table > tbody > tr > td:nth-of-type(6) ')
            success_amounts=soup.select('div.listtable > table > tbody > tr > td:nth-of-type(7) ')
            success_moneys=soup.select('div.listtable > table > tbody > tr > td:nth-of-type(8) ')
            transactions=soup.select('div.listtable > table > tbody > tr > td:nth-of-type(9) ')
            data_list=[]
            for success_time,success_number,code,name,buy_or_sell,success_price,success_amount,success_money,transaction in zip(success_times,success_numbers,codes,names,buy_or_sells,success_prices,success_amounts,success_moneys,transactions):
                data={
                    'success_time':success_time.get_text(),
                    'success_number':success_number.get_text(),
                    'code':code.get_text(),
                    'name':name.get_text(),
                    'buy_or_sell':buy_or_sell.get_text(),
                    'success_price':success_price.get_text(),
                    'success_amount':success_amount.get_text(),
                    'success_money':success_money.get_text(),
                    'transaction':transaction.get_text()
                }
                data_list.append(data)
            return data_list


    def etf_cash_flow(self):
        %窗口往上移
        self.browser.execute_script("window.scrollTo(226,120)")
        %现货账户
        self.browser.find_element_by_css_selector('ul.tabs > li:nth-of-type(2) > a').click()
        import time
        time.sleep(2)
        %资金流水
        self.browser.find_element_by_css_selector('ul.sub > li.sub_item:nth-of-type(5) > a').click()
        time.sleep(2)
        soup=BeautifulSoup(browser.page_source,'lxml')
```

```
            dates=soup.select('tbody#bodyinfo > tr > td:nth-of-type(1)')
            times=soup.select('tbody#bodyinfo > tr > td:nth-of-type(2)')
            pre_remains=soup.select('tbody#bodyinfo > tr > td:nth-of-type(3)')
            happen_amounts=soup.select('tbody#bodyinfo > tr > td:nth-of-type(4)')
            cash_remains=soup.select('tbody#bodyinfo > tr > td:nth-of-type(5)')
            abstracts=soup.select('tbody#bodyinfo > tr > td:nth-of-type(6)')
            success_amounts=soup.select('tbody#bodyinfo > tr > td:nth-of-type(7)')
            other_fees=soup.select('tbody#bodyinfo > tr > td:nth-of-type(8)')
            data_list=[]
            for date,time,pre_remain,happen_amount,cash_remain,abstract,success_
amount,other_fee in zip(dates,times,pre_remains,happen_amounts,cash_remains,abstracts,
success_amounts,other_fees):
                data={
                    'date':date.get_text(),
                    'time':time.get_text(),
                    'pre_remain':pre_remain.get_text(),
                    'happen_amount':happen_amount.get_text(),
                    'cash_remain':cash_remain.get_text(),
                    'abstract':abstract.get_text(),
                    'success_amount':success_amount.get_text(),
                    'other_fee':other_fee.get_text()
                }
                data_list.append(data)
            return data_list
```

7.2 VNPY 交易接口

7.2.1 VNPY 使用前的准备工作

VNPY 的使用需要有一些前置工作，下面是需要安装的一些工具。

● 安装 anaconda：anaconda 必须安装 4.00 版本，Python 是 2.7 版本，32 位。VNPY 只支持 4.x 版本的 PYQT，安装 4.00 版本的 anaconda，自动安装的就是 4.x 版本的 PYQT。假如安装的是最新版的 anaconda（2018 年 6 月），则安装出来的 PYQT 是 5.x 版本的，而 PYQT 在降级成 4.x 版本时会出现各种报错，所以要下载 4.00 版本的 anaconda。

● 安装 Visual C++ Redistributable Packages for VS2013：Visual C++ Redistributable Packages for VS2013，中、英文均可。建议把 X86 和 X64 版本的都安装了。

● 安装 QDarkStyleSheet：QDarkStyleSheet 是一款 PYQT 的黑色主题，运行 pip install qdarkstyle 即可下载。

- 安装 TA-Lib 库（可选步骤）：TA-Lib 是一个 Python 的库，里面封装了大量的技术指标，因此在使用技术指标的时候就不再需要自己计算，只要调用 TA-Lib 就可以了。安装方法为在 cmd 窗口中输入 conda install-c https://conda.anaconda.org/quantopian ta-lib。

- 安装 MongoDB：由于 VNPY 是从 MongoDB 中读取交易信号的，因此还需要安装 MongoDB。

1. 安装 MongoDB

下载 Windows 64-bit 2008 R2 + 版本的 MongoDB。

首先打开安装软件，选择"Custom"（用户自定义）方式来设置自己的安装目录，如图 7.28 所示。

此处系统默认的路径为"C:\Program File\..."，直接使用这个默认的路径，单击"Next"按钮，如图 7.29 所示。

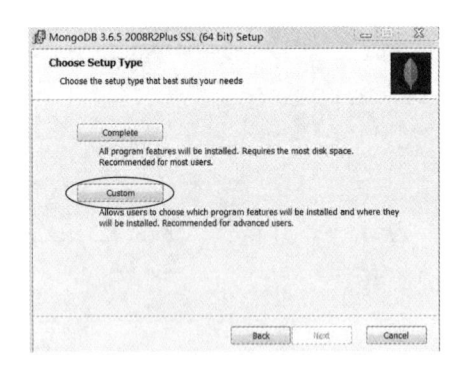

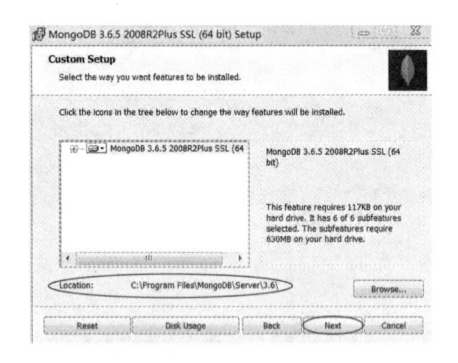

图 7.28　MongoDB 安装流程（1）　　　图 7.29　MongoDB 安装流程（2）

把"Install MongoDB Compass"选项旁边的对号去掉（取消选中），单击"Next"按钮，如图 7.30 所示。

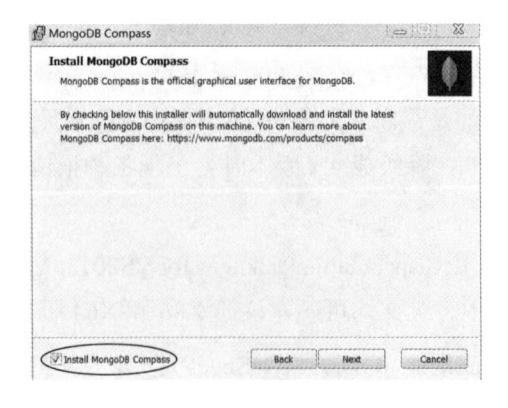

图 7.30　MongoDB 安装流程（3）

单击"Install"按钮安装程序。至此，MongoDB 安装成功。

在 C 盘中创建文件夹"C:\MongoDB"，并在该路径下创建两个子目录"C:\MongoDB\Data"和"C:\MongoDB\Log"。

2. 启动 MongoDB 并设置为 Windows 服务

在 cmd 窗口中输入"cd C:\Program Files\MongoDB\Server\3.6\bin"，进入 MongoDB 所在的目录。

在 cmd 窗口中输入命令"mongod --dbpath C:\MongoDB\Data"启动 MongoDB，其中 dbpath 指定的是数据库路径。如果在 cmd 窗口的最后一行出现如图 7.31 所示语句，则表示 MongoDB 启动成功。

图 7.31　MongoDB 启动成功

其中 on port 27017 表示链接的端口号是 27017。

在浏览器地址栏中输入 http://localhost:27017，如果网页出现如图 7.32 所示界面，则表示 MongoDB 已经链接成功。

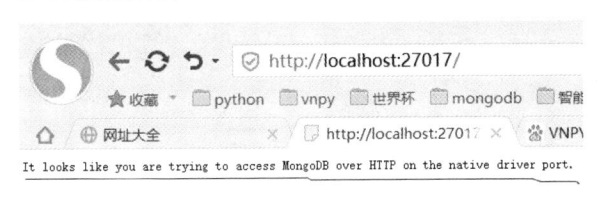

图 7.32　MongoDB 链接成功

但是这样开启 MongoDB 比较烦琐，下面我们把 MongoDB 设置为系统服务，这样就不用每次启动 MongoDB 都那么麻烦了。

关闭之前的 cmd，以管理员身份打开 cmd，同样通过命令"cd C:\Program Files\MongoDB\Server\3.6\bin"进入 MongoDB 所在的目录。

输入语句"mongod -dbpath "C:\MongoDB\Data" -logpath "C:\MongoDB\Log\MongoDB.log" -install -serviceName "MongoDB""，如果成功则设置结束，反之若显示"服务没有响应控制功能"，则继续进行下面的步骤。

如果使用上述语句无法把 MongoDB 设置为 Windows 服务，则更换另一个语句。首先输入语句"sc delete mongodb"删除之前的服务器名，然后执行语句"mongod --dbpath C:\MongoDB\Data --logpath C:\MongoDB\Log\MongoDB.log --logappend --serviceName MongoDB --install"，若显示成功就可以了。

447

输入命令"net start MongoDB",启动 MongoDB。

打开任务管理器,选择"服务"一栏,如图 7.33 所示,找到 MongoDB,若状态显示"正在运行",则表示 MongoDB 已经成功运行。

图 7.33 Windows 服务中的 MongoDB

安装 MongoDB 客户端:输入命令"pip install pymongo",安装 pymongo。下载可视化客户端工具(地址为 http://robomongo.org/,可选操作)。

7.2.2 VNPY 交易接口的使用

1. VNPY 的下载和安装

代开网址 https://github.com/vnpy/vnpy/wiki,单击右侧"环境安装"下的 Windows,如图 7.34 所示。

图 7.34 VNPY 的下载网站

找到安装 vn.py 的部分,单击蓝色字体的超链接,如图 7.35 所示。

从 Github 上的 Release 页面下载最新的发行版,解压后双击 install.bat 自动执行安装。安装过程中会询问是否要通过 conda 安装 talib,请输入 y 并回车即可。若出现 http 访问失败等报错,可能是因为境外网络访问的原因,建议在官方网站中下载后重试。

图 7.35 VNPY 的下载链接

如图 7.36 所示，下载最新版 VNPY（截至 2018 年 6 月为 1.8.1 版）。

图 7.36　下载最新版 VNPY

下载完成后，将其解压到 C 盘，单击 install.bat 即可安装，然后再单击 examples/VnTrader 文件夹下的 VnTrader.bat 打开交易界面。在该文件运行完后可能交易界面无法打开，并且之前 VnTrader.bat 的界面也立刻关闭了。如果出现这种情况，可以用鼠标右键单击 VnTrader.bat，在弹出的菜单中选择"编辑"，然后在打开文件的最后一行加上命令"pause"，这样 bat 文件的窗口就不会立刻关闭了，如图 7.37 和图 7.38 所示。

图 7.37　设置安装过程暂停（1）　　　　图 7.38　设置安装过程暂停（2）

若进行上一步操作时交易界面没有打开，并且 bat 文件里报出的错误是"ImportError: No module named open_context"，则需要把 run.py 文件打开，清除 futuGateway 的相关内容，具体操作如下。

删除第 30 行的 futuGateway，如图 7.39 所示。

删除第 57 行的 me.addGateway(futuGateway)，如图 7.40 所示。

图 7.39　修改部分代码（1）　　　　图 7.40　修改部分代码（2）

449

等到出现如图 7.41 所示界面则表示 VNPY 安装成功。

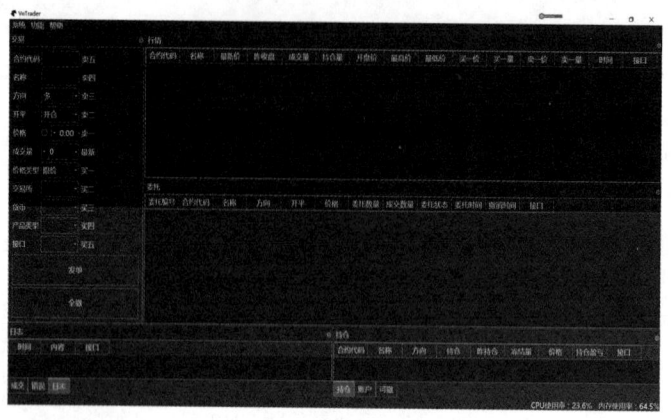

图 7.41　VNPY 界面

2. VNPY 入门

首先介绍下载历史数据。

VNPY 支持多个数据终端下载历史数据，具体见图 7.42，图中所示的文件夹里包含了多个数据终端的文件。本书以天勤数据终端举例说明，见图中椭圆框表示。

图 7.42　数据终端文件

进入天勤数据的文件夹，首先在 config.json 中配置数据库的端口，这里用的是 MongoDB 的默认值 27017，如图 7.43 所示。

然后下载天勤数据终端并安装。在用 VNPY 里天勤的数据接口下载数据时，必须保持天勤的软件是运行着的，否则数据将无法下载。

打开天勤数据终端，运行图 7.43 所示文件夹中的 downloadData.py 文件，就可以下载数据了，本书以合约 IF1809 为例，下载默认的 1000 根分钟级 K 线数据，如图 7.44 所示。

图 7.43　配置文件

图 7.44　下载分钟数据

同时可以看到在 MongoDB 中，27017 的数据接口下，1 分钟线的数据库，IF1809 的集合中已经有刚才下载的数据了，如图 7.45 所示。

图 7.45　分钟数据展示

回测：在回测之前，首先要有策略，写策略的时候需要继承 VNPY 里策略的父类，也就是模板，如图 7.46 所示。

在 ctaTemplate.py 文件中定义了策略的类，实际上所写的策略都是继承了这个类里的各种属性和操作。

在 VNPY 中还给出了许多已经写好的策略样例，这些样例如图 7.47 所示。

图 7.46　策略模板

图 7.47　样例策略

需要注意的是，VNPY 有两个地方有文件夹，一个是 C 盘的 VNPY，还有一个在 Python 的 site_packages 文件夹里，这个文件夹是专门用来放被 Python 调用的包的，所以 Python 读取的文件实际上是这个文件夹里的。当我们修改 VNPY 里的文件时修改的是这个文件夹里的文件，C 盘的 VNPY 文件夹只是为看起来方便建立的。如果把 C 盘的 VNPY 文件夹的路径添加到 Python，就不用去 site_packages 文件夹里修改文件了，否则必须在 site_packages 文件夹里修改。位于 site_packages 里的 VNPY 文件夹可以参考图 7.48，实际的路径以安装 Python 的路径为准。

我们随便写一个不停买入卖出的策略用于回测，数据就用前面下载的 IF1809 的数据，具体的写策略的档案见 VNPY 官方文档。

Github 上有详细的说明文档，网址为 https://github.com/vnpy/vnpy/wiki，但是该文档里的东西不够严谨，存在漏洞。VNPY 的回测模板在图 7.49 所示的文件夹里，回测时运行 runBacktesting.py 文件即可。

图 7.48 安装路径

图 7.49 回测模板

在 runBacktesting.py 里需导入写好的策略，如图 7.50 所示。

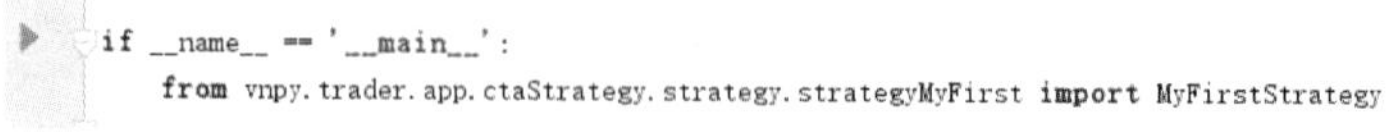

图 7.50 导入策略

第 7 章 ｜ 交易系统

然后实例化策略，并输入回测的相应信息和数据，如图 7.51 所示。

最后运行此文件，如图 7.52 和图 7.53 所示为得到的回测数值和图表。

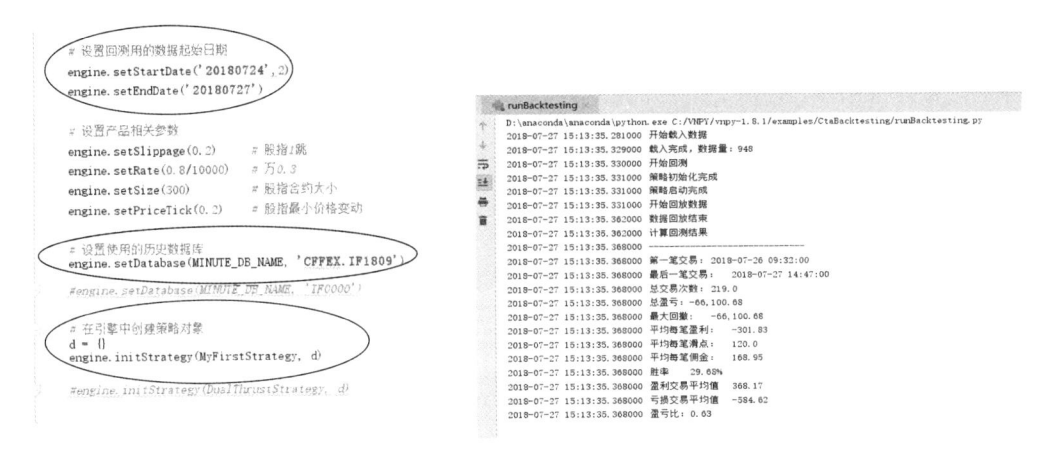

图 7.51　设置回测参数

图 7.52　回测数值

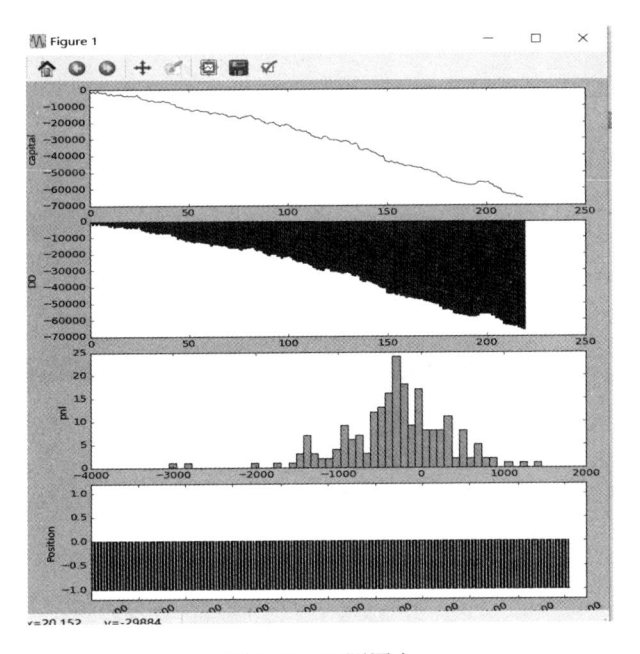

图 7.53　回测图表

模拟实盘：模拟实盘的时候需要登录快期，并在 VNPY 的一个 json 文件里配置 CTP 接口的账户信息，如图 7.54 所示。注意，这个路径在 site_packages 文件夹里。brokerID 是经纪商编号，模拟实盘时默认是 "9999"，mdAddress 和 tdAddress 分别是市场行情地址和交易地址，userID 和 password 是快期的账号和密码（密码也是字符串类型的数据）。

453

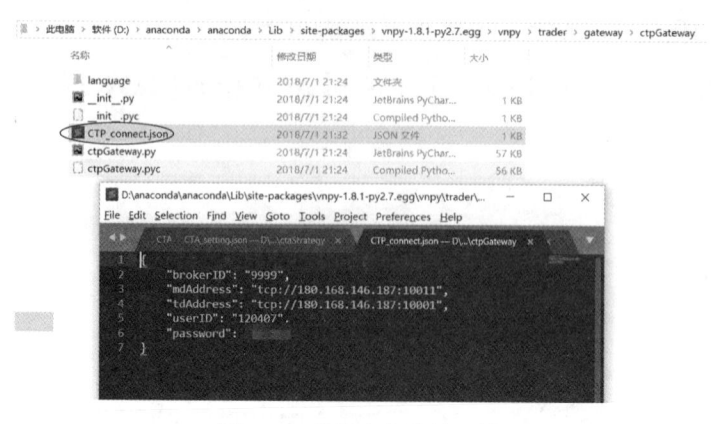

图 7.54　模拟实盘账号配置

接下来配置策略信息。首先是策略的名字，每个策略的名字都不同，然后是策略所属的类，这个类就是自己所写的策略的类名，最后是交易合约，详情见图 7.55。配置完后直接执行图中的 runCtaTrading.py 文件就可以模拟实盘了。需要注意的是，如果实盘的策略需要用到历史数据，比如双均线策略，则模拟实盘前需要下载历史数据。

图 7.55　模拟实盘策略配置

执行交易文件时，挂单和交易的情况会显示在快期或者 VnTrader 的界面。